Carlos García Hernández

FIAT-SOZIALISMUS

Die Umsetzung der Ziele des Sozialismus mittels der Modern Monetary Theory

Aus dem Englischen
von Elborg Nopp

lola books

Umschlagbild: Topsy Qur'et
Topsy Qur'et hat Lola Books die uneingechränkten und exklusiven Rechte zur Nutzung des Umschlagbildes übertragen.

Druck: Safekat, Madrid
Printed in Spain
ISBN 978-3-944203-83-6

Erstausgabe 2025

Für Lola und Candela
von ihrem Vater.
Für meine Großmutter Isabel,
weil du mir jeden Tag mehr fehlst.

"I stand up next to a mountain
And I chop it down with the edge of my hand."

Jimi Hendrix – Voodoo Child (Slight Return)

INHALT

ANMERKUNG DES VERFASSERS ZUR ENGLISCHEN AUSGABE

Neben dem Vorwort von Chris Williamson stellt diese Ausgabe eine korrigierte und verbesserte Fassung des spanischen Originals dar. Die Artikel des letzten Kapitels weichen ebenfalls leicht von der spanischen Ausgabe ab, da ich zwischen der Veröffentlichung auf Spanisch und der Veröffentlichung auf Englisch mehrere Artikel veröffentlicht habe, die ich aufgrund ihrer Relevanz gerne mit hineinnehmen wollte. Daher kann man diese Übersetzung als eine zweite, verbesserte Ausgabe der spanischen Ausgabe betrachten, die noch überarbeitet werden muss, um die Änderungen, die im Englischen bereits vorliegen, aufzunehmen.

Die Übersetzung aus dem Spanischen ins Englische wurde von mir selbst mit Hilfe der Software DeepL angefertigt und von Claire Jackson-Prior gründlich korrigiert, wofür ich ihr sehr dankbar bin. Für etwaige Fehler in der Übersetzung trage jedoch ich die alleinige Verantwortung.

Carlos García Hernández
Berlin, 14. Juli 2023

VORWORT

VON CHRIS WILLIAMSON

Carlos García Hernández ist seit vielen Jahren ein führender Vertreter der Modern Monetary Theory (MMT). Ein Beispiel für seinen wirtschaftlichen Scharfsinn und die Wertschätzung, die er genießt, war sein Besuch in Argentinien im Jahr 2022 an der Seite des bekannten MMT-Ökonomen Warren Mosler. Mit hochrangigen Vertretern der Zentralbank und anderer öffentlicher Einrichtungen besprachen sie, wie die Grundsätze der MMT zur Bewältigung der wirtschaftlichen Herausforderungen Argentiniens genutzt werden könnten.

Ich bin Carlos zum ersten Mal im Jahr 2020 begegnet, als ich einen Artikel mit dem Titel „The Paradox of the Two Knights" las, den er für die Gower Initiative for Modern Money Studies (GIMMS) geschrieben hatte. In diesem Artikel stieß ich zum ersten Mal auf den Begriff „Fiat-Sozialismus". Ich fragte sofort bei der GIMMS an, ob Carlos mit mir in einem wöchentlichen Podcast, den ich nach dem Verlust meines Parlamentssitzes bei den Parlamentswahlen 2019 ins Leben gerufen hatte, über den Fiat-Sozialismus sprechen würde. Carlos stimmte zu und wir führten eine großartige Diskussion darüber, wie ein Verständnis der MMT für Sozialisten ein Werkzeug von unschätzbarem Wert sein kann, um zu erklären, wie Regierungen eine gute Gesellschaft schaffen können. Er nahm auch meine Einladung an, auf dem Resist Event in Brighton 2021, das mit dem Labour-Parteitag zusammenfiel, über seine Ideen zum Fiat-Sozialismus zu sprechen.

Vor meinem Ausscheiden aus dem Parlament war ich zunehmend frustriert darüber, dass Jeremy Corbyn das wirtschaftliche Konzept, für das er bei seiner Kandidatur für die Labour-Parteiführung 2015 eintrat, nicht weiterverfolgt hatte. Chris Leslie, der ehemalige Schattenkanzler der

Blair-Partei, hatte es als „Corbynomics“ bezeichnet. Er meinte das zwar abwertend, hatte jedoch bei dem Versuch, einen negativen Begriff zu prägen, unabsichtlich einen griffigen Slogan geschaffen. Er implizierte, dass Labour endlich den Neoliberalismus ablehnte, der in den vier Jahrzehnten davor katastrophale Folgen für die Arbeiterklasse im Vereinigten Königreich gehabt hatte.

Bedauerlicherweise landete Corbynomics, das den Mythos von Steuern und Ausgaben ablehnte, im Papierkorb, und Corbyns Schattenkanzler, John McDonnell, entwickelte ein wiederum von der neoliberalen Doktrin eingeengtes Wirtschaftsprogramm. Im Gegensatz dazu hat Carlos García Hernández in diesem Buch einen Kurs eingeschlagen, der ein Gegenmittel gegen McDonnells Zaghaftigkeit darstellt, und mit dem Sozialdemokraten Medienskeptikern und politischen Gegnern gleichermaßen die Stirn bieten können. Margaret Thatchers Behauptung, „Das Problem am Sozialismus ist, dass einem irgendwann das Geld der anderen ausgeht“, ist eine Parodie. Aber es ist eine Parodie, der zu viele Sozialisten Vorschub leisten, indem sie nicht erkennen, wie das Geldsystem in Ländern wie dem Vereinigten Königreich funktioniert, die ihre eigene Währung ausgeben. Dieses Buch demontiert Thatchers Epigramm, räumt mit den Mythen zur Geldschöpfung auf und aktualisiert die 150 Jahre alte Geldtheorie von Marx, die viele Linke immer noch heranziehen, um die Situation im 21. Jahrhundert zu erklären. Einer der Reize dieses Buches ist, dass Carlos die Bedeutung von Marx für die MMT erklärt. Er stellt die Goldstandard-Ökonomie, die vorherrschte, als Marx seine bahnbrechenden Werke schrieb, den schwankenden Fiat-Währungen von heute gegenüber.

Wir dürfen die marxistische Wirtschaftstheorie nicht in Aspik einlegen, sondern müssen sie anpassen, um ihre Grundprinzipien auf die moderne Welt anwenden zu können. Genau das hat Carlos erreicht, indem er marxistische Einflüsse nutzt und einen Ansatz entwickelt hat, der das Potenzial hat, den Neoliberalismus als vorherrschende Wirtschaftstheorie in Europa, den USA und Australien abzulösen. Die Art, wie sich manche Linke in undurchsichtige Wirtschaftstheorien verbeißen, beschränkt sie nicht nur in ihrer Fähigkeit, über den Tellerrand der Ökonomie des neunzehnten Jahrhunderts hinauszuschauen, sondern macht ihnen zudem die Vermittlung einer volksnahen Wirtschaftsbotschaft unmöglich. Dies erklärt zum Teil, warum sie kläglich dabei versagt haben, den neoliberalen Moloch aufzuhalten oder auch nur zu verlangsamen, der auf der ganzen Welt Verwüstung angerichtet hat.

Carlos García Hernández' Erklärung des Fiat-Sozialismus kann man dies nicht nachsagen. Er zeichnet ein klares Bild davon, wie eine gute Gesellschaft beschaffen ist, und beschreibt die für ihre Erreichung und Erhaltung nötigen Mechanismen. Er schlägt vor, dauerhafte Vollbeschäftigung und menschenwürdige Beschäftigungsstandards zu schaffen, natürliche Ressourcen umsichtig zu nutzen und jedem Bürger Nahrung, Unterkunft, Kleidung, Gesundheitsvorsorge, Bildung und soziale Sicherheit zu garantieren. Diese Art von sozialistischer Volksnähe hat das Potenzial, die Herzen und Köpfe der Arbeiterklasse überall zu erobern. Und zusätzlich kann sie uns zeigen, wie sich diese Ambitionen verwirklichen lassen.

Carlos betont, dass die moderne Geldtheorie politisch neutral ist. Sie ist lediglich eine Linse, durch die die wirtschaftliche Realität interpretiert werden kann. Diese wirtschaftliche Realität lässt sich jedoch für die Ziele jeder politischen Ideologie nutzen. Der Fiat-Sozialismus verleiht dieser wirtschaftlichen Realität einen unverwechselbar sozialistischen Charakter. Da sich die Sozialdemokratie in der gesamten westlichen Welt auf dem Rückzug befindet, ist eine politische Lücke entstanden, die noch von einer linken Alternative gefüllt werden muss. Syriza in Griechenland, Podemos in Spanien und die Corbyn-Bewegung im Vereinigten Königreich haben sich alle redlich bemüht, die von den traditionellen sozialdemokratischen Parteien in Europa hinterlassene Lücke zu füllen, sind aber letztlich gescheitert.

Carlos gibt auch einen Überblick über die Auswirkungen der neu entstehenden multipolaren Welt, analysiert die sich verschiebenden tektonischen Platten der globalen politischen Macht und untersucht die Ähnlichkeiten und Unterschiede zwischen dem Modern Money-Konsens und dem Peking-Konsens. Er erklärt, wie sich diese Ereignisse entwickeln könnten und warum sie für die Menschheit einen Schritt von enormer Wichtigkeit darstellen. Er kontrastiert Chinas wohlwollende und für beide Seiten vorteilhafte Beziehung zu den Entwicklungsländern mit dem gierigen und ausbeuterischen Ansatz der USA, Großbritanniens und Europas.

Mit diesem Buch hat Carlos García Hernández der Öffentlichkeit einen außerordentlich wichtigen Dienst erwiesen. Der Fiat-Sozialismus ist ein Aktionsplan, der uns dabei helfen soll, eine glaubwürdige Alternative zum wirtschaftlichen Status quo aufzubauen, der von den etablierten politischen Parteien der „Linken" und der „Rechten" unterstützt wird. Es war der große sozialistische Denker, Parlamentarier und Aktivist Tony Benn, der sagte: *„Wenn wir das Geld finden können, um Menschen zu töten, können wir auch das Geld finden, um Menschen zu helfen"*. Carlos García Hernández ist es in diesem Buch gelungen, die praktischen Schritte zur Verwirklichung von Tony Benns Ambitionen aufzuzeigen.

Chris Williamson, Juni 2023

DANKSAGUNGEN

Mein Dank gilt meiner Frau Louise für all die Unterstützung, die sie mir beim Verfassen dieser Arbeit geleistet hat. Ich möchte auch Jorge Amar meinen tiefsten Dank aussprechen. Die Autorenschaft von Kapitel 3 über die Modern Monetary Theory stammt gleichermaßen von ihm wie von mir, ebenso wie viele der auf diesen Seiten enthaltenen Ideen.

Ich möchte Chris Williamson meinen Dank aussprechen, der sich in seinem großartigen Buch *Ten Years Hard Labour* als erster öffentlich für den Fiat-Sozialismus ausgesprochen hat, und Sam Fuller, einem großartigen Gewerkschafter und Vorsitzenden des Betriebsrats, in dem ich ausgebildet wurde und in dem ich in den Jahren, in denen ich als Nachtwächter arbeitete, viel gelernt habe. Dank Sam und den Schulungskursen der Gewerkschaft *Verdi* habe ich unter anderem gelernt, was Co-Management ist, was sich in diesem Buch widerspiegelt. Danke auch an David Guerra Calderón, der versucht hat, mir die Dämonen auszutreiben, an César Crocitta für die Radionachmittage und dafür, dass er dafür gesorgt hat, dass ich mich in Buenos Aires wie zu Hause gefühlt habe, an meinen besten Freund Javier Menéndez García, der mir immer das Gefühl gibt, willkommen zu sein, wenn ich bei ihm bin, an Michael Müller, meinen langjährigen Chef bei der Zeitung *neues deutschland*, der mir eine Chance gab und an mich glaubte, als niemand an mich glaubte, und der mich so vieles zum Beruf des Journalisten gelehrt hat.

Ich möchte mich auch bei Claire Jackson-Prior von *The Gower Initiative for Modern Money Studies* bedanken. Dank Claires großartiger Arbeit wurden meine Artikel auf Englisch veröffentlicht, und ihr ist es zu verdanken, dass dieses Buch auf Englisch erscheinen wird. Alejandro Sánchez Moreno und Carlos Magariño von der Zeitung elcomun.es dürfen auch nicht fehlen, denn sie haben mich sehr unterstützt, und für ihre Arbeit möchte ich ihnen danken.

Für seine unschätzbare Hilfe möchte ich mich bei Dr. Patrick Stoffel von der Universität Lüneburg bedanken. Ohne Patrick wäre dieses Buch nicht möglich gewesen. Er ist seit mehr als einem Jahrzehnt meine linke und rechte Hand bei Lola Books. Seine Freundschaft und seine Hilfe auf allen Ebenen sind für mich von unschätzbarem Wert.

Erster Teil

DIE PHILOSOPHEN HABEN DIE WELT BISHER NUR AUF VERSCHIEDENE WEISE INTERPRETIERT…

1

EINLEITUNG

1. DIE ENTSTEHUNG DES FIAT-SOZIALISMUS

Im folgenden Artikel habe ich den Ausdruck „Fiat-Sozialismus" zum ersten Mal verwendet. Es handelt sich um einen Artikel, der am 25. Januar 2017 in der Zeitung *Mundo Obrero*[1] veröffentlich wurde. Obwohl sehr knapp gehalten, umreißt er viele der Konzepte, die im weiteren Verlauf des Buches verwendet werden. Der Grundgedanke des Artikels ist, dass die durch den Goldstandard und die festen Wechselkurse auferlegten Sparmaßnahmen ab dem 15. August 1971 nicht mehr unumgänglich waren.

Die englische Übersetzung wurde am 1. März 2019 von *The Gower Initiative*[2] veröffentlicht.

FIAT-SOZIALISMUS

Eine fiktive Geschichte

16. August 1971. Der Generalsekretär hatte alle seine Termine abgesagt. Am Tag zuvor hatte ihm der Wirtschaftsbeauftragte eine dringende Nachricht geschickt. Sie mussten sich unbedingt treffen. Schließlich betrat der Wirtschaftswissenschaftler den Raum.

„Ich hoffe, es ist wichtig."

„Das ist es. Das Geld, von dem Marx spricht, gibt es nicht mehr."

[1] Der Artikel ist online verfügbar unter https://www.mundoobrero.es/2017/01/25/socialismofiduciario/.

[2] Der Artikel ist online verfügbar unter https://gimms.org.uk/2019/03/01/fiat-socialism/.

Der Generalsekretär war zunächst überrascht, dann wurde er ungehalten. „Würden Sie das bitte erklären?“

„Früher waren Bankeinlagen durch Gold gedeckt. Eine Unze entsprach 33 US-Dollar. Diese Äquivalenz war die Grundlage des internationalen Währungssystems. Und was noch wichtiger ist: Die Ausgabenkapazität der Regierungen war auf die verfügbare Goldmenge begrenzt. Das ist heute nicht mehr der Fall. Die Regierungen können unbegrenzt Geld in ihren eigenen Währungen schaffen und ausgeben. Geld ist keine Ware mehr, sondern zu einem immateriellen Buchungsposten geworden. Das nennt man Fiatgeld. Damit wird alles anders.“

Die Verblüffung stand dem Generalsekretär ins Gesicht geschrieben. Er konnte nur fragen: „Seit wann?“

„Seit gestern.“

Aus mir unerklärlichen Gründen ist dieses Gespräch nur erfunden. Wie kann es sein, dass solch ein historisches Ereignis, vergleichbar mit der Anerkennung des kopernikanischen Weltbildes in der Physik, von keiner kommunistischen Partei der Welt analysiert wurde? Es ist mir ein Rätsel, doch Tatsache ist, dass die Grundlage, auf der Marx sein ganzes Werk aufbaut, nämlich das auf dem Goldstandard basierende Geld, am 15. August 1971, dem Tag, an dem das Fiatgeld eingeführt wurde, aufhörte zu existieren.

Quacksalberei

Für Marx ist das auf dem Goldstandard basierende Geld eine Prämisse. Es ist der Ausgangspunkt, von dem aus er die kapitalistische Wirtschaft analysierte, in der er lebte: „Ich setze überall in dieser Schrift, der Vereinfachung *halber*, *Gold* als die *Geldware* voraus.“ (Marx 1887). Gold ist also vereinbarungsgemäß die Ware, die nicht nur Gebrauchs- und Tauschwert hat, sondern auch den Tauschwert der übrigen Waren misst, wodurch Gold zu Geld wird: „Die Ware, die als Wertmaßstab und [...] als Zirkulationsmittel fungiert, ist Geld. Gold (resp. Silber) ist daher Geld.“ (Marx 1887)

Das bedeutet, dass die Anhäufung von Gold dem Sparen von Geld gleichkommt, und dass der Wert des vom Staat ausgegebenen Geldes je nach der Menge des Goldes, das es vertritt, variiert. So wird die Kaufkraft des Staates und des privaten Sektors letztlich durch die Menge des gesparten Geldes bestimmt, sei es als Papiergeld oder als Gold. Wird in diesem auf dem Goldstandard basierenden System der private Besitz von Produktionsmitteln erlaubt, dann wird die kapitalistische Produktionsform zu einer Methode der Geldanhäufung in einer sozialen Klasse (derjenigen, die die Produktionsmittel besitzt). Gleichzeitig erhält der Rest der Gesellschaft im Austausch gegen die Erzeugung von Waren und Dienstleistungen einen Subsistenzlohn, sodass die Bourgeoisie immer mehr spart und Geld anhäuft, dessen Wert auf seiner Knappheit beruht.

Diese Realität, in der Geld-Gold knapp ist, bringt Marx zu der Schlussfolgerung, dass die Verteilung des Reichtums in der Wirtschaft nur durch direktes Privateigentum an den Produktionsmitteln bestimmt wird. Entweder wird das Privateigentum an den Produktionsmitteln abgeschafft, oder es wird immer dafür sorgen, dass sich das Geld in den Händen der Bourgeoisie ansammelt und das Elend der Arbeiterklasse wächst. Für Marx, dessen geistige Bezugspunkte vor allem die Werke von David Ricardo und Adam Smith waren (Georg Friedrich Knapps Chartalismus kommt nach Marx), gab es keinen anderen denkbaren Ausgangspunkt als den Goldstandard. Geldtheorien, die nicht auf dem Goldstandard basierten, brandmarkte er als „Quacksalberei" (Marx 1887).

Die Modern Monetary Theory

Der Übergang vom Goldstandard zum Fiatgeld wurde kürzlich von der Modern Monetary Theory (MMT) untersucht. Seit dem 15. August 1971 schaffen die Staaten Geld aus dem Nichts, indem sie bei den Zentralbanken auf Tastaturen tippen. Diese Tastenanschläge haben zur Folge, dass der Kontostand der Privatbanken steigt, wenn eine Person oder ein Unternehmen eine Zahlung erhält, und dass dieser Kontostand sinkt, wenn eine Person oder ein Unternehmen Steuern an den Staat zahlt. Daher kann dem Staat sein eigenes Geld nicht ausgehen, und die Idee, dass er seine eigene Währung spart, ist unsinnig. Unternehmen und Familien müssen sparen, denn sie sind Nutzer und keine Emittenten von Geld; der Staat jedoch spart nicht in seiner eigenen

Währung, denn er kann beliebig viel davon emittieren, und ihm kann das Geld nie ausgehen. Auf diese Weise hört Geld auf, eine Ware zu sein und wird zu einem bloßen Buchungsposten (Wray 2012). Außerdem ist die Fähigkeit des Staates, Geld auszugeben, nicht mehr von der Erhebung von Steuern oder der Emission von Schulden abhängig (Mosler 2010, I). Steuern sind weiterhin notwendig, jedoch nicht zur Finanzierung der laufenden Ausgaben des Staates, sondern um eine doppelte Funktion zu erfüllen: Steuern verleihen dem Geld einen Wert und sie steuern die Gesamtnachfrage (Konsumfähigkeit). Durch die erste Funktion stellen sie sicher, dass das staatliche Geld als Zahlungsmittel akzeptiert wird (hier haben wir eine „Quacksalberei“, die Marx übersehen hatte), und durch die zweite Funktion kontrollieren sie die Inflation.

Zu all dem kommt hinzu, dass durch die Nichtkonvertierbarkeit freie Wechselkurse entstanden. Sie verhinderten, dass die Wechselkurse durch private Spekulationen auf den internationalen Devisenmärkten der verschiedenen Währungen destabilisiert werden konnten. Daher erlangten fiskalische Maßnahmen wie das Erste Gesetz von Lerner, auf das wir im nächsten Abschnitt eingehen werden, eine Wirksamkeit, die zuvor durch private Spekulation auf den Devisenmärkten konterkariert wurde.

Auf diese Weise wurde die Verfügbarkeit realer Ressourcen in der Wirtschaft zur einzigen Begrenzung der Ausgabenkapazität der Staaten. Die durch diese Ausgaben erzeugten öffentlichen Defizite wiederum waren immer nachhaltig, da sie in der Währung des Staates erzeugt wurden, und im Gegensatz zu dem, was unter dem Goldstandard geschah, sind sie nicht notwendigerweise inflationär, lassen die Zinssätze nicht steigen und stellen keine Belastung für die nachfolgenden Generationen dar (Wray 2012).

Öffentliche Defizite sind lediglich ein Buchungsposten in der nationalen Bilanz. Sie zeigen uns nur die Ersparnisse in nationaler Währung, deren Anhäufung im nichtstaatlichen Sektor (Familien, Unternehmen und dem Auslandssektor) durch öffentliche Ausgaben des staatlichen Sektors *ermöglicht* wurde, denn: Saldo des staatlichen Sektors + Saldo des privaten Sektors + Saldo des Auslandssektors = 0.

Der Lerner-Punkt

Die MMT geht davon aus, dass es in der Wirtschaft einen bestimmten Zustand gibt, der durch das erste Gesetz der funktionalen Finanzen von Abba Lerner definiert ist. Dieses Gesetz besagt:

> „Die erste Aufgabe der Regierung (da niemand sonst diese Aufgabe übernehmen kann) besteht darin, die Gesamtausgaben des Landes für Waren und Dienstleistungen weder höher noch niedriger zu halten als den Satz, mit dem zu den gegenwärtigen Preisen alle Güter gekauft werden können, die es zu produzieren gibt. Lässt man die Gesamtausgaben diesen Wert überschreiten, führt dies zu einer Inflation, und lässt man sie diesen Wert unterschreiten, führt dies zu Arbeitslosigkeit. Der Staat kann die Gesamtausgaben erhöhen, indem er selbst mehr ausgibt oder die Steuern senkt, so dass den Steuerzahlern mehr Geld für Ausgaben bleibt. Er kann die Gesamtausgaben senken, indem er selbst weniger ausgibt oder die Steuern erhöht, so dass den Steuerzahlern weniger Geld zur Verfügung steht. Auf diese Weise können die Gesamtausgaben auf dem erforderlichen Niveau gehalten werden, das ausreicht, um die Güter zu kaufen, die von allen, die arbeiten wollen, produziert werden können, aber nicht so viel, dass es zu einer Inflation kommt, indem (zu aktuellen Preisen) mehr nachgefragt wird, als produziert werden kann [...]“ (zitiert in Mitchell 2015).

Das bedeutet, dass ein Land, das sein eigenes Geld auf souveräne Weise emittiert und effizient Steuern erhebt, seine Wirtschaft an einen bestimmten Punkt bringen kann, an dem die öffentlichen Defizite (oder Überschüsse) so hoch sind, dass die Arbeitslosenquote 0 % beträgt und das Preisniveau stabil bleibt. Ich nenne diesen wirtschaftlichen Zustand gerne den „Lerner-Punkt“. Die MMT schlägt vor, diesen Punkt durch Arbeitsplatzgarantien oder Programme für Übergangsbeschäftigung zu erreichen. Diese Programme beruhen auf dem Prinzip, dass alle, die arbeiten können und arbeiten wollen, aber keinen Arbeitsplatz im privaten Sektor finden, einen Arbeitsplatz im öffentlichen Sektor erhalten. Auf diesem Arbeitsplatz im öffentlichen Sektor erhält der Arbeitnehmer den Mindestlohn, der ihm ein menschenwürdiges Leben ermöglicht, bis er einen Arbeitsplatz mit besseren Bedingungen in der Privatwirtschaft findet.

Fiat-Sozialismus

‚Fiat-Sozialismus' ist meine Bezeichnung für eine offene und florierende Gesellschaft, die nach den Prinzipien der Modern Monetary Theory und der funktionalen Finanzen regiert wird. Eine Gesellschaft ohne Arbeitslosigkeit und Armut, in der alle einen angemessenen Arbeitsplatz haben (entweder im privaten oder im öffentlichen Sektor), mit dem sie alle ihre Grundbedürfnisse erfüllen können, und in dem sie dank vernünftiger Arbeitszeiten Arbeit und Familie vereinbaren können. Eine Gesellschaft mit öffentlichen Dienstleistungen, Bildungswesen und Gesundheitsversorgung von höchster Qualität und einem stabilen Preisniveau.

Ich verwende das Adjektiv *fiat*, um die Unterschiede zwischen dieser Art von Sozialismus und dem traditionellen Sozialismus hervorzuheben. Die erste Definition des Begriffs Sozialismus im Wörterbuch der Königlichen Spanischen Akademie lautet folgendermaßen:

1. m. Soziales und wirtschaftliches System, das auf kollektivem oder staatlichem Besitz und Verwaltung der Produktionsmittel und der Mittel zur Verteilung der Güter beruht.

Wie bereits im zweiten Abschnitt dieses Artikels erläutert, ist solch direktes Eigentum an den Produktionsmitteln eine wesentliche Voraussetzung, wenn wir die Wirtschaft innerhalb des Goldstandards kollektiv kontrollieren wollen. Denn in diesem Szenario konzentriert die Zulassung des Privateigentums an den Produktionsmitteln die Kaufkraft in den Händen einer Minderheit, die die Produktionsmittel kontrolliert, während die Kaufkraft der Arbeiterklasse kaum jemals über das Existenzminimum hinausgehen wird.

Was geschah, als das Fiatgeld eingeführt wurde? Wie wir gesehen haben, sind dem Staat, der sein eigenes Geld emittiert, beim Ausgeben seines eigenen Geldes keinerlei Grenzen mehr durch finanzielle Beschränkungen gesetzt. In diesem Szenario kann der Privatsektor nur dann in der Landeswährung sparen, wenn der Staat in ein Haushaltsdefizit gerät, das heißt, wenn der Staat beschließt, mehr auszugeben als er durch Steuern einnimmt. In diesem Schema muss die kollektive oder staatliche Verwaltung der Produktionsmittel und der Verteilung der Güter keinen direkten Besitz von Produktionsmitteln bedeuten. Diese könnten in privater Hand bleiben, da die Höhe der Akkumulation der nationalen Währung durch die Eigentümer der Produktionsmittel vom Staat durch dessen Steuerpolitik bestimmt wird. Die Verwaltung der Produktionsmittel und die Verteilung der Güter erfolgt also durch den Staat, allerdings auf indirekte Weise. Das bedeutet, dass sich die Eigentümer der Produktionsmittel nur so viel Geld aneignen können, wie ihnen der Staat durch die Erhebung von Steuern zugesteht, und das bedeutet auch, dass der Staat so viel ausgeben kann, wie er für notwendig hält, unabhängig von der Höhe der Geldakkumulation in den Händen der Eigentümer der Produktionsmittel (Geld ist kein knappes Gut mehr).

Gleichzeitig zeigt uns die MMT, dass wir uns bei der Umsetzung der Vollbeschäftigungspolitik durch den Staat nur um die Inflation sorgen müssen. Daher muss die Höhe der Staatsausgaben die Wirtschaft auf ihren Lerner-Punkt bringen, doch sollte dieser Punkt nicht überschritten werden.

Bei einer Einführung des Fiat-Sozialismus nach diesem Muster könnte man folgendes Experiment durchführen: Nur eine Person dürfte die Höhe des öffentlichen Defizits in der Wirtschaft kennen. Alle anderen, die Regierungsbeamten eingeschlossen, wüssten nicht, wie hoch es ist. Wir würden uns nur darum kümmern, die öffentlichen Dienstleistungen zu verstärken und die Inflation zu kontrollieren. Nach einigen Jahren würde die Person, die das öffentliche Defizit im Auge behält, ihre Aufzeichnungen veröffentlichen. Dann würden wir feststellen, dass der öffentliche Sektor manchmal (fast immer) Defizite machte, vor allem am Anfang, als noch Arbeitslosigkeit in der Gesellschaft herrschte. Und wir würden sehen, dass er manchmal Überschüsse erwirtschaftete, vor allem bei Annäherung an den Lerner-Punkt. So oder so würden wir jedoch feststellen, dass diese Niveaus für die Einführung des Fiat-Sozialismus kein Problem darstellten.

Eine wichtige Voraussetzung für die Einführung des Fiat-Sozialismus wäre folglich der sofortige Austritt aus der Eurozone und die Wiederherstellung der Währungssouveränität, um die Programme zur Arbeitsplatzgarantie einzuführen, die die *Izquierda Unida* vor ihrer Vereinbarung mit *Podemos* vorgeschlagen hatte. Der Euro ist eine Währung, die Spanien zwar verwendet, aber nicht souverän ausgibt, da Spanien dem Wachstums- und Stabilitätspakt unterliegt, und diesem Pakt zufolge darf das öffentliche Defizit der EU-Länder 3 % ihres BIP nicht überschreiten. Diese Höhe des Defizits ist mit der Vollbeschäftigungs- und Sozialpolitik in Spanien unvereinbar.

Carlos García Hernández
Mitglied von Izquierda Unida – Berlin
Mårslet (Dänemark), Weihnachten 2016

***

2. DEFINITION DES FIAT-SOZIALISMUS

Der Fiat-Sozialismus ist die Verwirklichung der Ziele des Sozialismus durch die Modern Monetary Theory.

An dieser Definition orientieren sich die Reihenfolge und der Aufbau der Kapitel dieses Buches. Dementsprechend widmet das Buch ein Kapitel den Zielen des Sozialismus (Kapitel 2) und ein weiteres der modernen Modern Monetary Theory (Kapitel 3). Mit den Zielen des Sozialismus und der Modern Monetary Theory ist der Rahmen des Fiat-Sozialismus jedoch noch nicht ausgeschöpft. Wie wir sehen werden, werden die Ziele des Sozialismus als Referenz- und Ausgangspunkt dienen. Die Modern Monetary Theory ihrerseits wird als allgemeines Prinzip und Methode zur Erreichung der Vollbeschäftigung ohne Inflation dienen. Diesen beiden Elementen fügen wir noch ein weiteres hinzu, das uns als Regel dienen wird: die Kalecki-Gewinngleichung (Kapitel 4).

Anschließend beschäftigt sich Kapitel 5 mit Spanien. Dieses Kapitel dient als Fallbeispiel für den Fiat-Sozialismus. Kapitel 6 widmet sich dann den Schlussfolgerungen aus dem Verfassen dieser Arbeit, und abschließend enthält Kapitel 7 die meisten von mir im Laufe der Zeit veröffentlichten Artikel über den Fiat-Sozialismus, insbesondere in der Online-Zeitung *El Común* (www.elcomun.es). Einige dieser Artikel wurden wegen ihrer besonderen Relevanz in den Hauptteil des Buches aufgenommen. Ich habe dieses siebte und letzte Kapitel *Euro delendus est* genannt, da ich meine Artikel gewöhnlich auf diese Weise beende. Es ist eine Paraphrase von Cato dem Älteren, der alle seine Reden im römischen Senat mit dem Satz *Carthago delenda est* (Karthago muss zerstört werden) schloss. Im Falle des Fiat-Sozialismus ist der zu vernichtende Feind der Euro, das größte Hindernis für jede sozialistische Transformation in der Eurozone.

Das Buch ist in drei Teile gegliedert. Die ersten beiden Teile zitieren die elfte These von Marx über Feuerbach. Der erste Teil besteht aus den ersten drei Kapiteln und ich habe ihn *„Die Philosophen haben die Welt bisher nur auf verschiedene Weise interpretiert..."* genannt, weil er die Realität aus der Perspektive der Modern Monetary Theory interpretiert. Wie Bill Mitchell sagt, der gemeinsam mit Warren Mosler und Randall Wray die Modern Monetary Theory ins Leben gerufen hat, ist die Modern Monetary Theory kein politisches Regelwerk, sondern eine Linse zur richtigen Betrachtung der wirtschaftlichen Realität. Erst nach dieser Interpretationsarbeit können wir den zweiten Teil in Angriff nehmen: *„...nun geht es darum, sie zu verändern"*. Dieser zweite Teil ist politischer Natur und will konkrete politische Maßnahmen vorschlagen, die auf den im ersten Teil geschaffenen Grundlagen aufbauen.

Der Fiat-Sozialismus ist größtenteils in Form von Presseartikeln entstanden. Daher sollte der dritte Teil (*Euro delendus est*) diese Arbeit enthalten. Dieser dritte Teil soll die Postulate des Fiat-Sozialismus anhand von Nachrichtenartikeln erläutern. Er wird zum besseren Verständnis der ersten beiden Teile beitragen, sowohl für spanische Leser als auch (so hoffe ich) für Leser in Lateinamerika und dem Rest der Welt.

3. „KANT IST NICHT DIE LÖSUNG, ABER KEINE LÖSUNG OHNE KANT"

„Kant ist nicht die Lösung, aber keine Lösung ohne Kant" (Dietzsch 1978, 26). So charakterisierte Professor Steffen Dietzsch das Verhältnis Schellings zu Kants Werk im Rahmen der Analyse der Französischen Revolution. Hinsichtlich der Erkenntnistheorie der Wirtschaftswissenschaft nimmt der Fiat-Sozialismus in Bezug auf Kant dieselbe Position ein.

Um die Realität der reinen Verstandesbegriffe zu beweisen, führt Kant Intuitionen an, die in Form von Schemata ausgedrückt werden (Kant 1790). Was die reinen Verstandesbegriffe von den übrigen Begriffen unterscheidet, ist, dass die Schemata, denen sie entsprechen, durch apriorische Postulate konstruiert werden. Daraus folgt: „Solche *allgemeine* Erkenntnisse nun, die zugleich den Charakter der *inneren Notwendigkeit* haben, müssen, von der Erfahrung *unabhängig*, vor sich selbst *klar* und *gewiss* sein; man nennt sie daher Erkenntnisse a priori, da im Gegenteil das, was lediglich von der Erfahrung erborgt ist, nur a posteriori oder empirisch erkannt wird" (Kant 1781).

Diese Unterscheidung zwischen theoretischem (a priori) und empirischem (a posteriori) in Postulaten ausgedrücktem Wissen dient uns als Ansatzpunkt. Der Fiat-Sozialismus geht aus von der Konstruktion eines Schemas, das aus Postulaten besteht, wie Kant es ausdrückte. Der Fiat-Sozialismus vertritt jedoch den Standpunkt, dass nur die Mikroökonomie ein reines Verstandeswissen darstellt, weshalb nur die Mikroökonomie einem apriorischen Schema entspricht. Im Gegensatz dazu ist die Makroökonomie empirisches Wissen, das auf Erfahrung beruht und daher a posteriori ist.

Damit greift der Fiat-Sozialismus die Idee von James K. Galbraith und anderen Institutionalisten auf, die die Autoren der Modern Monetary Theory so stark beeinflusst haben, und behauptet, dass Mikroökonomie und Makroökonomie zwar eng miteinander verwandt sind, wie z. B. Chemie und Biologie, dass sie jedoch unterschiedliche Wissenschaften sind (siehe Galbraith 1996). Daher lassen sich die Grundsätze der Makroökonomie nicht aus den Grundsätzen der Mikroökonomie ableiten, noch kann die Makroökonomie als höhere

Ebene gelten, die auf den aggregierten Grundsätzen der Mikroökonomie beruht. Das Verständnis dieses Trugschlusses der Verallgemeinerung ist von grundlegender Bedeutung, denn er ist die Wurzel dessen, was wir als Neoliberalismus kennen.

In Bill Mitchells Vorlesungen hört man ihn nicht selten sagen, die Definition des Neoliberalismus läge in dessen Überzeugung, dass sich öffentliche Ausgaben durch die Erhebung von Steuern und die Emission von Schulden finanzieren. Dies ist sicherlich eine korrekte Definition. In Wirklichkeit besagt Bill Mitchells Definition des Neoliberalismus, dass dieser aus der Verwechslung von Mikroökonomie und Makroökonomie entstanden ist.

Aus der Sicht des Fiat-Sozialismus stellen wir Folgendes fest: Der Neoliberalismus ist der Versuch, das apriorische Schema von Kants Kritik der reinen Vernunft und Kritik der praktischen Vernunft auf die Ökonomie anzuwenden; diese ist als die Wissenschaft zu verstehen, die Mikroökonomie und Makroökonomie umfasst. Der Fiat-Sozialismus lehnt das neoliberale Projekt ab und beschränkt die Anwendung des a priori-Schemas auf die Mikroökonomie. Auf den Bereich der Makroökonomie wendet der Fiat-Sozialismus im Gegenteil das a posteriori-Schema an.

Um das kantische Schema wiederzugeben, werde ich auf die Analyse zurückgreifen, die Dr. Arthur F. Holmes in seinen Vorlesungen am Wheaton College in Illinois[3] durchgeführt hat. Dr. Holmes erklärte das kantische Schema auf diese Weise:

> Voraussetzung → allgemeines Prinzip → Regel → konkreter Fall

Der Fiat-Sozialismus benutzt dieses Schema als Richtschnur. Daher findet sich in diesem Buch in Kapitel 2 mit den Zielen des Sozialismus eine Voraussetzung, mit der Modern Mone-

[3] Dr. Arthur Holmes' Vorlesungen sind online verfügbar unter https://www.youtube.com/playlist?list=PL9GwT4_YRZdBf9nIUHs0zjrnUVl-KBNSM. Sie sind ein wahres Kleinod. Die Darstellung der vier Stufen des kantischen Systems entspricht der Vorlesung Nummer 55 https://www.youtube.com/watch?v=rR-syCO7kCU&list=FL3zv_KwzcHcX77POb8pxfjw&index=11&t=3001s.

tary Theory in Kapitel 3 ein allgemeines Prinzip, in Kapitel 4 mit der Gewinngleichung von Kalecki eine Regel und in Kapitel 5 mit der Analyse der Situation in Spanien ein konkreter Fall.

Diese Einteilung entspricht jedoch nicht Kants Schema der reinen Verstandesbegriffe. Der Fiat-Sozialismus ist eine Reflexion politischer Natur über die makroökonomische Politik, die, wie bereits erwähnt, empirischer Natur ist und daher nicht dem apriorischen Schema Kants entspricht.

Was die Mikroökonomie betrifft, so akzeptiert der Fiat-Sozialismus das kantische Schema in seiner Gesamtheit und nicht nur als Orientierung. So akzeptiert der Fiat-Sozialismus die Prinzipien der Mikroökonomie als reine Verstandesbegriffe, bestreitet jedoch diesen Anspruch im Falle der Makroökonomie.

4. DEDUKTION UND INDUKTION

Karl Popper, der einzige wohlmeinende neoliberale Denker, folgte dem von Kant vorgezeichneten Weg und unterschied zwischen apriorischem und empirischem Wissen, indem er auf Deduktion und Induktion zurückgriff.

Das Wörterbuch der Real Academia Española (Königlich Spanische Akademie) liefert uns diese Definitionen:

Deduktion: Methode, mit der man logisch vom Allgemeinen zum Besonderen gelangt.

Deduzieren: Eine bestimmte Wahrheit aus einem allgemeinen Prinzip ableiten.

Induzieren:

1. Jemanden zu etwas bewegen oder ihm einen Grund geben, dies zu tun.
2. Etwas hervorrufen oder verursachen.
3. Bestimmten Beobachtungen oder Erfahrungen das ihnen zugrunde liegende allgemeine Prinzip entnehmen.

Popper zählte die Wirtschaftswissenschaften zu den empirischen Wissenschaften, d. h. zu den Wissenschaften, deren Theorien durch Erfahrung widerlegbar sind, und lehnte die Induktion vollständig ab, indem er sagte:

> „Nach unserer Auffassung [...] gibt es keine Induktion. Der Schluss von den durch ‚Erfahrung' (was immer wir auch mit diesem Worte meinen) verifizierten besonderen Aussagen auf die Theorie ist logisch unzulässig, Theorien sind somit niemals empirisch verifizierbar. Wollen wir den positivistischen Fehler, die naturwissenschaftlich-theoretischen Systeme durch das Abgrenzungskriterium auszuschließen, vermeiden, so müssen wir dieses so wählen, dass auch Sätze, die nicht verifizierbar sind, als empirisch anerkannt werden können.
>
> [...] Nun wollen wir aber doch nur ein solches System als empirisch anerkennen, das einer Nachprüfung durch die ‚Erfahrung' fähig ist. Diese Überlegung legt den Gedanken nahe, als Abgrenzungskriterium nicht die Verifizierbarkeit, sondern die Falsifizierbarkeit des Systems vorzuschlagen [...]" (Popper 1994, 14–15).

Mit diesem Absatz führt er in die zwei – seiner Meinung nach – fundamentalen Probleme der Erkenntnistheorie ein: die Induktion (die Kant als Hume-Problem bezeichnet) und die Abgrenzung (die Popper als Kant-Problem bezeichnet) (Popper 1994, 9). Der Autor, der einem bei Poppers Worten sofort in den Sinn kommt, ist jedoch John Maynard Keynes.

Karl Poppers politischer Einfluss ist enorm. Der einzige Gelehrte, der im 20. Jahrhundert einen vergleichbaren politischen Einfluss hatte wie er, war Keynes. Meiner Ansicht nach ist Popper Keynes' Widersacher. Popper ist der Denker, auf den sich der Neoliberalismus stützte, um der erkenntnistheoretischen Revolution in der Ökonomie entgegenzuwirken, die der Vorstoß von Keynes' Werk ausgelöst hatte. Keynes' Werk wird in verschiedenen Teilen dieses Buches eingehender analysiert. In dieser Einleitung können wir jedoch sagen, dass Keynes' Hauptbeitrag zur Wirtschaftswissenschaft darin bestand, dass er zusammen mit Michal Kalecki das Konzept der gesamtwirtschaftlichen Nachfrage einführte. Im keynesianischen System erscheint der Staat als wirtschaftlicher Akteur, der in der Lage ist, zur Erreichung von Vollbeschäftigung eine ausreichende Gesamtnachfrage zu erzeugen, und zwar dank der monetären Souveränität, die er durch die Fähigkeit zur Emission von Fiat-Geld erhält. Das bedeutet, dass das keynesianische System ein induktives System ist, in dem der Staat durch Buchungen bei der Zentralbank die gesamte zur Erreichung von Vollbeschäftigung nötige nationale Währung emittiert. Anders ausgedrückt, der Staat *induziert* das Entstehen einer makroökonomischen Situation der Vollbeschäftigung unabhängig von den Investitionsentscheidungen des privaten Sektors auf mikroökonomischer Ebene.

Dies widerspricht dem von Kant und Popper vorgeschlagenen deduktiven Schema, da es die öffentlichen Ausgaben zu einer Ex-post-Variablen macht. Mit anderen Worten: Der Staat greift in den Wirtschaftskreislauf ein, um die Lücke, die der private Sektor auf dem Arbeitsmarkt hinterlässt, im Nachhinein zu schließen und die Wirtschaft auf ein Niveau der Vollbeschäftigung zu bringen. Für Popper ist dies aus wissenschaftlicher Sicht inakzeptabel. Der Neoliberalismus extrapoliert die Ablehnung dieses wissenschaftlichen Arguments in eine ideologische Ablehnung.

Zur Erklärung dieser Extrapolation können wir ein historisches Beispiel heranziehen. Die kopernikanische Physik löste die ptolemäische Physik ab und führte zur Erfindung des Astrolabiums. Das Astrolabium war jedoch nicht das erste Orientierungsinstrument. Auch die geozentrischen Systeme der ptolemäischen Physik führten zu relativ genauen, aber außerordentlich komplexen Orientierungsinstrumenten. Das Astrolabium revolutionierte die Navigation, da es durch die Platzierung der Sonne im Zentrum des Systems viel einfacher und genauer zu benutzen war.

Für Popper ist der Keynesianismus für die Wirtschaft das, was das ptolemäische System für die Physik ist. Im ptolemäischen System war die Lage der Erde im Zentrum der Galaxie keine Tatsache, die durch Erfahrung überprüft werden konnte, sondern ein religiöses Glaubensdogma. Die Orientierungsinstrumente bauten auf diesem Glaubensdogma auf, das nicht hinterfragt werden durfte und daher durch Ad-hoc-Orientierungsinstrumente bestätigt werden musste.

So wurde aus den besonderen Erfahrungen der Orientierung der implizite allgemeine Grundsatz abgeleitet, dass sich die Erde im Zentrum der Galaxie befindet. Dies ist ein Beispiel für eine Induktion im Bereich der Physik, bei der die erzielten Ergebnisse die Methode bestätigen sollten und nicht andersherum.

Im Fall des kopernikanischen Systems sollen die einzelnen Wahrheiten kein Glaubensdogma bestätigen, sondern werden unvoreingenommen aus einem allgemeinen Prinzip abgeleitet, das die Sonne in den Mittelpunkt der Galaxie stellt. Im kopernikanischen System ist es also die Methode, die die erzielten Ergebnisse bestätigt, und nicht umgekehrt, was der Definition der deduktiven Methodik entspricht.

Freilich liegt der Fehler in Poppers Argumentation darin, dass Physik und Makroökonomie Wissenschaften unterschiedlichen Charakters sind. Die Physik ist eine Naturwissenschaft, die Makroökonomie ist es nicht. Die Makroökonomie ist aus der Schaffung von Staaten entstanden, was wiederum zur Schaffung von Geld in Form einer nationalen Währung geführt hat. Diese Entstehung der Staaten und somit der Makroökonomie spiegelt eine menschliche Entscheidung wider, die Entscheidung, das Stammesleben des Paläolithikums aufzugeben und eine für das Neolithikum typische Lebensform in der Gesellschaft anzunehmen, die bis in die heutige Zeit reicht. Damit entschied die Menschheit, dass das Leben in Staaten vorteilhafter war als das Leben in Stämmen. Der Verzicht auf das Stammesleben, das sicherlich Vorteile und Freuden bot, führte zur Entstehung der neolithischen Staaten, in denen sich Schrift, Viehzucht, Ackerbau, Medizin, Wissenschaft, Arbeitsteilung und, in der Tat, der Markt entwickelten. Wir können uns nur vorstellen, wie das Stammesleben der Jäger und Sammler ausgesehen haben muss: die Freude an der Jagd in der Gruppe, die Aufregung und der Adrenalinstoß im täglichen Zusammenleben mit der Natur, das Gemeinschaftsleben in seiner reinsten Form. Im Stamm war das Leben kurz und erlebnisreich. In den Staaten wurde das Leben länger und intellektueller. Die Makroökonomie entstand aus dem Übergang vom Paläolithikum zum Neolithikum. Die Physik entstand nicht, sondern reagiert auf Naturgesetze, die nichts mit menschlichen Entscheidungen zu tun haben. Die Daseinsberechtigung der Makroökonomie, der Grund für ihre Entstehung, war die Verbesserung der Lebensbedingungen der Menschen. Das war und ist ihr Ziel. Daher sind es in der Makroökonomie (anders als in der Physik) die Ergebnisse, die die Gültigkeit der Methode bestätigen.

5. DIE AKZEPTANZ NICHT VERIFIZIERBARER AUSSAGEN IN DER MAKROÖKONOMIE

Die erkenntnistheoretische Rolle Kants ist für die Wirtschaftswissenschaften viel wichtiger, als es den Anschein hat. Kant hat sein apriorisches Schema nie auf die Ökonomie angewandt, noch hat er die Ökonomie als theoretische Wissenschaft betrachtet. Diese Überlegungen sind das Werk des Neoliberalismus, und von ihnen leitet sich die Originalität des Neoliberalismus ab. Kant wandte seine apriorischen Schemata auf die Naturwissenschaften und die Moral an, wo sich die reinen Verstandesbegriffe finden, „die *Naturbegriffe* und der *Freiheitsbegriff*" (Kant 1790).

Dennoch hat sich Kant mit dem Geld beschäftigt, insbesondere in seinen Schriften zur Rechtsphilosophie. Eine exzellente Analyse von Kants Überlegungen zum Geld findet sich in dem Forschungsbeitrag *Kants ‚intellektueller Begriff des Geldes' und die Aufgabe der Wirtschaftsphilosophie* (Hoffmann 2014). Dort sagt Hoffmann zu Recht: „Kant geht davon aus, dass die Institution des Geldes in allgemeiner Hinsicht keineswegs nur eine empirische Geschichte ausdrückt – was im Übrigen keineswegs zu leugnen ist –, sondern eine apriorische Konstante, die in gewisser Weise zu einer allgemein juridisch gestalteten Sozialität gehört."

Das heißt, für Kant spiegelt der Gebrauch des Geldes durch die Menschen nicht nur einen Warentausch, die Existenz einer emittierenden Instanz oder ein Mittel zur Unterhaltung vertraglicher Beziehungen wider, sondern ein vorheriges rationales Verhalten, das zum *natürlichen* Auftreten des Geldes als Zahlungsmittel führt. Für Kant geht der intellektuelle Begriff des Geldes also dem Auftreten von Staaten voraus. Es ist diese Vorstellung von Geld, die, wie Hoffmann betont, später die Idee des *homo oeconomicus*[4] hervorgebracht hat. Darüber hinaus zitiert Hoffmann diese Worte Kants: „Die Sache nun, welche Geld heißen soll [...], muss also selbst so viel *Fleiß* gekostet haben, um sie hervorzubringen [...], dass dieser demjenigen *Fleiß*, durch welchen die Ware [...] hat erworben werden müssen, [...] gleich komme" (in Hoffmann 2014). Kants Vorstellung von Geld entspricht also dem Warengeld.

So finden wir in Kants Werk zwei Grundpfeiler des Neoliberalismus: den *homo oeconomicus* und das Warengeld.

Somit nimmt der Neoliberalismus für sein Projekt den von Kant hinterlassenen Fehdehandschuh auf. Der Fiat-Sozialismus lehnt diese beiden Pfeiler ab. Kapitel 6, das den Schlussfolgerungen dieser Arbeit gewidmet ist, enthält den Artikel „*Elementarer Kommunismus*". Darin werden David Graebers Beiträge zur Wirtschaftsgeschichte analysiert. Diese Beiträge widerlegen sowohl die Vorherrschaft des Warengeldes als auch die Existenz von Geld vor der Entstehung von Staaten. Wie Graeber feststellt, zeigen die historischen Aufzeichnungen, dass Geld erst nach der Gründung von Staaten entstand, nicht davor, und dass Stammesorganisationen nicht auf einer Form von Warengeld basierten. Das schließt die Existenz des *homo oeconomicus*, wie sie der Neoliberalismus annimmt, aus dem Bereich der Anthropologie und Geschichte aus.

Dieser Irrtum des Neoliberalismus macht die Anwendung des kantischen apriorischen Schemas in der Makroökonomie unmöglich, ebenso wie jedes transzendentale Wissen im Bereich der Makroökonomie, da es kein Subjekt gibt, das sich über eine gegebene, ihm fremde Natur erhebt, welche nicht in sich selbst erkannt werden kann, aber auf apriorische Schemata reduziert werden kann, die es vorhersehbar machen.

Dem Fiat-Sozialismus zufolge reduziert sich in der Ökonomie alles transzendentale Wissen auf den Bereich der Mikroökonomie. Der Prozess läuft folgendermaßen ab: Zunächst schafft der Mensch ein *domicilium* (Kant 1790), eine künstliche Natur, eine Art Stellvertreter für die Natur (ein Spiel, wenn man es so nennen will), das Makroökonomie genannt wird.

[4] Als erster verwendete diesen Begriff John Stuart Mill im 19. Jahrhundert. Mill führte den Begriff jedoch unter dem Einfluss von Adam Smiths Arbeiten ein, der wiederum ein Zeitgenosse und Kenner der Schriften Kants war, aus denen er seine Inspiration bezog.

Eine solche künstliche Natur bringt eine *ditio* (Kant 1790) hervor, die ihre eigenen Regeln und Gesetze enthält, genau wie in den Naturwissenschaften, doch es sind Regeln und Gesetze, die vom Menschen diktiert werden, der seinerseits die Macht hat, sie jederzeit zu ändern. Erst wenn dieser Stellvertreter der Natur, die Makroökonomie, von Staaten (souveränen Geldemittenten) geschaffen wurde, entsteht das *territorium* (Kant 1790) der Märkte und der Mikroökonomie. In diesem Schema benutzt die Mikroökonomie die Makroökonomie in ähnlicher Weise, wie die Naturwissenschaften die Natur benutzen, und das ist es, was es der Mikroökonomie erlaubt, deduktive a priori-Schemata in Form von Theorien anzuwenden.

In Bezug auf das zuvor Gesagte gibt es jedoch aus den Reihen des Neoliberalismus Kritik, die als berechtigt angesehen werden muss. Dieser Kritik zufolge, die sowohl von Karl Popper als auch von Hayek geäußert wurde, lässt sich das keynesianische System nicht als Theorie betrachten. Daher können wir nicht von der *Allgemeinen Theorie der Beschäftigung, des Zinses und des Geldes* sprechen, wie sie von Keynes in seinem Werk beschrieben wurde, da sie einem induktiven und a posteriori-Schema der Makroökonomie entspricht. Ich halte diese Kritik für berechtigt. Theorien können nur auf deduktive Schemata reagieren, die auf der Grundlage von a priori-Sätzen entwickelt wurden, und das ist weder beim Keynesianismus noch bei der Modern Monetary Theory noch bei jeder Art von Makroökonomie allgemein der Fall. Deshalb weigert sich Popper in *The Open Society and its Enemies* hartnäckig, den Begriff ‚Makroökonomie' zu verwenden und benutzt stattdessen den Begriff ‚Soziologie', weshalb er auch den Keynesianismus in seiner *Logic of Scientific Discovery* in den Bereich der Statistik verweist. Er hat Recht. Die Makroökonomie (ein von Keynes geprägter Begriff) ist eben keine theoretische, sondern eine empirische Wissenschaft, und es wäre richtig gewesen, den Begriff ‚Theorie' in der Modern Monetary Theory wegzulassen. Es hätte genügt, den Begriff ‚System' zu verwenden und die Formulierung Modern Monetary System (MMS) zu wählen, da es sich tatsächlich um ein System handelt, und zwar um ein empirisches, induktives und a posteriori-System. Diese Kritik schmälert jedoch in keiner Weise die moralische und wissenschaftliche Legitimität des Keynesianismus oder der Modern Monetary Theory, die meiner Meinung nach gültige makroökonomische Modelle darstellen. Es handelt sich lediglich um eine terminologische Kritik, die akzeptiert werden muss, weil sie keine große Bedeutung hat.

Poppers Worten ist entgegenzuhalten, dass das, was er als „logisch unzulässig" bezeichnet, sein neoliberaler Anspruch ist, das aprioristische Schema der Mikroökonomie auf den Bereich der Makroökonomie auszudehnen. Denn so etwas ist unmöglich, wie wir sehen werden, wenn wir in Kapitel 3 die deskriptiven Prinzipien der Modern Monetary Theory erläutern (die nichts anderes sind als die deskriptiven Prinzipien der Makroökonomie im Allgemeinen). Wie Warren Mosler in seinen Vorlesungen[5] erklärt, basiert die gesamte Makroökonomie auf einer zentralen Macht, die in der Lage ist, die Bürger zu besteuern. Diese Bürger werden automatisch arbeitslos und suchen eine Beschäftigung, mit der sie die Steuerschuld bezahlen können. Die Zentralmacht gibt dann das von ihr aus dem Nichts geschaffene Fiat-Geld aus, um die Arbeitskraft der arbeitslosen Bevölkerung zu kaufen, damit sie sich selbst versorgen kann, und so wird die arbeitslose Bevölkerung beschäftigt. Dieser Prozess ist notwendigerweise induktiv. Es ist die Notwendigkeit der Zahlung einer nicht selbst gewählten Steuer, die die Bevölkerung dazu veranlasst, Arbeit zu suchen, Unternehmen zu gründen und Waren und Dienstleistungen im Austausch für die Fiat-Währung einer Zentralmacht zu produzieren. Ohne diese induktive Notwendigkeit, Steuern zu zahlen, würde die Bevölkerung weder Unternehmen gründen, noch wäre sie arbeitslos oder würde Güter und Dienstleistungen im Austausch gegen Geld liefern. Den *homo oeconomicus* gibt es nicht und hat es nie gegeben; er ist ein neoliberaler Mythos, ob es dem ehrwürdigen (und zweifellos brillanten) Professor Popper gefällt oder nicht.

Es ist von essenzieller Bedeutung, die Einführung nicht verifizierbarer Aussagen in der Makroökonomie nicht zu akzeptieren. Mit anderen Worten: Da die Makroökonomie

[5] Ein Beispiel für einen Vortrag, in dem Mosler den induktiven Charakter der Makroökonomie erklärt: *Conferencia de Warren Mosler – Teoría Monetaria Moderna* https://youtu.be/bZ4NWp0C3CA.

eine induktive Wissenschaft ist, sind alle Entscheidungen, die im Bereich der Makroökonomie getroffen werden, verifizierbar, d.h. sie sind, je nach ihren Ergebnissen, richtig oder falsch. Wer das Gegenteil behauptet, verfällt in neoliberales magisches Denken, wie beispielsweise das absurde Saysche Gesetz, das vom Neoliberalismus vertreten wird und besagt, dass das Angebot seine eigene Nachfrage schafft. Das Gegenteil ist der Fall. Wenn niemand eine Ware nachfragt, schafft sie auch niemand, denn „Keiner kann verkaufen, ohne dass ein anderer kauft" (Marx 1887). Deshalb ist „die kapitalistische Produktion nicht nur Produktion von Ware, sie ist wesentlich Produktion von Mehrwert" (Marx 1887).

Dieser Aspekt (die Ablehnung der Einführung nicht verifizierbarer Aussagen in die Makroökonomie) macht die Modern Monetary Theory und den Neoliberalismus zu unvereinbaren Denkschulen. Im Kapitel zur Modern Monetary Theory werden wir daher sehen, dass ein Staat mit Währungssouveränität der Arbeitslosigkeit nur ein Ende setzen kann, indem er sie verbietet. Mit anderen Worten: Die Modern Monetary Theory betrachtet Arbeitslosigkeit als ein politisches Problem, da jeder währungssouveräne Staat durch seine Ausgabenpolitik über die Höhe der Arbeitslosigkeit entscheidet. Wenn ein souveräner Staat beschließt, dass seine Arbeitslosigkeit gleich Null sein muss, muss er nur alle Arbeitslosen zu einem in nationaler Währung gezahlten Lohn einstellen, da dem Staat die eigene Währung nicht ausgehen kann. In der Modern Monetary Theory bezeichnet man dies als Jobgarantie.

Der Neoliberalismus setzt seinerseits auf die magische Vorstellung, dass Vollbeschäftigung und die Beseitigung der öffentlichen Defizite miteinander vereinbar seien. Deshalb hält er an einer irrationalen makroökonomischen Politik fest, die bei steigender Arbeitslosigkeit den Abbau der öffentlichen Defizite fördert. Daher ist „die moderne Staatsgewalt nur ein Ausschuss, der die gemeinsamen Geschäfte der gesamten Bourgeoisieklasse verwaltet" (Marx/Engels 1848). Wieder einmal treten Warengeld und *homo oeconomicus* in Erscheinung.

Dem Neoliberalismus zufolge kann der Staat die Jobgarantie nicht erfüllen, da er, um ausgeben zu können, Steuern erheben muss. Im Kapitel über die Modern Monetary Theory werden wir sehen, dass dieses neoliberale Postulat ein Irrweg ist.

6. MIKROÖKONOMISCHER VS MAKROÖKONOMISCHER RAHMEN

Wir wollen den Gegensatz zwischen dem a priori-Schema der Mikroökonomie und dem a posteriori-Schema der Makroökonomie veranschaulichen.

Nehmen wir als mikroökonomisches Beispiel das Gesetz des abnehmenden Grenznutzens. Dieses mikroökonomische Gesetz „besagt, dass der Konsum eines Gutes umso weniger zusätzlichen Nutzen bringt, je mehr es konsumiert wird (wobei der Konsum anderer Güter konstant bleibt). Der Wert eines Gutes nimmt ab, wenn eine neue Einheit dieses Gutes konsumiert wird“ (Unigal.mx).

Dank dieses Gesetzes können Unternehmen unter anderem ihr optimales Beschäftigungsniveau bestimmen, bevor sie Arbeitnehmer einstellen, d. h. a priori.

Schauen wir uns also an, wie sich dieses Gesetz im Kant'schen Schema ausdrücken lässt:

> Voraussetzung → allgemeines Prinzip → Regel → konkreter Fall

In diesem Beispiel wäre die Voraussetzung die Maximierung des Unternehmensgewinns durch die richtige Anzahl der eingestellten Arbeitnehmer. Das ist das zu erreichende Ziel und der Ausgangspunkt. Das allgemeine Prinzip würde durch das Gesetz selbst ausgedrückt, d. h.: „Der Konsum eines Gutes liefert umso weniger zusätzlichen Nutzen, je mehr es konsumiert wird (wobei der Konsum anderer Güter konstant bleibt). Der Wert eines Gutes nimmt ab, wenn eine neue Einheit dieses Gutes konsumiert wird“.

Die Regel würde durch die mathematische Quantifizierung des allgemeinen Grundsatzes ausgedrückt. In diesem Fall finden wir diese Formel:

„**Umx = DUtx/DQx**
Umx: Grenznutzen des Gutes.
DUtx: Zunahme des Gesamtnutzens der Güter.
DQx: Zunahme der Einheiten des Artikels.“
(EAE Business School).

Um schließlich die korrekte Anzahl der eingestellten Arbeitnehmer zu ermitteln, müssen die Daten des betreffenden Unternehmens in die Formel eingesetzt werden:

$$u_x = \frac{\triangle Ut_x}{\triangle Q_x}$$

Auf diese einfache Weise lässt sich ein kantisches deduktives und apriorisches Schema auf die Mikroökonomie anwenden, bei dem man, ausgehend von einer allgemeinen Voraussetzung und einem Prinzip, das Verständnis auf besondere Fälle lenken kann. So wird die richtige Anzahl von Arbeitnehmern aus einem allgemeinen Prinzip abgeleitet, unabhängig von konkreten Erfahrungen.

Das Problem entsteht, wenn der Neoliberalismus versucht, den Staat einem privaten Unternehmen gleichzusetzen, d.h. wenn der Neoliberalismus Mikroökonomie und Makroökonomie verwechselt. Dazu muss er falsche Variablen einführen und den Staat als reinen Nutzer der nationalen Währung betrachten, während er in Wirklichkeit nicht nur Nutzer der nationalen Währung ist, sondern auch deren Emittent. Um den emittierenden Charakter des Staates zu beseitigen, befürwortet der Neoliberalismus die Beseitigung der öffentlichen Defizite und behauptet fälschlicherweise, die öffentlichen Defizite seien ebenso wie die privaten Defizite auf Dauer nicht tragbar.

Die Folge ist, dass der Neoliberalismus auf makroökonomischer Ebene nur Massenarbeitslosigkeit und Elend hervorbringt.

Der Fiat-Sozialismus akzeptiert das Kant'sche Schema im Bereich der Mikroökonomie, dehnt es aber nicht auf die Makroökonomie aus, da der Fiat-Sozialismus in Anlehnung an die Modern Monetary Theory den Staat als Emittenten der nationalen Währung betrachtet. Daher kann der Staat öffentliche Defizite unbegrenzt lange aufrechterhalten, da er in seinem

Ausgabenniveau nicht durch sein Einkommensniveau eingeschränkt ist. Mit anderen Worten: Der Fiat-Sozialismus folgt der Modern Monetary Theory und entkoppelt die Steuererhebung von der Ausgabekapazität des Staates.

Daher konstruiert der Fiat-Sozialismus für die Makroökonomie ein zweites, vom mikroökonomischen Schema unabhängiges Schema, das folgendermaßen aussieht.

- Voraussetzung → allgemeines Prinzip → Regel → konkreter Fall
- Die Ziele des Sozialismus → Modern Monetary Theory → Kaleckis Profitgleichung → Makroökonomische Politik des Staates

In diesem zweiten Schema wird auf die Deduktion des mikroökonomischen Schemas verzichtet und auf ein induktives a posteriori-Schema zurückgegriffen. Auf diese Weise werden zwei von Kant dargelegte Grundsätze beibehalten. Erstens, dass die Voraussetzung, von der man ausgeht, ein Ziel in sich selbst ist. Das heißt, man beginnt mit den Zielen, die man erreichen will. Diese Ziele sind nicht das historische Ergebnis irgendeines vorherbestimmten Prozesses, sondern sie sind der Ausgangspunkt unserer gesamten rationalen Tätigkeit. Und zweitens drückt sich unsere wissenschaftliche Tätigkeit immer in konkreten Sätzen aus. Dort, auf dem Gebiet der Sätze, findet das Spiel statt, nicht auf dem Gebiet der unaussprechlichen Begriffe. Außerhalb der Sätze gibt es nur leeres Gerede und pseudoreligiöse Begriffe, wie im Hegelianismus.

Folglich wird die Ausweitung des kantischen apriorischen Schemas auf den Bereich der Makroökonomie abgelehnt und ohne zu zögern akzeptiert, dass Makroökonomie und Mikroökonomie unterschiedliche Wissenschaften sind, wobei erstere einem induktiven Schema und letztere einem deduktiven Schema unterliegt.

7. DIE MAKROÖKONOMIE IST KEIN EINZELFALL

Zum Abschluss dieser Einführung ist es meines Erachtens wichtig, darauf hinzuweisen, dass die Makroökonomie nicht die einzige Wissenschaft ist, die auf induktive Schemata zurückgreift. Sowohl in der Medizin als auch in den Ingenieurwissenschaften wurde von Anfang an bei Bedarf bedenkenlos auf induktive Methoden zurückgegriffen. Doch neben der Makroökonomie finden wir das deutlichste Beispiel für induktive Wissenschaft meiner Meinung nach im Bereich der künstlichen Intelligenz.

Dieser Bereich zielt darauf ab, eine Intelligenz auf menschlichem Niveau in Maschinen mit nicht-biologischem Substrat zu schaffen. Diese Wissenschaft beginnt jedoch mit einer sehr schwer zu beantwortenden Frage: Was ist Bewusstsein? Es gibt keine Möglichkeit, den Grad des Bewusstseins einer Entität zu messen. Bewusstsein wird nicht als Substanz abgesondert. Kein Gerät kann das Vorhandensein von Bewusstsein messen. Alles, was wir sagen können, ist, dass eine Masse von 1,5 kg, die 10^{16} Berechnungen pro Sekunde durchführt (d. h. unser Gehirn), bei richtiger Anordnung Bewusstsein besitzt, weil sie sich bewusst verhält. Dies ist eine rein induktive Schlussfolgerung. Wann hat eine Entität ein Bewusstsein? Wenn sie sich bewusst verhält. Das ist die Grundlage des berühmten Turing-Tests. Dieser Test besagt, dass eine Maschine ein menschliches Maß an Bewusstsein erreicht hat, wenn sie mit Menschen in einer Weise interagiert, die vom Verhalten anderer Menschen nicht zu unterscheiden ist, das heißt, wenn sie sich wie ein Mensch verhält und uns daher nicht daran zweifeln lässt, dass wir es mit einem bewussten Wesen zu tun haben.

Man muss also nicht bis zur ptolemäischen Physik zurückgehen, um Beispiele für Induktion in der Wissenschaft zu finden. Das spannende Gebiet der künstlichen Intelligenz basiert auf induktiven Modellen.

Der amerikanische Ingenieur Ray Kurzweil untersucht diesen Aspekt der künstlichen Intelligenz in seinem Buch *How to Create a Mind* (dt.: *Das Geheimnis des menschlichen Denkens*) (Kurzweil 2014) und behauptet, dass eine Maschine den Turing-Test im Jahr 2029 erfolgreich bestehen wird. Die

Makroökonomie ist also nicht die einzige Wissenschaft, die auf induktive Schemata zurückgreift, und sie sollte nicht als unterlegene Wissenschaft betrachtet werden.

Auch hier läuft alles auf die Einführung von nicht verifizierbaren Aussagen hinaus. Die Makroökonomie gehört zu den Wissenschaften, die keine nicht verifizierbaren Aussagen zulassen. Wir haben uns soeben mit künstlicher Intelligenz beschäftigt, haben jedoch weiter oben auch die Medizin und die Ingenieurwissenschaften erwähnt.

In der Medizin sterben die Patienten oder sie sterben nicht, sie werden geheilt oder sie werden nicht geheilt. Nach diesem Standard richtet sich die Medizin, und dieser Standard ist immer überprüfbar. In der Medizin sind Behandlungen, die den Patienten töten, nicht zulässig, sondern nur Behandlungen, die den Gesundheitszustand des Patienten nachweislich verbessern, selbst wenn ein Heilmittel bitter schmecken oder traumatisierend sein mag. Behandlungen, die dem Leben des Patienten ein Ende bereiten, werden immer abgelehnt.

Dasselbe gilt für Ingenieurarbeiten. Brücken stürzen nachweislich ein, oder sie stürzen nicht ein. Die Pyramiden Ägyptens oder Wolkenkratzer brechen zusammen oder nicht. Wenn Brücken nicht einstürzen und Gebäude nicht zusammenbrechen, sind sie gut gemacht. Wenn sie nicht stehen bleiben, sind sie schlecht gemacht. Dasselbe gilt für die Makroökonomie. Die vom Neoliberalismus propagierten Sparmaßnahmen bei den öffentlichen Ausgaben, die die Lebensbedingungen der Menschen verschlechtern, sind abzulehnen, denn sie verhindern nachweislich die Erreichung des Ziels der Makroökonomie, das nichts anderes ist als die Verbesserung der Lebensbedingungen der Bevölkerung.

Diese Argumentation ist unabhängig von den Gründen, warum die Aussagen verifiziert werden können oder nicht. Diese Frage kommt später. Die Ingenieure, die die ägyptischen Pyramiden bauten, kannten die moderne Physik nicht und konnten trotzdem ihre Aufgabe nachweislich erfüllen, und darauf kommt es an. Ebenso konnten die Ärzte des Altertums ihren Patienten ohne die heutigen Kenntnisse der Pharmakologie und der Chirurgie Heilmittel verschreiben. Ihre Patienten wurden geheilt, und darauf kam es an. Ein gesundes und effizientes mikroökonomisches System, das von der Familienwirtschaft bis hin zur Wirtschaft großer Unternehmen reicht, kann sich sicherlich positiv auf die makroökonomische Ebene auswirken, doch bei makroökonomischen Entscheidungen geht es immer um eine nachweisliche Verbesserung der Lebensqualität der gesamten Bevölkerung.

1
DIE ZIELE DES SOZIALISMUS

1. *THE ROAD WE ARE TRAVELING* VON STUART CHASE

Der Fiat-Sozialismus beginnt mit den fünf Zielen des Sozialismus. Diese werden in dem Buch *The Road We Are Traveling* (Der Weg, den wir gehen) des amerikanischen Wirtschaftswissenschaftlers Stuart Chase aus dem Jahr 1942 dargelegt. In seinem Buch vertritt Chase die Auffassung, dass jede vernünftige Regierung die Erreichung dieser fünf Punkte zum Ziel ihrer Wirtschaftspolitik machen sollte. Der Fiat-Sozialismus macht sich diese fünf Punkte zu eigen und wandelt sie in die Ziele des Sozialismus um, die erste Stufe des im vorigen Kapitel skizzierten Schemas.

Meine erste Begegnung mit dem Werk von Chase fand statt durch einen Beitrag auf Bill Mitchells persönlichem Blog mit dem Titel *Stuart Chase – a visionary ahead of his time* [Stuart Chase – ein Visionär, der seiner Zeit voraus war] (Mitchell 2017), der am 13. Juni 2017 veröffentlicht wurde.

Im Folgenden wird die Passage aus *The Road We Are Traveling* zitiert, in der Stuart Chase seine fünf Ziele für die Wirtschaftspolitik darlegt:

> „*Vollbeschäftigung*. Alle arbeitssuchenden Männer und Frauen, die in der Privatwirtschaft keine Beschäftigung finden, sollen vom Staat beschäftigt werden. Wenn den Bürgern einerseits Mindeststandards garantiert werden sollen, müssen sie andererseits durch ihre Arbeit dazu beitragen, diese Standards zu erreichen. Chronische Faulenzer können in Sanatorien betreut werden.

Vollständige und umsichtige Nutzung der materiellen Ressourcen. Ungenutzte Pflanzen und Maschinen müssen ebenso zum Skandal werden wie ungenutzte Menschen. Die Nutzung natürlicher Ressourcen, vor allem von Böden, Gewässern, Wäldern, darf jedoch nicht zu einem zunehmenden Verfall dieser Vermögenswerte führen. Der Ressourcenhaushalt muss ausgeglichen sein und unser nationales Erbe erhalten werden. Mineralien sind von Natur aus verfallende Vermögenswerte, müssen jedoch sparsam abgebaut werden, bei gleichzeitiger ständiger Suche nach Ersatzstoffen.

Gewährleistung der fünf lebensnotwendigen Güter für jeden Bürger – Nahrung, Wohnung, Kleidung, Gesundheitsdienste, Bildung. Der Lebensmittelstandard sollte auf der Grundlage einer angemessenen Ernährung, einschließlich der lebenswichtigen Vitamine, und nicht nur auf der Grundlage der Kalorienzahl festgelegt werden. Dies ist besonders wichtig für Kinder im Wachstum.

Soziale Sicherheit an allen wichtigen exponierten Stellen der Sozialstruktur. Dies würde Altersbeihilfen, Leistungen bei Krankheit, Unfall, vorübergehender Arbeitslosigkeit und Kindererziehung umfassen. [...]

Arbeitsnormen. Dazu gehören Mindestlöhne, Höchstarbeitszeiten, Standards für die Arbeitsbedingungen in allen Beschäftigungszweigen."

(Chase 1942)

Interessant ist, dass Chase seine fünf Punkte auf kantische Weise einleitet, indem er die Festlegung von Zielen als Ausgangspunkt nimmt und sagt: „Bevor ein Architekt oder ein Staatsmann oder sonst jemand einen intelligenten Plan entwerfen kann, muss er eine Analyse des Ziels vornehmen, das er anstrebt. Bevor wir Wirtschaftspläne erörtern [...], sollten wir in allgemeiner Form einige Ziele analysieren, die der Plan erreichen soll" (Chase 1942).

In unserer Definition des Fiat-Sozialismus haben wir gesagt, dass der Fiat-Sozialismus die Erreichung der Ziele des Sozialismus durch die Modern Monetary Theory darstellt. Somit ist der Fiat-Sozialismus als Umsetzung der Modern Monetary Theory zur universellen Erreichung der fünf von Chase beschriebenen Punkte zu verstehen. Später, wenn wir uns mit den Beiträgen von Kalecki befassen, werden wir sehen, dass dies eine demokratische Entscheidung über den Umfang des Privatsektors erfordert. In diesem Kapitel soll jedoch gesagt werden, dass der Fiat-Sozialismus, wenn er den universellen Zugang zu den fünf von Chase genannten Punkten festlegt, für einen universellen Zugang zu den fünf Zielen des Sozialismus plädiert, ohne dass sich die Bürger verschulden müssen, weil der Zugang zu den fünf Zielen entweder durch öffentliche Dienstleistungen oder durch den Lohn der Jobgarantie gewährleistet ist.

Im Weiteren werden die fünf Ziele des Sozialismus wieder aufgegriffen und in dem Kapitel zu Spanien näher analysiert.

2. DAS PARADOXON DER ZWEI SPRINGER

Um die Analyse der fünf Ziele des Sozialismus durch den Fiat-Sozialismus darzustellen, wird im Folgenden mein Artikel „Das Paradoxon der zwei Springer", der am 2. Dezember 2020 in *El Común*[1] veröffentlicht wurde, wiedergegeben. Dieser Artikel wurde am 6. Dezember 2020 in englischer Sprache von The Gower Initiative for Modern Money Studies[2] veröffentlicht. In diesem Artikel habe ich erstmals die fünf Punkte von Stuart Chase in den Vorschlag des Fiat-Sozialismus integriert.

DAS PARADOXON DER ZWEI SPRINGER

Marx argumentiert, dass jedes Wirtschaftssystem, das auf Privateigentum an den Produktionsmitteln beruht, zum Verschwinden verdammt ist, um einem überlegenen System ohne Privateigentum an den Produktionsmitteln Platz zu machen. Der Grund für diesen Zusammenbruch der kapitalistischen Gesellschaft und das anschließende Aufkom-

[1] Der Artikel ist online zu lesen unter: https://elcomun.es/2020/12/02/la-paradoja-de-los-dos-caballos/.

[2] Der Artikel ist online zu lesen unter: https://gimms.org.uk/2020/12/06/paradox-of-the-two-knights/.

men des Sozialismus ist im Gesetz des tendenziellen Falls der Profitrate zu suchen. Nach diesem Gesetz können sich die Widersprüche zwischen den gesellschaftlichen Klassen innerhalb des kapitalistischen Systems nur tendenziell verschärfen, denn um miteinander konkurrieren zu können, müssen die Kapitalisten ihre Profitrate ständig erhöhen. Dies ist nur durch stärkere Ausbeutung der Arbeiterschaft möglich, die sich in zunehmend niedrigeren Löhnen und zunehmend längeren Arbeitszeiten auswirkt. Diese Verarmung der lohnabhängigen Arbeiter stößt jedoch an eine Grenze, „das Kapital selbst" (Marx 1885). Unterhalb dieser Grenze kommt es zu einer Nachfragekrise, von der die Arbeiter nicht leben können, da sie nicht genug von den von ihnen produzierten Waren kaufen können. Außerdem gehen die wenigen Kapitalisten, die in diesem Stadium noch existieren, in Konkurs. Auf diese Weise stürzt das Gebäude des Kapitalismus ein und es entsteht ein besseres, nachhaltiges System ohne Privateigentum an den Produktionsmitteln – der Sozialismus, dessen höhere Stufe Kommunismus genannt wird. „Die Entwicklung der Produktivkräfte der gesellschaftlichen Arbeit ist die historische Aufgabe und Rechtfertigung des Kapitals. Eben damit schafft es unbewusst die materiellen Bedingungen einer höheren Produktionsform" (Marx 1844).

Keiner nahm Marx' Werk ernster als John Maynard Keynes. Deshalb erkannte er, dass die Geschichte vor einer grundlegenden Frage steht: Ist das, was Marx sagt, wahr? Um diese Frage zu beantworten, müssen wir die logische Form des Gesetzes des tendenziellen Falls der Profitrate beachten. Die logische Form dieses Gesetzes ist der *modus tollens* $[(P \to Q) \land \neg Q] \to \neg P$, das heißt, wenn es Privatbesitz gibt (P), dann bricht das System zusammen (Q); wenn das System nicht zusammenbricht ($\neg Q$), dann impliziert Privateigentum nicht den Zusammenbruch des Systems ($\neg P$).

Zweifellos hatte es in den Jahrzehnten zwischen der Veröffentlichung von Marx' *Das Kapital* und der Zeit von Keynes dramatische Entwicklungen gegeben. Während es nicht so schien, als stünde der Kapitalismus an vielen Orten der Welt kurz vor dem Zusammenbruch, hatte die kommunistische Revolution in der Sowjetunion triumphiert; 1929 war die US-Wirtschaft nach den Analysen der von Marx dargelegten Nachfragekrisen in eine schwere Rezession geraten, und Deutschland war zwischen Nationalsozialismus und Kommunismus hin- und hergerissen. In den Augen eines Antisozialisten wie Keynes war die Situation höchst beunruhigend. Um die Falschheit der Prämisse P→Q zu beweisen, muss diese Prämisse in nur einem einzigen Fall falsch sein. Dies veranlasste Keynes, sich mit dem in seinen Augen wichtigsten Beitrag von Marx zu befassen, nämlich mit seiner Analyse des Geldkreislaufs. Wenn es irgendeinen Widerspruch in Marx' Ansätzen gab, dann musste er dort liegen.

Um zum monetären Kreislauf zu gelangen, musste Keynes zuerst Marx' Theorie der Arbeit durchgehen. Tatsächlich akzeptierte er sie als wahr und schrieb: „Ich bin überzeugt, dass sich durch eine strenge Beschränkung auf die beiden Einheiten Geld und Arbeit viele unnötige Unklarheiten vermeiden lassen, die sich bei der Beschäftigung mit dem Verhalten des Wirtschaftssystems als Ganzem ergeben." (Keynes 1936) Aus anthropologischer Sicht hat Keynes kein Problem damit, zu akzeptieren, dass menschliche Arbeit die einzige Quelle für Wertschöpfung ist und dass der Wert von Waren menschlicher Arbeit entspringt, so wie kaltes Wasser beim Eintauchen eines heißen Gegenstandes dessen Wärme aufnimmt. Der Widerspruch findet sich im nächsten Schritt, wenn Marx den monetären Kreislauf in einer monetären Produktionswirtschaft analysiert, in der eine Verlagerung stattfindet, die wegführt von Produzenten, die ihre Waren gegen Geld tauschen, um andere Waren zu kaufen (c – m – c), und hin zu Kapitalisten, die Geld anhäufen, um Waren zu kaufen, die sie dann dank des von den Arbeitern extrahierten Mehrwerts (m – c – M) für einen größeren Geldbetrag verkaufen. Dieser Schritt wird von Marx als Erweiterung des Tauschhandels erklärt; er erwähnt Robinson Crusoe und nimmt eine metallistische Haltung gegenüber dem Geld ein. Hier findet Keynes den Widerspruch, den er in dem von Marx vorgestellten exogenen Warengeld gesucht hat, und darauf baut er seine Arbeit auf.

Zunächst bestreitet er exogenes Geld und verteidigt den endogenen Charakter des Fiat-Geldes. So stellt er in seiner *Abhandlung über das Geld* die Geldschöpfung als endogenen Teil des Wirtschaftskreislaufs dar und lehnt die Theorie der kreditfähigen Mittel ab. Das Geld wird größtenteils von den

Banken geschaffen, die ihren Kunden unabhängig von ihren Geldreserven Kredite gewähren, da sie sich jederzeit an die Zentralbank als Kreditgeber der letzten Instanz wenden können. Der Rest des Geldes wird direkt von den Staaten durch die Zusammenarbeit zwischen der Zentralbank und dem Schatzamt geschaffen, um öffentliche Ausgaben zu tätigen. In beiden Fällen ist das Geld in Landeswährung denominiert und stammt von der Zentralbank, die bei der Ausgabe von Landeswährung nicht auf ihre Gold- oder Silberreserven, die Erhebung von Steuern oder die Emission von Schulden angewiesen ist.

Dies wirft eine politische Frage auf, die wiederum von Marx nicht analysiert wurde. Während in der *Abhandlung über das Geld* die Geldschöpfung als eine Entscheidung der Banken dargestellt wird, wenn sich ihnen die Möglichkeit bietet, Gewinne zu erzielen, wird in der *Allgemeinen Theorie* die Geldschöpfung auch als eine politische Entscheidung der Regierungen dargestellt, um die Gesamtnachfrage durch öffentliche Ausgaben über Defizite zu erhöhen. Ohne diese Fähigkeit der Regierungen, durch öffentliche Defizite eine Gesamtnachfrage zu schaffen, würde sich nicht nur Marx' Prophezeiung über den Zusammenbruch des Kapitalismus erfüllen, sondern es wäre auch unmöglich, die Entstehung der monetären Produktionswirtschaften zu erklären. Der Geldkreislauf entsteht nicht durch Tauschhandel, weder durch Gold noch durch Silber, sondern durch Kredite, die von Regierungen als souveränen Emittenten nationaler Währungen gewährt werden, was in den heutigen Gesellschaften durch die Existenz von Zentralbanken geschieht.

Keynes' Rezept ist einfach: Um die von Marx beschriebenen Nachfragekrisen zu vermeiden, müssen die Staaten durch öffentliche Ausgaben eine Gesamtnachfrage schaffen, um ein Vollbeschäftigungs- und Wohlstandsniveau aufrechtzuerhalten, das nicht zum Zusammenbruch des Kapitalismus führt. Dieses Rezept wandte Franklin Delano Roosevelt an, der selbst im Kontakt mit Keynes stand, um den New Deal auf den Weg zu bringen, der die USA aus der Großen Rezession von 1929 herausführte, und es ist auch das Rezept, das im Westen nach dem Zweiten Weltkrieg zum Aufbau von Wohlfahrts- und Sozialschutzsystemen angewendet wurde. Hier

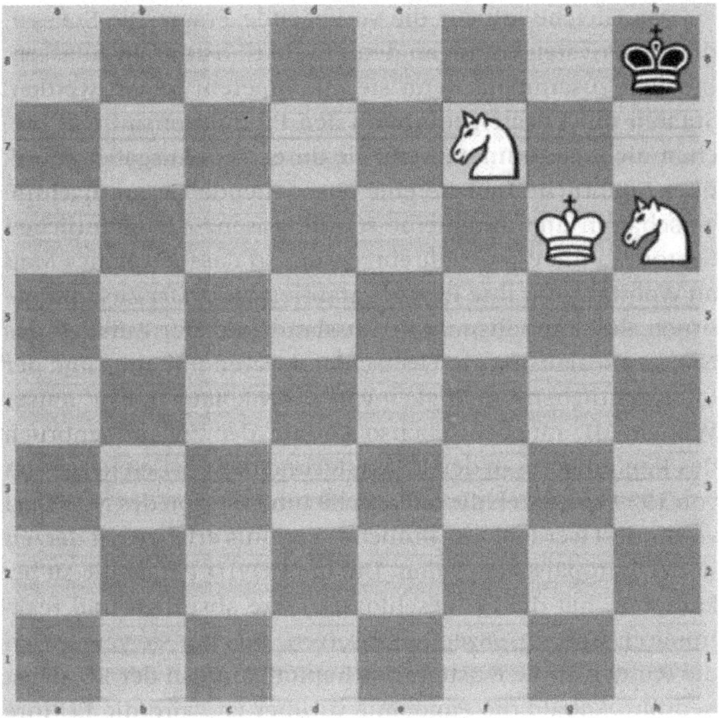

haben wir zwei Fälle, in denen $P \rightarrow Q$ nicht erfüllt wird und somit die von Marx aufgestellte Prämisse widerlegt wird.

Meiner Meinung nach muss die Linke unbedingt Lehren aus all diesen gesammelten Erfahrungen ziehen. Ich stelle mir die Frage gerne wie das Ende einer Schachpartie vor, bei der nur die beiden Könige und die beiden Springer derselben Farbe auf dem Brett stehen. In diesem Fall wird die Partie als unentschieden gewertet. Es liegt jedoch ein Paradoxon vor. Theoretisch ist es immer noch möglich, eine Schachmattstellung wie die im Diagramm gezeigte zu erreichen. Die Partie wird jedoch als unentschieden gewertet, weil eine Schachmattstellung wie im Diagramm nur erreicht wird, wenn der Spieler, der nur seinen König hat, mit dem Spieler, der beide Springer hat, zusammenarbeitet. Wenn der Spieler, der nur den König auf dem Brett hat, nicht kooperiert, ist ein Schachmatt unmöglich.

Das Gleiche gilt für die vorliegende Frage. Die Staaten, die das Privateigentum an den Produktionsmitteln zulassen, brechen zusammen, wenn sie inkompetent regiert werden. Staaten mit Privateigentum an den Produktionsmitteln brechen nicht zusammen, wenn sie durch ihre Ausgabenpolitik über öffentliche Defizite eine ausreichende Gesamtnachfrage schaffen und durch eine starke Präsenz des öffentlichen Sektors in die Wirtschaft eingreifen, so dass ein hohes Maß an Wohlfahrt für ihre Bürger garantiert wird. Der Zusammenbruch des Kapitalismus in Russland und der Aufstieg des Nationalsozialismus in Deutschland waren nur aufgrund der offensichtlichen Unfähigkeit von Zar Nikolaus II. bzw. Kaiser Wilhelm II. möglich; ebenso konnte der Zusammenbruch des Kapitalismus in den USA aufgrund der Großen Rezession von 1929 nur durch die öffentliche Intervention des New Deal verhindert werden. Ein ähnliches Ereignis erleben wir derzeit in der Europäischen Union. Um die COVID-Pandemie zu bekämpfen, hat die EU beschlossen, ihre absurden und reaktionären Defizitgrenzen auszusetzen. Das hat sie getan, weil die Pandemie die Existenz des Kapitalismus in der EU selbst bedroht. Sobald die Pandemie vorüber ist, wird die EU ihre Defizitgrenzen wieder einführen, damit ihr Modell des merkantilistischen Kapitalismus weiterhin die Privilegien der Exporteliten garantiert und die arbeitende Mehrheit zu einem suboptimalen Lebensstandard verdammt bleibt.

Bedeutet dies, dass wir dem Sozialismus abschwören sollten, dass der Versuch einer ganzheitlichen sozialistischen Umgestaltung von Wirtschaft und Gesellschaft Zeitverschwendung ist? Ganz und gar nicht. Der Verzicht auf den Sozialismus bedeutet den Verzicht auf ein besseres Leben. Keynes selbst schreibt:

> „Ein hervorstechendes Merkmal unseres Wirtschaftssystems ist insbesondere, dass es trotz starker Schwankungen von Produktion und Beschäftigung nicht über die Maßen instabil ist. Es scheint in der Tat über lange Phasen hinweg in dauerhaftem Zustand suboptimaler Aktivität verharren zu können, ohne erkennbare Tendenz zu einer Erholung oder einem vollständigen Zusammenbruch. Überdies spricht vieles dafür, dass Vollbeschäftigung oder auch nur annähernde Vollbe-

> schäftigung eine seltene und kurzlebige Erscheinung ist. Schwankungen vollziehen sich anfangs oft in einem kräftigen Tempo, scheinen aber abzuflauen, bevor sie Extremwerte erreichen, so dass der Normalzustand ein Zwischending, weder hoffnungslos noch zufriedenstellend, zu sein scheint.“ (Keynes 1936)

Wir Sozialisten dürfen uns nicht mit einem Leben unter diesen Umständen abfinden. Zum Abschluss dieses Artikels möchte ich in aller Kürze einen Vorschlag, den ich an anderer Stelle als Fiat-Sozialismus bezeichnet habe, als alternativen Weg zur sozialistischen Umgestaltung der Gesellschaft vorstellen. Ein Vorschlag, der hoffentlich bald als Buch vorliegt und so einer breiteren Öffentlichkeit zugänglich gemacht wird.

Zunächst einmal müssen sich beide Kontrahenten die Hände reichen und akzeptieren, dass das Spiel unentschieden ist. Die Sozialisten müssen akzeptieren, dass es keine historischen Gesetze gibt, und die Kapitalisten müssen akzeptieren, dass sie allenfalls unbefriedigende Lösungen für die großen sozialen Probleme anbieten können. Dann müssen die Weichen gestellt werden, um ein neues Spiel zu beginnen.

Wir müssen anfangen, uns zu fragen, was es bedeutet, dass es keine historischen Gesetze gibt. Historische Gesetze, wie das von Marx dargelegte, begreifen die Geschichte als die Entwicklung eines Gesetzes, auf dessen Wesen (Idee) sich die Menschheit im Laufe der Zeit hinbewegt. Das Wesen (die Idee) steht also am Ende eines Prozesses, auf den die Menschheit unaufhaltsam zusteuert. Dieses von Marx verfolgte Schema wurde zuerst von Aristoteles und dann von Hegel im Gegensatz zu Platon bzw. Kant übernommen und muss von der Linken aufgegeben werden. Das bedeutet, dass wir zu Kant zurückkehren und Hegel aufgeben müssen. Es gibt keine unumstößlichen historischen Gesetze, die das Schicksal der Menschheit bestimmen; der Mensch ist kein Akteur, der die Geburtswehen einer neuen, seit Anbeginn der Geschichte vorbestimmten Gesellschaft beschleunigen muss. Im Gegenteil, wir müssen von einem Urbild ausgehen, von dem sich unser politisches Handeln ableitet. Das bedeutet, dass wir unsere Ziele zu den Prämissen unserer Politik machen müssen. Wir glauben, dass diese Prämissen richtig sind, aber wir können uns dessen nicht sicher sein, und wir wissen nicht einmal, ob sie Wirklichkeit werden. Die Wahrheit oder Falschheit unserer Prämissen muss durch freie und demokratische Wahlen bestätigt werden. Im konkreten Fall des Sozialismus müssen wir von einer Definition ausgehen, die kein unumstößliches historisches Gesetz widerspiegelt, sondern die Ziele wiedergibt, die wir verteidigen. Hierzu schlage ich vor, die Ziele des amerikanischen Wirtschaftswissenschaftlers Stuart Chase zu übernehmen, der in seinem Buch *The Road We Are Traveling* von 1942 aussagt, dass jede Wirtschaftspolitik fünf grundlegende Ziele erfüllen muss:

- garantierte und dauerhafte Vollbeschäftigung
- volle und umsichtige Nutzung der natürlichen Ressourcen
- Garantie von Nahrung, Unterkunft, Kleidung, Gesundheitsversorgung und Bildung für jeden Bürger
- soziale Sicherheit in Form von Renten und Subventionen
- die Gewährleistung menschenwürdiger Arbeitsbedingungen.

Mit Ausnahme des zweiten Punktes, der sich auf die Erhaltung der Natur bezieht, waren dies grundlegende Achsen des Sozialismus in all seinen Formen, vom Sozialismus der sowjetischen Verfassung als dem ersten verbindlichen Rechtsdokument, das eine Arbeitsgarantie enthielt, bis hin zum Sozialismus der Wohlfahrtssysteme, die sowohl im ehemaligen sozialistischen Block als auch in den fortgeschrittenen Gesellschaften des Westens den Zugang zu den von Chase festgelegten Dienstleistungen garantierten. In der Tat war es die Verteidigung dieser fünf Punkte, die es der Linken ermöglichte, den Untergang der Sowjetunion zu überleben, und im Hinblick auf den Umweltschutz hat die Linke den Green New Deal bereits in ihre Ideen aufgenommen. Darüber hinaus waren diese fünf Punkte von grundlegender Bedeutung für wichtige nicht-sowjetische sozialistische Erfahrungen, die wir nicht vergessen dürfen, wie die von Mohammad Mosaddeq im Iran, der arabische Sozialismus von Gamal Abdel Nasser und der Baath-Partei, die Erfahrungen von Olof Palme in

Schweden, von Thomas Sankara in Burkina Faso, von Patrice Lumumba im Kongo, von Salvador Allende in Chile, von Evo Morales in Bolivien, von Jaime Roldós Aguilera in Ecuador, von Maurice Bishop in Grenada, von Hugo Chávez in Venezuela, von Fred Hampton in den USA, von Fernando Vaca Narvaja und den *Montoneros* in Argentinien und anderen. Es sind also diese fünf Punkte und ihre Verwirklichung, die wir als Sozialismus bezeichnen müssen, nicht ein System, in dem es unabhängig von der Verwirklichung dieser fünf Punkte, aber gemäß einem historischen Gesetz, kein Privateigentum an den Produktionsmitteln gibt oder in dem der Mehrwert gleich Null ist. Sowohl der Umfang des Privatsektors als auch die Höhe des Mehrwerts müssen von den Bürgern demokratisch beschlossen werden. Es wird Orte geben, an denen sozialistische Organisationen entsprechend den unterschiedlichen kulturellen Traditionen ihrer Mitglieder für die Verwirklichung dieser fünf Punkte durch stärkere oder geringere Beteiligung des Privatsektors eintreten werden. Ebenso werden die Arbeitnehmer im Gegenzug für garantierte Arbeit, gute Löhne, angemessene Sozialleistungen und die Vermeidung der mit dem privaten Unternehmertum verbundenen Risiken ein größeres oder geringeres Maß an Mehrwert tolerieren. Wichtig ist, dass sie über die notwendigen demokratischen Mechanismen verfügen, um dieses Niveau zu regulieren. Der beste Mechanismus hierfür sind meines Erachtens die von der Modern Monetary Theory befürworteten Jobgarantien auf der Grundlage von Beschäftigungspuffern.

Dies führt uns zum letzten Abschnitt dieses Artikels, der sich mit der Methode befasst. Die beste Methode, um die fünf oben genannten Ziele des Sozialismus zu erreichen, ohne eine galoppierende Inflation zu verursachen, ist meines Erachtens die Modern Monetary Theory. Wie ihr Begründer, der australische Wirtschaftswissenschaftler Bill Mitchell, sagt, ist diese ökonomische Schule kein politisches Regime, sondern eine Linse zur richtigen Betrachtung der Wirtschaftswissenschaft.[3] Die Modern Monetary Theory zeigt uns, wie wir alle realen Ressourcen der Wirtschaft nutzen können, ohne die

[3] Bill Mitchell selbst erklärt genau diese Idee in diesem Video: https://youtu.be/XK13evETnB4.

Preisstabilität zu gefährden. Die Vollbeschäftigung dieser Ressourcen kann auf die Ziele ausgerichtet werden, die politisch beschlossen werden. Mein Vorschlag ist, die Vollbeschäftigung der realen Ressourcen auf die fünf oben genannten Ziele auszurichten und dieser Beschäftigung den Namen Sozialismus zu geben.

Ich bin daher der Meinung, dass eine neue Definition des Sozialismus vorgelegt werden sollte. Gegenwärtig definiert die Königlich Spanische Akademie der Sprache den Sozialismus wie folgt: „Soziales und ökologisches System, das auf kollektivem oder staatlichem Eigentum und der Verwaltung der Produktionsmittel und der Mittel zur Verteilung der Güter beruht“. Diese Definition ist voll von Begriffen aus historischen Gesetzen, deren Existenz wir bisher geleugnet haben. Ich schlage daher eine neue Definition des Sozialismus vor: Ein soziales und wirtschaftliches System, das mit Hilfe der Modern Monetary Theory eine garantierte und dauerhafte Vollbeschäftigung, eine vollständige und umsichtige Nutzung der natürlichen Ressourcen, eine Garantie für Nahrung, Unterkunft, Kleidung, Gesundheitsversorgung und Bildung für jeden Bürger, soziale Sicherheit in Form von Renten und Subventionen sowie eine Garantie für menschenwürdige Arbeitsstandards bietet.

Wie ich bereits sagte, habe ich dies in der Vergangenheit als Fiat-Sozialismus bezeichnet, aber man könnte es auch als flexiblen Sozialismus bezeichnen, da er den Sozialismus von den durch das historische Recht auferlegten unumstößlichen Geboten befreit. Dieser Sozialismus wird an verschiedenen Orten unterschiedliche Formen annehmen; er akzeptiert, dass sozialistische Organisationen nicht vor Fehlentscheidungen gefeit sind, er wird verschiedene Stufen der Beteiligung des privaten Sektors sowie verschiedene Stufen der Bruttobetriebsüberschüsse beinhalten, und er ist offen für Verbesserungsprozesse, um die realen Ressourcen zur Erreichung der fünf Ziele des Sozialismus auf die bestmögliche Weise zu mobilisieren. Nur ein unumstößliches Gebot steht fest: die Währungssouveränität. Die Modern Monetary Theory ist nur in Währungssystemen gültig, in denen der Staat der souveräne Emittent seiner Währung ist und in denen es eine angemessene Koordinierung zwischen der Zentralbank und dem Schatzamt gibt. Wenn Archimedes im antiken Griechenland sagte: Gebt mir einen festen Punkt, und ich hebe die Welt aus den Angeln, so würde ein sozialistischer Archimedes sagen: Gebt mir die Währungssouveränität, und ich baue euch den Sozialismus auf. Ohne den festen Punkt der monetären Souveränität ist der Vorschlag des Sozialismus, wie oben erläutert, nicht möglich. In den meisten Teilen der Welt stellt dies kein Problem dar, da die Währungssouveränität bereits vorhanden ist, aber in der Europäischen Union ist dies das Haupthindernis für jede sozialistische Umgestaltung der Wirtschaft. Deshalb wäre in Spanien der erste Schritt zum Sozialismus der Ausstieg aus der Europäischen Union und dem Euro.

Euro delendus est.

3
DIE MODERN MONETARY THEORY

Ich fing mit einer Frage an: „Larry, was läuft schief mit unserem Budgetdefizit?“ Er antwortete: „Es nimmt Spareinlagen weg, die für Investitionen genützt werden könnten.“ Ich entgegnete: „Nein, tut es nicht, Staatspapiere verschieben einzig und allein operative Faktoren bei der Fed. Das hat nichts mit Ersparnissen und Investitionen zu tun.“ Darauf erwiderte er: „Naja, ich kenne mich mit der Zentralbank-Bilanzierung wirklich nicht aus, daher kann ich das auf dieser Ebene nicht besprechen.“

Gespräch zwischen Warren Mosler und Larry Summers, Wirtschaftswissenschaftler und ehemaliger Finanzminister der USA (Mosler 2017, 49f.)

1. DIE MODERN MONERARY THEORY ALS METHODE ZUR ERREICHUNG VON VOLLBESCHÄFTIGUNG UND PREISSTABILITÄT

$(T-G) + (S-I) + (M-X) = 0$

Inflation ist ein Anstieg des allgemeinen Preisniveaus. Ein solcher Anstieg muss jedoch über einen längeren Zeitraum anhalten, um als inflationär zu gelten. Mit anderen Worten, eine bloße Preisanpassung nach oben oder unten kann für sich genommen weder als inflationär noch als deflationär angesehen werden. Nur ein über einen längeren Zeitraum anhaltender Preisanstieg kann als inflationärer Prozess und nur ein über einen längeren Zeitraum anhaltender Preisrückgang kann als deflationärer Prozess betrachtet werden.

Vollbeschäftigung ist ein wirtschaftlicher Zustand, in dem alle, die bereit und in der Lage sind zu arbeiten, einen Arbeitsplatz haben.

Nur sehr wenige Menschen verstehen den Zusammenhang zwischen diesen beiden Aussagen. Der Grund für dieses Missverständnis liegt in der Mystifizierung, wenn nicht gar der Verheimlichung der Grundgleichung der Makroökonomie (T-G) + (S-I) + (M-X) = 0 durch die Mainstream-Ökonomen. Bevor wir uns mit der Modern Monetary Theory selbst befassen, wollen wir daher zumindest kurz die Gleichung erläutern, auf der die Makroökonomie beruht.

In Wirklichkeit drückt die Gleichung (T-G) + (S-I) + (M-X) = 0 nur die Tatsache aus, dass auf der Gesamtebene die Ausgaben gleich den Einnahmen sind, d. h., dass in der Wirtschaft als Ganzes die Ausgaben eines Akteurs ein entsprechendes Einkommen eines anderen Akteurs bedeuten. Berücksichtigt man alle Ausgaben und alle Einnahmen aller Wirtschaftssubjekte, so kann man feststellen, dass Einkommen = Ausgaben und somit Einkommen - Ausgaben = 0 ist.

Für die Zwecke der volkswirtschaftlichen Gesamtrechnung ist es sinnvoll, die Wirtschaft in drei Sektoren zu unterteilen: den öffentlichen, den privaten und den Auslandssektor. Auf diese Weise können die Ausgaben und Einnahmen je nachdem, in welchem Sektor sie anfallen, gruppiert werden. Das Ergebnis muss jedoch gleich Null bleiben, da wir lediglich die bestehenden Ausgaben und Einnahmen in Form von Salden umorganisiert haben, d.h. Saldo öffentlicher Sektor + Saldo privater Sektor + Saldo ausländischer Sektor = 0.

Betrachten wir nun die Einnahmen und Erträge des öffentlichen Sektors.

- Die Einnahmen des öffentlichen Sektors sind die Steuern (T), die er von den anderen beiden Sektoren einnimmt.
- Die Ausgaben des öffentlichen Sektors (G) sind die Ausgaben des öffentlichen Sektors zur Finanzierung der von ihm durchgeführten wirtschaftlichen Aktivitäten.

Betrachten wir nun die Einkommen und Einnahmen des privaten Sektors.

- Die Einkommen des privaten Sektors sind die Ersparnisse der privaten Unternehmen und der privaten Haushalte (S), d. h. der Teil ihres Einkommens, den sie behalten und nicht für den Konsum von Waren und Dienstleistungen verwenden.
- Die Ausgaben des privaten Sektors werden als Investitionen (I) bezeichnet und sind Ausgaben für den Erwerb von Gütern und Dienstleistungen.

Betrachten wir nun die Einkommen und Einnahmen des Auslandssektors.

- Die Einnahmen des Auslandssektors sind Importe (M), d. h. Waren und Dienstleistungen, die von anderen Ländern produziert werden. Diese Länder haben beschlossen, auf den Genuss dieser Waren und Dienstleistungen für die Inländer zu verzichten und dafür Geld aus dem importierenden Land zu erhalten.
- Bei den Ausgaben des Auslandssektors handelt es sich um Exporte (X), d. h. um Waren und Dienstleistungen, die von inländischen Unternehmen hergestellt werden, die aber gegen Geld aus dem Einfuhrland in andere Länder geliefert werden.

Wie eingangs erwähnt, impliziert jede Ausgabe in einem der Sektoren ein entsprechendes Einkommen in einem anderen und umgekehrt, so dass sich auf der aggregierten Ebene alle Ausgaben und alle Einnahmen durch die Addition zu Null ausgleichen. Unter Verwendung der obigen Terminologie erhalten wir daher die Gleichung: $(T-G) + (S-I) + (M-X) = 0$.

Dieses Verständnis ist von grundlegender Bedeutung für das Verständnis des Beschäftigungsniveaus in einer Volkswirtschaft, da dieses Niveau von den öffentlichen Ausgaben abhängt (eine Tatsache, die, obwohl sie unwiderlegbar ist, für die neoliberale Wirtschaft erschreckend ist).

In der Gleichung wird der Faktor (T-G) als öffentliches Defizit bezeichnet, wenn er negativ ist, und als öffentlicher Überschuss, wenn er positiv ist. Das öffentliche Defizit ist also eine andere Bezeichnung für die Ersparnisse des privaten Sektors.

Mit anderen Worten, wenn wir die Exporte beiseitelassen, kann der Privatsektor seine Ersparnisse nur erhöhen, wenn der öffentliche Sektor Defizite aufweist, denn der Privatsektor kann seine Ersparnisse nur erhöhen, wenn er sie aus den öffentlichen Defiziten gewinnt, da der einzige Emittent von nationaler Währung die Zentralbank ist (der Privatsektor ist ein Nutzer, aber kein Emittent von Währung). Die Schaffung von Arbeitsplätzen im privaten Sektor hängt daher davon ab, dass der private Sektor genügend Finanzvermögen aus dem öffentlichen Sektor anhäuft, um seinen Sparbedarf zu decken, und das verbleibende Vermögen für arbeitsplatzschaffende Investitionen einsetzt.

Andererseits ist ein öffentlicher Überschuss nur eine andere Bezeichnung für negative Ersparnisse des privaten Sektors, da ein öffentlicher Überschuss bedeutet, dass der Staat mehr Steuern vom privaten Sektor einnimmt, als er in diesem Sektor ausgibt. Ein öffentlicher Überschuss bedeutet also eine Verarmung des privaten Sektors und ein öffentliches Defizit eine Bereicherung des privaten Sektors.

Die beiden nachstehenden Abbildungen verdeutlichen diesen Gedanken grafisch:

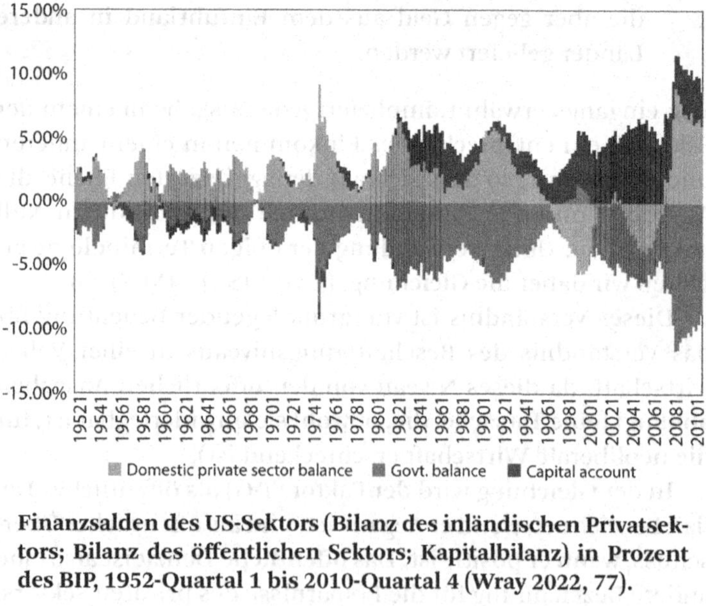

Finanzsalden des US-Sektors (Bilanz des inländischen Privatsektors; Bilanz des öffentlichen Sektors; Kapitalbilanz) in Prozent des BIP, 1952-Quartal 1 bis 2010-Quartal 4 (Wray 2022, 77).

Im ersten Fall finden wir eine symmetrische Zahl vor. So wird klar, was wir zuvor erläutert haben: Das öffentliche Defizit entspricht den privaten Ersparnissen. Eine weitere interessante Feststellung ist, dass auf alle Perioden, in denen Haushaltsüberschüsse auftraten, in der Vergangenheit Wirtschaftskrisen folgten (verursacht durch die Einsparungen, die die öffentlichen Überschüsse zuvor dem privaten Sektor auferlegten).

In der zweiten Grafik sehen wir genau dasselbe Phänomen. Wenn wir also nur den numerischen Wert von zwei der drei Salden kennen, wissen wir sofort, wie hoch der dritte ist.

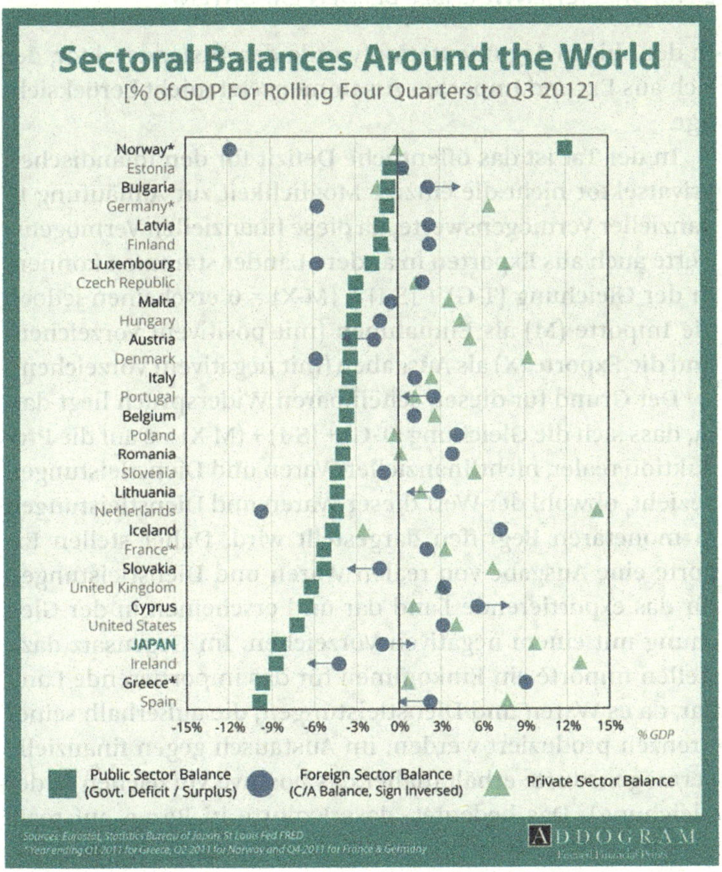

https://twitter.com/SalidaDelEuro/status/935505680022294535

Wenn Vollbeschäftigung angestrebt wird, müssen die öffentlichen Ausgaben so hoch sein, dass der Staat alle Arbeitskräfte einstellen kann, die für die Durchführung der von ihm übernommenen Wirtschaftstätigkeiten erforderlich sind, und dass der private Sektor die übrigen arbeitswilligen und arbeitsfähigen Arbeitskräfte einstellen kann. Dies bedeutet, dass das Niveau der permanenten Vollbeschäftigung (das Ziel des Fiat-Sozialismus) bedeutet, dass der öffentliche Sektor bereit ist, ein öffentliches Defizit in beliebiger Höhe einzugehen, das notwendig ist, um jederzeit eine Arbeitslosigkeit von Null zu garantieren.

DER VORZEICHENWECHSEL BEI DEN EXPORTEN

In der obigen Argumentation wurde der Auslandssektor, der sich aus Ex- und Importen zusammensetzt, nicht berücksichtigt.

In der Tat ist das öffentliche Defizit für den inländischen Privatsektor nicht die einzige Möglichkeit zur Anhäufung finanzieller Vermögenswerte, da diese finanziellen Vermögenswerte auch aus Exporten in andere Länder stammen können. In der Gleichung (T-G) + (S-I) + (M-X) = 0 erscheinen jedoch die Importe (M) als Einnahmen (mit positivem Vorzeichen) und die Exporte (X) als Ausgaben (mit negativem Vorzeichen).

Der Grund für diesen scheinbaren Widerspruch liegt darin, dass sich die Gleichung (T-G) + (S-I) + (M-X) = 0 auf die Produktion realer, nichtfinanzieller Waren und Dienstleistungen bezieht, obwohl der Wert dieser Waren und Dienstleistungen in monetären Begriffen dargestellt wird. Daher stellen Exporte eine Ausgabe von realen Waren und Dienstleistungen für das exportierende Land dar und erscheinen in der Gleichung mit einem negativen Vorzeichen. Im Gegensatz dazu stellen Importe ein Einkommen für das importierende Land dar, da es Waren und Dienstleistungen, die außerhalb seiner Grenzen produziert werden, im Austausch gegen finanzielle Vermögenswerte erhält (daher das positive Vorzeichen in der Gleichung). Das bedeutet, dass Exporte in Bezug auf reale Waren und Dienstleistungen effektiv eine Ausgabe darstellen (sie verringern die in der Volkswirtschaft verfügbaren Waren und Dienstleistungen) und Importe ein Einkommen sind (sie erhöhen die innerhalb der Landesgrenzen verfügbaren Waren und Dienstleistungen).

Um die Höhe der vom privaten Sektor angehäuften (nicht realen) finanziellen Vermögenswerte aus dem Ausland zu berechnen, verwendet man das Konzept der Leistungsbilanz. In dieser Bilanz werden Exporte mit einem positiven Vorzeichen und Importe mit einem negativen Vorzeichen ausgewiesen, da sie sich nicht auf reale Waren und Dienstleistungen, sondern auf finanzielle Waren und Dienstleistungen bezieht. Ein Land, dessen Ausfuhren seine Einfuhren in Geldwerten übersteigen, weist daher eine positive Leistungsbilanz auf, und ein Land, dessen Einfuhren die Ausfuhren in Geldwerten übersteigen, weist eine negative Leistungsbilanz auf.

Dies ist gut zu verstehen, wenn wir auf das zweite oben dargestellte Diagramm zurückkommen. Betrachtet man beispielsweise den Fall Norwegens, so stellt man fest, dass die Ersparnis des privaten Sektors in finanzieller Hinsicht gleich Null war. Der Überschuss des öffentlichen Sektors in Höhe von 12 % bedeutet, dass der Staat 12 % mehr Steuern einnahm, als er durch öffentliche Ausgaben ausgab. Dies bedeutete, dass der private Sektor 12 % weniger sparte. Der Staat exportierte jedoch 12 % mehr Waren und Dienstleistungen als er importierte, was die durch den öffentlichen Überschuss verursachten negativen Ersparnisse des Privatsektors ausglich, und der inländische Privatsektor akkumulierte den Gegenwert dieser negativen Ersparnisse durch Einkommen aus dem Ausland. Mit anderen Worten, sie wies eine Leistungsbilanz von +12 % auf. Die Gleichung (T-G) + (S-I) + (M-X) = 0 würde dann 12 + 0 - 12 = 0 lauten.

Im Falle Dänemarks ergibt sich - 3 + 9 - 6 = 0, d.h. Dänemark hatte eine Leistungsbilanz von +6 % (in Geld ausgedrückt exportierte es 6 % mehr als es importierte).

Somit stellen Exporte zusammen mit dem öffentlichen Defizit die Quelle der Finanzerträge des privaten Sektors dar. Somit sind die Ausfuhren von realen Gütern und Dienstleistungen zwar ein Aufwand, stellen jedoch für den privaten Sektor auch ein Einkommen in Form von Finanzvermögen dar, das sich positiv auf die Schaffung von Arbeitsplätzen im inländischen Privatsektor auswirken kann.

FIAT-GELD

Neben der Grundgleichung der Makroökonomie ist das Fiat-Geld das zweite Konzept, das verstanden werden muss, bevor man sich eingehend mit der Modern Monetary Theory beschäftigt.

Um die Dinge so kurz und knapp wie möglich zu halten, sei hier nur Folgendes gesagt.

Fiat-Geld ist das gegenwärtig existierende Geld. Fiat-Geld ist keine Ware, da es nicht durch Edelmetalle oder andere Waren gedeckt ist, sondern das Produkt der Schaffung einer Verbindlichkeit durch die Zentralbank (die heute in Form von Tastenanschlägen auf Computern in der Zentralbank erfolgt). Diese Computertastenanschläge erschaffen Geld (die Verbindlichkeit der Zentralbank) aus dem Nichts und verleihen der Währung einen immateriellen Charakter. Diese Eigenschaft bedeutet, dass (i) einer währungsausgebenden Regierung niemals das Geld ausgehen kann, egal wie viel sie ausgibt, und dass sie außerdem (ii) keine Steuern erheben oder Anleihen ausgeben muss, um Ausgaben tätigen zu können.

Die Mainstream-Ökonomie bestreitet hartnäckig die Realität des Fiat-Geldes. Stattdessen bezeichnet sie das von den Staaten ausgegebene Geld als „Steuergelder". Dies ist falsch. In der heutigen, auf Fiat-Geld basierenden Wirtschaft (i) können Steuern die laufenden Staatsausgaben nicht finanzieren, (ii) haben jedoch eine dreifache Funktion: Sie geben dem Geld einen Wert, dämpfen den Inflationsdruck, indem sie die Gesamtnachfrage regulieren, und bieten positive oder negative Anreize für die verschiedenen Wirtschaftstätigkeiten.

Daher dürfen öffentliche Ausgaben nicht mit dem Geld assoziiert werden, das durch Steuern oder die Ausgabe öffentlicher Schuldverschreibungen (Anleihen) eingenommen wird, sondern mit den Computeranschlägen in der Zentralbank, die Geld zu einem bloß immateriellen Buchungsposten machen. Dadurch wird das gesetzliche Geld zur Maßeinheit der Zentralbank für Schulden, so wie das Kilo das Maß für das Gewicht und der Meter das Maß für die Entfernung ist. In allen drei Fällen handelt es sich um immaterielle Größen.

Dennoch erhält das Geld seinen Gebrauchswert, weil es das Geld ist, das die Staaten für die Zahlung von Steuern verlangen. Das heißt, die Staaten entscheiden sich zunächst für ihre Rechnungseinheit, tätigen dann in dieser Einheit Ausgaben und erheben schließlich Steuern auf diese Rechnungseinheit, um ihr einen Wert zu verleihen. Das Geld, das durch Steuern eingenommen wird, entsteht erst nach den Computeranschlägen, durch die dieses Geld in Umlauf gebracht wird, und daher können Steuern keine Staatsausgaben finanzieren.

JENSEITS DER GROSSEN LÜGE

Die Modern Monetary Theory (MMT) ist allgemein dafür bekannt, dass sie die große Lüge des Neoliberalismus anprangert, dass den Staaten die eigene Währung ausgehen könne und sie daher gezwungen seien, Steuern zu erheben oder Anleihen herauszugeben, um ihre Ausgaben tätigen zu können.

In der Tat widersetzt sich die MMT dieser großen Lüge und entlarvt sie, indem sie zeigt, dass souveränen Staaten die eigene Währung nicht ausgehen kann und sie daher keine Steuern erheben oder Anleihen emittieren müssen, um Ausgaben tätigen zu können.

Diese Widerlegung des Neoliberalismus stellt jedoch nicht die Gesamtheit der MMT dar.

Vom politischen Standpunkt her, um den es in dieser Arbeit geht, stellt die MMT eine Methode zur Erreichung von Vollbeschäftigung und Preisstabilität dar.

Die theoretischen Lesarten der MMT liegen bereits gesammelt in den Werken der verschiedenen Autoren vor, die den wissenschaftlichen Korpus der MMT entwickelt haben, weshalb wir nicht auf sie eingehen werden. Wenn Sie jedoch die gesamte theoretische Entwicklung der MMT nachverfolgen möchten, legen wir Ihnen nahe, sich in die Texte von Randall Wray, Warren Mosler und Bill Mitchell zu vertiefen.

Aus politischer Sicht ist die Entkopplung der Steuererhebung von der Ausgabekapazität des Staates, wie sie die Modern Monetary Theory vornimmt, für den Fiat-Sozialismus von grundlegender Bedeutung. Meiner Meinung nach besteht die große Herausforderung für die Linke darin, zu verstehen und zu erklären, dass Steuererhebung nicht die öffentlichen Ausgaben finanziert. Hat man diese Realität einmal verstanden, glaube ich, dass alles, was der Fiat-Sozialismus darstellt, sehr leicht zu verstehen ist.

2. DER DESKRIPTIVE UND PRÄSKRIPTIVE CHARAKTER DER MODERN MONETARY THEORY

Der Fiat-Sozialismus basiert auf der MMT. Das heißt, wir werden den Wahrheitsgehalt sowohl der deskriptiven als auch der präskriptiven Aspekte der MMT akzeptieren und nicht aufhören, ihren Wahrheitsgehalt zu demonstrieren.

Zunächst wollen wir den deskriptiven Charakter der MMT in Bezug auf Geld diskutieren.

- **Staatliche Natur des Geldes:** Die staatliche Natur des Geldes steht im Zentrum der MMT, da der Staat das Monopol für die Emission von Finanzwerten in der staatlichen Rechnungseinheit besitzt.
- **Steuern geben dem Geld seinen Wert:** Der Wert des Geldes entsteht durch die Verpflichtung zur Zahlung von Steuern in dieser Rechnungseinheit. Dies führt dazu, dass staatliches Geld bei Finanztransaktionen akzeptiert wird. Der private Sektor ist bestrebt, genügend staatliches Geld anzuhäufen, um die vom Staat auferlegten Steuern zu bezahlen und darüber hinaus einen Überschuss zu erwirtschaften, um seine Ansprüche auf Ersparnisse, Investitionen und Konsum zu befriedigen. Das Geld als Schöpfung des Staates geht also der Institution des Marktes voraus und hat die Form eines Steuerguthabens, dessen Wert durch die Verpflichtung zur Zahlung von Steuern gegeben ist.
- **Staatsgeld als Mittel zur Versorgung des Staates:** Die Verpflichtung, Steuern in der Währung des Staates zu zahlen, garantiert zwar die Nachfrage nach Geld, ermöglicht es dem Staat aber auch, sich mit allem zu versorgen, was er braucht, da er alles erwerben kann, was in seiner eigenen Währung angeboten wird.
- **Nicht-Neutralität des Geldes:** Die Nicht-Neutralität des Geldes ist ein Konzept, das die MMT von den Mainstream-Wirtschaftsmodellen abgrenzt, zu denen auch das IS-LM-Modell gehört (in dem Geld keine Rolle spielt). Änderungen der Geldmenge wirken sich auf die Realwirtschaft aus, indem sie Investitionen, Produktion und Beschäftigung steigern. Aus diesem Grund wurde

weiter oben erwähnt, dass zur politischen Verpflichtung zur Vollbeschäftigung auch die notwendigen öffentlichen Defizite gehören, um jegliches Niveau von Arbeitslosigkeit zu beseitigen.

- **Endogenität des Geldes:** Der Prozess der Geldschöpfung ist endogen. Das heißt, dass die Geldschöpfung durch die Produktionstätigkeit selbst und durch den Bedarf an Geld zur Finanzierung der Produktion bestimmt wird. Entgegen der Behauptung des Monetarismus kann die Zentralbank die Geldmenge nicht steuern, da diese von der Nachfrage bestimmt wird. Die Nachfrage wiederum erfolgt hauptsächlich in Form von Darlehen und Krediten des privaten Sektors. Damit sind die privaten Banken die wichtigsten Geldschöpfer. Private Banken schaffen Geld, indem sie ihren Kunden Kredite gewähren. Folglich steigt die Geldmenge der Privatbanken in dem Maße, wie die Zahl der Kunden, die als kreditwürdig erachtet werden, zunimmt. Umgekehrt sinkt die Geldmenge, wenn die Zahl der Kunden steigt, die von den Banken nicht als kreditwürdig angesehen werden.

Wir werden nun den präskriptiven Aspekt der MMT erörtern, der sich auf die Geld- und Steuerpolitik bezieht.

- **Geldpolitik:** Die MMT basiert auf der Tatsache, dass das gesetzliche Zahlungsmittel ein staatliches Monopol ist. Daher wird sein Preis (Zinssatz) von der Zentralbank festgelegt. Die Märkte greifen nicht in den Prozess der Zinsfestsetzung ein. Für die MMT reagiert die Inflation nicht auf monetäre Probleme, sondern auf Probleme, die mit realen Ressourcen zusammenhängen (Produktionsengpässe, das Vorhandensein von Unternehmenskartellen, die die Macht haben, die Rohstoffpreise festzulegen, oder Aufwärtsdruck auf die Löhne). Daher setzt die MMT die Zinssätze nicht als Mittel zur Kontrolle der Inflation ein. Eine Geldpolitik, die auf der Verwendung von Zinssätzen und der Bereitstellung von Reserven für die Banken beruht, kann den Privatsektor nicht zu einer höheren Verschuldung bewegen, denn dies hängt von seinen Erwartungen ab, die sich der Kontrolle der

Zentralbank entziehen und letztlich von den Ausgabenwünschen der Wirtschaft insgesamt abhängen. Folglich befürwortet die MMT eine permanente Nullzinspolitik und weist der Geldpolitik eine untergeordnete Rolle zu.

- **Fiskalpolitik:** Die MMT räumt der Rolle der Fiskalpolitik höchste Priorität ein, da die Fiskalpolitik von grundlegender Bedeutung für die Mobilisierung ungenutzter realer Ressourcen ist. Durch die Erhöhung der Fiskalausgaben wird die Produktion gesteigert und die Wirtschaft stabilisiert. Dies beseitigt Verschwendung und Unterauslastung von Kapital und Beschäftigung. Der institutionelle Rahmen, der den fiskalischen Spielraum bis zur Höhe der verfügbaren realen Ressourcen maximiert, ist ein Rahmen, in dem der Staat seine eigene Währung in einem System mit frei schwankenden Wechselkursen emittiert.

Die MMT lehnt allgemeine Gleichgewichtsmodelle (DSGE) ab. Stattdessen verwendet sie funktionale Finanzmodelle (Abba Lerner), SFC-Modelle (Stock-Flow Consistent Models) und Wynne Godleys Ansatz der sektoralen Finanzbilanzen. Auf diese Weise werden die Finanzpositionen des staatlichen Sektors (Konsolidierung zwischen Regierung und Zentralbank) mit dem nichtstaatlichen Sektor (Auslandssektor und inländischer Privatsektor) folgendermaßen in Beziehung gesetzt:

(Finanzsaldo des Staatssektors) = -(Finanzsaldo des inländischen Privatsektors) - (Finanzsaldo des Auslandssektors).

Diesem grundlegenden Buchführungsprinzip zufolge sind die Ausgaben eines Akteurs die Einnahmen eines anderen, und auf makroökonomischer Ebene ist das staatliche Defizit/der staatliche Überschuss immer gleich dem Überschuss/Defizit des nichtstaatlichen Sektors.

Der souveräne Staat gibt Geld aus, indem er gesetzliches Zahlungsmittel dadurch schafft, dass er es in die Kalkulationstabelle der Zentralbank und des Schatzamtes einträgt. Dies erzeugt keinen Inflationsdruck, solange es ungenutzte Ressourcen gibt, wodurch ein Wirtschaftswachstum ohne Inflation möglich wird. Die Emission von Anleihen und die Erhebung von Steuern erfolgen nach der Ausgabe, können also nicht zur Finanzierung dienen.

Die Haushaltsergebnisse (Überschüsse oder Defizite) werden dann der Erreichung sozioökonomischer Ziele untergeordnet und sind eine Folge, keine Ursache, von Entscheidungen des privaten Sektors. Folglich zielt die MMT darauf ab, die Wirtschaft und nicht den Haushalt auszugleichen. Dies ist möglich, weil öffentliche Ausgaben keinen Verdrängungseffekt auf private Investitionen haben, da öffentliche Defizite immer zu zusätzlichen Einsparungen im nichtstaatlichen Sektor führen.

3. DIE SIEBEN UNSCHULDIGEN, ABER TÖDLICHEN BETRÜGEREIEN DER WIRTSCHAFTSPOLITIK

Die wirtschaftspolitischen Konsequenzen aus dem oben Gesagten finden sich in Warren Moslers Buch *The 7 Deadly Innocent Frauds of Economic Policy* (dt.: *Die sieben unschuldigen, aber tödlichen Betrügereien der Wirtschaftspolitik*) (Mosler 2010, I). Der aporetische Charakter von Moslers Analyse macht es zu einem unübertrefflichen Dokument für die Belange dieses Buches, weshalb ich mich angesichts seiner Kürze und Prägnanz entschlossen habe, die Aussage der sieben unschuldigen, aber tödlichen Betrügereien der Wirtschaftspolitik und ihre entsprechenden Widerlegungen in vollem Umfang so zu übernehmen, wie Mosler sie in seinem Buch sammelt. In der Spalte der unschuldigen Betrügereien finden wir das, was die Mainstream-Ökonomie fälschlicherweise verficht. In der Spalte der Fakten finden wir das, was die MMT verteidigt.

Unschuldige Betrügereien	Fakten
Die Bundesregierung muss Mittel durch Besteuerung oder Kreditaufnahme aufbringen, um Ausgaben tätigen zu können. Mit anderen Worten: Die Ausgaben der Regierung sind durch ihre Fähigkeit, Steuern zu erheben oder Kredite aufzunehmen, begrenzt.	Die Ausgaben des Bundes sind in keinem Fall durch die Einnahmen beschränkt, was bedeutet, **dass es kein „Solvenzrisiko" gibt.** Mit anderen Worten: Die Bundesregierung kann immer alle Zahlungen in ihrer eigenen Währung leisten, egal wie hoch das Defizit ist oder wie wenig Steuern sie einnimmt.
Mit Staatsdefiziten hinterlassen wir unseren Kindern unsere Schuldenlast.	Kollektiv ist eine solche Belastung real nicht möglich. Schulden hin oder her, unsere Kinder können konsumieren, was sie produzieren können.
Haushaltsdefizite der Bundesregierung verringern Ersparnisse.	Haushaltsdefizite der Bundesregierung ERHÖHEN die Ersparnisse.
Die Sozialversicherung ist kaputt.	Die Schecks der Bundesregierung platzen nicht.
Das Handelsdefizit ist ein unhaltbares Ungleichgewicht, das Arbeitsplätze und Produktion wegnimmt.	Importe sind echte Vorteile und Exporte sind echte Kosten. Handelsdefizite verbessern unseren Lebensstandard direkt. Arbeitsplätze gehen verloren, weil die Steuern für ein bestimmtes Niveau der Staatsausgaben zu hoch sind, nicht wegen der Importe.
Wir brauchen Ersparnisse, um die Mittel für Investitionen bereitzustellen.	Investitionen erhöhen die Ersparnisse.

Es ist eine schlechte Sache, dass höhere Defizite in der Gegenwart höhere Steuern in der Zukunft bedeuten.	Dem stimme ich zu – der unschuldige Betrug ist, es sei eine schlechte Sache, obwohl es in Wirklichkeit eine gute Sache ist!!!

Die ersten vier unschuldigen Betrügereien argumentieren, dass die Verringerung oder Begrenzung der öffentlichen Defizite kein wirtschaftspolitisches Ziel sein sollte, da der numerische Wert der öffentlichen Defizite irrelevant ist. Wichtig ist, dass es öffentliche Defizite den Regierungen ermöglichen, ihre politischen Ziele zu erreichen. Im Fiat-Sozialismus, für den permanente Vollbeschäftigung ein nicht verhandelbares Ziel ist, ist das richtige Niveau der öffentlichen Defizite (T - G) daher dasjenige, das allen, die zur Arbeit willig und fähig sind, einen angemessenen Arbeitsplatz ermöglicht, und zwar unabhängig vom numerischen Wert des öffentlichen Defizits.

Mosler begründet die Irrelevanz des numerischen Wertes des öffentlichen Defizits damit, dass eine Regierung, die ihre eigene Währung emittiert, immer in der Lage ist, jede in dieser Währung ausgedrückte Schuld zu begleichen, da der Regierung nie die eigene Währung ausgehen kann, unabhängig von ihrer Steuererhebung oder der Emission von Anleihen.

Somit wird die Höhe der Arbeitslosigkeit zu einer politischen Entscheidung der Regierungen. Mit anderen Worten, die Regierungen, die ihre eigene Währung emittieren, bestimmen die Höhe der Arbeitslosigkeit in ihrer Wirtschaft durch die Höhe ihrer Ausgaben, da diese Regierungen alles kaufen können, was in ihrer eigenen Währung zum Verkauf steht, einschließlich arbeitsloser Arbeitskräfte.

Bei einer Regierung, die ein politisches Programm auf der Grundlage des Fiat-Sozialismus umsetzt, wäre die Vollbeschäftigung dauerhaft und gesetzlich garantiert. Diesem Rezept liegt die Überzeugung zugrunde, dass Arbeitslosigkeit nur beendet werden kann, indem man sie verbietet. Vollbeschäftigung ist eine politische Entscheidung, ebenso wie die Einführung einer allgemeinen Gesundheitsversorgung und einer allgemeinen Schulbildung.

Der sechste unschuldige Betrug bezieht sich auf die neoliberale Überzeugung, dass der Staat in seiner eigenen Währung sparen muss, um Investitionen tätigen zu können, genau wie ein Haushalt oder ein Unternehmen. Daraus ergeben sich für die Wirtschaft so schädliche Begriffe wie „Steuerzahlergeld" oder „Rentensparschwein". Diese Begriffe gehören aus der ökonomischen Analyse verbannt, denn sie sind nichts anderes als Mythen, die den Staat in Geldangelegenheiten mit privaten Familien und Unternehmen gleichsetzen. Der Staat braucht nicht zu sparen, um in seiner eigenen Währung investieren zu können, da er potenziell in der Lage ist, sich so viel Währung zu schaffen, wie er benötigt, um Investitionen zu tätigen und die Zahlung der öffentlichen Renten usw. zu gewährleisten (bei der Analyse des Falls Spaniens im fünften Kapitel werden wir uns mit all diesen Fragen beschäftigen). Die Ersparnisse des nicht-öffentlichen Sektors stammen also aus den öffentlichen Investitionen und nicht andersherum.

Der siebte unschuldige Betrug hat mit der Inflation zu tun. Für Mosler ist die Tatsache, dass hohe öffentliche Defizite in der Zukunft zu Steuererhöhungen führen können, ein Symptom für die gute wirtschaftliche Verfassung der Volkswirtschaft, da solche Steuererhöhungen bedeuten, dass die hohen öffentlichen Defizite der Vergangenheit den erwarteten Effekt, d.h. ein hohes Beschäftigungsniveau, erzeugt haben. Steuererhöhungen werden also nicht vorgenommen, um die öffentlichen Defizite zu bezahlen, sondern um die Gesamtnachfrage zu verringern, die durch ein nahezu vollständiges Beschäftigungsniveau entsteht.

Es handelt sich hier in Wirklichkeit um ein ganz simples Phänomen. Inflationäre Prozesse entstehen, wenn die Nachfrage im Verhältnis zur Menge der angebotenen Waren und Dienstleistungen zu groß ist. Dies führt zu einer Verknappung von Waren und Dienstleistungen und damit zu Preissteigerungen. Deflationäre Prozesse treten auf, wenn die Nachfrage im Verhältnis zur Menge der zum Verkauf stehenden Waren und Dienstleistungen zu gering ist. Dies führt zu einem Überangebot in Form von Waren und Dienstleistungen, die nicht verkauft werden können. Die Folge dieser deflationären Prozesse ist eine Senkung der Preise für Waren und Dienstleistungen, was zu einem Rückgang der Beschäftigung und der Produktion führt.

Im ersten Fall werden die Regierungen die Steuereinnahmen erhöhen, um die Höhe des verfügbaren Einkommens in der Wirtschaft zu verringern. Dies wird die Gesamtnachfrage und damit auch die Preise senken. Im zweiten Fall sollten die Regierungen die Steuereinnahmen senken, um das verfügbare Einkommen im privaten Sektor zu erhöhen. Dies wird die Gesamtnachfrage und damit auch die Preise erhöhen.

Daher ist Mosler zu Recht der Ansicht, dass eine Regierung froh sein sollte, wenn sie zur Senkung der Gesamtnachfrage die Steuereinnahmen erhöhen muss, da dies auf ein hohes Beschäftigungsniveau in ihrer Wirtschaft hinweist.

In diesem Zusammenhang wird Mosler die Formulierung des Moslerschen Gesetzes zugeschrieben, das besagt, „Es gibt keine Finanzkrise, die so tiefgreifend ist, dass sie nicht durch eine ausreichend große Erhöhung der öffentlichen Ausgaben bewältigt werden kann" (in Ritholtz 2009). Mit anderen Worten: Eine Finanzkrise wie die von 2008 mit massiver Arbeitslosigkeit und niedrigen Wachstumsraten ließe sich mit einer ausreichenden Erhöhung des öffentlichen Defizits lösen, das, wie wir gesehen haben, jederzeit tragfähig ist, solange Währungssouveränität herrscht.

Es muss darauf hingewiesen werden, dass sich Mosler auf Finanzkrisen und nicht auf Rohstoffknappheit bezieht. Hätten wir es statt mit einer Finanzkrise mit einer Krise der Rohstoffknappheit zu tun, wären fiskalische Maßnahmen zur Regulierung der öffentlichen Ausgaben durch die Steuerpolitik nicht in der Lage, dem durch eine solche Knappheit erzeugten Inflationsdruck entgegenzuwirken.

Der fünfte unschuldige Betrug schließlich bringt uns zurück zur Frage der Importe. Dieser unschuldige Betrug ist heute von größter Bedeutung, da der Neoliberalismus und die Mainstream-Ökonomie erbittert gegen öffentliche Defizite und für Exporte als Quelle von Ersparnissen des inländischen Privatsektors kämpfen. So verbietet der Stabilitäts- und Wachstumspakt (SWP) den Regierungen der Europäischen Union (EU), öffentliche Defizite von mehr als 3% zu erzielen. Der Sinn dieses Verbots, ein absolutes Verbrechen gegen die Menschlichkeit, das die ärmsten EU-Länder in eine andauernde und verheerende Krise stürzt, besteht darin, Exporte zur Hauptquelle der Ersparnisse des privaten Sektors zu machen und öffentliche Defizite zu verteufeln.

Dies macht den SWP zu einer echten Herrschaftswaffe in den Händen der Nettoexportländer Nord- und Mitteleuropas, mit denen sie die Volkswirtschaften Südeuropas zerstören, die die Schikane weiterhin gefügig hinnehmen, anstatt mit dem SWP, der EU und dem Euro zu brechen.

Mosler zeigt die Irrationalität dieser Aversion gegen öffentliche Defizite und dieser Liebe zum Export deutlich auf. Exporte sind reale Kosten und Importe sind reale Vorteile. Regierungen sollten daher nicht auf höhere Exporte abzielen. Worauf Regierungen abzielen sollten, ist ein inländischer Konsum der meisten im Land erzeugten Waren und Dienstleistungen. Denn dies bedeutet, dass die zur Erzeugung von Waren und Dienstleistungen eingesetzte Arbeitskraft dem Wohlstand der inländischen Einwohner zugute kommt, die diese Waren und Dienstleistungen mit ihrer Arbeit geschaffen haben. Umgekehrt sollten die Regierungen Einfuhren begrüßen, da sie ein Zeichen dafür sind, dass ausländische Produzenten ihre Produkte innerhalb der Grenzen des Landes verkaufen wollen. Dieser Wunsch, ihre Produkte zu verkaufen, ergibt sich aus dem hohen Produktionsniveau und der Preisstabilität in dem importierenden Land; das macht seine Währung zu einem attraktiven finanziellen Vermögenswert auf den internationalen Märkten, da sie eine hohe Kaufkraft für Waren und Dienstleistungen besitzt und ihren Wert im Laufe der Zeit stabil halten wird. Das bedeutet nicht, dass Exporte etwas Schlechtes sind, sondern vielmehr, dass Exporte etwas Gutes sind, weil sie es ermöglichen, mehr zu importieren.

Es liegt auf der Hand, dass wir es mit einem Interessenkonflikt zwischen der Regierung und den exportierenden Unternehmen zu tun haben. Wenn Regierungen Ausfuhren zur Haupteinnahmequelle des nationalen Privatsektors machen, heißt das, dass die Regierungen die Interessen der großen Exportunternehmen zu ihren eigenen machen, und zwar zum Nachteil der Interessen der großen Mehrheit ihrer Bürger. Darüber hinaus ist es ein unwiderlegbarer Beweis dafür, dass sich die großen Exportkonsortien der Politik der europäischen Regierungen bemächtigt haben, die nicht mehr auf die

Verteidigung der Rechte und das Wohlergehen der arbeitenden Mehrheit, sondern auf die Bereicherung der exportierenden Minderheit ausgerichtet ist.

Damit es Nettoexportländer gibt, muss es per Definition auch Nettoimportländer geben. Wenn also Exporte zur Hauptquelle der Ersparnisse der nationalen Privatsektoren werden, ist das immer gleichbedeutend mit der Verarmung der Nettoimportländer und der Bereicherung der Nettoexportländer. Um es noch einmal zu sagen: Die öffentlichen Defizite müssen immer hoch genug sein, um Vollbeschäftigung zu garantieren (unabhängig von ihrem numerischen Wert und dem numerischen Wert der Handelsbilanz).

4. MODERN MONETARY THEORY UND FIAT-SOZIALISMUS

Der Fiat-Sozialismus akzeptiert den von der Modern Monetary Theory beschriebenen theoretischen Rahmen, und zwar sowohl dessen deskriptiven Charakter in Bezug auf Geld als auch seinen präskriptiven Aspekt in Bezug auf die Geld- und Steuerpolitik.

Daher hält der Fiat-Sozialismus die MMT für die geeignetste Methode, um die vollständige Nutzung der Ressourcen einer Volkswirtschaft (einschließlich der Humanressourcen) zu erreichen, ohne inflationäre Prozesse auszulösen. Dieses Niveau der vollständigen Nutzung der Ressourcen und der Preisstabilität ist das Grundprinzip des Fiat-Sozialismus.

Der wesentliche Grund für unsere Entscheidung für die MMT und gegen die anderen heterodoxen postkeynesianischen Denkschulen sind die Jobgarantien auf der Grundlage von Beschäftigungspufferbeständen.

Dieser von Bill Mitchell entwickelte Vorschlag stellt eine Verbesserung gegenüber den übrigen wirtschaftlichen Strömungen dar, die aus dem Keynesianismus hervorgegangen sind, da er nicht inflationär ist.

Für Keynes gab es zwei grundlegende Fragen: die Vollbeschäftigung und die Ausgabenkapazität der souveränen Staaten. Die Inflation hielt er für weit weniger relevant. Der Grund dafür ist zweifellos, dass Keynes in Zeiten der Finanzkrise schrieb. Dies machte die Arbeitslosigkeit zum drängendsten wirtschaftlichen Problem und verwies die Inflation auf einen weit entfernten, zukünftigen zweiten Platz. Sicherlich war die keynesianische Politik der Vollbeschäftigung durch öffentliche Ausgaben enorm erfolgreich und nützlich, insbesondere während des New Deal von Präsident Roosevelt in den USA und in der Nachkriegszeit in Europa. Es zeigte sich jedoch, dass sie, sobald ein hohes Beschäftigungsniveau erreicht war, inflationär wirkte.

Die Ölkrise von 1973 genügte der reaktionären und oft faschistischen Rechten (wie im Fall von Pinochet), um den von Milton Friedman vorgeschlagenen Neoliberalismus zu übernehmen. Dank der Investition enormer Geldsummen durch die Rechte auf internationaler Ebene war vom Keynesianismus bald nichts mehr zu spüren. Es galt als irrelevant, dass die Inflationskrise von 1973 nicht monetärer Natur war, sondern aus der Verknappung eines grundlegenden Rohstoffs wie Öl entstanden war. Die Instrumente des klassischen Keynesianismus reichten zur Bewältigung dieser Krise nicht aus, und er verschwand sowohl aus den Universitäten als auch aus den Programmen der politischen Parteien.

Die MMT erkennt diese Schwäche und ist in der Lage, sie durch Jobgarantien auf der Grundlage von Beschäftigungspufferbeständen zu überwinden. Dieser Vorschlag erkennt an, dass eine bloße Anpassung der Steuer- und Ausgabenpolitik des Staates zur Kontrolle der Inflation nicht ausreicht, denn Vollbeschäftigung muss nicht nur mit Preisstabilität vereinbar sein, sondern sie muss auch ihr Auslöser sein.

Dies wird durch Jobgarantien auf der Grundlage von Beschäftigungspufferbeständen erreicht. Die Aufnahme dieser Garantien in den Fiat-Sozialismus bildet einen seiner Grundpfeiler.

5. JOBGARANTIEN AUF DER GRUNDLAGE VON BESCHÄFTIGUNGSPUFFERBESTÄNDEN

Wenn wir uns Vollbeschäftigung und Preisstabilität gemeinsam zum Ziel setzen wollen, dann müssen wir dafür eine spezifische Methode anwenden.

Diese Methode sind Jobgarantien auf der Grundlage von Beschäftigungspufferbeständen. Diese Jobgarantien sind der beste Weg zu dauerhafter Vollbeschäftigung ohne Inflation.

Das Konzept der Pufferreserven ist nicht neu. Der Neoliberalismus selbst hat es seit seinen Anfängen verwendet, um den Inflationsdruck zu regulieren. Das Problem ist, dass der Pufferbestand im Neoliberalismus ein Pufferbestand für Arbeitslosigkeit ist. Im Gegensatz dazu geht unsere Methode von einem Beschäftigungspuffer aus. Eingeführt wurde diese Idee vom Wirtschaftswissenschaftler Bill Mitchell:

> „Allgemein gesprochen hat die Regierung zwei umfassende Pufferbestandsansätze, um die Preise zu stabilisieren:
>
> 1. *Pufferbestand an Arbeitslosigkeit*: Die Inflation wird dadurch kontrolliert, dass man eine Kombination von hohen Zinssätzen und/oder fiskalischer Austerität verwendet, die dann einen Pufferbestand aus Arbeitslosen erzeugt. Diese Arbeitslosigkeit reduziert dann den Wunsch, die Löhne zu erhöhen, und die in der Folge nicht steigenden Einkommen reduzieren die Möglichkeit der Unternehmen, die Preise zu erhöhen. Dieser Ansatz, über Arbeitslosigkeit den Inflationsdruck zu reduzieren, ist sehr teuer und nicht sehr zuverlässig. Dies ist aber der gegenwärtig übliche Ansatz, in der Eurozone und anderswo.
>
> 2. *Pufferbestand an Beschäftigung*: Die Regierung sichert in diesem Falle eine unbedingte Beschäftigung zu einem sozial angemessenen Mindestlohn für jeden, der keinen Job finden kann, und erzeugt auf diese Weise einen Pufferbestand an Beschäftigung. Der Vorrat an Jobs würde ebenfalls fluktuieren, je nachdem, wie stark der Rest der Wirtschaft ist. Dieses Jobangebot steht in keiner Konkurrenz mit der Arbeitsnachfrage anderswo in der Wirtschaft und ist folglich nicht inflationär. Der Jobgarantie-Ansatz ist ein Beispiel für eine politische Verwendung des Pufferbestands an Beschäftigung.“ (Mitchell 2017, 575)

Nachdem die zweite Strategie angenommen und die erste verworfen wurde, besteht eine auf Beschäftigungspuffern basierende Jobgarantie somit aus den folgenden Elementen:

1. Grundgedanke: Alle arbeitswilligen und arbeitsfähigen Arbeitnehmer, die weder in der Privatwirtschaft noch im öffentlichen Sektor einen Arbeitsplatz finden, erhalten einen Arbeitsplatz im öffentlichen Sektor mit grundlegenden Sozialleistungen und einem Lohn, der ihnen ein Leben in Würde ermöglicht. Dieser Lohn ist für alle Empfänger der Jobgarantie gleich und wird de facto zum Mindestlohn.
2. Der Staat als Arbeitgeber der letzten Instanz: Die Jobgarantien sind weder ein Angebot für eine Anstellung im öffentlichen Dienst noch ein Angebot, das mit dem Privatsektor konkurrieren soll. Bevor der Staat Jobgarantien auf der Grundlage von Beschäftigungspuffern einführt, muss er daher entscheiden, wie groß sein öffentlicher Sektor sein soll. Die Arbeitsplätze, die zur Erfüllung der Aufgaben, die der Staat dauerhaft wahrnehmen will, unerlässlich sind, müssen mit Beamten oder Vertragsbediensteten besetzt werden, die nicht zum Pool der Arbeitnehmer in der Jobgarantie gehören. Ebenso dürfen die von den Arbeitnehmern der Jobgarantie produzierten Waren und Dienstleistungen auf dem Markt keinesfalls mit den vom privaten Sektor produzierten Waren und Dienstleistungen konkurrieren.
3. Vollbeschäftigung als automatischer Stabilisator: In einer Situation der Vollbeschäftigung, die durch eine Jobgarantie auf der Grundlage von Beschäftigungspuffern erreicht wird, ist die Preisstabilisierung nicht nur mit der Vollbeschäftigung vereinbar, sondern auch eine Folge davon, da Vollbeschäftigung ein Zustand ist, der vor dem Einsetzen von Inflation oder Deflation erreicht wird.

Während der Hauptgedanke des ersten Punktes leicht zu verstehen ist, führt der zweite Punkt häufig zu Missverständnissen, so dass der beabsichtigte Zweck verfehlt werden könnte.

Der Umfang des öffentlichen Sektors ist von Land zu Land unterschiedlich. Ein Land, in dem der Staat viele Aufgaben bei der Bereitstellung von Waren und Dienstleistungen übernehmen soll, wird einen größeren öffentlichen Sektor haben als ein Land, in dem der Staat nicht so viele Aufgaben übernimmt. All dies hat keinen Einfluss auf das Konzept des Beschäftigungspuffers. Bei den Arbeitnehmern in Jobgarantieprogrammen handelt es sich nicht um Berufsbeamte oder um von einem öffentlichen Unternehmen eingestellte Mitarbeiter, sondern um Arbeitnehmer in einem öffentlichen Übergangsjob, die in die Privatwirtschaft oder in den öffentlichen Sektor zurückkehren, sobald sie ein Angebot zu besseren Bedingungen als in der Jobgarantie erhalten.

Zweitens darf die Jobgarantie nicht mit dem privaten Sektor konkurrieren, weder bei den Arbeitskräften noch bei den Rohstoffen. Fände ein solcher Wettbewerb statt, dann würde er den gleichen Inflationsdruck erzeugen wie in keynesianischen Vollbeschäftigungsmodellen, die auf Pump Priming beruhen, da der Staat zu Marktpreisen mit dem Privatsektor um (menschliche wie materielle) Ressourcen konkurrieren würde, die der Privatsektor für die Entwicklung seiner Aktivitäten erhalten möchte. Dieser Wettbewerb zu Marktpreisen ist an sich schon inflationär. Die Jobgarantie zielt darauf ab, brachliegende (menschliche wie materielle) Ressourcen zu mobilisieren, die weder vom öffentlichen Sektor noch vom privaten Sektor genutzt wurden. Die von der Jobgarantie begünstigten Arbeitnehmer stehen also nicht im Wettbewerb mit den übrigen Produktionssektoren.

Infolgedessen werden diese Arbeitnehmer nur sehr kurz oder gar nicht geschult und verrichten ihre Arbeit mit sehr kostengünstigen Materialien und Werkzeugen.

Nur durch diese Verhinderung von Wettbewerb wird sich ein Inflationsdruck vermeiden lassen, der, falls er auftritt, vom Staat durch Steuer- und Abgabenpolitik gesteuert wird.

Dies sollte uns nicht zu dem häufigen Fehler verleiten, garantierte Arbeit mit Workfare[1]-Programmen zu verwechseln, d. h. mit Beschäftigungsprogrammen für Arbeitslose, bei denen der Staat Leistungen für die Zahlung von Arbeitslosengeld verlangt. Der Hauptunterschied besteht darin, dass

[1] Im deutschen Sprachgebrauch finden sich auch die Begriffe Mini-Job oder Ein-Euro-Job.

sich die Jobgarantie nicht an Arbeitslose richtet, sondern an aktive Arbeitnehmer, die denselben Arbeitsgesetzen unterliegen wie andere Arbeitnehmer, mit dem Unterschied, dass die meisten von ihnen die Arbeitsgarantie so schnell wie möglich verlassen werden, um ihre Bedingungen in der Privatwirtschaft oder im öffentlichen Sektor zu verbessern.

Die JG würde also nicht „die wirtschaftliche Sicherheit, soziale Gerechtigkeit und die traditionellen Ziele der Lohnfestsetzung über Bord werfen, um eine produktive und effiziente Wirtschaft aufzubauen. Workfare stellt keine Arbeitssicherheit entsprechend den in der Gemeinschaft bestehenden Normen, was nicht an Löhne gekoppelte Sozialleistungen und ähnliches angeht, bereit" (Mitchell 2017, 584) (d. h. in Bezug auf Lohnnebenleistungen und andere Leistungen).

Abschließend ist der Begriff des automatischen Stabilisators von entscheidender Bedeutung. Monetäre Systeme mit privater Beteiligung an der Wirtschaft sind von Natur aus instabil. Diese Erkenntnis wurde von Hyman Minsky und anderen postkeynesianischen Ökonomen eingehend untersucht, aber vom vorherrschenden Neoliberalismus vernachlässigt, demzufolge größere Wirtschaftskrisen der Vergangenheit angehören. Die globale Finanzkrise von 2008 hat Minsky Recht gegeben und die Unzulänglichkeiten des neoliberalen Modells aufgezeigt, insbesondere in der Europäischen Union, wo der Euro und die Verträge den Staaten die Möglichkeit zur Einrichtung automatischer Stabilisatoren genommen haben, die Europa sehr schnell aus der Krise geführt hätten.

Währungssouveränität ist notwendig für die Umsetzung einer Jobgarantie auf der Grundlage von Beschäftigungspuffern, denn nur eine Währungssouveränität macht es möglich, in Krisenzeiten die notwendigen öffentlichen Defizite einzugehen und so allen arbeitslos gewordenen Arbeitnehmern eine Beschäftigung zu garantieren. Die Jobgarantie ist somit ein automatischer Stabilisator, der antizyklisch zum Konjunkturzyklus wirkt.

In Krisenzeiten würden Arbeitnehmer, die ihren Arbeitsplatz verlieren, automatisch in die Jobgarantie einbezogen. Dies würde ihr Konsumniveau auf einem akzeptablen Niveau halten und eine Deflationsspirale vermeiden. Außerdem würde die garantierte Vollbeschäftigung einen Einbruch der Produktion von Waren und Dienstleistungen sowie der Löhne verhindern.

Nach der Krise würde die Zahl der Arbeitnehmer, die von der Jobgarantie profitieren, zurückgehen, da die meisten von ihnen in den privaten Sektor zurückkehren würden.

In Zeiten der Hochkonjunktur würden Jobgarantien auf der Grundlage von Beschäftigungspuffern ebenfalls antizyklisch wirken, da der Mindestlohn als Anker für die Löhne dienen würde. So liegt das Lohnniveau sowohl in Boom- als auch in Bust-Zeiten in etwa so hoch wie der Lohn der Jobgarantie. Bei zu hohen Lohnforderungen in guten Zeiten könnten die Arbeitgeber auf den Pool von Arbeitnehmern aus der Jobgarantie zurückgreifen, um Arbeitnehmer mit niedrigeren Lohnforderungen einzustellen.

Auf diese Weise verschwänden Arbeitslosigkeit, das damit verbundene Elend und Leid sowie private Unternehmen, die ihren Arbeitnehmern keine würdige Existenz garantieren können. Es gäbe keine brachliegenden Ressourcen, weder menschlicher noch anderer Art, und dies würde durch die Wahrung der Preisstabilität erreicht.

6. PLÄDOYER FÜR EINE JOBGARANTIE

Dieser Artikel erschien am 16. September 2020 auf elcomun.es, zeitgleich mit der Veröffentlichung von *En Favor del Trabajo Garantizado* [die spanische Version von *The Case for a Job Guarantee*] von Pavlina Tcherneva.[2]

PLÄDOYER FÜR EINE JOBGARANTIE

Wer die Jobgarantie, also die Idee, dass alle, die arbeiten wollen und können, das Recht auf einen angemessenen Arbeitsplatz haben sollte, als den wichtigsten Vorschlag unserer Zeit betrachtet, hat Glück. Lola Books hat soeben das Buch *En Favor del Trabajo Garantizado* (2020) von Pavlina Tcherneva

[2] Link zum Artikel: https://elcomun.es/2020/09/16/en-favor-del-trabajo-garantizado/.

[*The Case for a Job Guarantee*; auf Deutsch erschienen unter dem Titel: *Plädoyer für eine Jobgarantie*] auf Spanisch veröffentlicht.

Zum ersten Mal werden alle Aspekte der Jobgarantie in einem einzigen Werk zusammengefasst. So wird die ganze enorme Tragweite der Idee klar, denn die Jobgarantie ist nicht nur eine garantierte Beschäftigung, sondern der rote Faden, der sich durch alle großen Kämpfe der Menschheit für die Gleichberechtigung zieht.

Wenn man an diesem roten Faden zieht, versteht man zuallererst die Notwendigkeit der monetären Souveränität, um „dem Mythos ein Ende zu setzen, dass die Ausgaben des Staates von den Steuereinnahmen abhängen" und dass „die Reichen und Mächtigen [...] für alles aufkommen" (Tcherneva 2021, 95). Die Jobgarantie würde, wie alle öffentlichen Programme in Ländern mit monetärer Souveränität, durch Computeranschläge bei der Zentralbank finanziert, dem Ort, an dem das Geld geschaffen wird. Daher können nur währungssouveräne Länder Jobgarantien einführen, anders als beispielsweise die Länder der Eurozone, da nur währungssouveräne Regierungen von Ausgabenbeschränkungen jeglicher Art in ihrer eigenen Währung frei sind.

Zieht man jedoch noch ein wenig mehr an dem roten Faden, kommt die Notwendigkeit von Jobgarantien auf der Grundlage von Beschäftigungspuffern zutage. Dies ist einer der großen Beiträge der Modern Monetary Theory. Durch diese Garantien werden öffentliche Ausgaben für Vollbeschäftigung mit Preisstabilität kompatibel gemacht. Andere Strategien zur Erreichung von Vollbeschäftigung beruhen auf verschiedenen Subventionen und Vergünstigungen, die privaten Unternehmen gewährt werden, damit sie alle verfügbaren Arbeitskräfte einstellen. Dadurch werden die öffentlichen Ausgaben unnötig erhöht, was einen Inflationsdruck auslösen kann; außerdem ist der soziale Nutzen der geleisteten Arbeit nicht gewährleistet. Jobgarantien auf der Grundlage von Beschäftigungspuffern hingegen legen einen Mindestlohn und Sozialleistungen für die gesamte Wirtschaft fest und bieten allen, die weder in der Privatwirtschaft noch im ständigen öffentlichen Dienst Arbeit finden, einen Arbeitsplatz im öffentlichen Dienst. Diese Arbeitsplätze würden von der Zentralregierung finanziert, aber auf lokaler Ebene so gestaltet, dass sie den Bedürfnissen der verschiedenen Gemeinschaften optimal entsprechen.

Dann führt uns der rote Faden zur Vollbeschäftigung ohne Inflation als Ersatz für die so genannte NAIRU, die *Non-Accelerating Inflation Rate of Unemployment*. Die NAIRU ist eine berüchtigte neoliberale Erfindung, die fälschlicherweise von einer natürlichen Arbeitslosenquote ausgeht; wird diese unterschritten, führt dies zu Inflation. Auf diese Weise benutzt der herrschende Neoliberalismus die Arbeitslosigkeit als Mittel zur Inflationsbekämpfung. Eine solche natürliche Arbeitslosenquote gibt es jedoch nicht, und die auf Beschäftigungspuffern basierenden Jobgarantien brechen mit der falschen Dichotomie zwischen Vollbeschäftigung und Inflation. Vollbeschäftigung ist, wie universelle Gesundheitsversorgung und Bildung, eine politische Entscheidung. So wie man nicht sagt, „das Niveau der Kinder, die die Grund- und Sekundarschule besuchen möchten, aber nicht dürfen, [liegt] optimal bei 5 Prozent; oder die natürliche Anzahl der Hungernden [entspräche] 5 Prozent der Bevölkerung; oder dass 5 Prozent der Menschen idealerweise keine Wohnung haben sollten" (Tcherneva 2021, 20), so muss auch unfreiwillige Arbeitslosigkeit dauerhaft aus den Wirtschaftskreisläufen verschwinden. Tcherneva nennt Spanien als Beispiel für ein Land, in dem die NAIRU den größten Schaden angerichtet hat, denn „2012 gab die jährliche Wirtschaftsprognose der Europäischen Kommission an, die natürliche Arbeitslosenquote in Spanien läge bei 26,6 Prozent" (Tcherneva 2021, 22). Daher gehört Spanien zu den Ländern, die geldpolitische Souveränität und eine Beschäftigungsgarantie auf der Grundlage von Beschäftigungspuffern als Ersatz für die von der Europäischen Union und dem Euro auferlegte NAIRU am dringendsten benötigen.

Ein „neuer Gesellschaftsvertrag durch die Einführung eines Standards für gute Jobs" (Tcherneva 2021, 49) webt den roten Faden in das Unternehmensgefüge ein. Unternehmen, die ihren Arbeitnehmern keine mit der Jobgarantie vergleichbaren Arbeits- und Lohnstandards zusichern können, würden einfach verschwinden. Arbeitnehmer wären nicht mehr gezwungen, Arbeitsplätze unter miserablen Bedingungen anzunehmen, da die Arbeitnehmer immer die Möglichkeit hätten, ihren Arbeitsplatz zu verlassen und sich für eine Jobgarantie auf der Grundlage von Beschäftigungspuffern zu entscheiden, wenn ihr Arbeitgeber keine Arbeits- und Lohnstandards bietet, die mindestens so gut sind wie die der Jobgarantie. Auf diese Weise „bietet die Jobgarantie die Grundlage für einen neuen Gesellschaftsvertrag, indem sie einen neuen Arbeitsstandard schafft, Arbeitslosigkeit als makroökonomischen Stabilisator verdrängt und ihre sozialen und wirtschaftlichen Kosten verhindert" (Tcherneva 2021, 104).

Dieser neue Gesellschaftsvertrag der Jobgarantie führt den roten Faden zu einem Projekt, dem Tcherneva große Bedeutung beimisst, dem Green New Deal. In Anlehnung an Franklin Delano Roosevelt schlägt Tcherneva vor, den New Deal der 1930er Jahre neu aufzulegen, allerdings aus einer ökologischen Perspektive, und fragt: „Was nützt uns eine grüne Zukunft, in der zwar die Bedrohung durch globale Erwärmung nachgelassen hat, Familien und ganze Gemeinschaften jedoch noch immer aus Verzweiflung über Armut, Arbeitslosigkeit und wirtschaftliche Not in den Tod getrieben werden?" (Tcherneva 2021, 3). Aus diesem Grund argumentiert die Autorin, dass die Jobgarantie „der wichtigste Aspekt des Green New Deal" (Tcherneva 2021, 3) ist und dass das eine ohne das andere bedeutungslos ist. Das bedeutet, dass der Übergang zu einer auf erneuerbaren Energien basierenden Wirtschaft durch die Gewährleistung einer qualitativ hochwertigen Vollbeschäftigung unter Miteinbeziehen von Jobgarantien stattfinden muss. Nur so kann es eine gerechte und saubere Wirtschaft frei von unfreiwilliger Arbeitslosigkeit und Umweltzerstörung geben.

Insgesamt ist das Buch *Plädoyer für eine Jobgarantie* eine unverzichtbare Lektüre, die Karl Marx' Idee von menschlicher Arbeit als einzige Quelle von Werten bekräftigt und auf den neuesten Stand bringt. In einer Welt, in der die Politik der Vollbeschäftigung aufgegeben wurde und konservative Ideen wie das universelle Grundeinkommen auf dem Vormarsch sind, weist Pavlina Tchernevas Buch der Linken wie ein Leuchtfeuer den Weg aus der Dunkelheit. Aus diesem Grund muss die Jobgarantie ein wichtiger Orientierungspunkt für die Linke werden. Nur so kann sie aus der Sackgasse herauskommen, in die sie durch Ideen wie das universelle

Grundeinkommen geführt wurde, die behaupten, die Lösung für die Probleme der Arbeitnehmer bestehe darin, nicht mehr zu arbeiten und auf Kosten der Arbeit anderer zu leben.

Euro delendus est.

***

7. DER LERNER-PUNKT ALS REGULATIVE IDEE (EINE NEUBETRACHTUNG VON ARTHUR OKUNS ELENDSINDEX)

DER LERNER-PUNKT ALS REGULATIVE IDEE

Ziel einer jeden Regierung sollte es sein, die Wirtschaft ihres Landes an einen Punkt zu bringen, an dem gleichzeitig Vollbeschäftigung und Preisstabilität herrschen.

Dies würde ein Nichtvorhandensein ungenutzter realer Ressourcen und die Stabilität der Kaufkraft der Währung gewährleisten. Brachliegende reale Ressourcen sowie inflationäre oder deflationäre Prozesse sind unerwünschte Phänomene.

Wenn sie diesen Punkt der Vollbeschäftigung und der Preisstabilität erreicht hat, kann die Regierung ihre politischen Ziele – wie auch immer diese aussehen mögen – am besten erfüllen.

Daher muss jede Regierung eine wirtschaftliche Situation anstreben, in der die Arbeitslosigkeit (a) gleich Null und die Inflation (b) ebenfalls gleich Null ist. Dies kann durch die Gleichung $a + |b| = 0$ beschrieben werden.

Ich nenne diesen idealen Punkt der Wirtschaft den Lerner-Punkt, da der amerikanische Ökonom Abba Lerner das erste Gesetz der funktionalen Finanzwirtschaft wie folgt formulierte:

> „Die wichtigste Aufgabe der Regierung (da niemand sonst diese Aufgabe übernehmen kann) ist, dafür zu sorgen, die Gesamtausgaben des Landes für Waren und Dienstleistungen weder über noch unterhalb der Rate zu halten, zu der man zu aktuellen Preisen alle

die Waren kaufen würde, die produziert werden können. Wenn man die Gesamtausgaben darüber hinausgehen lässt, gibt es eine Inflation, und wenn man sie darunter fallen lässt, gibt es Arbeitslosigkeit. Die Regierung kann die Gesamtausgaben steigern, indem sie selbst mehr ausgibt oder aber indem sie die Steuern so senkt, dass den Steuerzahler mehr Geld zum Ausgeben bleibt. Sie kann die Gesamtausgaben verringern, indem sie selbst weniger ausgibt, oder indem sie die Steuern anhebt, so dass den Steuerzahlern weniger Geld für Ausgaben bleibt. Mit diesen Methoden können die Gesamtausgaben auf dem erforderlichen Niveau gehalten werden, das ausreicht, um die Waren zu kaufen, die von allen, die arbeiten möchten, produziert werden können, und das trotzdem nicht ausreicht, um eine Inflation herbeizuführen, indem man (zu Marktpreisen) mehr nachfragt, als produziert werden kann." (zitiert in Mitchell 2017, 448)

So wie wir den Lerner-Punkt definiert haben, so können wir auch den Lerner-Index als die Entfernung der Wirtschaft eines Landes vom Lerner-Punkt definieren, so dass der Lerner-Index gleich dem Prozentsatz der Arbeitslosigkeit plus den absoluten Wert der Inflation ist (da Deflation als negative Inflation betrachtet werden kann).

Sehen wir uns grafisch an, wie die Entwicklung des Lerner-Index in einer realen Wirtschaft aussieht, zum Beispiel im Fall von China.

Hier sehen wir, dass China zwischen 2000 und 2016 dem Lerner-Punkt mit einem Lerner-Index von 4,7 im Jahr 2000 am nächsten kam. Das Jahr, in dem es sich am weitesten vom Lerner-Punkt entfernte, war 2008 mit einem Lerner-Index von 10,1.

Ich halte den Lerner-Index für ein legitimes Instrument zur Bewertung des Erfolgs der Wirtschaftspolitik eines Landes. Der Lerner-Punkt sollte jedoch nur als idealer Zustand der Wirtschaft angesehen werden, d. h. als optimales Ziel, auf das die Regierungen hinarbeiten sollten, wohl wissend, dass weder die vollständige Erreichung dieses Zustands, geschweige denn ein Verbleib darin, möglich ist. Der Lerner-Punkt ist jedoch ein Referenzwert, den man anstreben sollte, und ein

China			
Jahr	Arbeitslosigkeitsrate	Inflationsrate	**Lerner Index**
2000	4,5	0,2	**4,7**
2001	4,5	0,7	**5,2**
2002	4,4	-0,7	**5,1**
2003	4,3	1,1	**5,4**
2004	4,3	3,8	**8,1**
2005	4,1	1,8	**5,9**
2006	4,0	1,4	**5,4**
2007	3,7	4,7	**8,4**
2008	4,3	5,8	**10,1**
2009	4,2	-0,7	**4,9**
2010	4,2	3,3	**7,5**
2011	4,3	5,4	**9,7**
2012	4,4	2,6	**7,0**
2013	4,5	2,6	**7,1**
2014	4,5	2,0	**6,5**
2015	4,6	1,4	**6,0**
2016	4,6	2,0	**6,6**

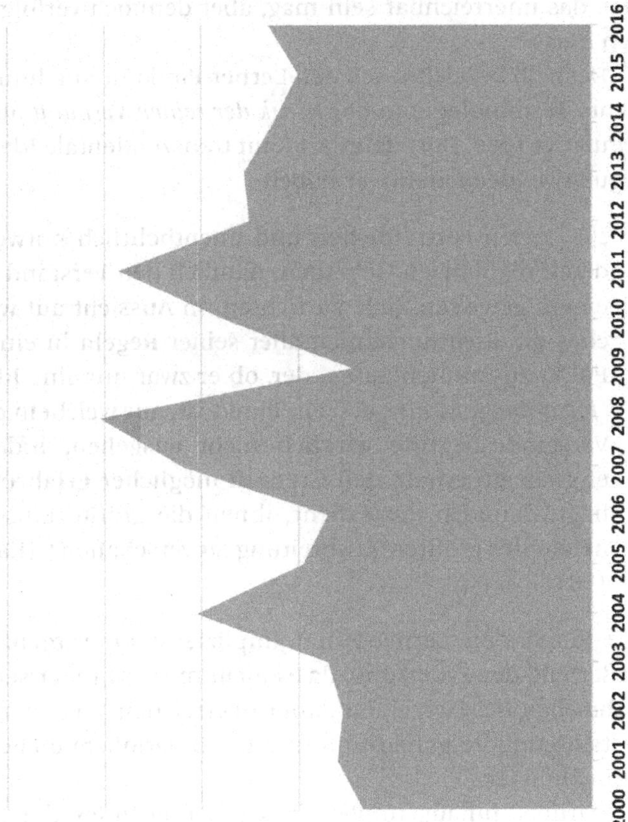

Ziel, das unerreichbar sein mag, aber dennoch verfolgt werden muss.

Deshalb bezeichne ich den Lerner-Punkt in Anlehnung an Kants Terminologie in der *Kritik der reinen Vernunft* als eine regulative Idee. Dort definiert Kant transzendentale Ideen als regulative Ideen, denn sie haben

> „[...] einen vortrefflichen und unentbehrlich notwendigen regulativen Gebrauch, nämlich den Verstand zu einem gewissen Ziele zu richten, in Aussicht auf welches die Richtungslinien aller seiner Regeln in einen Punkt zusammenlaufen, der, ob er zwar nur eine Idee *(focus imaginarius)*, d. i. ein Punkt ist, aus welchem die Verstandesbegriffe wirklich nicht ausgehen, indem er ganz außerhalb den Grenzen möglicher Erfahrung liegt, dennoch dazu dient, ihnen die größte Einheit neben der größten Ausbreitung zu verschaffen." (Kant 1781)

Die durch den Lerner-Punkt implizierte Konvergenz liegt außerhalb der Erfahrung, da es nicht möglich (oder sehr unwahrscheinlich) ist, einen Punkt zu erreichen, an dem die Arbeitslosenquote genau null und die Inflationsrate ebenfalls genau null ist.

Darüber hinaus impliziert der Lerner-Index die Festlegung einer qualitativen Äquivalenz zwischen Arbeitslosigkeit und Inflation, bei der es sich um nichts anderes als eine Konvention zur Vereinheitlichung des Konzepts handelt. Zwischen einem Wirtschaftszustand, in dem beispielsweise die Arbeitslosenquote 2 % und die Inflationsrate 8 % beträgt, und einem anderen Wirtschaftszustand, in dem die Arbeitslosenquote 8 % und die Inflationsrate 2 % beträgt, lässt sich somit in der Realität eine qualitative Äquivalenz nicht automatisch herstellen. In beiden Fällen beträgt der Lerner-Index 10, was aber nicht bedeutet, dass beide Zustände gleichermaßen wünschenswert wären. Die Mainstream-Ökonomen messen der Preisstabilität mehr Bedeutung bei als dem Beschäftigungsniveau, so dass ein Neoliberaler den zweiten Wirtschaftszustand vorziehen wird, weil er weniger Inflation aufweist. Im Gegensatz dazu wird ein postkeynesianischer Wirtschaftswissenschaftler das erste Szenario als wünschenswerter ansehen, da er eine niedrigere Arbeitslosigkeit der Inflation vorzieht.

Folglich kann ein und derselbe Lerner-Index je nach seinen Bestandteilen auf unterschiedliche Weise interpretiert werden. Dabei kommt es jedoch auf folgendes an:

1. Die Hervorhebung der Tatsache, dass die zwei grundlegenden Werte für eine Wirtschaftspolitik das Beschäftigungsniveau und die Inflationsrate sind, und nicht das öffentliche Defizit, das jederzeit ausreichend sein muss, um Vollbeschäftigung und Preisstabilität zu gewährleisten. Die Begrenzung des öffentlichen Defizits sollte daher kein Ziel der Wirtschaftspolitik sein. Die Ziele der Wirtschaftspolitik müssen Vollbeschäftigung und Preisstabilität sein.
2. Die Abschaffung der Dichotomie zwischen Beschäftigung und Inflation, wonach Vollbeschäftigung ohne Inflation nicht möglich ist, und woraus das neoliberale Konzept der NAIRU (vgl. Mitchell 2015, 269ff.) oder *Non-Accelerating Inflation Rate of Unemployment* hervorgegangen ist. Das NAIRU-Prinzip besagt also, dass die richtige Höhe der Arbeitslosigkeit in einer Volkswirtschaft diejenige ist, die Preisstabilität garantiert. Im Gegenteil, hier wird festgestellt, dass Vollbeschäftigung und Preisstabilität nicht unvereinbar, sondern komplementär sind.

Daher soll die Einführung des Lerner-Punktes die NAIRU-Doktrin in der wirtschaftspolitischen Agenda ersetzen.

Diese Ergänzung zu Lerners Aussage ist notwendig, weil das erste Gesetz der funktionalen Finanzwirtschaft, wie oben dargelegt, impliziert, dass das Ziel der Vollbeschäftigung bei Preisstabilität allein durch die Steuerung der öffentlichen Ausgaben und der Steuerpolitik erreicht werden kann. Dies ist jedoch nicht der Fall. Um Vollbeschäftigung bei Preisstabilität zu erreichen, ist ein drittes Element erforderlich, nämlich die Umsetzung von Jobgarantien auf der Grundlage von Beschäftigungspufferbeständen.

Keynes' Gedanke, dass das Vorhandensein von Arbeitslosigkeit immer auf unzureichend hohe öffentliche Ausgaben hinweist, ist sicherlich richtig. Wenn die Höhe der öffentlichen Ausgaben jedoch nur dazu dient, dem privaten Sektor zu mehr Ersparnissen zu verhelfen, damit dieser alles kaufen kann, was von den aktiven Arbeitnehmern produziert wird, kann es zu Fehlanpassungen des Lohn- und Produktionsniveaus kommen, die zu einem finanzpolitisch nicht kontrollierbaren Inflationsdruck führen. Schließlich hat die Steuerpolitik keine unmittelbaren Auswirkungen. Die Steuer- und Tarifpolitik hat keine mit Sicherheit vorhersehbare einnahmensteigernde Wirkung, und die Steuererhebung unterliegt in vielen Fällen langen Zeiträumen, weshalb die Steuerpolitik und die Entscheidungen des Privatsektors, zu sparen oder auszugeben, nicht aufeinander abgestimmt werden können. Die Jobgarantien auf der Grundlage von Beschäftigungspuffern gleichen diese Unzulänglichkeiten der Ausgaben- und Steuerpolitik aus.

Ob das Vorhandensein von Inflationsdruck im Gegenzug zu einem hohen Beschäftigungsniveau ein an sich negatives Phänomen ist, ist eine andere Frage. Meiner Meinung nach ist es das nicht. Ein moderates Inflationsniveau ist ein Symptom für ein hohes Beschäftigungsniveau und eine gute wirtschaftliche Gesundheit, die der Wirtschaft nicht schadet. Die Erfahrung zeigt außerdem, dass die Wahrscheinlichkeit, dass ein solches Inflationsniveau zu einer Hyperinflation führt, sehr gering ist. Um es so deutlich wie möglich zu sagen: Hyperinflationäre Erscheinungen sind in der Praxis keine monetären Phänomene, sondern haben ihren Ursprung in Angebotsschocks (manchmal verursacht durch Rohstoffkrisen, Kriege, Pandemien usw.). (Die einzige Ausnahme, die mir einfällt, ist der Fall Argentiniens, wo die verrückte Geld- und Zinspolitik für die sehr hohen Inflationsraten verantwortlich ist. Dort suchen Privatiers Zuflucht vor der Inflation in Dollar-Ersparnissen, die die Landeswährung weiter entwerten) (siehe Seite 313).

Die Inflationsbekämpfung im Austausch gegen große Massen von arbeitslosen oder unterbeschäftigten Arbeitnehmern, die die Zentralbanken zu vermeintlich unabhängigen Garanten der Preisstabilität gemacht hat, ist nur ideologisch zu begründen. In der Praxis sind aktive Arbeitnehmer durch ihren Einfluss auf den Arbeitsmarkt und Rentner durch ihr Wahlrecht in der Lage, ihre Einkommen weitgehend an die

Entwicklung der Inflation anzupassen. Privatiers können dies nicht. Sie sind am stärksten von der Inflation betroffen, denn da sie kein Arbeitseinkommen haben, müssen sie hilflos zusehen, wie die Inflation das Einkommen auffrisst, das ihnen ein Leben ohne Arbeit ermöglicht. Ziel des unerbittlichen Kampfes gegen die Inflation, den der größte Teil der Wirtschaft führt, ist die Verteidigung der Privatiers.

Darüber hinaus haben wir in den letzten Jahren gesehen, wie viele Regierungen der Europäischen Union eindeutig deflationäre Maßnahmen ergriffen haben; diese schaden der Wirtschaft erheblich mehr als inflationäre Maßnahmen, da sie den produktiven Sektor in eine Spirale aus zunehmender Arbeitslosigkeit und Produktionsrückgang stürzen. Diese deflationären Maßnahmen begünstigen jedoch die Klasse der Rentiers und wurden daher gefördert.

Nachdem ich jedoch klargestellt habe, dass ich eine gesunde Inflationsrate für wünschenswerter halte als jede Deflationsrate, steht fest, dass die Preisstabilität in einem idealen Zustand der Wirtschaft absolut wäre, und deshalb ist es sinnvoll, den Lerner-Punkt als regulative Idee festzulegen.

NEUBETRACHTUNG DES ELENDSINDEX VON ARTHUR OKUN AUS DER PERSPEKTIVE DES FIAT-SOZIALISMUS

Der Lerner-Punkt und der Lerner-Index sind eigentlich eine Überarbeitung des Elendsindexes von Arthur Okun. Dieser Autor schlug vor, das Elend eines Landes zu messen, indem man die Arbeitslosenquote und die Inflationsrate einfach zusammenzählte. Zweifelsohne wurde der Lerner-Index von dieser Idee inspiriert. Der Lerner-Index unterscheidet sich jedoch von Okuns Elendsindex in mehreren Einzelheiten. Zunächst einmal wird der Lerner-Index anhand des absoluten Wertes der Inflation berechnet, während sich der Okun'sche Elendsindex anhand des realen Wertes der Inflation berechnet. Für Okun war Deflation also kein Problem, sondern etwas Positives. Der Lerner-Index hält sowohl Inflation als auch Deflation für unerwünscht.

Darüber hinaus muss der Lerner-Index aus der Perspektive des Fiat-Sozialismus verstanden werden, d. h. der Umsetzung von Jobgarantien auf der Grundlage von Beschäftigungspuffern. Daher kann der Lerner-Index als ein Mittel zur Messung des Erfolgs bei der Umsetzung von Jobgarantien auf der Grundlage von Beschäftigungspufferbeständen betrachtet werden. Nähert sich der Lerner-Index schrittweise dem Lerner-Punkt, werden Jobgarantien auf der Grundlage von Beschäftigungspufferbeständen erfolgreich umgesetzt. Entfernt sich der Lerner-Index vom Lerner-Punkt, findet keine erfolgreiche Umsetzung der Jobgarantien auf der Grundlage von Beschäftigungspufferbeständen statt.

Ohne diese Bezugnahme auf Jobgarantien auf der Grundlage von Beschäftigungspufferbeständen und durch die Nichtberücksichtigung der Inflation in ihrem absoluten Wert verliert Okuns Elendsindex an Bedeutung, da Arbeitslosigkeit und Inflation in Okuns Modell unverbundene Faktoren ohne jeglichen Zusammenhang sind. Der Fiat-Sozialismus verknüpft die Inflation mit der Vollbeschäftigung, indem er auf Jobgarantien zurückgreift, die auf den Beschäftigungspuffern der Modern Monetary Theory basieren, und macht den Lerner-Punkt zu einer regulativen Idee.

Der Lerner-Punkt und der Lerner-Index sind nicht die einzige Überarbeitung des Okun'schen Elendsindexes. Robert Barro führte den Barro Misery Index ein, der Zinssätze und BIP-Wachstum in die Analyse miteinbezieht. In jedem Fall bin ich der Ansicht, dass die einzige zufriedenstellende Möglichkeit, Arbeitslosigkeit und Inflation gemeinsam zu analysieren, in der Betrachtung der Jobgarantien der Modern Monetary Theory auf der Grundlage von Beschäftigungspuffern und in der Einführung des Lerner-Punkts als regulativer Idee besteht.

DER LERNER-INDEX IN VERSCHIEDENEN LÄNDERN

Zum Abschluss dieses Kapitels werden im Folgenden die Lerner-Indizes einiger Länder von besonderer Bedeutung (Daten der Weltbank) dargestellt.

Wie aus den nachstehenden Tabellen hervorgeht, kommt Japan dem Lerner-Punkt am nächsten, da es seit Jahrzehnten nahe der Vollbeschäftigung liegt und Inflationsraten aufweist, die fast bei null liegen oder sogar negativ sind. Japan ist somit das lebende Beispiel dafür, dass der Lerner-Punkt erreicht werden kann, und dass Vollbeschäftigung im Gegensatz zu den Behauptungen des Neoliberalismus nicht inflationär sein muss. Außerdem hat Japan eine Zinspolitik von 0 % eingeführt. All dies macht Japan zum besten Beispiel dafür, wie der Lerner-Punkt erreicht werden kann.

Vereinigtes Königreich			
Jahr	Arbeitslosig-keitsrate	Inflations-rate	**Lerner Index**
2000	5,5	0,7	**6,2**
2001	4,7	1,2	**5,9**
2002	5,0	1,2	**6,2**
2003	4,8	1,3	**6,1**
2004	4,5	1,3	**5,8**
2005	4,7	2,0	**6,7**
2006	5,3	2,3	**7,6**
2007	5,2	2,3	**7,5**
2008	5,6	3,6	**9,2**
2009	7,5	2,1	**9,6**
2010	7,7	3,2	**10,9**
2011	8,0	4,4	**12,4**
2012	7,8	2,8	**10,6**
2013	7,5	2,5	**10,0**
2014	6,1	1,4	**7,5**
2015	5,3	0	**5,3**
2016	4,8	0,6	**5,4**

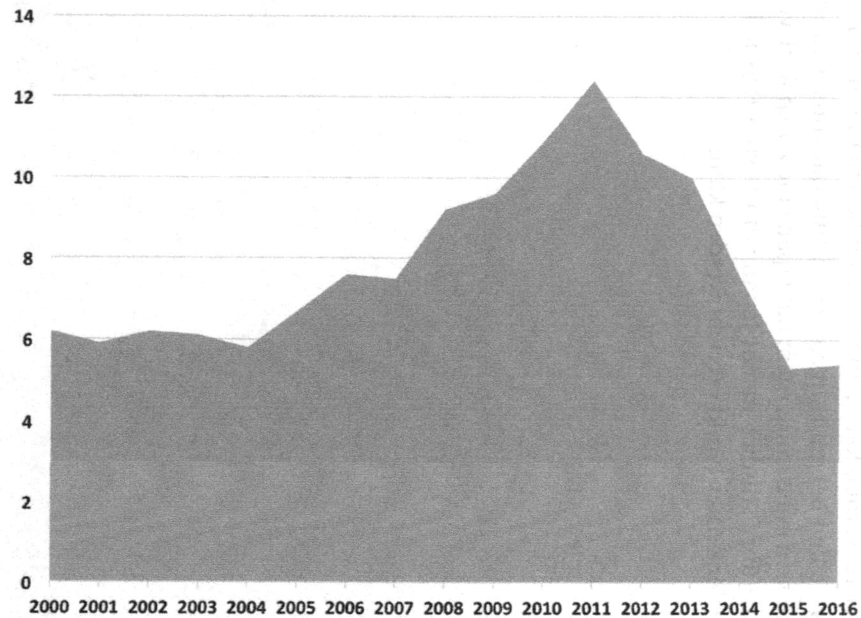

Australien			
Jahr	Arbeitslosig-keitsrate	Inflations-rate	**Lerner Index**
2000	6,2	4,4	**10,6**
2001	6,7	4,3	**11**
2002	6,3	3,0	**9,3**
2003	5,9	2,7	**8,6**
2004	5,3	2,3	**7,6**
2005	5,0	2,6	**7,6**
2006	4,7	3,5	**8,2**
2007	4,3	2,3	**6,6**
2008	4,2	4,3	**8,5**
2009	5,5	1,8	**7,3**
2010	5,2	2,8	**8,0**
2011	5,0	3,3	**8,3**
2012	5,2	1,7	**6,9**
2013	5,6	2,4	**8,0**
2014	6,0	2,4	**8,4**
2015	6,0	1,5	**7,5**
2016	5,7	1,2	**6,9**

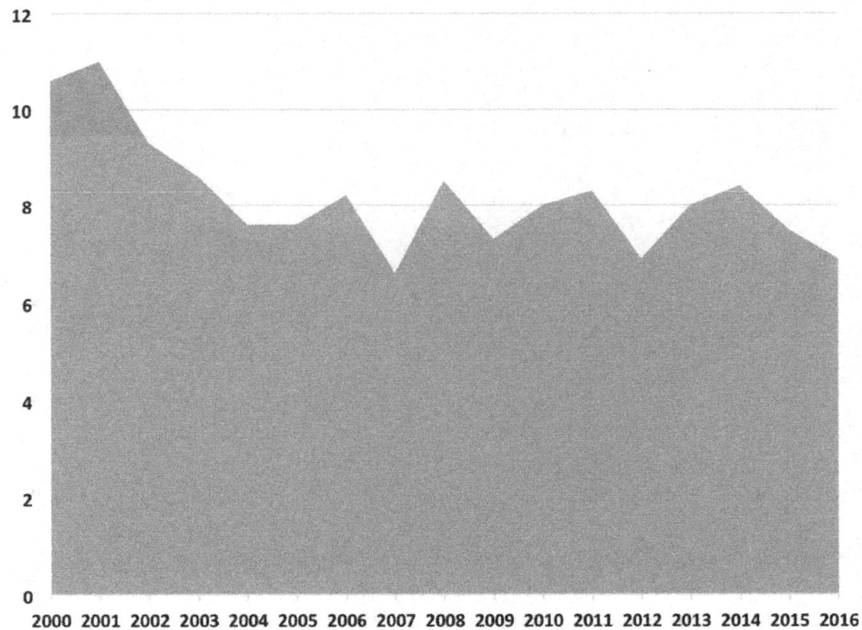

Dänemark			
Jahr	Arbeitslosigkeitsrate	Inflationsrate	**Lerner Index**
2000	4,4	2,9	**7,3**
2001	4,1	2,3	**6,4**
2002	4,2	2,4	**6,6**
2003	5,4	2,0	**7,4**
2004	5,2	1,1	**6,3**
2005	4,8	1,8	**6,6**
2006	3,9	1,8	**5,7**
2007	3,8	1,7	**5,5**
2008	3,4	3,3	**6,7**
2009	6,0	1,3	**7,3**
2010	7,4	2,2	**9,6**
2011	7,5	2,7	**10,2**
2012	7,5	2,3	**9,8**
2013	7,0	0,7	**7,7**
2014	6,5	0,5	**7,0**
2015	6,1	0,4	**6,5**
2016	6,1	0,2	**6,3**

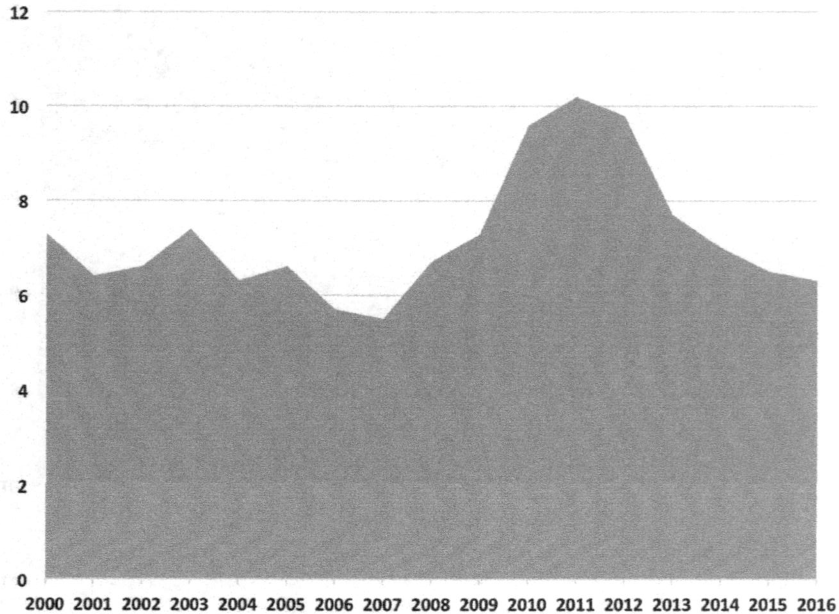

Russland			
Jahr	Arbeitslosigkeitsrate	Inflationsrate	**Lerner Index**
2000	10,5	20,7	**31,2**
2001	8,9	21,4	**30,3**
2002	7,9	15,7	**23,6**
2003	8,2	13,6	**21,8**
2004	7,7	10,8	**18,5**
2005	7,1	12,6	**19,7**
2006	7,1	9,6	**16,7**
2007	6,1	8,9	**15,0**
2008	6,3	14,1	**20,4**
2009	8,4	11,6	**20,0**
2010	7,3	6,8	**14,1**
2011	6,5	8,4	**14,9**
2012	5,4	5,0	**10,4**
2013	5,4	6,7	**12,1**
2014	5,1	7,8	**12,9**
2015	5,5	15,5	**21,0**
2016	5,5	7,0	**12,5**

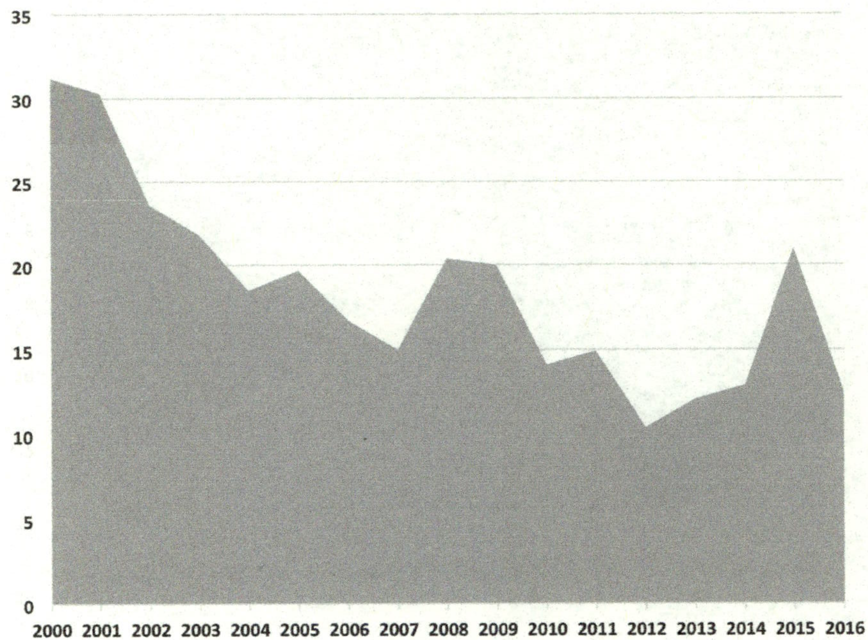

Italien			
Jahr	Arbeitslosig-keitsrate	Inflations-rate	**Lerner Index**
2000	10,8	2,5	**13,3**
2001	9,6	2,7	**12,3**
2002	9,2	2,4	**11,6**
2003	8,8	2,6	**11,4**
2004	7,8	2,2	**10,0**
2005	7,7	1,9	**9,6**
2006	6,7	2,0	**8,7**
2007	6,0	1,8	**7,8**
2008	6,7	3,3	**10,0**
2009	7,7	0,7	**7,7**
2010	8,3	1,5	**9,8**
2011	8,3	2,7	**11,0**
2012	10,6	3,0	**13,6**
2013	12,1	1,2	**13,3**
2014	12,6	0,2	**12,8**
2015	11,9	0	**11,9**
2016	11,6	-0,1	**11,7**

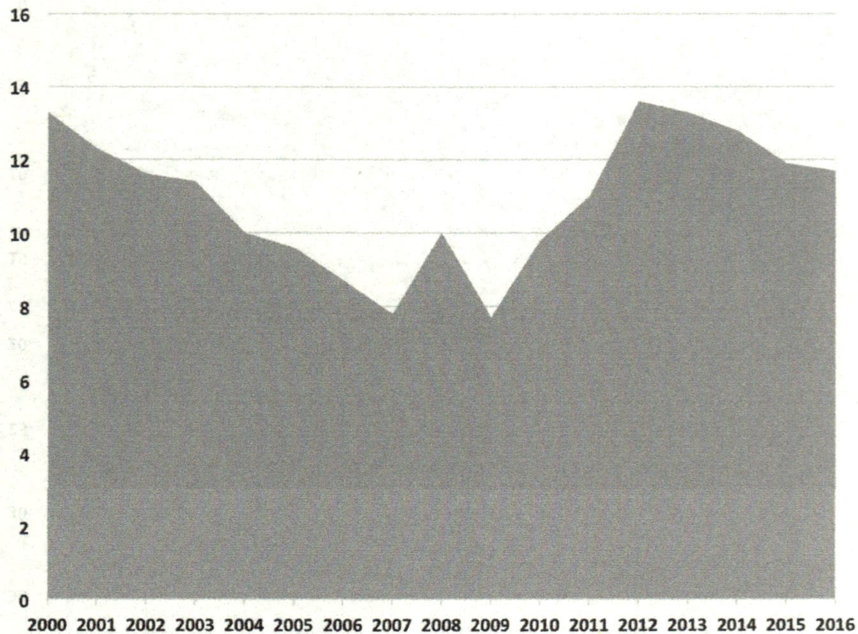

Südafrika			
Jahr	Arbeitslosigkeitsrate	Inflationsrate	**Lerner Index**
2000	23,2	5,3	**28,5**
2001	25,3	5,7	**31,0**
2002	27,1	9,1	**36,2**
2003	27,1	5,8	**32,9**
2004	24,6	1,3	**25,9**
2005	23,8	3,3	**27,1**
2006	22,6	4,6	**27,2**
2007	22,3	7,0	**29,3**
2008	22,4	11,5	**33,9**
2009	23,5	7,1	**30,6**
2010	24,6	4,2	**28,8**
2011	24,6	5l0	**25,1**
2012	24,7	5,6	**30,3**
2013	24,5	5,7	**30,2**
2014	24,9	6,0	**30,9**
2015	25,1	4,5	**29,6**
2016	26,5	6,3	**32,8**

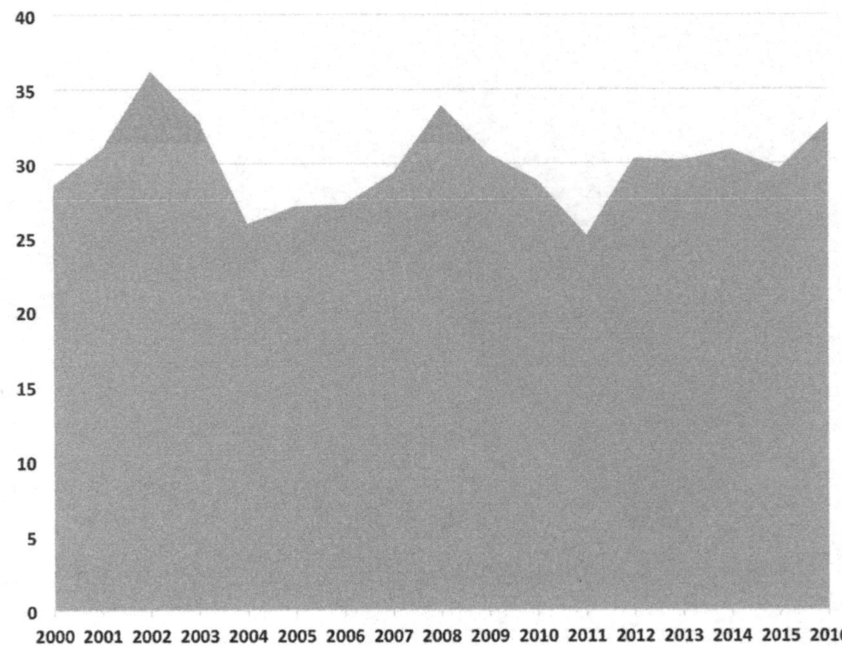

Spanien			
Jahr	Arbeitslosigkeitsrate	Inflationsrate	**Lerner Index**
2000	13,7	3,4	**17,1**
2001	10,3	3,5	**13,8**
2002	11,1	3,0	**14,1**
2003	11,2	3,0	**14,2**
2004	11,0	3,0	**14,0**
2005	9,1	3,3	**12,4**
2006	8,4	3,5	**11,9**
2007	8,2	2,7	**10,9**
2008	11,2	4,0	**15,2**
2009	17,8	-0,2	**18,0**
2010	19,8	1,8	**21,6**
2011	21,3	3,1	**24,4**
2012	24,7	2,4	**27,1**
2013	26,0	1,4	**27,4**
2014	24,4	-0,1	**24,5**
2015	22,0	-0,5	**22,5**
2016	19,6	-0,2	**19,8**

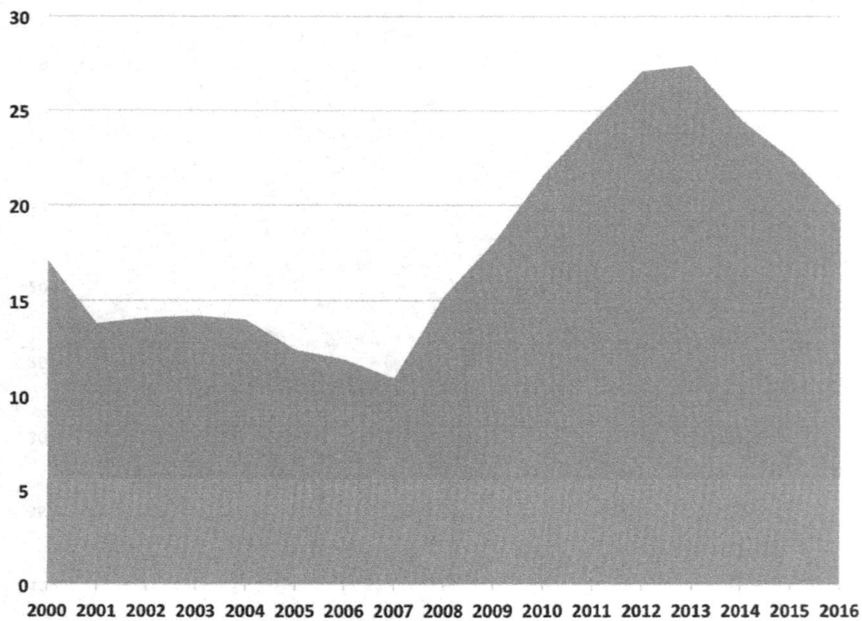

Deutschland			
Jahr	Arbeitslosigkeitsrate	Inflationsrate	**Lerner Index**
2000	7,9	1,4	**9,3**
2001	7,7	1,9	**9,6**
2002	8,4	1,4	**9,8**
2003	9,7	1,0	**10,7**
2004	10,7	1,6	**12,3**
2005	11,1	1,5	**12,6**
2006	10,2	1,5	**11,7**
2007	8,6	2,2	**10,8**
2008	7,5	2,6	**10,1**
2009	7,7	0,3	**8,0**
2010	6,9	1,1	**8,0**
2011	5,8	2,0	**7,8**
2012	5,3	2,0	**7,3**
2013	5,2	1,5	**6,7**
2014	4,9	0,9	**5,8**
2015	4,6	0,2	**4,8**
2016	4,1	0,4	**4,5**

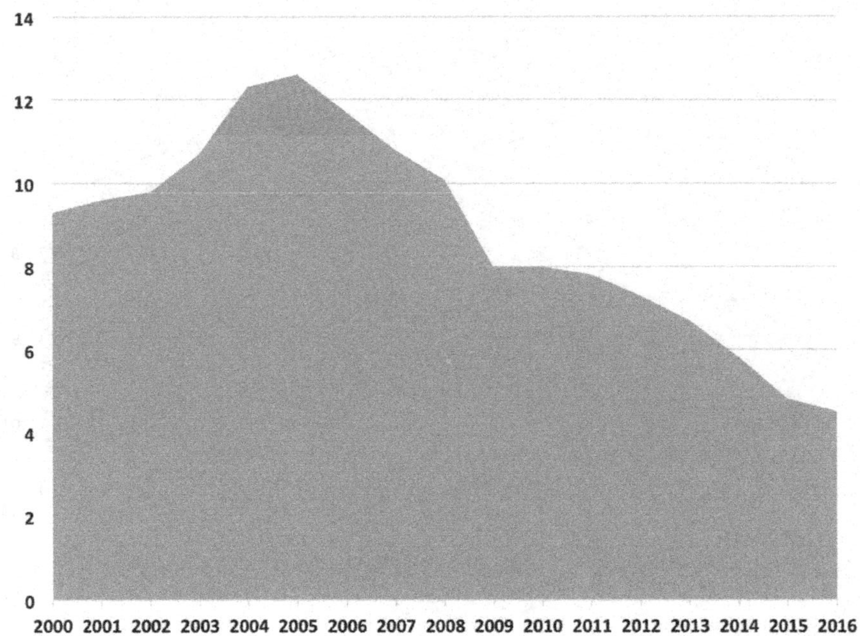

Frankreich

Jahr	Arbeitslosig-keitsrate	Inflations-rate	**Lerner Index**
2000	10,2	1,6	**11,8**
2001	8,6	1,6	**10,2**
2002	8,7	1,9	**10,6**
2003	8,3	2,1	**10,4**
2004	8,9	2,1	**11,0**
2005	8,4	1,7	**10,1**
2006	8,4	1,6	**10,0**
2007	7,6	1,4	**9,0**
2008	7,0	2,8	**9,8**
2009	8,7	0	**8,7**
2010	8,8	1,5	**10,3**
2011	8,8	2,1	**10,9**
2012	9,4	1,9	**11,3**
2013	9,9	0,8	**10,7**
2014	10,3	0,5	**10,8**
2015	10,3	0	**10,3**
2016	10,0	0,1	**10,1**

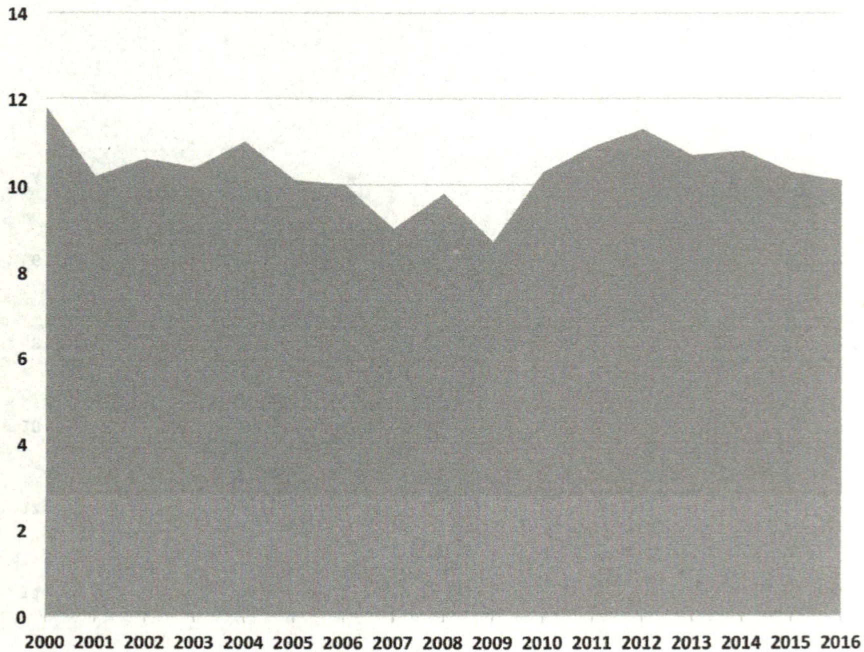

Mexiko			
Jahr	Arbeitslosigkeitsrate	Inflationsrate	**Lerner Index**
2000	2,5	9,4	**11,9**
2001	2,5	6,3	**8,8**
2002	2,8	5,0	**7,8**
2003	2,9	4,5	**7,4**
2004	3,6	4,6	**8,2**
2005	3,5	3,9	**7,4**
2006	3,5	3,6	**7,1**
2007	3,6	3,9	**7,5**
2008	3,9	5,1	**9,9**
2009	5,3	5,2	**10,5**
2010	5,3	4,1	**9,4**
2011	5,1	3,4	**8,5**
2012	4,9	4,1	**9,0**
2013	4,9	3,8	**8,7**
2014	4,8	4,0	**8,8**
2015	4,3	2,7	**7,0**
2016	3,8	2,8	**6,6**

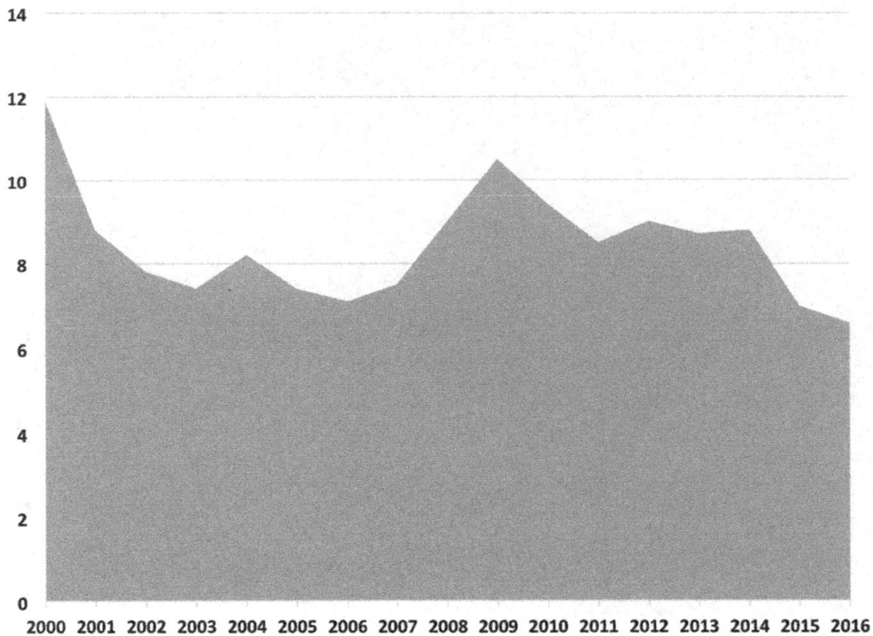

USA			
Jahr	Arbeitslosigkeitsrate	Inflationsrate	**Lerner Index**
2000	3,9	3,3	**7,2**
2001	4,7	2,8	**7,5**
2002	5,7	1,5	**7,2**
2003	5,9	2,2	**8,1**
2004	5,5	2,6	**8,1**
2005	5,0	3,3	**8,3**
2006	4,6	3,2	**7,8**
2007	4,6	2,8	**7,4**
2008	5,7	3,8	**9,5**
2009	9,2	-0,3	**9,5**
2010	9,6	1,6	**11,2**
2011	8,9	3,1	**12,0**
2012	8,0	2,0	**10,0**
2013	7,3	1,4	**8,7**
2014	6,1	1,6	**7,7**
2015	5,2	0,1	**5,3**
2016	4,8	1,2	**6,0**

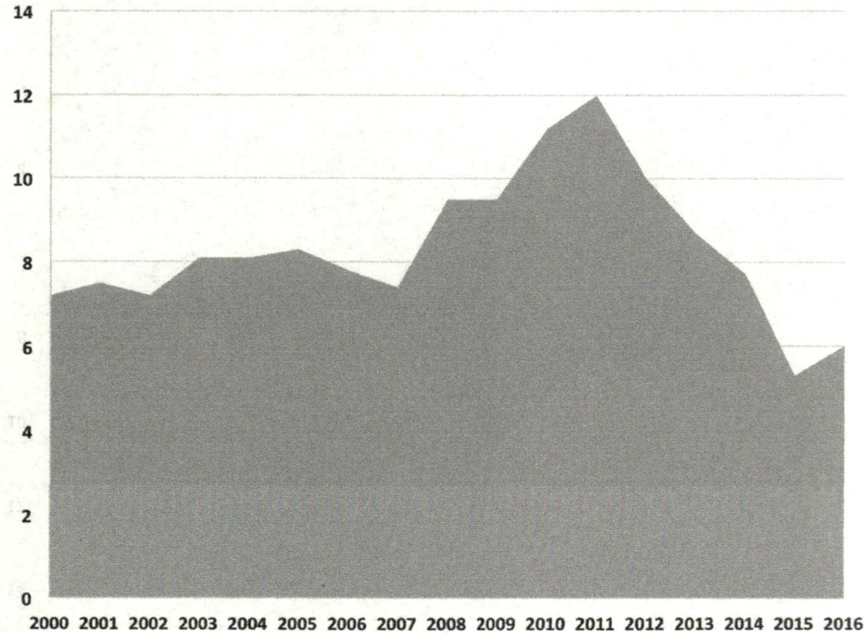

Japan			
Jahr	Arbeitslosig-keitsrate	Inflations-rate	**Lerner Index**
2000	4,7	-0,6	**5,3**
2001	5,0	-0,7	**5,7**
2002	5,3	-0,9	**6,2**
2003	5,2	-0,2	**5,4**
2004	4,7	0	**4,7**
2005	4,4	-0,2	**4,6**
2006	4,1	0,2	**4,3**
2007	3,8	0	**3,8**
2008	3,9	1,3	**5,2**
2009	5,0	-1,3	**6,3**
2010	5,0	-0,7	**5,7**
2011	4,5	-0,2	**4,7**
2012	4,3	0	**4,3**
2013	4,0	0,3	**4,3**
2014	3,5	2,7	**6,2**
2015	3,3	0,7	**4,0**
2016	3,1	-0,1	**3,2**

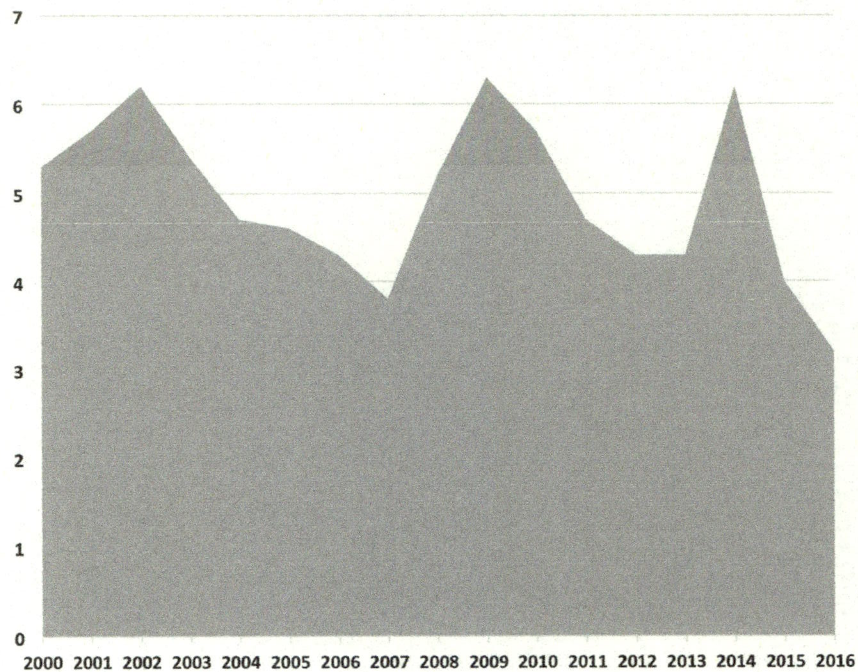

Zweiter Teil

…NUN GEHT ES DARUM, SIE ZU VERÄNDERN

4
DIE KALECKI-GEWINNGLEICHUNG

Nettogewinn = Investitionen in das Anlagekapital + Konsum der Kapitalisten + öffentliches Defizit - Ersparnisse der Arbeitnehmer + Position der Handelsbilanz

Bis jetzt haben wir zwei der in der Einleitung skizzierten Etappen des Schemas abgeschlossen, so dass wir einerseits fünf Ziele als Referenz des Fiat-Sozialismus und andererseits die Modern Monetary Theory als allgemeines Prinzip zur Erreichung der Vollbeschäftigung bei Preisstabilität angenommen haben.

Die nächste Stufe besteht aus einer Regel. Der Fiat-Sozialismus verwendet als Regel die Kalecki-Gewinngleichung. Der Grund dafür ist, dass die Kalecki-Gewinngleichung die Herkunft der Unternehmensgewinne erklärt. Dadurch lässt sich die Größe des Privatsektors durch die Ausgabenpolitik des öffentlichen Sektors demokratisch bestimmen. Wie in den vorangegangenen Kapiteln erörtert, ist die demokratische Entscheidung über die Größe des Privatsektors für den Fiat-Sozialismus von grundlegender Bedeutung. Die Verwendung der Kalecki-Gewinngleichung als Regel der staatlichen Wirtschaftspolitik ermöglicht es den Bürgern, über die Größe des privaten Sektors zu entscheiden.

Zur Erläuterung der Kalecki-Gewinngleichung verweise ich auf den Artikel „Der Kalecki-Moment“. Das Wichtigste hier ist Kaleckis Feststellung, dass die durch den Goldstandard auferlegten festen Wechselkurse das größte Hindernis waren für das, was er als „Zielwirtschaft" bezeichnete. (Kalecki 1943, 4)

Die Ziele der Wirtschaft sind das, was wir die Ziele des Sozialismus genannt haben. Feste Wechselkurse machen antisozialistische Sparmaßnahmen früher oder später unvermeidlich, da die Regierungen gezwungen sind, die Wechselkurse durch ihre Devisenreserven aufrechtzuerhalten, die schließlich ohne Rückgriff auf Sparmaßnahmen, die den Zielen des Sozialismus widersprechen, nicht mehr tragbar sind. In dem Artikel wird argumentiert, dass der Nixon-Schock von 1971, der das Ende des Goldstandards bedeutete, der Ära der festen Wechselkurse ein Ende setzte. Durch die Möglichkeit der Einführung flexibler Wechselkurse sah sich Kaleckis Vorschlag daher von seinem größten Hindernis befreit. Im Artikel findet diese Erklärung anhand einer Kritik des Euro und der Europäischen Währungsunion statt, die mit ihren Defizit- und Schuldengrenzen ähnlich einschränkend wirkt wie feste Wechselkurse.

Neben der Notwendigkeit der Einführung flexibler Wechselkurse zur Erreichung der fünf Ziele des Sozialismus gibt es zwei weitere Aspekte, weshalb Kalecki für den Fiat-Sozialismus grundlegend ist: die Notwendigkeit, den Konsum der Arbeitnehmer auf einem Niveau zu halten, das ihren Wohlstand jederzeit gewährleistet, und die Garantie, dass die Arbeitnehmer das produzieren können, was sie konsumieren wollen.

Der erste Aspekt unterscheidet Kaleckis Ansatz von dem von Keynes. Was sie eint, ist die Tatsache, dass beide das Konzept der Gesamtnachfrage in ihre Analyse des Kapitalismus einführen.

Keynes sah das Hauptproblem an einer fehlenden Gesamtnachfrage in mangelnden Investitionen, für Kalecki hingegen war das Hauptproblem an einer fehlenden Gesamtnachfrage das unzureichende Konsumniveau der Arbeiterklasse. Die theoretische Grundlage für Kaleckis Position ist die Profit-Theorie von Karl Marx. Jan Toporowski, Ökonom und Biograph von Kalecki, formuliert es so:

> „Der Profit-Theorie in den Werken von Marx und Kalecki zufolge kehrt das Geld, das Kapitalisten für ihren eigenen Konsum und für Investitionen ausgeben, als Profit in ihre Taschen zurück.

Kalecki entnahm diese Profittheorie Rosa Luxemburgs Werk *Die Akkumulation des Kapitals*.“ (Finn 2022)

Das ist der Marx, der den Fiat-Sozialismus rechtfertigt, der Marx, der sich vom Hegelschen Historismus befreit und der seine Analyse auf die Notwendigkeit konzentriert, die Lebensqualität der Arbeiter durch konkrete Vorschläge zu verbessern. Meiner Meinung nach gibt es einen breiten und klaren Berührungspunkt zwischen Keynesianismus und Marxismus, der noch erforscht werden muss, der sich aber zweifellos in Kaleckis Werk widerspiegelt. Dieser Berührungspunkt macht Kalecki zu einem Denker, der gewissermaßen das Beste aus beiden Welten in sich vereint und grundlegend für unsere Analyse ist.

Der zweite Aspekt, den ich oben erwähnt habe, nämlich die Garantie, dass die Arbeitnehmer das produzieren können, was sie konsumieren wollen, ist ebenfalls von entscheidender Bedeutung. Kalecki sprach sich für eine totale Planung der Wirtschaft aus. Seiner Meinung nach ließ sich nur so das Hindernis der festen Wechselkurse überwinden, das sich aus dem Goldstandard ergab. Kalecki setzte sich jedoch stets dafür ein, dass die Arbeitnehmer das produzieren können, was sie konsumieren wollen, da sie sich nur so mit dem System der sozialen Produktion identifizieren können. Wie Jan Toporowski in dem oben zitierten Interview betont, entsteht eine solche Identifikation nicht durch große, erzwungene Industrialisierungsprojekte, die am Ende ineffizient sind, von der Arbeiterklasse nicht geschätzt werden und oft zu Konsumkrisen führen.

Im folgenden Artikel vertrete ich die Auffassung, dass die Entscheidung über die Produktion der Güter und Dienstleistungen, die die Arbeitnehmer konsumieren wollen, in Spanien durch ein gemischtes öffentlich-privates Produktionssystem getroffen werden sollte (dasselbe werde ich in Kapitel 5 darlegen). Durch den Wegfall fester Wechselkurse und die Einführung von Jobgarantien auf der Grundlage von Beschäftigungspuffern entspricht diese Option der spanischen Realität am besten.

Ich bin überzeugt, dass die Identifikation mit dem sozialistischen Produktionssystem auch in der Sowjetunion viel größer gewesen wäre, wenn die Entscheidung, das zu produzieren, was sie konsumieren wollen, in die Hände der Arbeiter gelegt worden wäre; auch hätte die Berliner Mauer von den Kapitalisten gebaut werden müssen, damit die Arbeiter des Westens nicht massenhaft in den Sozialismus abwanderten. Letztlich bietet der Kapitalismus den Arbeitnehmern oft nur die Identifikation mit ihren Konsumgütern, ohne dass damit irgendeine Art von Sozialpolitik verbunden wäre. Hätte man den sowjetischen Arbeitern nicht nur die soziale Sicherheit des Sozialismus geboten, sondern ihnen auch erlaubt, die von ihnen gewünschten Konsumgüter zu produzieren, wäre die Identifikation mit dem sozialistischen Produktionssystem stärker gewesen als die mit dem kapitalistischen.

Schließlich ist es wichtig, darauf hinzuweisen, dass sich Kaleckis Gewinngleichung insbesondere auf die Marx'sche Werttheorie auswirkt, da sie das Problem der Realisierung von Gewinnen löst (ein Problem, das Marx nicht lösen konnte). Deshalb wird im folgenden Artikel die Kalecki-Gewinngleichung der Marx'schen Gleichung $V = c + v + s$ (Marx 1885) gegenübergestellt. In dieser Gleichung ist V der Wert der Produktion, c ist das konstante Kapital, v ist die Umschichtung des variablen Kapitals (Löhne) und s ist der Mehrwert. Ein Großteil des zweiten Bandes des *Kapitals* befasst sich mit der Analyse dieser Gleichung. Die Probleme, auf die Marx bei seiner Analyse stößt, sind enorm. Ich empfehle, den folgenden Artikel in Verbindung mit dem Artikel *Ein chinesischer sozialistischer Konsens* auf Seite 325 zu lesen, in dem viele dieser Schwierigkeiten analysiert werden. Marx schafft es nicht, die Herkunft des konstanten Kapitals in seiner Gleichung zu begründen. Lenin hat dies erkannt. Kalecki löst dieses Problem, indem er den öffentlichen Sektor als souveränen Emittenten der nationalen Währung miteinbezieht. Nur so lässt sich die Herkunft des Geldes, das für das konstante Kapital bestimmt ist, verstehen.

Deshalb übernimmt der Fiat-Sozialismus die Kalecki-Gewinngleichung, indem er eine formelhafte Regel in unser Schema einarbeitet, um so das Problem der Gewinnrealisierung und die Probleme zu überwinden, auf die Marx aufgrund des konstanten Kapitals in seiner Gleichung $V = c + v + s$ stieß.

Dieser Artikel wurde am 19. März 2022 auf elcomun.es[1] veröffentlicht.

DER KALECKI-MOMENT

„Was wäre aus Spanien geworden, wenn es außerhalb des Euro und/oder der EU geblieben wäre?“, fragt Nicolás Sartorius in einem kürzlich erschienenen Artikel mit dem Titel „Comunistas“ (Sartorius 2021). Für mich sind dies herzzerreißende Worte, vor allem wegen des Titels des Artikels, dem sie entnommen sind; zudem bringen sie den historischen Irrtum zum Ausdruck, den die Unterstützung der Überreste der kommunistischen Bewegung in Westeuropa sowohl für den Euro als auch für die EU bedeutet hat.

Im Folgenden werde ich versuchen, eine alternative Darstellung der Situation von den frühen 1970er Jahren bis zum schändlichen und entwürdigenden Beitritt Spaniens zur Eurozone zu präsentieren. Ich werde diesen Artikel mit einem Vorschlag für die Zukunft abschließen, der beheben könnte, was ich für den großen historischen Fehler der europäischen Linken halte: ihr Festhalten an der neoliberalen Politik der EU. Zu diesem Zweck werde ich auf das Werk *Politische Aspekte der Vollbeschäftigung* (1943) des polnischen Wirtschaftswissenschaftlers Michal Kalecki zurückgreifen, der meiner Meinung nach der beste Wirtschaftswissenschaftler des damaligen sozialistischen Blocks war. Ich halte diese Übung für notwendig, weil ich glaube, dass es in den 1970er Jahren so etwas wie einen Kalecki-Moment gab, der leider weder von den eurokommunistischen Parteien noch von den marxistisch-leninistischen Parteien wahrgenommen wurde. Ich bin überzeugt, dass die kommunistische Bewegung nicht zusammengebrochen wäre, wenn diese Parteien einen Vorschlag für einen neuen Weg zum Sozialismus bei Kalecki gesucht hätten.

[1] Link zum Artikel: https://elcomun.es/2022/03/19/el-momento-kalecki/.

- Eurokommunismus und Staat

Das erste Thema, dem wir uns meines Erachtens mit Bedacht wieder annähern sollten, ist der Eurokommunismus. Ich werde versuchen, mich so kurz wie möglich zu fassen: Der Eurokommunismus war ein großer politischer Beitrag, aber eine inakzeptable wirtschaftliche Kapitulation. Mit anderen Worten: Der Eurokommunismus hatte recht, als er die Frage, was zu tun sei, durch eine konkrete Analyse der konkreten Situation beantwortete, doch er versagte, als es um die Frage ging, wie dies geschehen sollte.

Um diese These zu untermauern, werde ich mich dem meiner Meinung nach besten Werk des Eurokommunismus zuwenden, *Eurokommunismus und Staat* von Santiago Carrillo. Aufgrund seiner Aktualität sollte man dieses Buch sorgfältig lesen. Es enthält eine hervorragende Analyse der Situation in der Sowjetunion und in den übrigen sozialistischen Ländern. Carrillo kannte diese Situation aus erster Hand. Dadurch konnte er bereits mehrere Jahrzehnte im Voraus bereits deutliche Anzeichen für eine Schwächung erkennen; ihr Fortschreiten, weit davon entfernt, korrigiert zu werden, konnte weder zum Triumph des Sozialismus jenseits des Eisernen Vorhangs noch zum wirtschaftlichen Aufschwung des sozialistischen Blocks führen.

Der Grund, warum ich *Eurokommunismus und Staat* für das beste Werk des Eurokommunismus halte, liegt darin, dass Carrillo die Frage des Staates in den Mittelpunkt der Analyse stellt. Carrillo hat damit bewiesen, dass er Lenins Werk besser kannte als die meisten seiner Zeitgenossen, und mit unbestreitbarer Weisheit schreibt er, „Die Gesellschaft kann nicht umgestaltet werden, ohne dass der Staat [...] eine Umgestaltung erfährt“ (Carrillo 1977, 70), und in Anlehnung an Althussers Ideen, „[...] keine Klasse [kann] dauerhaft die Staatsmacht innehaben, ohne gleichzeitig in den Ideologischen Staatsapparaten die Hegemonie auszuüben“ (Carrillo 1977, 53). Nach Klärung dieser grundlegenden Frage stellt sich sofort die Frage nach dem richtigen Weg zur Umgestaltung der ideologischen Apparate des Staates, um eine sozialistische Gesellschaft so aufzubauen, dass die Arbeiterklasse die Kontrolle über den Staat selbst dauerhaft hegemonisiert. „Der kapitalistische Staat besteht in Wirklichkeit. Welches sind seine gegenwärtigen Merkmale? Wie kann man ihn umwandeln? Das ist das Problem einer jeden Revolution, auch der Revolution, die wir auf demokratischem und parlamentarischem Wege mit mehreren Parteien verwirklichen wollen" (Carrillo 1977, 14). An dieser Stelle führt der Eurokommunismus eine Neuerung ein. Bis dahin wurde die Umgestaltung des Staatsapparates nur nach dem sowjetischen Modell konzipiert. Der Eurokommunismus „[...] beinhaltet [...] den Verzicht auf einen Staatsapparat, der zugleich Parteiapparat ist" (Carrillo 1977, 83).

Carrillo zeigt, dass er die Lehren aus Lenins *Staat und Revolution* sehr ernst nahm. In diesem Werk ist Lenin vom bevorstehenden Triumph der Revolution in Westeuropa überzeugt. Sein Hauptinteresse gilt der Revolution in Deutschland, dem technologisch am weitesten entwickelten Land. Für Lenin würden die Kräfte des Sozialismus unaufhaltsam, wenn sie auf die produktiven und technologischen Kapazitäten Deutschlands bauen könnten, und er schreibt: „Die ganze Theorie von Marx ist die Anwendung der Entwicklungstheorie – in ihrer konsequentesten, vollkommenen, durchdachtesten und prägnantesten Form – auf den modernen Kapitalismus. Es ist nur natürlich, dass sich für Marx die Frage nach der Anwendung dieser Theorie auch auf den *bevorstehenden* Zusammenbruch des Kapitalismus und die *künftige* Entwicklung des *künftigen* Kommunismus erhob." (Lenin 1918) Der Zusammenbruch des Kapitalismus stand unmittelbar bevor, die Zukunft gehörte dem Sozialismus. Herauskommen musste eine Sowjetunion, die eine Pariser Kommune im großen Stil war, denn „Die Marxisten halten es für notwendig, dass das Proletariat nach Eroberung der politischen Macht die alte Staatsmaschinerie vollständig zerstört und sie durch eine neue, eine nach dem Typ der Kommune gebildete Organisation der bewaffneten Arbeiter ersetzt." (Lenin 1918) Und als Bezeichnung für die aus der Weltrevolution hervorgehenden neuen sozialistischen Staaten führt Lenin den von Engels übernommenen Begriff der „demokratischen Republik" (Lenin 1918) ein.

Die Revolution fand jedoch nicht statt, weder in Deutschland noch anderswo, und der Kapitalismus ging nicht bankrott. Die Realität behielt hartnäckig die Oberhand. Das

Ergebnis war Kommunismus in einem Land und der Ausdruck, den Stalin als Marxismus-Leninismus bezeichnete. Jede Ähnlichkeit zwischen der Pariser Kommune (das Ereignis, auf das sowohl Marx als auch Lenin Bezug nahmen, um die Diktatur des Proletariats zu veranschaulichen) und der Sowjetunion verschwand im Nichts. An ihre Stelle trat eine neue Oligarchie, die nicht mehr aus dem Finanzkapital bestand wie im Westen, sondern aus einer einzigen Partei. Einen Vergleich und eine Bewertung der beiden Oligarchien halte ich nicht für sinnvoll, da wir die nachfolgenden Ereignisse bereits kennen. Beide brachten wichtige soziale Fortschritte, beide eroberten den Weltraum und die Atomenergie, beide besiegten den Nationalsozialismus, doch keine von beiden stellte eine wünschenswerte Staatsform dar. Nach dem Zweiten Weltkrieg breitete sich der Sozialismus bis nach Ost-Berlin aus, und die vielen Formen des Sozialismus, von denen Lenin in *Staat und Revolution* sprach, wurden durch eine automatische Implementierung des sowjetischen Marxismus-Leninismus in den neu entstandenen demokratischen Republiken Osteuropas ersetzt. Dennoch war der Kapitalismus noch nicht zusammengebrochen, und im kapitalistischen europäischen Westen schritt die Industrialisierung weiter voran. Dies veranlasste Carrillo 1977 zu der Feststellung, Lenins Thesen seien zwar im Jahr 1917 in Russland und der übrigen Welt gültig gewesen, doch seien sie „heute nicht mehr anwendbar [...] in den entwickelten kapitalistischen Ländern Westeuropas, weil sie überholt sind" (Carrillo 1977, 10).

Entgegen der Meinung anderer halte ich Carrillos Worte keineswegs für einen Verrat, sondern für ein Zeichen großer Intelligenz und geistiger Gesundheit. Es war etwas eingetreten, das sowohl Marx als auch Lenin für unmöglich hielten: die erfolgreiche Industrialisierung und Verbesserung der Lebensbedingungen der Arbeiterklasse in der kapitalistischen Welt. Ein Verharren in intellektueller Starrheit und der Vorschlag zu einem Übergang zum Sozialismus mit einer daraus folgenden Zerstörung des Produktionsgefüges und der demokratischen Institutionen, in denen sich der Klassenkampf in der kapitalistischen Welt weiterentwickelt hatte und die das Ergebnis unbestrittener Fortschritte der Arbeiterbewegung waren, war nicht sinnvoll und wurde von der Mehrheit der Arbeiterklasse nicht vertreten. Der einzige vernünftige Schritt war der Versuch einer Umgestaltung der ideologischen Apparate des Staates, ohne das Produktionsgefüge zu zerstören. Ein gemischtes System aus privater und öffentlicher Initiative sollte auf demokratische Weise auf den bereits erzielten Fortschritten aufzubauen, weshalb Carrillo schreibt, „Es ist [...] das Hauptziel, die entscheidenden Hebel der Wirtschaft in die Hände der Gesellschaft zu überführen, [...] um die Hegemonie des historischen Blocks der Kräfte der Arbeit und der Kultur in der Übergangsphase zu sichern" (Carrillo 1977, 84).

- Das Geld der Steuerzahler

Etwa 20 Jahre nach der Veröffentlichung von *Eurokommunismus und Staat* traf ich Pablo Iglesias Turrión, Gründer von *Podemos* und ehemaliger Vizepräsident der spanischen Regierung, bei einem Studententreffen der Kommunistischen Jugend von Madrid (JCM), einer Organisation, der ich nur sehr kurz angehörte; ich vertrat damals offen eurokommunistische Positionen, die von den marxistisch-leninistischen Positionen der Führung und der wichtigsten Mitglieder der JCM, einschließlich Pablo Iglesias selbst, weit entfernt waren. Auf dieser Sitzung ergriff Iglesias (der in seinem Jurastudium bereits weit fortgeschritten war) das Wort. Er sprach sich mit der für ihn typischen Vehemenz gegen die Erhöhung der Universitätsgebühren aus. Er nannte diese Erhöhung eine unzumutbare Schande und forderte, dass die öffentliche Universität nicht mehr mit *öffentlichen* Mitteln finanziert werden dürfe. Viele von uns hielten das für einen Versprecher, aber nein, er wiederholte mehrere Male das Gleiche. Nach seiner Rede fragten wir verwundert nach. Pablo Iglesias kannte den Unterschied zwischen öffentlichen und privaten Geldern nicht. Er hielt das Geld, mit dem die Familien der Studenten die Studiengebühren bezahlen, für öffentliches Geld und war der Meinung, nur das Geld von privaten Unternehmen sei privates Geld. Außerdem argumentierte er, dass sowohl die öffentliche Universität als auch der übrige öffentliche Sektor durch Steuern finanziert würden. Seiner Logik zufolge müssten die Universitäten daher weniger durch öffentliche Gelder und stärker durch private Gelder finanziert werden, d. h. nach

Pablo Iglesias müssten private Unternehmen mehr Steuern zur Finanzierung der öffentlichen Universität zahlen, und die von den Studenten gezahlten Gebühren müssten sinken.

Ich führe diese Anekdote an, weil sie den großen Fehler der Linken (und der Rechten) sehr deutlich macht: den Glauben, dass Steuern die öffentlichen Ausgaben finanzieren. Pablo Iglesias verstand nicht, dass das Geld, sobald es die Taschen der Steuerzahler verlässt und vom Staat in Form von Steuern eingezogen wird, eine wundersame Verwandlung erfährt, durch die es auf magische Weise von privatem Geld zu öffentlichem Geld wird. Zu welchem Zeitpunkt fand dieses wundersame Ereignis statt? Im Moment der Zahlung durch den Steuerzahler? In dem Moment, in dem die staatlichen Mittel an die Universität überwiesen wurden? Pablo Iglesias hatte Recht: Es ist ein unbegreiflicher Vorgang, der sich jeder Logik entzieht! Die Wahrheit ist jedoch, dass diese wundersame Verwandlung nicht stattfindet, da die Steuern weder die öffentliche Universität noch irgendeine andere öffentliche Einrichtung finanzieren. Damals war Spanien noch nicht zu der Kolonie geworden, die es heute ist, sondern gab seine eigene Währung heraus. Daher gab die Bank von Spanien Peseten in souveräner Weise aus. Das bedeutet, dass der souveräne Staat zuerst Ausgaben tätigt und dann Steuern erhebt und nicht umgekehrt, da die einzige Quelle der nationalen Währung die Zentralbank ist, sodass nicht Steuern die öffentlichen Ausgaben finanzieren, sondern die Steuerzahler dank der öffentlichen Ausgaben Geld haben, um Steuern zu zahlen.

Damals wetterte Pablo Iglesias gegen den Eurokommunismus, aber in Wirklichkeit machte er denselben Fehler wie Santiago Carrillo, als er in seinem Buch die bereits von Marx und Lenin vertretene Idee verfocht, die technologische Entwicklung führe die meisten Privatunternehmen in den Bankrott, da nur wenige von ihnen in der Lage seien, die notwendigen Ausgaben für den Erwerb neuer Technologien zu tätigen. Durch die Unfähigkeit der meisten Privatunternehmen zu solchen Investitionen seien sie nicht konkurrenzfähig und gingen in Konkurs. Nur die großen privaten Oligopole könnten überleben. Meiner Meinung nach ist dies nur teilweise richtig. Es stimmt zwar, dass groß technologischen Oligopole wie Google oder Microsoft (die ihren Anfang in einer Garage und ohne öffentliche Mittel nahmen) entstanden sind, aber es stimmt auch, dass im Gefolge dieser Oligopole zahllose neue Privatunternehmen entstanden sind, zwischen denen weiterhin ein Wettbewerb herrscht. Dies ist jedoch nicht das Hauptproblem. Wichtiger ist Carrillos ökonomische Erklärung für diesen Prozess. Ihm zufolge hält der „*geschäftsführende* Staat" (Carrillo 1977, 25) die großen privaten Oligopole am Leben, indem er ihnen Steuerzahlungen erlässt, ihre Produkte begünstigt und sogar ihre Produktion direkt aufkauft. Und hier führt er den Fehler ein, der seinen gesamten Diskurs zunichte macht: „Der gesellschaftliche Charakter der Wirtschaft nimmt dergestalt kolossale Ausmaße an. Der letzte und bescheidenste Beitragszahler finanziert mit seinem Geld die Geschäfte der Monopole, während der Gewinn aus diesen Geschäften auf direktem Weg den Eigentümern solcher Geschäfte zufließt" (Carrillo 1977, 21). Da ist sie wieder, die wundersame monetäre Verwandlung von privatem zu öffentlichem Geld, die der junge Pablo Iglesias nicht verstehen konnte! Santiago Carrillo kannte natürlich den Unterschied zwischen öffentlichem und privatem Geld, machte jedoch denselben Fehler wie Pablo Iglesias, indem er behauptete, die öffentlichen Ausgaben würden durch Steuern finanziert.

Was geht aus Santiago Carrillos Worten hervor? Nicht mehr und nicht weniger als eine eklatante Unkenntnis der Funktionsweise der monetären Produktionswirtschaften. Diese Unkenntnis, die sich in allen eurokommunistischen Parteien findet, ist nicht nur ein Fehler, sondern der Grund für den Zusammenbruch der kommunistischen Bewegung in Westeuropa, da der Eurokommunismus unwissentlich den theoretischen Rahmen des von Margaret Thatcher vertretenen Neoliberalismus voraussetzte.

Wie man sieht, besagen das Zitat von Santiago Carrillo und dieses Zitat von Margaret Thatcher dasselbe: Der Staat finanziert die öffentlichen Ausgaben mit Steuergeldern. Die Akzeptanz dieses neoliberalen Trugschlusses durch den Eurokommunismus reichte aus, dass die kommunistischen Parteien Westeuropas in Bedeutungslosigkeit versanken. Aber die Verwirrtheit und Ignoranz des wirtschaftlichen Ansatzes des Eurokommunismus gehen noch weiter; sie nehmen eine

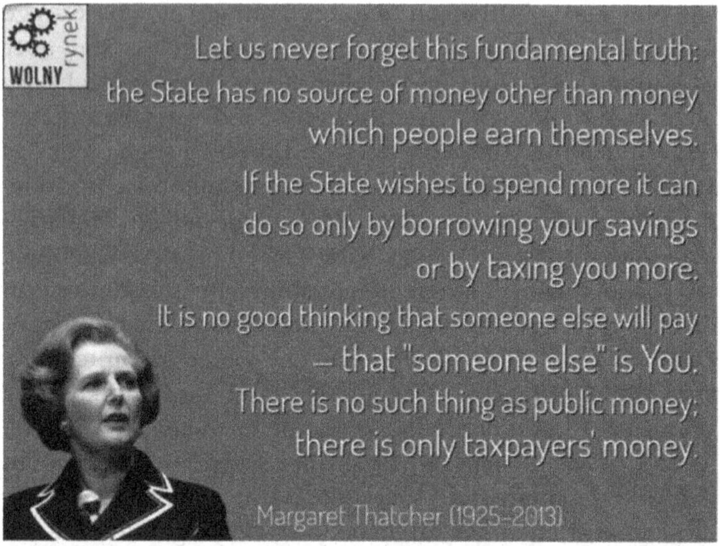

„Vergessen wir nie diese grundlegende Wahrheit: Der Staat hat keine andere Geldquelle als das Geld, das die Menschen selbst verdienen. Wenn der Staat mehr Geld ausgeben will, kann er das nur, indem er sich Ihre Ersparnisse leiht oder indem er Sie stärker besteuert. Zu denken, dass jemand anderes zahlen wird, ist falsch – dieser ‚jemand anderes' sind Sie. Es gibt kein öffentliches Geld; es gibt nur das Geld der Steuerzahler."

https://twitter.com/wolny_rynek/status/737586660095840256

noch schlimmere Wendung, weil sie dieses Grundprinzip des Neoliberalismus als Keynesianismus bezeichnen. Dieser grobe Fehler ist praktisch jedes Mal zu hören, wenn ein Eurokommunist von Keynes spricht.

Nehmen wir beispielsweise das Interview, das Pablo Iglesias dem Juristen und Ökonomen Diego López Garrido[2] gab. In diesem Interview bezeichnete sich López Garrido nicht nur als überzeugten Eurokommunisten und Europäer, sondern er behauptete auch:

[2] Das Interview, dem die Zitate von Diego López Garrido entnommen wurden, finden Sie unter diesem Link: *Otra Vuelta de Tuerka – Pablo Iglesias mit Diego López Garrido* https://youtu.be/E57T77EjuzQ.

„Mir scheint, dass die Sozialdemokratie [...] ihr Programm nach dem Zweiten Weltkrieg erschöpft hat, ein fantastisches Programm [...], nämlich der Wohlfahrtsstaat, den [...] Roosevelt in den Vereinigten Staaten [...] durch eine Politik geschaffen hat, die wir heute keynesianisch nennen würden [...]. Ein fantastisches Programm, das [...] vor allem auf einem Steuersystem mit hohen direkten Steuern basiert, wobei hier der Schlüssel liegt, um einerseits das Einkommen zu verteilen, aber vor allem, um die Mehrheit der Bevölkerung sozial abzusichern, die sich keine medizinische Versorgung oder die Renten oder ähnliche Dinge leisten kann".

Diese Worte zeigen, dass López Garrido nicht weiß, wovon er spricht. Roosevelt hat in der Tat keynesianische Wirtschaftsreformen durchgeführt, doch gerade, weil er die Ausgabenkapazität des Staates von der Steuererhebung und dem damals geltenden Goldstandard entkoppelte. Was Keynes uns erklärt, ist nicht die Notwendigkeit, einen *Wohlfahrtsstaat* zu schaffen (was Kalecki von ähnlichen wirtschaftlichen Positionen aus tut), sondern die Notwendigkeit der Erreichung von Vollbeschäftigung durch öffentliche Ausgaben in nationaler Währung. Mit anderen Worten: Keynes zufolge sind ungenutzte (menschliche oder materielle) Ressourcen darauf zurückzuführen, dass der Staat nicht genug ausgibt, und zwar unabhängig von der Höhe der Steuereinnahmen des Staates. An keiner Stelle bring Keynes die Notwendigkeit der Steuererhebung mit der Fähigkeit des Staates in Verbindung, Ausgaben zu tätigen, sondern er tut das Gegenteil (ich habe diesen Punkt in meinem Artikel „Das Paradoxon der zwei Springer" angesprochen).

Diese Unkenntnis, die den Thatcher-Neoliberalismus mit dem Keynesianismus verwechselt, erklärt vieles. Erinnern wir uns, dass Diego López Garrido vor seiner Ernennung zum Staatssekretär für die Europäische Union bei der Sozialistischen Arbeiterpartei Spaniens (PSOE) und nach seinem Austritt aus der Kommunistischen Partei Spaniens Generalsekretär der Demokratischen Partei der Neuen Linken (PDNI) war, einer Partei, die zur Vereinigten Linken (IU) gehörte, und der auch der ehemalige Kommunist Nicolás Sartorius angehörte. Wie er im Interview mit Pablo Iglesias erklärt, wurde die PDNI gegründet, weil damals die Kommunistische Partei Spaniens (PCE) und die Vereinigte Linke (IU) unter der Führung von Julio Anguita die Mitgliedschaft Spaniens in der Europäischen Union und den Euro ablehnten (heute ist das Gegenteil der Fall, und das, was von der Kommunistischen Partei Spaniens, der IU und Podemos übriggeblieben ist, steht rechts von López Garrido selbst). Für López Garrido war dies unverständlich, da er nicht versteht, dass der Verzicht auf die Währungssouveränität und die Akzeptanz der neoliberalen Regeln für Ausgaben, Verschuldung und Defizit der Europäischen Union die Existenz eines Sozialstaates, den er angeblich verteidigt, in Spanien unmöglich macht. López Garridos Bekenntnis zum Neoliberalismus der EU und des Euro ist absolut.

In demselben Interview sagt López Garrido vor einem stets nickenden Pablo Iglesias:

> „Im Moment haben wir 100 % des BIP an Schulden. Wenn man an der Spitze einer Regierung steht, muss man jeden Monat die Beamten bezahlen, man hat unmittelbare Ausgaben und muss sich auf den Märkten finanzieren [...]. Das Problem an den Defiziten, mit denen die Linke manchmal sehr sympathisiert, sowie an der Aufnahme von immer mehr Schulden ist, dass man Schulden zurückzahlen muss (dieses kleine Problem haben Schulden nun mal). Wenn man das nicht tut, wird man nicht finanziert, und so ist es Portugal ergangen. Dort ging es so weit, dass die Märkte Portugal nicht mehr finanzieren wollten, und wenn man sich an die Märkte wandte, dann verlangten die vielleicht 30 % Zinsen (was natürlich nicht akzeptabel war). Deshalb musste Portugal einem Rettungspaket der Europäischen Union zustimmen."

Diese Worte zeugen einmal mehr von einer schrecklichen Unwissenheit. Wäre López Garrido kein Neoliberaler, wüsste er, dass das Problem der Schulden (derzeit über 100 % des BIP) nicht die Höhe der Schulden ist, sondern die Währung, in der sie ausgegeben werden. Wenn die Schulden eines Landes auf eine Währung lauten, die das Land in souveräner Weise emittiert, sind diese Schulden immer zahlbar, da dem Land die eigene Währung nicht ausgehen kann. Das Problem an den spanischen Schulden ist, dass sie auf Euro lauten, eine Fremdwährung, die Spanien nicht emittiert. Die Lösung für dieses „kleine Problem" ist daher die Wiedererlangung der spanischen Währungssouveränität und die Abschaffung des Euro, so dass die spanischen Schulden auf die nationale Währung umgestellt werden können, ein unfreiwilliger Zahlungsausfall unmöglich ist und die Schulden immer zahlbar sind, wie dies in allen Ländern mit Währungssouveränität der Fall ist. Das Problem ist der Euro, den López Garrido so sehr mag. Dasselbe gilt für die Bezahlung der Staatsbediensteten. Bei Währungssouveränität ist die Bezahlung der Beamten und der Pensionen immer gesichert, weil diese Zahlungen in der nationalen Währung geleistet werden. Es reicht aus, dass die Zahlung von Pensionen und Beamtengehältern im allgemeinen Staatshaushalt genehmigt wird, damit diese Zahlungen immer stattfinden können. Ist man in einem Szenario der Währungssouveränität darauf angewiesen, dass die Märkte öffentliche Ausgaben finanzieren, wie Herr López Garrido behauptet? Nein, überhaupt nicht. Die einzige Voraussetzung ist eine Koordinierung zwischen dem Schatzamt und der Zentralbank, damit der Staat mit Tastenanschlägen am Computer die öffentlichen Ausgaben zu 0 % Zinsen tätigen kann. Dies bezeichnet man als Overt Monetary Financing. Besitzt man also monetäre Souveränität, werden die öffentlichen Ausgaben und Defizite nicht finanziert, sondern nur verursacht. Was ist die richtige Höhe des öffentlichen Defizits? Diejenige, die dauerhafte Vollbeschäftigung ohne Inflation durch Jobgarantien auf der Grundlage von Beschäftigungspuffern garantiert. Erlauben die EU- und Euro-Verträge die Entstehung eines solchen öffentlichen Defizits? Nein, deshalb sollten die EU und der Euro aufgegeben werden, und deshalb war Julio Anguita gegen sie. Im Gegensatz zu López Garrido war Julio Anguita kein Neoliberaler.

- Die Kunst des Krieges und ein Geldautomat

Sunzi sagt: „Die größte Leistung besteht darin, den Widerstand des Feindes ohne einen Kampf zu brechen" (Sunzi, 19). Diese große Lektion haben die gelernt, die die Europäische Union und den Euro entwickelt haben, nachdem sie im 20. Jahrhundert zwei Weltkriege provoziert und verloren hatten.

Der Ursprung des Konzepts der Europäischen Union und ihrer einheitlichen Währung lässt sich auf die Bestrebungen der deutschen Großbanken und der deutschen Industrie zu Beginn des 20. Jahrhunderts zurückführen. Deshalb sagt der Historiker Joan Tafalla auf der Grundlage der Forschungen von Paolo Fonzi: „Die Währung wurde in diesen Vorstellungen zu einem Instrument, um anderen ihre Souveränität zu nehmen. Dieses Projekt ist 1945 gescheitert.“[3] Die USA haben dieses Projekt jedoch wieder aufgenommen, weil sie befürchteten, dass ein Europa freier und souveräner Staaten mit den strategischen Plänen der USA im Kalten Krieg brechen könnte. Deshalb retteten die USA Walter Hallstein[4], ein Mitglied der Nazipartei, und machten ihn 1958 unter der Regierung von Konrad Adenauer zum ersten Präsidenten der Europäischen Kommission. Hallstein war in den 1930er Jahren Rektor der Universität Rostock und schuf das Konzept des „Neuen Europa“ nach dem Vorbild von Hitler und Mussolini. Die USA rehabilitierten Hallstein und beauftragten ihn mit der Fortführung seiner europäischen Pläne mit dem Ziel, eine Europäische Union unter der Kontrolle der USA und des deutschen Großkapitals zu schaffen. Dies sollte ein kühneres Projekt werden als seine ursprüngliche Idee des „Neuen Europa“. Es sollte nicht mit Waffengewalt verwirklicht werden, außer wenn unbedingt notwendig, sondern durch die Kontrolle der Wirtschaft aller europäischen Länder unter einer gemeinsamen Währung. Nach den Katastrophen der beiden Weltkriege war diese Strategie subtiler, weniger offensichtlich, weniger kostspielig und Sunzis Lehren näher.

Die Haupthindernisse für die Pläne Hallsteins und der USA waren die kommunistischen Parteien im europäischen Westen, insbesondere die Italienische Kommunistische Partei (PCI). Die PCI war die stärkste kommunistische Partei Westeuropas und hätte früher oder später die italienischen Wahlen gewinnen müssen (1948 gewann sie sie tatsächlich, doch die CIA manipulierte die Stimmenauszählung). Daher

[3] Interview mit Joan Tafalla für den YouTube-Kanal *Salida del Euro* unter diesem Link: https://youtu.be/My_OAlu5vFg.

[4] Siehe *Il primo Presidente della Commissione Europea* unter folgendem Link: https://youtu.be/DVSGy2RHMuA.

war es für die Pläne für eine Europäischen Union von grundlegender Bedeutung, die PCI zu deaktivieren. Leider boten der Eurokommunismus und die Figur Massimo D'Alemas den Europäisten die Gelegenheit, auf die sie gewartet hatten.

D'Alemas Argumente lassen alle Merkmale der Kunst des Krieges erkennen. Die Feinde des Kommunismus verwirrten ihn mit denselben neoliberalen Irrtümern, die wir bei López Garrido finden; in der Tat findet sich bei D'Alema kaum eine wirtschaftliche Argumentation, die kein Unsinn ist. Auf diese Weise brachten die Europäisten ihre Feinde dazu, kampflos die Waffen niederzulegen und sich zu ergeben. So erklärte D'Alema 2017 in einem Interview[5]:

> „Unsere Generation hat sehr wichtige Beiträge für dieses Land geleistet, denn uns wurde ein Land im freien Fall übergeben [...]. Wir haben die Staatsverschuldung von 124 % auf 101 % des BIP gesenkt, wir haben Italien nach Europa und in den Euro hineingebracht, [...] wir haben große Dinge getan, die die Geschichte des Landes geprägt haben und im Vergleich zur derzeitigen herrschenden Klasse unübertroffen geblieben sind. Das war unser Verdienst."

Unglaublich, aber wahr. D'Alema ist stolz darauf, einer der Architekten des industriellen, wirtschaftlichen und sozialen Niedergangs gewesen zu sein, der dazu führte, dass Italien, einst eines der stärksten Industrieländer der Welt, dem Euro beitrat. Und wieder einmal fand dies vor dem Hintergrund von Schulden statt. Bei Währungssouveränität sollte der Schuldenabbau kein politisches Ziel sein, denn Schulden sind eine Zweibahnstraße, bei der die eine Seite Kredite aufnehmen und die andere Seite Kredite vergeben will. Die Verschuldung Italiens lag bei 124 %, weil sie dank der Lira immer zahlbar war. Der Abbau von Schulden und die Aufgabe der Souveränität, die eine Bezahlung der Schulden mit einer Risikoprämie von Null ermöglicht, ließ die italienische Wirtschaft schrumpfen und erhöhte die Arbeitslosigkeit.

[5] Aus dem Interview: *D'Alema vs Damilano: „Lei è uno stupido". L'ex premier poi si scusa* https://youtu.be/8TENlLtCkVA.

Jugendarbeitslosigkeit, Oktober 2020
https://twitter.com/JulenBollain/status/1334761601828843523

Eine gründliche Betrachtung des Falles D'Alema lohnt sich, da er vom 21. Oktober 1998 bis zum 25. April 2000 italienischer Ministerpräsident war. Aus diesem Grund möchte ich mich auf ein Interview konzentrieren, das er 2015 gab.[6] Darin sagt er über die italienischen Bürger, „Ich glaube, sie wissen [...], dass sich ihre Ersparnisse halbiert hätten, wenn sie in dieser Krise in Lire angelegt worden wären. Ich glaube, sie wissen ganz genau, dass die Zinssätze viel höher gewesen wären, wenn wir uns in Lire hätten verschulden müssen, und

[6] Das Interview kann über diesen Link abgerufen werden: *Le Pen e D'Alema: confronto-scontro su Europa ed euro* https://youtu.be/gjVO-3GnFncE.

dass daher diese starke Währung, der Euro, nicht für die Krise verantwortlich ist [...]".

Mit diesen Aussagen wird behauptet, es sei klug, in ausländischer Währung (dem Euro) zu sparen und Kredite aufzunehmen, anstatt in der heimischen Währung. Das ist alles andere als wahr. D'Alema versteht die makroökonomische Identität nicht, die besagt, dass Ausgaben gleich Einkommen und Einkommen gleich Produktion sind, und zwar *in dieser Reihenfolge*, d. h., zuerst muss es seitens der Staaten eine Ausgabenpolitik geben. Diese Ausgaben liefern das Einkommen für die übrigen Wirtschaftsakteure, und dieses Einkommen bestimmt wiederum die Produktion. Somit ist die Höhe der Ersparnisse und des Einkommens der Italiener von den öffentlichen Ausgaben abhängig. Die Lösung für die Wirtschaftskrise war eine Erhöhung der öffentlichen Ausgaben, um die Ersparnisse, das Einkommen und die Produktion in Italien aufrechtzuerhalten. Zu dieser Ausgabenerhöhung kam es jedoch nicht, weil die Ausgabenvorschriften der EU- und Euro-Verträge dies nicht zuließen. Daher hätte nicht der Euro den Italienern das Niveau ihrer Ersparnisse während der Krise gesichert, sondern die Währungssouveränität, denn für eine Erhöhung der öffentlichen Ausgaben in Lire hätte Italien nicht auf die Finanzmärkte zurückgreifen müssen, um sich zu finanzieren. In dem Interview sagt D'Alema weiter:

> „Die Schuld an dieser Krise liegt beim wilden, ungeregelten Finanzkapitalismus und stammt von der politischen Macht der konservativen Kräfte, die Europa regieren und bestimmte Regeln auferlegt haben. Nicht der Euro hat den Stabilitätspakt erzwungen [...], sondern die Politik. Ich glaube, wir wären viel besser dran, würde Europa von einer Mehrheit regiert, die Investitionen, Wachstum und Beschäftigung fördert und keine absurden Anleihen auferlegt (bei denen es sich um politische Entscheidungen handelt). Die Währung ist nicht das Problem, die Währung ist ein Mittel; was sich wandeln muss, ist die Politik. [...] Auf einem Kontinent, auf dem der Nationalismus zwei Weltkriege verursacht hat, hat die Europäische Union nicht nur den Frieden gesichert, sondern auch den Fortschritt garantiert [...]. Nicht der Euro ist für die Krise verantwortlich, son-

dern die neoliberale Politik und, ich wiederhole, ein wilder Finanzkapitalismus, durch den Ungleichheiten entstanden sind. [Verantwortlich] ist die konservative Politik, die vor allem von den deutschen Konservativen durchgesetzt wurde. [...] Das Problem besteht meiner Meinung nach darin, dass es ein schwerer Fehler ist [...], die Polemik gegen den Euro zu richten und nicht gegen Frau Merkel oder gegen diejenigen, die Italien die Finanzierungsfesseln auferlegt haben [...]".

Zuvor verwechselte D'Alema die Reihenfolge der öffentlichen Ausgaben und der daraus resultierenden Einnahmen; in diesem Teil nun wirft er einfach Vergangenheit, Gegenwart und Zukunft durcheinander. D'Alemas Worte wären nur dann sinnvoll, wenn der Euro vor dem Stabilitäts- und Wachstumspakt und vor den EU-Verträgen eingeführt worden wäre, aber das war offensichtlich nicht der Fall. Der Euro wurde nach dem Stabilitäts- und Wachstumspakt (SWP) eingeführt, und nachdem der Großteil der EU-Verträge angenommen worden war, unter anderem von D'Alemas eigener Regierung. Der Euro ist also eine Folge der Verträge, an denen D'Alema Kritik übt. So trat 1997 der SWP in Kraft, das verhängnisvolle Abkommen, das das Haushaltsdefizit der Staaten auf 3 % begrenzt, und 1992 wurde der Vertrag von Maastricht rechtskräftig, der eine Vertragsreform nur mit Einstimmigkeit aller EU-Länder ermöglicht. Der Euro wurde am 1. Januar 2002 in Umlauf gebracht. Trotzdem sagt D'Alema weiter:

„Wir müssen die Politik ändern und dürfen nicht zu etwas zurückkehren, was mir Angst macht, nämlich zu der Idee einer Rückkehr zum Nationalstaat wie im 19. oder 20. Jahrhundert, jeder mit seiner Währung, seinen Grenzen. Das wäre ein tragischer Rückschritt. In der heutigen Welt ist dies lächerlich, weil die europäischen Länder alleine nichts gelten würden. [...] Hätte das Europäische Parlament mehr Macht, würde es der Sparpolitik wohl ein Ende setzen. Das Paradoxe ist, dass die Schwierigkeit nicht von den europäischen Institutionen ausgeht, sondern dass die Sparpolitik von den nationalen Regierungen, insbesondere einigen nationalen Regierungen der stärksten Länder,

> durchgesetzt wird. Würde das Europäische Parlament demokratisch entscheiden, dann hätten wir meiner Meinung nach ein wachstumsfreudigeres Europa. [...] Der Weg nach vorne liegt in der Änderung der Regeln, der Stärkung der demokratischen Dimension der Europäischen Union. Eine Rückkehr zur Stärke des Nationalstaates ist nicht vernünftig. Nicht die Europäische Union oder der Euro haben die Nationalstaaten geschwächt, sondern die Veränderungen in der Welt. [...] Wir leben nicht mehr in einer Welt, in der Frankreich oder das Vereinigte Königreich die großen Weltmächte waren. Wenn wir heute angesichts von China, Indien und Brasilien mit am Tisch sitzen wollen, an dem alle Entscheidungen fallen, dann kann das nur ein vereintes Europa schaffen. Das Argument des Nationalismus ist lächerlich. War es in der Vergangenheit eine Tragödie, so wäre es heute eine Farce. [...] Die Fähigkeit zur Einheit macht uns zu einer Großmacht. [...] Wenn ich die Grenze zwischen Deutschland und Frankreich überquere und daran denke, dass dort Millionen junger Menschen gestorben sind [...] und wenn ich sehe, dass heute Menschen ohne Pass durchreisen, dann halte ich dies für eine große Errungenschaft der Zivilisation, der wir nicht mehr den Rücken kehren können."

Diese Behauptungen sind absurd. Das Europäische Parlament ist nicht mächtiger und entscheidet nicht demokratisch über die Wirtschaftspolitik der EU, weil die EU-Verträge, die D'Alema selbst unterstützt hat, dies nicht zulassen. Merkel vorzuwerfen, sie setze um, was vorher vereinbart wurde, ist Unsinn. Wenn man ein demokratisches Europäisches Parlament haben wollte, das demokratisch über die Wirtschaftspolitik der EU entscheiden kann, warum hat Italien dann den Verträgen zugestimmt, die dies verhindern? Anstatt die EU als das darzustellen, was sie nicht ist, nämlich als „Errungenschaft der Zivilisation", sollte sich D'Alema dem Offensichtlichen stellen: Die Verträge wurden nicht geändert, weil sie konzipiert waren, die Interessen der exportierenden Oligarchie Nordeuropas zu schützen. Andernfalls hätten die nordeuropäischen Regierungen niemals zugestimmt, der gemeinsamen Währung beizutreten. Deshalb werden die Regierungen Deutschlands und der anderen nordeuropäischen Länder niemals einer Änderung der Verträge zustimmen, die, wie gesagt, nur einstimmig reformiert werden können. Es fällt schwer, zu glauben, dass D'Alema dies nicht begreift. D'Alema hat bereitwillig zugestimmt, Italien zum Paria der EU zu machen, und dann jammert er.

Zur Veranschaulichung des Fehlers, den Italien mit dem Beitritt zum Euro gemacht hat, möchte ich diese drei Diagramme verwenden.

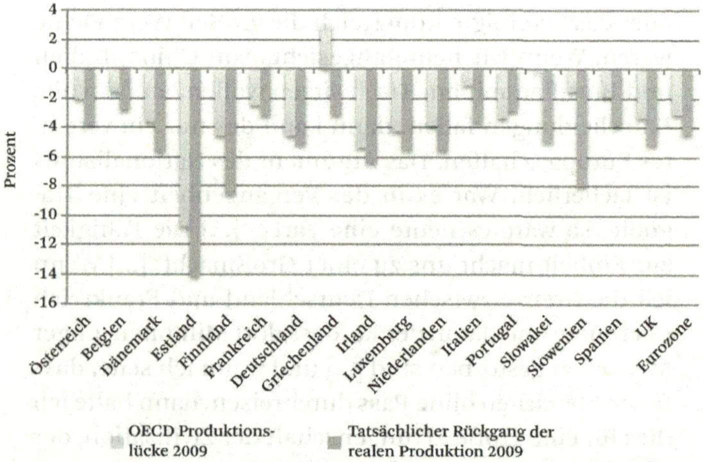

Mitchell 2017, 257

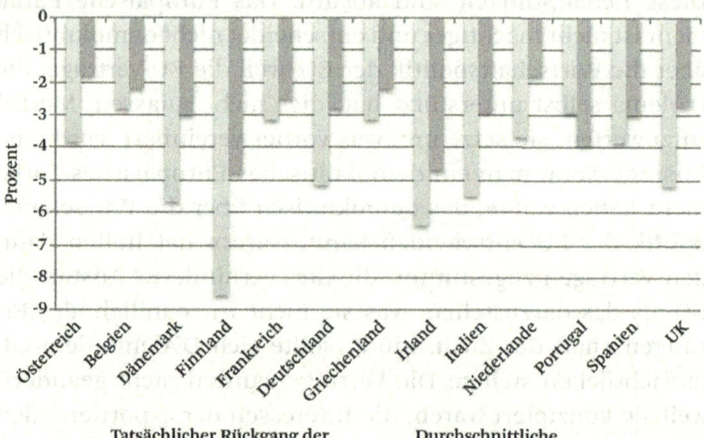

Mitchell 2017, 258

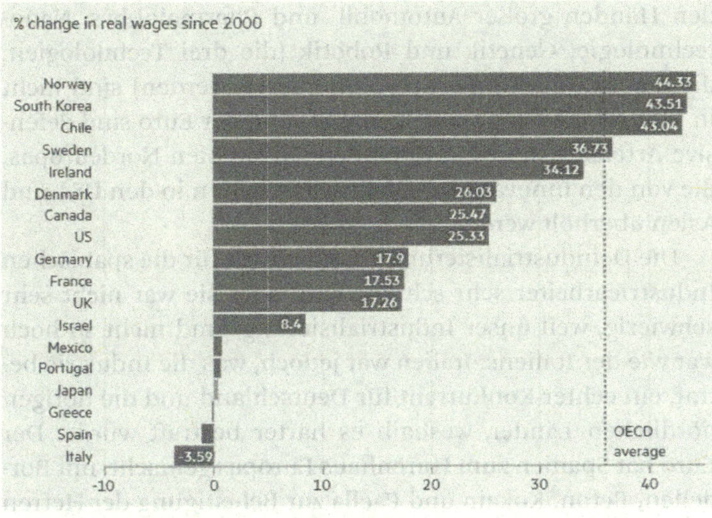

Reallohnänderungen in % seit 2000

https://twitter.com/Alvaro_Merino_/ status/1495700917827604484/photo/1

Die ersten beiden Diagramme zeigen, dass sich die Produktionslücke der italienischen Wirtschaft, d. h. die Differenz zwischen der tatsächlichen und der potenziellen Wirtschaftsleistung, seit dem Beitritt Italiens zum Euro nicht verringert hat. Im Gegenteil: Die Krise von 2009 hat gezeigt, dass Italien die Krise mit den geldpolitischen Instrumenten der EU nicht wirksam bewältigen konnte, so dass der Rückgang der realen Produktion stärker ausfiel als in den historischen Reihen. Darüber hinaus zeigt die niederschmetternde dritte Grafik, dass die italienischen Löhne seit der Einführung des Euro real um 3,59 % gesunken sind, während sie in Deutschland um 17,9 % gestiegen sind.

Der Beitritt der südeuropäischen Länder zum Euro war das Ergebnis ihrer Deindustrialisierung. Nach den Leitlinien von Walter Hallstein haben Deutschland und die übrigen nordeuropäischen Nettoexporteure den Euro genutzt, um Konkurrenten innerhalb Europas auszuschalten, da sie wissen, dass sie mit den technologisch fortschrittlichsten Ländern (USA, China, Japan, Südkorea und Indien) nicht konkurrieren können. Deutschlands Wirtschaft und seine Regierung liegen in den Händen großer Automobil- und Pharmalobbys. Nanotechnologie, Genetik und Robotik (die drei Technologien, die das 21. Jahrhundert revolutionieren werden) sind nicht in Deutschland angesiedelt. Die EU und der Euro sind defensive Artefakte der exportierenden Oligarchien Nordeuropas, die von den innovativeren Volkswirtschaften in den USA und Asien überholt werden.

Die Deindustrialisierung Spaniens war für die spanischen Industriearbeiter sehr schmerzhaft, aber sie war nicht sehr schwierig, weil unser Industrialisierungsgrad nicht so hoch war wie der Italiens. Italien war jedoch, was die Industrie betraf, ein echter Konkurrent für Deutschland und die übrigen nördlichen Länder, weshalb es härter bestraft wurde. Der Euro hat Spanien zum Hurenhaus Europas gemacht, mit Bordellen, Beton, Kokain und Paella zur Belustigung der Herren aus dem Norden. In Italien war der Industriesektor dafür zu groß.

Hätten Deutschland und die anderen Nettoexportländer des Nordens die Entelechie eines solidarischen Europas im Sinn gehabt, von dem D'Alema in seinen Halluzinationen spricht, dann wäre die EU ein einziger Staat mit einem einzigen öffentlichen Sektor und einem einzigen privaten Sektor. Die EU ist jedoch ein Nicht-Staat mit einem privaten, von den Exportoligarchien des Nordens beherrschten Sektor, und mit 27 öffentlichen Sektoren ohne eine gemeinsame Steuerpolitik, mit der ein Transfer von Mitteln aus den reicheren Gebieten in die ärmeren möglich wäre. Diese Bedingung wurde von Deutschland und den anderen Nettoexporteuren gestellt: sie wollten ihre Handelsüberschüsse nicht mit den übrigen Ländern teilen.

Die Beibehaltung der Währungssouveränität hätte die Schließung der Produktionslücke der südeuropäischen Volkswirtschaften durch eine souveräne, auf Vollbeschäftigung ausgerichtete Ausgabenpolitik ermöglicht. Dies geht nur mit einer eigenen Währung. Wenn D'Alema wüsste, wovon er spricht, hätte er die Lira zur Umsetzung einer solchen Vollbeschäftigungspolitik verwendet. Eine gemeinsame Währung in der EU ohne eine gemeinsame umverteilende Steuerpolitik ist Unsinn, wie wir jetzt sehen. Es hätte ausgereicht, an jedem Grenzübergang einen Geldautomaten aufzustellen, an

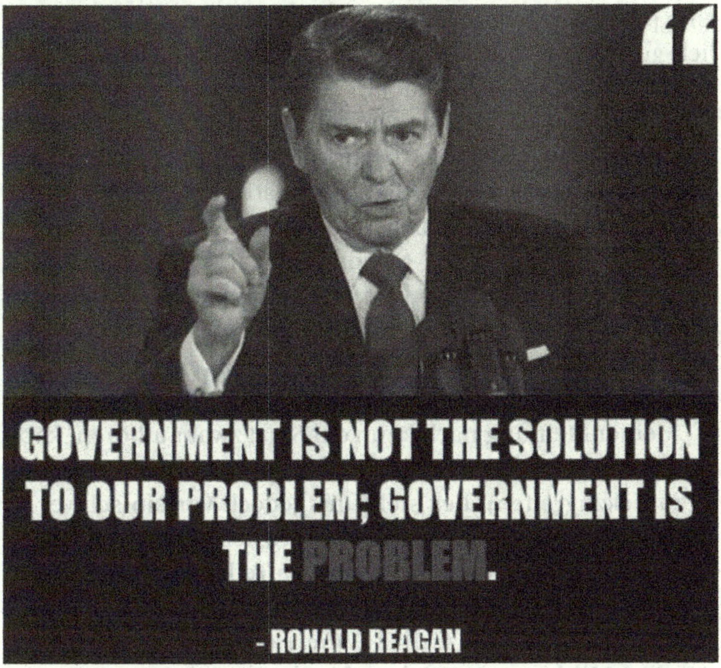

Die Regierung ist nicht die Lösung unseres Problems; die Regierung ist das Problem. – Ronald Reagan

https://twitter.com/DanScavino/status/747246740298997760/photo/1

dem der Reisende seine Landeswährung gebührenfrei in die Währung des Gastlandes umtauschen kann. Jetzt haben wir telematische Zahlungssysteme, die drahtlose Überweisungen unabhängig von der Währung des Kontos ermöglichen. D'Alema ist ein Opfer der Kunst des Krieges. Die Öffnung der Grenzen und ein Geldautomat hätten genügt, um ihn aus seinem Wahn herauszuholen.

- Dem Westen nicht in die Hände spielen

Die grundlegende Frage, auf die Carrillo eingangs hingewiesen hat, ist die nach dem Staat. Kann sich der Staat vom Kapitalismus abwenden, ohne auf marxistisch-leninistische Konzepte zurückzugreifen? Der Eurokommunismus hat versucht, eine positive Antwort auf diese Frage zu finden und ist kläglich gescheitert. Wie wir im Fall von Carrillo, Sartorius und López Garrido gesehen haben, endete der eurokommunistische Vorschlag mit der Akzeptanz des von Margaret Thatcher vertretenen neoliberalen Irrtums, dass der Staat Steuern einnehmen muss, um Ausgaben zu tätigen. Wie wir im Fall von D'Alema gesehen haben, endete der Eurokommunismus auch damit, dass er den Nationalstaat mit dem Nationalismus gleichsetzte, und so vertritt D'Alema auch die gleichen neoliberalen Positionen wie der andere große Bezugspunkt des Neokonservatismus, Ronald Reagan, als er sagte, dass der Nationalstaat nicht die Lösung, sondern das Problem sei.

Meiner Meinung nach kann der Staat zwar aufhören, kapitalistisch zu sein, ohne auf marxistisch-leninistische Schemata zurückzugreifen; dies stellt uns jedoch vor ein schwer zu lösendes Rätsel, denn zu seiner Lösung fehlt uns das Teil, das das Ganze zusammenhält. Bei diesem Teil handelt es sich um Michal Kalecki, genauer gesagt um seine Gewinngleichung, die in Stuart Medinas Artikel „Where do profits come from?" (Medina Miltimore 2020) dargelegt ist:

> Nettogewinne = Anlageinvestitionen + Konsum der Kapitalisten + öffentliches Defizit - Ersparnisse der Arbeitnehmer + Position der Handelsbilanz

Zunächst lässt sich feststellen, dass die Gleichung die drei Sektoren der Wirtschaft einschließt: den privaten, den öffentlichen und den Auslandssektor. Dies ist von grundlegender Bedeutung. Marx analysierte alle Faktoren in der Gleichung bis auf einen: das öffentliche Defizit. In seiner Analyse der Nettogewinne bezog sich Marx nur auf die Transaktionen innerhalb des privaten Sektors (Investitionen in das Anlagekapital, Konsum der Kapitalisten und Ersparnisse der Arbeiter), denn wie an anderer Stelle erörtert[7], schreibt Marx, „Die Gesamtklasse der Kapitalisten kann nichts aus der Zirkulation herausziehn, was nicht vorher hineingeworfen war" (Marx 1885). In der Folge führt Marx auch die Rolle der Handelsbilanz ein, wenn er sich auf die Ausplünderung der Kolonien bezieht; letztlich entsteht jedoch auch diese Ausplünderung

[7] Siehe Seite 327.

durch die Ausbeutung der Ressourcen der Kolonien durch den privaten Sektor, so dass der öffentliche Sektor keine Rolle in diesem Prozess spielt. Für Marx ist die Wirtschaft wie eine Weste mit vielen Taschen. Einige Taschen stellen die Kapitalisten dar, andere die Arbeiter. Die Taschen enthalten Geld, das durch Gold gedeckt ist. Wirtschaftliche Transaktionen bestehen darin, Geld von einer Tasche in eine andere zu schieben, ohne zu merken, dass der Träger der Weste, der seine Hand erst in eine Tasche steckt und dann in eine andere, und der das Geld überhaupt erst geschaffen hat, der Staat ist.

Daraus ergab sich das so genannte Problem der Gewinnrealisierung, das uns zu Santiago Carrillos Überlegungen über den so genannten *verwaltenden* Staat zurückführt. Wie wir gesehen haben, teilt diese Auffassung vom Staat mit dem Neoliberalismus die Überzeugung, dass das Geld nur von den Steuerzahlern kommt, und dass dieses Geld die öffentlichen Ausgaben finanziert. Der Unterschied zwischen Thatchers und Carrillos Position besteht in der Verteilung des Geldes auf die verschiedenen Taschen. In Anlehnung an Marx sieht Carrillo den Kapitalismus als einen Prozess, bei dem alle Taschen geleert werden, weil das gesamte Geld in eine oder wenige Taschen fließt, die letztlich das gesamte in der Wirtschaft vorhandene Geld enthalten. So werden die übrigen Akteure ausgehungert. Dieser Prozess scheint sich jedoch über Jahrhunderte hinweg fortzusetzen und übersteigt bei weitem die vorhandenen Goldreserven. Wie ist dies möglich? Kalecki gibt die Lösung vor. Die jahrhundertelange Aufrechterhaltung der Profite der Kapitalistenklasse kann nur durch einen dritten Faktor erklärt werden: die Fähigkeit des Staates, die nationale Währung auszugeben, was sich in Kaleckis Gleichung als öffentliches Defizit widerspiegelt. Mit anderen Worten, es gibt einen dritten Sektor, den öffentlichen Sektor, der in der Lage ist, Buchhaltungsdefizite in der nationalen Währung auf unbestimmte Zeit aufrechtzuerhalten, da dieser Sektor das Monopol auf die Emission der nationalen Währung hat. Ziel und Ausgangspunkt der Aktivitäten des privaten Sektors, die Existenz von Arbeitern und Kapitalisten, ist die Hortung des vom Staat ausgegebenen Geldes. Es gibt also kein Geld der Steuerzahler, sondern nur staatliches Geld, das der private Sektor anhäuft und anschließend zur Zahlung von

Steuern verwendet (dies erklärt die wundersame Verwandlung zwischen öffentlichem und privatem Geld, die Pablo Iglesias nicht verstanden hat).

Ich bin überzeugt, dass sich Lenin, auch wenn er nichts dazu geschrieben hat, des zuvor Gesagten vollkommen bewusst war. Er untersuchte das Problem der Gewinnrealisierung in zwei Schriften: *Nochmals zur Frage der Theorie der Realisierung* und vor allem in *Die Entwicklung des Kapitalismus in Russland*. In der ersten Schrift stellt er fest, dass die Existenz der Kolonien und des Auslandssektors keine Lösung des Problems war, denn „egal, ob wir ein Land oder eine Gruppe von Ländern nehmen, das Wesen des Realisierungsprozesses ändert sich nicht im Geringsten." (Lenin 1964) Das heißt, auch bei Beteiligung eines oder mehrerer privater Sektoren bleibt das Problem der Herkunft der Gewinne bestehen. Im zweiten Aufsatz vertieft er diese Frage und trifft eine grundlegende Feststellung: „In Wirklichkeit besteht bei der Erklärung der Realisation die Schwierigkeit der Erklärung gerade in der Erklärung der Realisation des konstanten Kapitals." (Lenin 1961)

Erinnern wir uns an den Wert der Produktion nach der Marx'schen Arbeitswerttheorie (Marx 1885): V = c + v + s, wobei V der Wert der Produktion, c das konstante Kapital, v der Ersatz des variablen Kapitals (Lohn) und s der Mehrwert ist. Marx unterteilt das konstante Kapital wiederum in zwei Teile, das fixe Kapital und das zirkulierende Kapital. Letzteres setzt sich aus den Produktionsmitteln (Rohstoffe, Hilfsstoffe und Halbfabrikate) zusammen. Das erste, das fixe Kapital, setzt sich zusammen aus „den während des Betrachtungszeitraums durch normale Abnutzung und vorhersehbare Veralterung verbrauchten Anlagegütern, einschließlich einer Rückstellung für Verluste von Anlagegütern infolge versicherbarer Unfallschäden" (Medina Miltimore 2020), d.h. Maschinen, Arbeitsgeräte, Gebäude, Arbeitstiere usw.

Lenin erkennt zu Recht, dass, wenn man, wie Marx, nur die Transaktionen zwischen Kapitalisten und Arbeitern betrachtet, ohne die Rolle des Staates zu berücksichtigen, in der Gleichung V = c + v + s nur die Entstehung des variablen Kapitals und des Mehrwerts erklärt werden kann, nicht aber des konstanten Kapitals (c) und insbesondere des fixen Kapitals.

Erinnern wir uns an Carrillos Analyse. Um konkurrenzfähig zu sein, müssen Kapitalisten immer mehr in Anlagekapital (Maschinen, Technologie usw.) investieren. Die Frage ist, woher kommt das Geld, um diese steigenden Ausgaben tätigen zu können? Und vor allem, wie ist es möglich, dass diese steigenden Ausgaben über Jahrhunderte hinweg vom Kollektiv der Kapitalisten getragen werden können? Deshalb schreibt Lenin ohne weitere Erklärungen: „Die Entwicklung der Produktion [...] vor allem auf Grund der Produktionsmittel erscheint paradox und stellt zweifellos einen Widerspruch dar. Sie ist eine wirkliche ‚Produktion als Selbstzweck' – die Ausweitung der Produktion ohne eine entsprechende Ausweitung der Konsumtion." (Lenin 1908) Er belässt es bei der Anmerkung, „Die Widersprüche des Kapitalismus zeugen von seinem historisch vergänglichen Charakter" (Lenin 1908).

Dies ist jedoch die falsche Art, die Frage zu beantworten. Wenn der Kapitalismus diesen ständigen Anstieg der Investitionen in das Anlagekapital nicht erklären kann, kann er dann im Sozialismus, verstanden als System ohne Privateigentum an den Produktionsmitteln, gerechtfertigt werden? Vermutlich hätte Lenin diese Frage mit Ja beantwortet, doch er liefert keine Erklärung. Die historische Erfahrung zeigt uns zuverlässig, dass dieser Anstieg der Investitionen in das Anlagekapital im Sozialismus stattgefunden hat, doch woher sonst stammte das sowjetische Anlagekapital zur Eroberung des Weltraums, zur Schaffung von Industrien und zum Aufbau des Wohlfahrtsstaates? Offensichtlich wurden diese Dinge nicht durch die wenigen Steuern finanziert, die die Sowjets, vor der Revolution ein sehr armes Volk, zahlten. Folgt man jedoch Carrillos Argumentation, wonach der Staat seine Ausgaben durch die Erhebung von Steuern bestreitet, dann musste es so sein – eine absurde und, wie wir gesehen haben, neoliberale Idee.

Sieht man sich das Wirtschaftsmodell der Sowjetunion an, dann ist klar, dass Lenin wusste, dass Steuererhebung nichts mit der Fähigkeit zu öffentlichen Ausgaben zu tun hat. Ich bin überzeugt, dass er aus einem einfachen Grund nichts dazu geschrieben hat: um dem Feind keine Hinweise zu geben. Lenin griff auf die *Gosbank* (die Zentralbank der Sowjetunion) zurück, um die Aktivitäten des *Gosplans* (des

Staatlichen Planungskomitees) durch eine Politik der Vollbeschäftigung und durch das weiter oben erwähnte Overt Monetary Finance auszuüben. So fanden alle sowjetischen Arbeiter entsprechend ihren Fähigkeiten und Bedürfnissen eine Beschäftigung beim Staat und wurden von der *Gosbank* in Rubeln bezahlt, die aus dem Nichts geschaffen wurden. Auf diese Weise hat ein Volk von Bauern, Hirten und verarmten Arbeitern den Sputnik und Juri Gagarin in Rekordzeit ins All gebracht, den sowjetischen Wohlfahrtsstaat eingeführt und die Nazis im Zweiten Weltkrieg besiegt. Der Grund, warum Lenin in dieser Frage nicht theoretisiert hat, liegt meiner Meinung nach darin, dass eine solche Politik, die zweifellos vernünftig ist, auch in Systemen mit Privateigentum an den Produktionsmitteln möglich war (und in der Tat mittels keynesianischer Politik durchgeführt wurde). In der Tat waren es diese keynesianischen Maßnahmen, die den Zusammenbruch des Kapitalismus verhinderten, was Lenin wollte.

Seltsamerweise, geradezu paradoxerweise, haben Lenin und die Kapitalisten eines gemeinsam: Keiner von ihnen wagt es, offen zuzugeben, dass ihre Wirtschaftssysteme letztlich durch Staatsausgaben getragen werden. Beide verheimlichen es, tun es jedoch. So erklärt sich auch die Herkunft des Geldes, das die ständig steigenden Ausgaben für das Anlagekapital finanziert, und tatsächlich wird so das Problem der Gewinnrealisierung gelöst. Wenden wir uns der Gewinngleichung von Kalecki zu:

> Nettogewinne = Investitionen in Anlagekapital + Konsum der Kapitalisten + öffentliches Defizit - Ersparnisse der Arbeitnehmer + Handelsbilanzposition

Stellen wir uns vor, dass sowohl das öffentliche Defizit als auch die Handelsbilanz null sind und dass die Ersparnisse der Arbeitnehmer (üblicherweise) ebenfalls null sind. Aus diesem Gedankenexperiment ergibt sich dann: Nettogewinn = Anlageinvestitionen + Konsum der Kapitalisten.

Nach Kalecki bedeutet dies, dass „die Kapitalisten zwar entscheiden können, in einer bestimmten Periode mehr zu konsumieren und zu investieren als in einer anderen, nicht aber, mehr zu verdienen. Es bestimmen folglich die Investitions- und Konsumentscheidungen die Profite und nicht umgekehrt.“ (Kalecki 1987, 134) Hier trifft das Gleichnis von der Weste mit den Taschen zu, denn wir sehen, dass die Investitionsausgaben und der Konsum einiger Kapitalisten Geld sind, das aus ihren Taschen kommt und in die Taschen anderer Kapitalisten fließt, die den Gewinn machen: „Die Identität von Ersparnis und Investition ist per Definition gegeben, aber im Gegensatz zu den klassischen Ökonomen versteht Kalecki, dass die Kapitalisten ihr Schicksal selbst bestimmen. Nicht die Ersparnisse bestimmen die Investitionen, sondern die Investitions- und Konsumentscheidungen bestimmen die Gewinne“ (Medina Miltimore 2020). Darauf bezog ich mich, als ich den Fall der italienischen Ersparnisse nach Massimo D'Alema analysierte. Die Gleichung Ersparnis gleich Investition (S = I) muss also zunächst von rechts nach links gelesen werden, damit sie auch von links nach rechts wahr ist.

Der einzige Ausweg aus diesem Schema, bei dem das Geld von einer Westentasche in die andere wandert, ist die Einführung eines öffentlichen Defizits und/oder einer von Null verschiedenen Handelsbilanzposition. Eine Erhöhung des öffentlichen Defizits und/oder ein Anstieg der Handelsbilanz ermöglicht einen Anstieg der Gewinne der Kapitalisten und der Löhne der Arbeitnehmer. Dies veranlasst Stuart Medina zu der Feststellung, „Unternehmer sollten ein öffentliches Defizit befürworten, da es ihnen in gleicher Weise zugutekommt wie ein Handelsbilanzüberschuss. Kalecki selbst erläutert jedoch die Gründe für die Abneigung der Geschäftsleute (und ihrer Ökonomen) gegen öffentliche Defizite“ (Medina Miltimore 2020).

Unsere Analyse führt uns nun zu Kaleckis Aufsatz „Politische Aspekte der Vollbeschäftigung“. Man kann das Werk als sozialistische Widerlegung der neoliberalen Politik der Europäischen Union interpretieren; leider kennt Massimo D'Alema es nicht. Die Verträge der Europäischen Union sind so angelegt, dass sie jede Wachstumsstrategie auf der Basis öffentlicher Defizite verhindern. Nur exportorientiertes Wachstum ist zulässig. Öffentliche Defizite und Exportsteigerungen spielen eine ähnliche Rolle bei der Steigerung von Unternehmensgewinnen, doch die Europäische Union setzt nur auf den Export, denn bei Defiziten empfindet sie:

> „(i) Das Unbehagen an der Einmischung des Staates in das Beschäftigungsproblem an sich; (ii) Das Unbe-

hagen am Verwendungszweck der Staatsausgaben (öffentliche Investitionen und Subventionierung des privaten Konsums); (iii) Das Unbehagen an den sozialen und politischen Veränderungen, die eintreten, wenn Vollbeschäftigung zum *Dauerzustand* wird" (Kalecki 1987, 235–236).

In der Europäischen Union entscheiden die exportierenden Oligarchien über die Höhe der Arbeitslosigkeit in der Wirtschaft. Diese Eliten sind nicht gewillt, den Staaten die Entscheidung über die Höhe der Arbeitslosigkeit durch ihre souveräne Kaufkraft und ihre Vollbeschäftigungspolitik zu überlassen, da dies den Einfluss der Oligarchie erheblich schmälern würde. Die Exportoligarchien wollen auch, dass der Staat eine möglichst geringe wirtschaftliche Rolle spielt, damit die Kontrolle über alle Bereiche der Wirtschaft, einschließlich derer, die traditionell vom Wohlfahrtsstaat und den sozialen Rechten abgedeckt werden, stets in privater Hand bleibt. Zur Erreichung ihre Ziele haben die europäischen Exportoligarchien den Staaten durch die EU-Verträge und den Euro die hoheitliche Verfügungsgewalt entrissen. In einer Gesellschaft mit einer gesetzlich garantierten dauerhaften Vollbeschäftigung müssten die Arbeitnehmer keine Angst vor dem Verlust ihres Arbeitsplatzes haben, und die Rolle der Gewerkschaften bei Tarifverhandlungen würde gestärkt. Ohne die Angst vor Arbeitslosigkeit hätten die Arbeitnehmer größere Macht über die Arbeitgeber, und Arbeitsbeziehungen fänden auf Augenhöhe statt. Die Oligarchien wollen dies mit allen Mitteln verhindern. Deshalb denken sie nur an ein Wachstum auf der Grundlage von Exporten, „doch wir müssen bedenken, dass ein Exportüberschuss den Lebensstandard der Arbeitnehmer nicht verbessert. Exporte sind Kosten, kein Nutzen: sie sind das, worauf wir verzichten müssen, um importierte Waren kaufen zu können" (Medina Miltimore 2020). In der Europäischen Union ist das Problem offensichtlich. Die EU ist so konzipiert, dass der Handel hauptsächlich zwischen EU-Ländern stattfindet, aber damit es Nettoexportländer gibt, muss es auch Nettoimportländer geben; es ist unmöglich, dass alle Länder mehr exportieren als sie importieren. Daher haben nur die Nettoexportländer Nordeuropas eine Chance auf Wachstum innerhalb der EU.

So wird sichergestellt, dass Italien und der Rest Südeuropas niemals zu Konkurrenten des Nordens werden.

- Der Kalecki-Moment und die Diktatur des Proletariats

Die Kalecki-Gewinngleichung löst das Problem der Realisierung, doch muss noch auf einen weiteren und ebenso wichtigen Aspekt hingewiesen werden: Die Kalecki-Gewinngleichung macht die monetäre Souveränität der Staaten zu einer technischen Frage. Auf diesen zweiten Aspekt werde ich später näher eingehen. Zunächst möchte ich darauf hinweisen, dass Kalecki in seinem Werk *Politische Aspekte der Vollbeschäftigung* als erster behauptete, dass dauerhafte Vollbeschäftigung im Kapitalismus „durch ein Ausgabenprogramm der Regierung" (Kalecki 1943, 1) möglich ist, solange die realen Ressourcen dafür vorhanden sind. Weiter führt er aus, „[...] wenn die staatliche Intervention nur die Erreichung von Vollbeschäftigung, die effektive Nachfrage jedoch nicht über die Vollbeschäftigungsgrenze hinaus erhöht, muss man keine Inflation befürchten." (Kalecki 1943, 2)

Den Kapitalismus versteht Kalecki in seiner traditionellen Bedeutung, d.h. als ein Produktionssystem, in dem Privateigentum an den Produktionsmitteln erlaubt ist. Bei der Entwicklung der Idee vom Fiat-Sozialismus sind wir von dieser Definition abgewichen und haben den Ansatz von David Graeber übernommen.[8] Bei diesem Ansatz steht nicht das Eigentum an den Produktionsmitteln im Vordergrund, sondern die Frage, „wer zu welchen Dingen und unter welchen Bedingungen Zugang hat". Kalecki kommt diesem Ansatz sehr nahe; er argumentiert, dass die Wirtschaftspolitik auf eine „Zielwirtschaft" ausgerichtet werden kann, sobald die Möglichkeit der Vollbeschäftigung unabhängig vom Eigentum an den Produktionsmitteln feststeht (Kalecki 1943, 4). Kalecki zufolge handelte der Kapitalismus so während des Faschismus, als er mit seiner Vollbeschäftigungspolitik auf das Erreichen einer „Rüstungswirtschaft" abzielte (Kalecki 1987, 239). Diese Lösung für die Arbeitslosigkeit beseitigt nicht das Problem der Knappheit, da sie hauptsächlich auf die Herstellung

[8] Siehe Seite 226.

von Waffen und natürlich deren unvermeidlichen Einsatz in Kriegen abzielt, was zu einer erhöhten Knappheit führt. Dies veranlasst Kalecki zu der Feststellung, „Der Faschismus in Deutschland entstand vor dem Hintergrund einer enormen Arbeitslosigkeit und hielt sich an der Macht, indem er Vollbeschäftigung sicherte, während die kapitalistische Demokratie dies nicht schaffte. Der Kampf der fortschrittlichen Kräfte für die Vollbeschäftigung ist zugleich ein Mittel, das Wiederauftreten des Faschismus zu verhindern." (Kalecki 1943, 6)

Die grundlegende Frage ist also, welches Ziel wir uns setzen. Ziel der Faschisten war die Wiederaufrüstung, um Menschen zu töten. Im Neoliberalismus besteht das Ziel darin, so viel Reichtum wie möglich in so wenigen Händen wie möglich zu konzentrieren. Ziel des Sozialismus muss sein, allen Menschen Zugang zu den Ressourcen zu geben, die für ein würdiges und erfülltes Leben notwendig sind.

Auch hier sind das öffentliche Defizit und der Klassenkampf bestimmende Faktoren. „Die Parole ‚Nie wieder Arbeitslosigkeit' ist heute tief im Bewusstsein der Massen verwurzelt" (Kalecki 1943, 4), sagt Kalecki. Die Funktion des öffentlichen Defizits muss somit die gesetzliche Garantie einer dauerhaften Vollbeschäftigung sein.

Dann gibt es noch die andere Seite, die privaten Investitionen. Wie bereits erwähnt, kann es keine privaten Investitionen ohne öffentliche Ausgaben geben. Wenn also gewinnorientierte Privatinitiativen zugelassen werden, ist der Klassenkampf kein Tensor in Form eines Segments mehr, sondern wird zu einem Tensor in Form eines Dreiecks. Kalecki kommt auf anderen Wegen zu den gleichen Schlussfolgerungen wie Marx. Kalecki beruft sich nicht auf ein historisches Gesetz wie das Gesetz des tendenziellen Falls der Profitrate. Er bestreitet es sogar. Nach Kaleckis Schema führt die Existenz gewinnorientierter Privatinitiativen nicht zum unvermeidlichen Zusammenbruch des Produktionssystems. Seiner Gewinngleichung zufolge können öffentliche Defizite private Investitionen so weit stimulieren, dass dauerhafte Vollbeschäftigung und die Beteiligung privater Unternehmen am Produktionsgefüge der Wirtschaft aufrechterhalten werden. Die Gleichung beschreibt kein Szenario, in dem die Existenz privater Unternehmen an sich zum notwendigen

Zusammenbruch der Wirtschaft führt. Kalecki ist jedoch der Meinung, dass der dreieckige Tensor aus Lohnempfängern, Arbeitgebern und Staat in den unvermeidlichen Krisen des kapitalistischen Systems schließlich zusammenbricht.

An diesem Punkt kommt der technologische Aspekt der Aufrechterhaltung der öffentlichen Defizite zum Tragen. Das ist, als würde man sagen, dass an diesem Punkt der Goldstandard zum Tragen kommt. Kalecki lebte in einer Welt, die vom Goldstandard regiert wurde. Dieser hatte sich seit der Zeit von Marx zwar gewandelt, doch es gab ihn noch. Zu Marx' Zeiten entsprach das in Großbritannien umlaufende Geld den Goldreserven plus 14 Millionen Pfund Sterling (Marx, *Das Kapital*, 1894). Diese Vereinbarung wurde getroffen, um die Konvertibilität des Pfunds (damals die Weltreservewährung) in Gold aufrechtzuerhalten. Wollte der Staat mehr Geld ausgeben, als diese Konvention zuließ, dann musste er Steuern erheben oder Schulden machen, um seine Ausgaben zu finanzieren. Der Staat war also nicht souverän in seinen Ausgaben, sondern musste ab einem bestimmten Punkt seine Ausgaben entweder durch neue Goldüberweisungen oder durch Steuererhöhungen finanzieren. Einen geregelten und international anerkannten Goldstandard gab es jedoch nur zwischen 1871 und 1914 (siehe Lioudis 2022). Zur Finanzierung des Ersten Weltkriegs gab Deutschland den Goldstandard auf. Dies hatte maßgeblichen Einfluss auf die andere große Ökonomin des Sozialismus neben Kalecki, Rosa Luxemburg. Zusammen mit Karl Liebknecht versuchte sie, den Ersten Weltkrieg zu verhindern. Wie? Indem sie versuchte, das deutsche Parlament von der Genehmigung der Kriegshaushalte abzuhalten. Ohne die Zustimmung der deutschen Sozialdemokratie zu den Haushaltsplänen zur Kriegsfinanzierung hätte die kaiserliche Regierung kein Geld gehabt, um den Krieg zu entfesseln, denn nach Abschaffung des Goldstandards war es das Parlament, in dem die Schaffung der Währung *ex nihilo* souverän beschlossen wurde. So argumentiert Rosa Luxemburg in ihrem Werk *Die Akkumulation des Kapitals*.

Nach dem Ersten Weltkrieg gab es keine Rückkehr mehr zu einem international geregelten Goldstandard. Zusätzlich gaben im Jahr 1931 Großbritannien und 1933 die Vereinigten Staaten die Konvertierbarkeit ihrer Währungen in Gold auf. Kurz darauf taten dies auch die meisten anderen Länder. Von da an wurde Gold nur noch im internationalen Handel zwischen Ländern verwendet. Nach dem Zweiten Weltkrieg wurde mit dem Abkommen von Bretton Woods versucht, den Goldstandard im internationalen Handel zu regulieren. Zu diesem Zweck wurde die Konvertierbarkeit von einer Unze Gold auf 35 US-Dollar festgelegt. Der Vietnamkrieg setzte diesem System ein Ende. Um seine Militärausgaben zu finanzieren, beschloss Richard Nixon am 15. August 1971, die Konvertibilität des Dollars in Gold aufzuheben (dies bezeichnete man als Nixon-Schock). Von diesem Zeitpunkt an konnten alle Währungen einen schwankenden Wechselkurs annehmen, und die Staaten waren zur Finanzierung ihrer Ausgaben nicht mehr auf Goldreserven angewiesen. So entstand die heutige Fiat-Währung. Seit dem 15. August 1971 können die Staaten ihre nationalen Währungen durch Buchungen bei ihren Zentralbanken und ohne jede finanzielle Einschränkung emittieren.

Die Abkehr vom Goldstandard wurde möglich durch die Entwicklung der Kommunikationstechnologien; daher meine Aussage, dass die Nutzengleichung die Währungssouveränität zu einem technologischen Problem macht. Durch die Entwicklung des Telegrafen und danach des Telefons wurde es 1971 möglich, die Wechselkurse des US-Dollars und anderer Währungen in Echtzeit zu verfolgen. Erst Ende des 19. Jahrhunderts kam die telegrafische Kommunikation von einer Seite des Atlantiks zur anderen zustande. Bis dahin ließen sich die Wechselkurse nicht zuverlässig und in Echtzeit ermitteln, weshalb man auf den Goldkurs zurückgriff. Als man per Telegraf und Telefon unmittelbar über Wechselkurse, Angebot und Nachfrage nach den Währungen informiert wurde, war Gold nicht mehr notwendig, und Wechselkursschwankungen ließen sich jederzeit aktuell ermitteln. Auf diese Weise fanden die Ausgaben der Staaten in nationaler Währung mit Hilfe von Fiat-Geld völlig souverän statt. Die Goldtechnologie wurde durch die Telefontechnologie ersetzt.

Dies führte zu dem, was ich als Kalecki-Moment bezeichne, den die kommunistischen Parteien leider nicht erkannten, denn der Nixon-Schock ermöglicht es, die von Kalecki in seiner Gleichung aufgezeigten Einschränkungen zu überwinden. Es sei daran erinnert, dass die Staaten die Konvertierbarkeit ihrer Währungen in Gold innerhalb ihrer Grenzen ab den 1930er Jahren nicht aufrechterhielten, sondern weiterhin Gold für den internationalen Handel verwendeten. Wenn diese Ausgaben ihre Goldreserven überstiegen, mussten die Staaten nach einer Finanzierungsquelle suchen. Eine Möglichkeit war, gegen die eingegangenen Schulden vorzugehen. Infolgedessen musste auf Zinsen und Steuern zurückgegriffen werden. Daher war Kalecki pessimistisch, was die Möglichkeit der Aufrechterhaltung einer Vollbeschäftigungspolitik in Krisenzeiten in Ländern mit Privateigentum an Produktionsmitteln betraf. Zusätzlich zu der im vorigen Punkt erörterten Abneigung der Kapitalisten gegen die Vollbeschäftigungspolitik brachte die Stimulierung privater Investitionen zur Aufrechterhaltung des Vollbeschäftigungsniveaus in Wirtschaftskrisen eine Reihe von Problemen mit sich, die Kalecki im Kapitalismus für unlösbar hielt, da es seiner Meinung nach nur zwei Möglichkeiten gab, die Vollbeschäftigungspolitik in Krisenzeiten aufrechtzuerhalten:

> „(i) Der Zinssatz oder der Einkommenssteuersatz wird in der Depression stark reduziert und in der Hochkonjunktur dann erhöht. (Man kann auch beide gleichzeitig senken bzw. erhöhen.) In diesem Fall wird sowohl die Dauer als auch die Amplitude des Konjunkturzyklus vermindert, aber die Beschäftigung ist möglicherweise nicht bloß in der Depression, sondern auch in der Hochkonjunktur weit entfernt von der Vollbeschäftigung, d.h. die Arbeitslosigkeit kann im Durchschnitt beträchtlich sein, wenngleich ihre Fluktuationen weniger markant ausfallen. (ii) Der Zins- oder Einkommensteuersatz wird in der Depression gesenkt, in der folgenden Hochkonjunkturphase jedoch *nicht* wieder erhöht. In diesem Fall wird die Hochkonjunkturphase länger dauern, aber doch wieder mit einem neuen Konjunktureinbruch enden. Eine einmalige Reduktion des Zins- oder Steuersatzes beseitigt natürlich die Kräfte nicht, die die konjunkturellen Schwankungen in der kapitalistischen Wirtschaft erzeugen. In der neuerlichen Depression wird wiederum eine Reduktion des Zins- oder Einkommensteuersatzes erforderlich

sein usw. Somit müsste nach nicht allzu langer Zeit der Zinssatz negativ werden, und die Einkommensteuer wäre durch eine Einkommenssubvention zu ersetzen. Dasselbe würde sich ergeben, wenn versucht würde, mittels einer Stimulierung der privaten Investitionen permanent Vollbeschäftigung zu erhalten: Wiederum müssten der Zins- und Einkommenssteuersatz ständig gesenkt werden.“ (Kalecki 1987, 240)

Kaleckis Analyse ist richtig. Bis zum 15. August 1971 kamen Volkswirtschaften durch den Druck, den große Privatunternehmen in Wirtschaftskrisen auf die Staaten ausübten, vor allem durch die Steuer- und Zinspolitik irreparabel aus dem Gleichgewicht. Deshalb waren in Planwirtschaften ohne Privateigentum an den Produktionsmitteln Wirtschaftskrisen nicht so ausgeprägt wie in anderen Volkswirtschaften, da die offene monetäre Finanzierung in Planwirtschaften ausreichte, um dauerhafte Vollbeschäftigung zu garantieren. Nach dem Nixon-Schock änderten sich die Dinge jedoch. Mit Einführung der flexiblen Wechselkurse waren die Länder nicht mehr einem unfreiwilligen Ausfall ihrer Schulden ausgesetzt. Von diesem Zeitpunkt an war durch die Einführung flexibler Wechselkurse gewährleistet, dass alle Schulden monetär souveräner Staaten immer zahlbar waren, da diesen Staaten ihre eigene Währung nicht ausgehen kann. Das bedeutet natürlich nicht, dass der Wechselkurs aller Länder immer optimal ist (insbesondere, wenn ein Land den großen Fehler begeht, Schulden in einer Währung aufzunehmen, die es nicht souverän emittiert), und es stimmt, dass Zahlungsbilanzungleichgewichte Inflationsdruck erzeugen können, doch die Schulden sind immer zahlbar, ein unfreiwilliger Zahlungsausfall ist unmöglich.

Dies bedeutet, dass sich die beiden von Kalecki aufgezeigten Probleme durch eine permanente Nullzinspolitik und öffentliche Defizite lösen lassen. Diese garantieren eine ständige gesetzliche Vollbeschäftigung durch Jobgarantien auf der Grundlage von Beschäftigungspuffern, wie sie die Modern Monetary Theory vorschlägt.

Folglich führte der Nixon-Schock von 1971 (auf dem Höhepunkt der Popularität des Eurokommunismus) zu einem Kalecki-Moment, in dem bei konsequenter Anwendung der

Gewinngleichung die sozialistische Umgestaltung des Staates mit demokratischen, parlamentarischen und mehrparteilichen Mitteln möglich gewesen wäre, wie sie Carrillo in seinem Buch verficht. Die kommunistischen Parteien hätten eine „Zielwirtschaft" schaffen können, die die vom Sozialismus verteidigten sozialen Rechte allgemein zugänglich gemacht hätte, mit oder ohne Vorhandensein von Privatunternehmen.

Ein solches System hätte im europäischen Westen einen Übergang zum Sozialismus ermöglicht, was die Stagnation des Marxismus-Leninismus verhindert hätte, die Carrillo meines Erachtens richtig erkannt hatte. Dies wiederum hätte auch eine Erneuerung des Sozialismus in der Sowjetunion und im kommunistischen Block ermöglicht. „Die entscheidenden Hebel der Wirtschaft" (Carrillo 1977, 84) wären durch demokratisch beschlossene öffentliche Defizite in die Hände der Mehrheit gelegt worden. Währungssouveränität erlaubt es dem Staat, alles zu kaufen, was in seiner eigenen Währung zum Verkauf steht. Daher kann der Umfang des öffentlichen Sektors demokratisch beschlossen werden. Wenn Privatinitiative ihre soziale Funktion nicht mehr erfüllt oder sich an destabilisierenden und sabotierenden Manövern gegen die Regierung beteiligt, können die Wähler demokratisch beschließen, dass der Umfang des Privatsektors reduziert oder sogar abgeschafft werden soll. Halten die Bürger hingegen eine stärkere Beteiligung des Privatsektors in einem oder mehreren Wirtschaftsbereichen für wünschenswert, können sie dies ebenfalls tun. Solche Anpassungen wären Teil des demokratischen Mehrparteienspiels.

Kann man dies nicht als Diktatur des Proletariats bezeichnen? Dieses Konzept war für Carrillo von großer Bedeutung. Meiner Meinung nach ist eine Demokratie wie die oben beschriebene nicht nur eine Diktatur des Proletariats, sondern sie wäre die wahre Diktatur des Proletariats, da sie den Willen des Volkes *mit allen Konsequenzen* akzeptiert, wozu natürlich auch der Machtwechsel gehört. Die Linke kritisiert oft und zu Recht, dass im Kapitalismus das reichste 1 % der Bevölkerung den größten Teil des Reichtums besitzt und kontrolliert. Das Einparteiensystem der UdSSR wurde jedoch von weit weniger als 1 % der Bevölkerung kontrolliert. Der Westen musste sich nur den Willen von Michail Gorbatschow, Boris Jelzin, Eduard Schewardnadse, Alexander Jakowlew und einer Handvoll anderer in die sowjetischen Geheimdienste eingeschleusten Putschisten mit US-Dollars erkaufen, um die UdSSR zum Zusammenbruch zu bringen. Die UdSSR war keineswegs eine Diktatur des Proletariats, d. h. der arbeitenden Mehrheit, die sich im Referendum von 1991 mit 77,8 % der Stimmen frei für den Erhalt der Sowjetunion aussprach. Die wahre Diktatur des Proletariats ist die volle Demokratie. Den sozialistischen Kräften kommt die Rolle zu, sie durch die Programme ihrer Parteien zu verteidigen; zunächst sollten sie die dauerhafte, gesetzlich garantierte Vollbeschäftigung bewahren und danach ihre Vorschläge zum Umfang des öffentlichen Sektors und zum Zugang zu sozialen Rechten unterbreiten. Die Wähler sollten dann für oder gegen die Vollbeschäftigungspolitik stimmen können. Meiner Meinung nach müsste sich die Jobgarantie nur einmal durchsetzen. Wie bei der allgemeinen Gesundheitsversorgung oder Bildung würden dann die positiven Auswirkungen so offensichtlich, dass die Rechten sie schwerlich wieder abschaffen könnten.

Gegenwärtig sind es die exportierenden Oligarchien, die weiterhin die politischen Vorschläge eines erbarmungslosen Kapitalismus im Sinne von Marx unterstützen. Ich glaube, dass viele in der Binnenwirtschaft tätige Unternehmer verstehen oder allmählich begreifen, dass eine Politik der Vollbeschäftigung und des sozialen Schutzes für die gesamte Wirtschaft und auch für sie selbst von Vorteil ist, da öffentliche Defizite den Konsum und das Wachstum anregen. Die Exportoligarchien, die die EU und den Euro konzipiert haben, sind gegen diese Argumentation jedoch immun. Ziel der Linken sollte sein, dieser Oligarchie die politische Kontrolle zu entreißen, die sie derzeit in Europa ausübt. Die Interessen der Exportoligarchie stehen im Gegensatz zu den Interessen der Mehrheit. Wenn D'Alema sagt, ein Land wie Italien könne nicht mit Ländern wie Brasilien oder Indien konkurrieren, verwechselt er die Interessen der Exportoligarchien mit den Interessen der arbeitenden Mehrheit. Regierungen müssen ihre Politik nicht mit von den Exportoligarchien erhobenen Geldern und Steuern finanzieren. Ein Land wie Italien wäre viel besser als Indien oder Brasilien in der Lage, seiner Bevölkerung Vollbeschäftigung und Zugang zu sozialen Rechten zu garantieren, wenn es die Währungssouveränität wiedererlangen würde. Darum sollte sich D'Alema kümmern, und nicht um die Interessen von Oligarchien, deren einziges Ziel darin besteht, mehr zu exportieren, d.h. deren einziges Ziel darin besteht, dass andere Länder in den Genuss nationaler Arbeit und nationaler Ressourcen kommen. Die industriellen Exportoligarchien des Nordens haben sich mit den touristischen Exportoligarchien des Südens verbündet (kurz gesagt, auch durch Tourismus kommen Verbraucher anderer Länder in den Genuss nationaler Ressourcen), um den demokratischen Regierungen die Möglichkeit zu nehmen, über die EU und den Euro eine Politik der Vollbeschäftigung und des sozialen Wohlstands zu betreiben. Es ist an der Zeit, dass sich die sozialistischen Kräfte ganz Europas zusammentun, um die Währungssouveränität ihrer Länder wiederzuerlangen, damit es wieder einen Kalecki-Moment wie im Jahr 1971 geben kann.

Euro delendus est.

5
SPANIEN

Auf Spanisch veröffentlichter Artikel in elcomun.es, 25. Februar 2020.[1]

RAUS AUS DEM EURO

Der Euro sollte abgeschafft werden und mit ihm die Europäische Union. Im Folgenden werde ich darlegen, was meiner Meinung nach der beste Weg für einen Austritt Spaniens aus dem Euro ist. Zudem bin ich der Ansicht, dass die dargelegten konkreten Maßnahmen von einem Wahlbündnis unter dem Namen „Raus aus dem Euro" verabschiedet werden sollten. Das Konzept des Euro lässt die notwendigen antizyklischen Maßnahmen für die Beendigung der Wirtschaftskrise nicht zu. Die wichtigste antizyklische Politik, die der Euro nicht gestattet, ist die Fähigkeit monetär souveräner Staaten, die für ein hohes Beschäftigungsniveau erforderlichen öffentlichen Defizite zu erzielen. Dies geschieht unter der falschen Annahme, dass öffentliche Defizite zwangsläufig inflationär sind, wenn sie zu einer Arbeitslosigkeit nahe der Vollbeschäftigung führen, und dass öffentliche Defizite ebenso wie private nicht immer nachhaltig sind und zu unfreiwilligem Staatsbankrott führen können. Beide Behauptungen sind falsch. Jobgarantien auf der Grundlage von Beschäftigungspuffern sind ein Mittel zur Gewährleistung von Vollbeschäftigung ohne Inflation. Außerdem können Staatsdefizite und Staatsschulden immer finanziert werden, wenn der Staat in seiner eigenen Währung ausgibt und sich verschuldet, da einem monetär souveränen Staat das eigene Geld nicht ausgehen kann.

[1] Link zum Artikel: https://elcomun.es/2020/02/25/salida-del-euro/.

Der Austritt aus dem Euro muss jedoch mit der richtigen Politik stattfinden, da eine falsche Politik die Situation noch verschlimmern könnte. Um zu verstehen, wie ein Land wie Spanien den Euro verlassen sollte, wendet man sich am besten an Warren Mosler, insbesondere an den Vortrag, den er am 15. September 2015 in Madrid bei der Vorstellung der spanischen Version seines Buches *The Seven Deadly Innocent Frauds of Economic Policy* (*Die sieben unschuldigen, aber tödlichen Betrügereien der Wirtschaftspolitik*) hielt. Beim Zeitstempel 1:04:44[2] dieses Vortrags präsentierte er die folgende Folie:

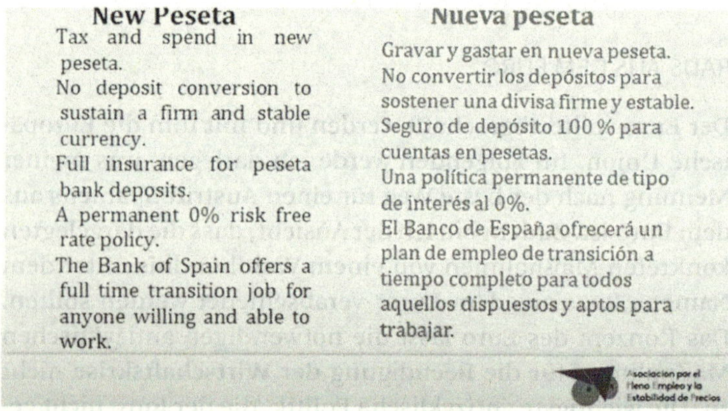

Neue Pesete
Steuern und Ausgaben in neuer Pesete.
Keine Umrechnung von Einlagen zur Erhaltung einer festen und stabilen Währung.
Volle Versicherung für Bankeinlagen in Peseten.
Eine permanente risikofreie Nullzinspolitik.
Die Bank von Spanien bietet allen, die zur Arbeit gewillt und fähig sind, einen Überbrückungsjob in Vollzeit an.

[2] Präsentation der spanischen Version von Warren Moslers Buch *The Seven Deadly Innocent Frauds of Economic Policy (Los siete fraudes inocentes capitales de la política económica)*. Die Buchpräsentation ist unter diesem Link zu finden: https://youtu.be/swQIVVg8Rt8.

Hier sind die fünf Maßnahmen für einen erfolgreichen Übergang vom Euro zur Währungssouveränität:

1. Der Staat sollte in der neuen nationalen Währung besteuern und Ausgaben tätigen. (Ich persönlich mag den Namen neue Pesete nicht. Auch der Name *Neopesete* gefällt mir nicht. Als Namen für die neue nationale Währung würde ich den spanischen Peso oder Duro[3] wählen.) Da Steuern dem Geld einen Wert geben, sollte der Staat nur in nationaler Währung Ausgaben tätigen und Steuern erheben. Dadurch wird die Nachfrage nach dieser Währung sichergestellt. Ein Verbot von Handelsgeschäften in Euro ist nicht notwendig. Beide Währungen können koexistieren, doch wenn es darum geht, Steuern zu zahlen und Zahlungen zu leisten, wird der Staat nur seine eigene Währung verwenden.
2. Keine Umwandlung von Euro-Einlagen in Einlagen in der neuen Währung. Eine Zwangsumwandlung würde dazu führen, dass Menschen, die keine Einlagen in der neuen Währung haben wollen, ihre Einlagen in aller Eile verkaufen, um ihre Euros zurückzubekommen, was den Wert und die Stabilität der neuen Währung schmälern würde. Es reicht aus, die neue Währung mit einem Wechselkurs von 1:1 gegenüber dem Euro einzuführen und dann eine Politik des freien Wechselkurses zu betreiben. Die Regierung wird sich dann bereit erklären, alle Euro-Einlagen in die neue Währung umzuwandeln, indem sie einen kleinen Aufschlag zugunsten der Sparer erhebt. Auf diese Weise würden die Preise für Einfuhren nicht wesentlich höher werden.
3. 100%ige Einlagensicherung für Bankkonten in der neuen Währung. Der Staat würde garantieren, dass die Sparer ihre Einlagen in der neuen Währung bei Zahlungsunfähigkeit der Finanzinstitute, bei denen sie diese Einlagen haben, zurückerhalten. Auf diese Weise würden die Folgen von Fehlentscheidungen der Banken von den Banken selbst und ihren Aktionären getragen, nicht von den Sparern, die ihre Ersparnisse bei ihnen haben.

[3] In diesem Kapitel schlage ich später auch den Namen *Laborable* vor.

4. Verabschiedung einer dauerhaften Nullzinspolitik. Der Staat braucht keine Steuern zu erheben oder Schuldverschreibungen zu begeben, um seine laufenden Ausgaben zu finanzieren, da er über die gesamte benötigte nationale Währung verfügt. Somit besteht kein Grund, seine Ausgaben durch die Emission von Schuldverschreibungen zu finanzieren. Neoklassische Versuche, die Inflation mit Hilfe von Zinssätzen einzudämmen, haben sich als sehr ineffizient und sehr unzuverlässig erwiesen und machen die Hochzinspolitik zu einem reinen Wohlfahrtsprogramm für die Oberschicht. Die richtige Inflationskontrolle besteht aus Steuerpolitik und einer Jobgarantie auf der Grundlage von Beschäftigungspuffern.
5. Einführung von Jobgarantien. Bei Wiedereinführung einer nationalen Währung könnten alle notwendigen Arbeitskräfte im öffentlichen Sektor dauerhaft beschäftigt werden; zudem würde sie die Verwirklichung von Jobgarantien auf der Grundlage von Beschäftigungspuffern ermöglichen. Somit wäre eine dauerhafte Vollbeschäftigung gesetzlich garantiert. Diese Pläne sind nicht nur mit der Währungs- und Preisstabilität vereinbar, sondern auch eine Gewährleistung für diese Stabilität.

Diese fünf Maßnahmen würden den Übergang Spaniens vom Euro zur Währungssouveränität und Vollbeschäftigung ohne Inflation so reibungslos wie möglich gestalten. Natürlich bedeutet dies nicht, dass der Übergang ohne Schwierigkeiten vonstatten ginge, denn die Europäische Union würde alles tun, um ein Spanien zu bestrafen, das sich für die Wiedererlangung seiner Souveränität und den Austritt aus dem Euro entscheidet (wie der Brexit zeigt), doch würde dies die derzeitige desolate Wirtschaftslage keineswegs verschlimmern, und der wirtschaftliche Aufschwung würde sich schon bald in einem starken Anstieg des allgemeinen Wohlstands der Bevölkerung bemerkbar machen.

Im Falle Spaniens würde die Wiedereinführung flexibler Wechselkurse erhöhte Zölle im Handel mit Europa ausgleichen. Eine weitere Priorität der spanischen Regierung sollte die Stärkung der Handelsbeziehungen mit Ländern außerhalb der EU sein. Tatsächlich wird in der EU nichts produziert, das außerhalb der EU nicht billiger und in besserer Qualität hergestellt wird. Deutschland und die übrigen Nettoexporteure der EU nutzen jedoch die EU, um den Wettbewerb mit anderen Volkswirtschaften zu vermeiden, indem sie Zölle erheben. Spanien sollte sich beim Abschluss von Handelsabkommen diesen anderen Volkswirtschaften und insbesondere den lateinamerikanischen Ländern annähern. Ebenso wäre es meines Erachtens möglich und wünschenswert, den derzeitigen Begriff BRICS (ein Akronym für Brasilien, Russland, Indien, China und Südafrika) um ein zweites S für *Spanien* zu ergänzen, so dass der Begriff BRICSS entsteht.

Laut der Eurobarometer-Umfrage 2019 stehen 31 % der spanischen Bevölkerung der EU-Mitgliedschaft nicht positiv gegenüber. Der EU-Durchschnitt hierzu liegt bei 39 %. Im Jahr 2013 lag dieser Wert der Unzufriedenheit mit der EU-Mitgliedschaft jedoch bei 53 % (3 % höher als der damalige EU-Durchschnitt) (Eurobarometer 2019). Das ist ein Anzeichen dafür, dass eine Wahlplattform mit dem Namen „Raus aus dem Euro" breite gesellschaftliche Unterstützung finden würde. Die Plattform sollte sich aus all jenen Parteien, Bürgervereinigungen, Gewerkschaften und Einzelpersonen zusammensetzen, die die Wiedererlangung der Währungssouveränität durch die fünf oben genannten Maßnahmen unterstützen. Ausgehend von der Vielfalt der ideologischen Positionen sollte „Raus aus dem Euro" zur Erklärung und Erweiterung des Vorschlags pädagogische Arbeit in der Gesellschaft leisten. So würden die fünf Schritte für den Ausstieg aus dem Euro einer gesellschaftlichen Debatte unterzogen. Ich bin davon überzeugt, dass bei richtiger Durchführung dieser pädagogischen Arbeit, d.h. durch Einbeziehung und Koordinierung der Zivilgesellschaft, eine gesellschaftliche Mehrheit entstehen kann, die Spanien zu einem Referendum ähnlich dem in Großbritannien führt, in dem mehrheitlich für den Austritt aus dem Euro und der EU gestimmt würde. Sobald dieses Ziel erreicht ist, sollten die Mitglieder der Wahlplattform überlegen, ob sie in einem souveränen Spanien jeweils ihren eigenen Weg gehen wollen, oder ob man stattdessen eine oder mehrere neue Wahlplattformen schaffen will, um die mit „Raus aus dem Euro" begonnene Zusammenarbeit fortzusetzen.

Meiner Meinung nach würde diese Perspektive vor allem die Schaffung eines neuen politischen Projekts der Linken begünstigen, das die Sektoren zusammenbrächte, die aktuell in den traditionellen linken Parteien aufgrund ihrer Ablehnung des Euro, der EU und der neoklassischen Wirtschaftspolitik der derzeitigen Regierung von PSOE und *Unidas Podemos* ausgegrenzt werden.

Euro delendus est.

***

Der Vorschlag eines Fiat-Sozialismus für Spanien muss notwendigerweise auf der Wiederherstellung der Währungssouveränität beruhen. Ein Verständnis der Modern Monetary Theory ist ohne sie unmöglich. Im weiteren Verlauf dieses Kapitels lege ich meinen persönlichen Vorschlag für Spanien vor. Er soll keinesfalls als der einzig mögliche Vorschlag für Spanien auf Grundlage des Fiat-Sozialismus gelten. Andere Vorschläge sind möglich und begrüßenswert. Nur der Austritt aus dem Euro ist nicht verhandelbar. Daher hielt ich es für angebracht, dieses Kapitel mit dem oben genannten Artikel zu eröffnen.

FUNCTIONAL FINANCE

Die Wirtschaft während der Präsidentschaft von Bill Clinton wird oft als „Goldlöckchen-Wirtschaft“ (Wray 2022, 75ff.) bezeichnet, weil in jener Zeit das öffentliche Defizit der USA beseitigt wurde. Die Folge war, dass Überschüsse in den öffentlichen Haushalten wie zuvor zu einer wirtschaftlichen Rezession führten. Auch Spanien erlebte während der Präsidentschaft von José Luis Rodríguez Zapatero eine Phase der Goldlöckchen-Wirtschaft. Es folgte die schlimmste wirtschaftliche Rezession in Spanien seit dem Ende des Spanischen Bürgerkriegs.

Diese Periode öffentlicher Überschüsse, gefolgt von einer wirtschaftlichen Rezession, spiegelt sich in der obigen Grafik wider. Als Erstes lässt sich feststellen, dass Spanien bis 2011 ein Nettoimportland war, d. h. es importierte mehr als es exportierte. Daher haben die Nettoexporte bis zu diesem Jahr die Gesamtersparnis des privaten Sektors nicht erhöht (erinnern Sie sich an den Vorzeichenwechsel der Exporte, den wir

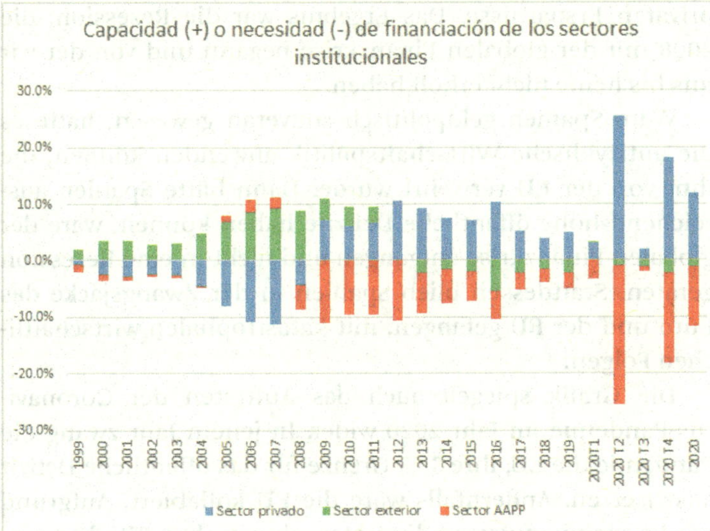

Finanzierungskapazität (+) oder -bedarf (-) der institutionellen Sektoren
Privater Sektor (blau), Auslandssektor (grün) und öffentlicher Sektor (rot)
http://www.redmmt.es/ficha-tecnica-balances-sectoriales/

im Kapitel zur Modern Monetary Therory besprochen haben). Folglich stammten die Nettoersparnisse für den privaten Sektor bis zu diesem Jahr nur aus dem öffentlichen Defizit. Ab 2011 gelang es Spanien, ein Nettoexporteur zu werden, wie von der Europäischen Kommission empfohlen. Damit wurde Spanien, verglichen mit dem Rest der Welt, effektiv ärmer. Der Außenhandel wurde jedoch zu einer Quelle von Nettoeinsparungen für den privaten Sektor, wie es das neoliberale Modell der EU vorschreibt.

Wichtiger als der Umschwung bei den Exporten waren die Ereignisse im Jahr 2005. Die Jahre 2005, 2006 und 2007 bilden die „Goldlöckchen-Periode" der Präsidentschaft von Rodríguez Zapatero. In diesen Jahren verzeichneten die öffentlichen Verwaltungen, ebenso wie der Auslandssektor, Überschüsse. Wie die Grafik zeigt, bedeutete das, was der wirtschaftliche Mainstream und ein Großteil der öffentlichen Meinung als Errungenschaft von Präsident Rodríguez Zapatero feierten, in Wirklichkeit einen drastischen Rückgang der privaten Ersparnisse. Das Ergebnis war die Rezession, die 2008 mit der globalen Finanzkrise begann und von der wir uns bis heute nicht erholt haben.

Wäre Spanien geldpolitisch souverän gewesen, hätte es die antizyklische Wirtschaftspolitik anwenden können, die ihm von der EU verwehrt wurde. Dann hätte Spanien ausreichend hohe öffentliche Defizite haben können, wäre der globalen Finanzkrise entgangen und nicht in eine Rezession geraten. Stattdessen blieb Spanien in der Zwangsjacke des Euro und der EU gefangen, mit katastrophalen wirtschaftlichen Folgen.

Die Grafik spiegelt auch das Auftreten der Coronavirus-Pandemie im Jahr 2020 wider. In jenem Jahr zwang die Pandemie die EU, ihre 3 %-Grenze für das öffentliche Defizit auszusetzen. Andernfalls wäre die EU kollabiert. Aufgrund der Pandemie mussten die Unternehmen ihre Tätigkeit einstellen, und die Arbeitslosigkeit geriet außer Kontrolle. Was war die einzige Lösung? Öffentliche Defizite waren die einzige Lösung. Dank ihnen konnten Maßnahmen zur Unterstützung der Unternehmen und der Arbeitslosen greifen. Erst nach Einsatz der Impfstoffe fand die Wirtschaft wieder zu ihrem normalen Rhythmus zurück. Dies zeigt, wie absurd die von der EU auferlegten Defizitgrenzen sind. Wenn die Lösung für die Arbeitslosigkeit in Zeiten der Pandemie darin besteht, die Staatsausgaben so weit zu erhöhen, dass ein akzeptables Niveau an Beschäftigung und sozialer Sicherheit gewährleistet ist, dann sollten die notwendigen öffentlichen Ausgaben auch in Zeiten der Normalität der Abschaffung von Arbeitslosigkeit und Prekarität dienen. Die Pandemie hat einmal mehr gezeigt, dass das Defizit die richtige Höhe hat, wenn Vollbeschäftigung gewährleistet ist, ohne dass Inflationsdruck entsteht.

***

DER MODERN MONEY-KONSENS[4]

Ein weiterer trauriger Todesfall, der Tod des britischen Wirtschaftswissenschaftlers John Williamson im Alter von 83 Jahren, hat mich veranlasst, diesen Artikel zu schreiben. Wie Max Planck zu sagen pflegte, manchmal scheint es, als schreite die Wissenschaft mit einer Beerdigung nach der anderen voran.

Williamson wurde berühmt, als er 1989 den Begriff des Washington-Konsens (John Williamson 2002) prägte, ein Kompendium von 10 Punkten, in dem er die gemeinsame Position darlegte, die von der US-Regierung, dem Internationalen Währungsfonds und der Weltbank in der Wirtschaftspolitik vertreten wurde. Im Laufe der Zeit wurden diese 10 Punkte zu Grundpfeilern des Neoliberalismus und der Mainstream-Ökonomie.

Im Folgenden stelle ich die zehn Punkte des Washington-Konsenses dem gegenüber, was ich den Modern Money-Konsens nenne. Ich halte diese Alternativen für das fortschrittlichste Gegenargument, das die Wirtschaftswissenschaften dem Washington-Konsens entgegensetzen können.

	Washington-Konsens	Modern-Money-Konsens
1	Jedes Haushaltsdefizit ist kontraproduktiv	Das korrekte Haushaltsdefizit ist dasjenige, das Vollbeschäftigung der Ressourcen und Preisstabilität ermöglicht
2	Reduzierung der öffentlichen Ausgaben und der Steuerlast	Bei Arbeitslosigkeit oder ungenutzten Ressourcen sollten die öffentlichen Ausgaben nicht reduziert werden. Eine Erhöhung der Steuerlast ist gerechtfertigt, wenn Inflationsdruck besteht

[4] Dieser Artikel wurde am 16. Mai 2021 auf elcomun.es veröffentlicht. Link zum Artikel auf Spanisch: https://elcomun.es/2021/05/16/consenso-de-la-moneda-moderna/. Er wurde am 29. Mai 2021 auch in englischer Sprache von The Gower Initiative for Modern Money Studies veröffentlicht. Link zum Artikel auf Englisch: https://gimms.org.uk/2021/05/29/modern-money-consensus/.

3	Verbreiterung der Steuerbemessungsgrundlagen und Mäßigung der Grenzsteuersätze	Senkung der Steuern auf produktive Tätigkeiten und auf Arbeitseinkommen. Die Steuerlast sollte hauptsächlich auf spekulative Aktivitäten fallen
4	Ersetzung öffentlicher Defizite durch positive Zinspolitik	Dauerhafte Nullzinsen
5	Wechselkurspolitik zur Kontrolle der Inflation und zur Steigerung der Exporte	Schwankende Wechselkurse
6	Öffnung der heimischen Märkte für Einfuhren	Die Staaten sollen eine Politik der Importsubstitution verfolgen können, wenn sie dies für notwendig erachten
7	Intervention ausländischen Kapitals in strategischen Wirtschaftssektoren durch ausländische Direktinvestitionen	Die Aufrechterhaltung strategischer Wirtschaftssektoren sollte nicht von Investitionen ausländischer Unternehmen abhängen
8	Privatisierung öffentlicher Unternehmen	Der Umfang des öffentlichen Sektors sollte von der Regierung zur Erreichung ihrer sozialen Ziele festgelegt werden
9	Deregulierung der Märkte	Starke staatliche Regulierung des Arbeitsmarktes, der wesentlichen Dienstleistungen, des Finanzsektors und des Bankwesens
10	Schutz der Eigentumsrechte	Die Regierungen sollen die öffentliche Kontrolle über alle nationalen Ressourcen wiedererlangen können

Ein grundlegender Punkt, zu dem in der Modern Monetary Theory Einigkeit herrscht, ist, dass sich Staaten nur in ihrer eigenen Währung verschulden sollten. Auf diese Weise ist die Staatsverschuldung immer nachhaltig, und die Staaten vermeiden unfreiwillige Insolvenz. Wie der australische Wirtschaftswissenschaftler Steve Keen (siehe Larrouy 2021) in diesem Zusammenhang feststellt, werden Wohlstand und Nachhaltigkeit der Staaten im Gegensatz zum Washington-Konsens nicht von öffentlichen, sondern von privaten Schulden bedroht. Das Rückgrat des modernen Geldkonsenses ist also die Tatsache, dass Länder, die geldpolitisch souverän sind, sich ihre Arbeitslosenquote aussuchen können, da sie dank ihrer geldpolitischen Souveränität immer genug ausgeben können, um die gesamte arbeitslose Erwerbsbevölkerung durch eine Jobgarantie auf der Grundlage eines Beschäftigungspuffers einzustellen. Mit diesem System lässt sich Vollbeschäftigung ohne Inflation erreichen. Nach der Modern Monetary Theory ist das optimale Staatsdefizit also jenes, das Vollbeschäftigung ohne Inflation ermöglicht.

Damit wird die Rolle der Steuern und der Staatsverschuldung von der Modern Monetary Theory neu definiert. Die Modern Monetary Theory argumentiert, dass Steuern nicht die öffentlichen Ausgaben finanzieren, sondern eine dreifache Funktion haben: Sie geben dem Geld einen Wert, dämpfen den Inflationsdruck und kurbeln die Wirtschaftstätigkeit an.

Der Washington-Konsens verbindet einerseits Staatsausgaben mit der Erhebung von Steuern und der Emission von Schulden und andererseits die Verringerung der öffentlichen Defizite mit niedrigeren Staatsausgaben, nicht mit höheren Steuern. Dies führte zur Abkehr von einer Praxis, die bis zur Umsetzung des Washington-Konsenses üblich war, und zwar dem Overt Monetary Financing. Bei dieser Finanzierung gaben die Regierungen Geld aus, ohne Schuldverschreibungen zu emittieren, sondern durch Überweisungen von der Zentralbank an das Finanzministerium und auf die Bankkonten der Bürger. Der Washington-Konsens setzte dem ein Ende, und seither tätigen die Regierungen ihre Ausgaben durch den Kauf von Schuldverschreibungen bei privaten Banken gegen Zinsen, da dies die Regierungen angeblich zu verantwortungsvollen Ausgaben veranlasst. Der Vorschlag der Modern

Monetary Theory ist die Wiederherstellung des Overt Monetary Financing.

Der fiskalpolitische Vorschlag der Modern Monetary Theory strebt keine Verringerung der öffentlichen Defizite, sondern die Begrenzung des Inflationsdrucks an. Das bedeutet, dass die Steuererhebung durch eine einheitliche Vermögenssteuer auf Grundstücke und Immobilien erfolgen könnte, wie von Warren Mosler in seinem Buch *Moderne Geldtheorie: Essays zu Modern Monetary Theory* (Mosler 2023) vorgeschlagen. Steuern würden auf diese Weise die drei oben genannten Aufgaben erfüllen: Sie würden die produktiven Prozesse nicht beeinträchtigen, indirekte Steuern würden weitgehend beseitigt und die Immobilienspekulation würde verhindert.

Der Konsens innerhalb der Modern Monetary Theory besteht also darin, dass die öffentliche Politik den Schwerpunkt auf die Fiskalpolitik legen sollte, weil diese viel effektiver ist als die vom Washington-Konsens befürwortete Geldpolitik. Die Modern Monetary Theory stellt die Wirtschaftspolitik vor ein Trilemma, denn, so Randall Wray in seinem Werk *Modern Money Theory*, „Ein Land kann nur zwei der folgenden drei Strategien gleichzeitig anwenden: eine Wechselkursbindung beibehalten, eine Zinsbindung beibehalten oder Kapitalmobilität zulassen" (Wray 2022, 14). Der Konsens in den Reihen der Modern Monetary Theory ist, dass sich Regierungen nicht für feste Wechselkurse entscheiden, sondern diese schwanken lassen sollten, und gleichzeitig einen festen Zinssatz von 0 % beibehalten und Kapitalkontrollen einführen sollten, wenn Devisenspekulation und Kapitalflucht zu destabilisierenden Faktoren werden.

Im Gegensatz zum Washington-Konsens werden die Zinssätze von der Zentralbank festgelegt. Wie bereits erwähnt, sollten die Zinssätze dauerhaft auf 0 % festgesetzt werden, da die Staaten zur Finanzierung der öffentlichen Ausgaben keine Schulden machen müssen. Der Versuch, die Inflation durch hohe Zinssätze einzudämmen, hat sich als ineffiziente und kontraproduktive Methode erwiesen, von der nur die Klasse der Rentiers profitieren.

Der Washington-Konsens befürwortet auch exportorientierte Wachstumsstrategien. Dabei verwechselt er das nationale Interesse mit den Interessen der Exporteliten.

Tatsächlich stellen Exporte für Volkswirtschaften einen Ressourcenabfluss und Importe einen Ressourcengewinn dar. Daher sind Exporte nur wünschenswert, weil sie einen Anstieg der Importe ermöglichen, doch sie sollten nicht zur Wachstumsstrategie der Länder werden. Ziel der Regierungen sollte sein, dass die heimische Produktion so weit wie möglich im Inland verbraucht wird, und nicht, dass das Ausland in den Genuss der heimischen Produktion kommt. Das bedeutet auch, dass eine Importsubstitutionspolitik, wie sie der mexikanische Wirtschaftswissenschaftler Arturo Huerta[5] befürwortet, ein völlig legitimes Instrument ist, um die Abhängigkeit von ausländischen Investitionen zu vermeiden und die nationale Souveränität zu stärken.

Dies ist mit der Existenz großer öffentlicher Sektoren vereinbar, bestehend aus Organisationen, die ihre Effizienz und ordnungsgemäßes Funktionieren durch externe Effizienz- und Qualitätskontrollen gewährleisten können, wenn dies gewünscht wird. Es gibt weder eine Rechtfertigung für die Privatisierung öffentlicher Unternehmen als Selbstzweck noch dafür, dass die Deregulierung der Märkte mit verbesserter Sozialfürsorge einhergeht. Im Gegenteil, der Konsens der Modern Monetary Theory besagt, dass der Arbeitsmarkt durch öffentliche Jobgarantien auf der Grundlage von Beschäftigungspuffern reguliert werden sollte, dass die Garantie wesentlicher Dienstleistungen Verantwortung der Regierungen ist, und dass die Finanzsektoren sehr klein sein und einer strengen Regulierung unterliegen sollten, um spekulative Praktiken zu verhindern.

Der letzte Punkt des Washington-Konsenses, wonach der öffentliche Sektor, anders als der private, nicht geschützt werden sollte, ist daher ebenfalls ungerechtfertigt. Dem Washington-Konsens zufolge sollten öffentliche Einrichtungen unantastbar werden, sobald sie privatisiert sind. Nichts rechtfertigt diese Position, und nach dem Modern Money-Konsens ist es durchaus vernünftig, sich für die Renationalisierung von Unternehmen zu entscheiden, wenn dies zur besseren Verteidigung der nationalen Interessen erforderlich ist.

[5] Siehe *Conversación con Arturo Huerta* unter: https://www.youtube.com/watch?v=AKBew573JVE.

Nach über 30jähriger Vorherrschaft des Washingtoner Konsenses hat die Welt miterlebt, wie seine Vorschriften den Lebens- und Arbeitsstandard der Arbeitnehmer auf der ganzen Welt immer stärker untergraben haben. Diese Verarmung der Mehrheit ging mit großen Wirtschaftskrisen und einer beispiellosen Bereicherung der Finanzeliten einher. Trotzdem ist die radikalste Auslegung des Washington-Konsenses in den EU-Verträgen lebendiger denn je. Sie enthalten Politiken, die nur die amerikanische extreme Rechte vertritt und die sie in ihrem eigenen Land noch nicht durchsetzen konnte. Deshalb gehören reaktionäre, vom Washington-Konsens beherrschte Organismen wie die Europäische Union abgeschafft.

Euro delendus est.

***

Bevor ich auf die fünf Ziele des Sozialismus in Spanien eingehe, möchte ich meinen Vorschlag in den Rahmen dessen stellen, was ich den Modern Money-Konsens genannt habe, der in Form des weiter oben zu lesenden Artikels vorgelegt wurde.

Wie in dem Artikel erläutert, stellt der Modern Money-Konsens einen alternativen Rahmen zum so genannten Washington-Konsens dar. Der Washington-Konsens wurde in den USA entwickelt, um den Neoliberalismus in Lateinamerika durchzusetzen, doch am stärksten kamen seine zehn Punkte in der Europäischen Union zum Tragen. Nicht in seinen kühnsten Träumen hätte das US-Außenministerium erwartet, dass der Neoliberalismus in Europa, dem einstigen Kontinent der sozialen Rechte und der Wohlfahrtsstaaten, die größte Verbreitung finden würde; doch das tat er, dank der Europäischen Union und des Euro.

Daher kann man auch in Spanien vom Washington-Konsens sprechen, und daher wäre es auch in Spanien angebracht, diesen wirtschaftlichen Rahmen durch den Rahmen des Modern Money-Konsens zu ersetzen.

Konkret spiegelt sich der in Spanien vorherrschende neoliberale Rahmen in zwei grundlegenden Dokumenten unserer Demokratie wider, die reformiert werden müssen: Artikel 31.1 der Verfassung und Artikel 2.1 des Allgemeinen Steuergesetzes.

Artikel 31.1 der Verfassung lautet:

> „Alle tragen gemäß ihren wirtschaftlichen Möglichkeiten mittels eines gerechten und auf den Prinzipien der Gleichheit und der Progression beruhenden Steuersystems, das in keinem Fall zu Beschlagnahmungen führen darf, zur Bestreitung der öffentlichen Lasten bei." (Spanische Verfassung)

Artikel 2.1 des Allgemeinen Steuergesetzes besagt:

> „Steuern sind öffentliche Einnahmen, die aus finanziellen Leistungen bestehen, die von einer öffentlichen Verwaltung als Folge des Eintritts des Ereignisses verlangt werden, an das das Gesetz die Beitragspflicht knüpft, wobei der Hauptzweck darin besteht, die zur Bestreitung der öffentlichen Ausgaben erforderlichen Einnahmen zu erzielen." (Ley General Tributaria)

Wie man sieht, spiegeln diese beiden Dokumente deutlich die große Lüge des Neoliberalismus wider, der behauptet, dass der Staat Steuern erheben muss, um Ausgaben tätigen zu können. Daher wäre eine Reform im Sinne des Modern-Money-Konsenses erforderlich.

VOLLBESCHÄFTIGUNG

Marx zufolge lässt sich der Kapitalismus ohne das Vorhandensein einer industriellen Reservearmee von Arbeitslosen nicht verstehen. Im engeren Sinne könnte man daher sagen, dass man nur eine Politik der garantierten und dauerhaften Vollbeschäftigung einführen müsste, um den Kapitalismus zu zerstören. Im weiteren Sinne sind Vollbeschäftigung und die „gleiche Verpflichtung aller zur Arbeit" (Marx/Engels 1848) zwar notwendige, jedoch nicht hinreichende Bedingungen zur sozialistischen Umgestaltung der Wirtschaft. Im Folgenden gebe ich einen Artikel wieder, in dem ich, denke ich, die wichtigsten Merkmale einer dauerhaften und garantierten Vollbeschäftigung in Spanien erläutere.

***

JOBGARANTIE[6]

Die Jobgarantie sieht folgendermaßen aus: Alle, die fähig und willens sind zu arbeiten, aber keinen Arbeitsplatz in der Privatwirtschaft oder im ständigen öffentlichen Dienst finden, erhalten einen Übergangsjob im öffentlichen Dienst gegen ein Gehalt und Leistungen, die es ihnen ermöglichen, alle ihre Bedürfnisse zu decken, bis sie einen besseren Arbeitsplatz finden.

Die Linke steht einer Frage von größter Bedeutung gegenüber: Ist garantierte Arbeit nach der obigen Definition zutreffend oder ist sie eine Entelechie, die entweder unerreichbar ist oder, wenn sie erreichbar ist, mehr Probleme als Vorteile mit sich bringen würde?

Ich werde nun erläutern, warum ich davon überzeugt bin, dass die Schaffung einer Jobgarantie viel einfacher ist, als manche Leute denken, und warum ihre Einführung die Lebensbedingungen der Arbeiterklasse enorm verbessern würde.

Meiner Meinung nach gibt es drei konzeptionelle Grundlagen der Jobgarantie:

Als erstes muss man verstehen, dass Arbeitslosigkeit ein monetäres Phänomen ist. Das bedeutet, dass es Menschen gibt, die bereit sind, ihre Arbeitskraft gegen einen Lohn zu verkaufen, aber niemanden finden, der sie einstellen will. Daher könnte ein souveräner Währungsemittent, der keinen Ausgabenbeschränkungen unterliegt, alle von Arbeitslosen angebotenen Arbeitskräfte kaufen.

Die zweite Frage, die sich stellt, ist, ob es einen solchen souveränen Währungsemittenten gibt. Die Antwort lautet: Ja, die Staaten, die ihre eigene Währung ausgeben. Staaten, die, anders als Spanien, ihre eigene Währung ausgeben, können alles kaufen, was in ihrer Währung zum Verkauf steht, einschließlich der arbeitslosen Arbeitskräfte. Daher könnten souveräne Staaten den Arbeitslosen einen Lohn im Austausch für ihre Arbeitskraft anbieten.

Würden diese souveränen Staaten darüber hinaus dauerhaft und per Gesetz im Austausch für die ungenutzte Ar-

[6] Artikel veröffentlicht in elcomun.es am 3. Mai 2020. Link zum Artikel: https://elcomun.es/2020/05/03/trabajo-garantizado/.

beitskraft einen Lohn anbieten, wäre die Arbeitslosigkeit in diesem Staat immer gleich Null.

Der dritte Punkt, auf dem die Jobgarantie beruht, ist also die Umwandlung der Vollbeschäftigung in eine endogene Variable des Konjunkturzyklus. Dies bedeutet, dass die Arbeitslosigkeit, unabhängig von den Einstellungsentscheidungen des privaten Sektors und den Kaufentscheidungen der Verbraucher, immer gleich Null wäre.

Nach Darlegung dieser drei allen Staaten gemeinsamen Ideen wollen wir uns nun der Frage zuwenden, wie die Jobgarantie in der Praxis aussehen würde. Zu diesem Zweck werde ich Spanien als Gegenstand der Analyse nehmen.

Um die Jobgarantie umzusetzen, müsste Spanien als erstes seine Währungssouveränität zurückgewinnen. Spanien hat beschlossen, die geldpolitische Souveränität der Bank von Spanien an die Europäische Zentralbank (EZB) abzugeben. Das war ein großer Fehler, denn Spanien ist ein Nutzer, aber kein Emittent des Euro. Das bedeutet, dass der spanische Staat nicht souverän über die Höhe seiner Ausgaben entscheiden kann, sondern sich an die von der Europäischen Union aufgestellten Regeln halten muss. Diese Regeln, die hauptsächlich im Stabilitäts- und Wachstumspakt und im Vertrag von Maastricht enthalten sind, schränken die Ausgabenkapazität Spaniens ein, indem sie das öffentliche Defizit und die Kreditaufnahme beschränken. Solange Spanien bei der Durchführung seiner Ausgabenpolitik von der EZB abhängig ist, kann es sich nicht dauerhaft und per Gesetz für die Jobgarantie entscheiden, da die Regeln der Europäischen Union dies nicht zulassen.

Sobald Spanien die geldpolitische Souveränität wiedererlangt hat, sollte es demokratisch über den Umfang seines ständigen öffentlichen Sektors entscheiden. Die Mitgliedschaft im Euro und in der Europäischen Union hat die öffentlichen Dienste durch umfangreiche Haushaltskürzungen stark verarmt. Ein souveränes Spanien könnte diese Kürzungen rückgängig machen. Außerdem könnte es die notwendigen Investitionen für die Reindustrialisierung des Landes tätigen, denn das spanische Produktionsmodell, das auf dem Hotel- und Gaststättengewerbe, dem Tourismus und der Immobilienspekulation beruht, hat sich als sehr prekär erwiesen, wie die derzeitige Coronavirus-Krise gezeigt hat.

Der dritte Schritt umfasst Pläne zur Jobgarantie auf kommunaler Ebene (oder ggf. auf Kreisebene). Alle Gemeinden sollten ihre Pläne zur Jobgarantie dem Arbeitsministerium vorlegen. In diesen Plänen sollten die Gemeinden festlegen, in welchen Bereichen der ständige öffentliche Sektor zeitweise Verstärkung benötigt. Meiner Meinung nach lässt sich dies am besten durch umfassende Pläne erreichen. Dauerhaft benötigte öffentliche Arbeiten sollten mit Dauerstellen besetzt werden. Es gibt aber auch Aufgaben, die nur von Zeit zu Zeit anfallen. Diese eignen sich am besten für die Jobgarantiepläne. So sollten beispielsweise ständige Reinigungsdienste für saubere Straßen sorgen, beschädigte Wände und Fassaden jedoch müssen alle paar Jahre gereinigt werden. Diese Arbeiten müssen nicht ständig durchgeführt werden, sondern könnten alle paar Jahre auf Ad-hoc-Basis im Rahmen eines umfassenden Reinigungsplans stattfinden. Ein solcher umfassender Plan könnte ein Jobgarantieplan sein.

Auf dieselbe Weise könnte man destruktive soziale Dynamiken wie Mobbing oder Schulversagen bekämpfen. Eine sehr kluge Maßnahme wäre es, spanische Schulen und Gymnasien nicht mehr drei Monate im Jahr zu schließen, sondern an allen Werktagen zu öffnen. Auf diese Weise könnten Förderkurse zur Bekämpfung von Schulversagen angeboten werden. Auch Kurse zur Konfliktlösung oder zu gesunder Lebensweise könnten angeboten werden. So könnte man destruktiven Phänomenen wie Mobbing oder Schulversagen entgegenwirken. Diese haben bekanntermaßen eine generationsbedingte Komponente und würden sich erst mehrere Jahre nach der Behandlung durch umfassende Programme auf der Grundlage von Jobgarantieplänen wieder bemerkbar machen.

Die Pläne zur Jobgarantie (die so genau wie möglich auf die Fähigkeiten der einzustellenden Arbeitnehmer zugeschnitten sein sollten) sollten direkt vom Arbeitsministerium und nicht von den Gemeinden selbst finanziert werden. So könnte keine Korruption entstehen. Ebenso sollten die Pläne zur Jobgarantie Kontrollen unterliegen, um sicherzustellen, dass die geleistete Arbeit allen im privaten Sektor und im ständigen öffentlichen Sektor geforderten Qualitätsstandards entspricht. Dies bedeutet, dass ein Arbeitnehmer, der seine Arbeit nicht erfüllt, entlassen werden könnte und als ungeeignet für seinen Arbeitsplatz gilt. Darüber hinaus könnte das Arbeitsministerium externe Qualitätskontrollen einführen, um die Einhaltung der geforderten Arbeitsstandards zu bestätigen.

Die oben beschriebenen Pläne werden als Jobgarantien auf der Grundlage von Beschäftigungspufferbeständen bezeichnet und wurden von dem australischen Wirtschaftswissenschaftler Bill Mitchell entwickelt. Diese Jobgarantiepläne fußen auf zwei Grundgedanken. Einerseits soll die in ihnen geleistete Arbeit auf dem Markt nicht mit der vom Privatsektor produzierten Arbeit konkurrieren. Andererseits sollten die Instrumente zur Durchführung dieser Pläne so rudimentär wie möglich sein. So wird ein Inflationsdruck vermieden, da es keinen Wettbewerb mit dem Privatsektor gibt, weder bei den Arbeitskräften (es handelt sich ja um Arbeitnehmer, die vom Privatsektor entlassen werden) noch bei den verwendeten Materialien.

Die einzige Auswirkung auf das private Produktionsgefüge besteht darin, dass Unternehmen, die ihren Arbeitnehmern keine angemessenen Lebensbedingungen garantieren können, verschwinden würden, da Lohn und Leistungen der Jobgarantie zum Standard für den Mindestlohn und die Arbeitsbedingungen würden. Bietet ein Unternehmen keine besseren Bedingungen als die Jobgarantie, würden die Arbeitnehmer dort nicht arbeiten wollen und sich für die Jobgarantie entscheiden. Wenn die Lohnforderungen der Arbeitnehmer des privaten Sektors zu hoch wären, könnten sich die Unternehmen an die Arbeitnehmer der Jobgarantie wenden, um diese Forderungen zu umgehen. So wird bei Erreichung von Vollbeschäftigung durch diese Pläne auch Preisstabilität erreicht, da das Lohnniveau immer nahe dem Lohnniveau der Jobgarantie liegen würde. Da der Faktor Arbeit bei der Schaffung von Waren und Dienstleistungen immer präsent ist, reicht es aus, wenn der Staat den Preis der Arbeit kontrolliert, um das Preisniveau der übrigen Wirtschaft zu steuern.

Es ist entmutigend zu sehen, wie die regierende Linke in Spanien, insbesondere die Kommunistische Partei, den Jobgarantien auf der Grundlage von Beschäftigungspuffern den Rücken zukehrt. Aufgrund der COVID-19-Pandemie schätzt die spanische Zentralbank, dass das BIP im Jahr 2021 um 13,6 % schrumpfen und die Arbeitslosigkeit 21,7 % erreichen könnte. *Unidas Podemos* wird sich entscheiden müssen. Entweder sie belügt die Öffentlichkeit und sagt ihr, dass Massenarbeitslosigkeit und das damit verbundene enorme Leid unvermeidlich sind, oder sie entscheidet sich dafür, eine Vollbeschäftigungspolitik wie die Jobgarantie vorzuschlagen, auch wenn dies bedeutet, dass sie sich für einen Ausstieg aus der Eurozone einsetzt.

Unidas Podemos wird sich für die Lüge entscheiden.

Es lebe der 1. Mai und es lebe die Arbeiterschaft.

Euro delendus est.

***

GEGEN DAS BEDINGUNGSLOSE GRUNDEINKOMMEN (BGE)

Die Verabschiedung von Plänen zur Jobgarantie zur gesetzlichen Gewährleistung einer dauerhaften Vollbeschäftigung ist eine Absage an das sogenannte bedingungslose Grundeinkommen (BGE). Meiner Meinung nach sprechen viele Gründe gegen die Einführung eines Grundeinkommens, d. h. eines Einkommens, das jede Person als Gegenleistung dafür erhalten könnte, dass sie keine regelmäßige produktive Tätigkeit ausübt. Der erste Grund ist ethischer Natur. Keine linke Regierung kann rechtfertigen, dass man einem arbeitsfähigen und arbeitswilligen Arbeitnehmer, der um einen Arbeitsplatz bittet, eine Geldsumme anbietet, die es ihm ermöglicht, ohne Arbeit zu leben. Dies ist nicht akzeptabel. Alle, die fähig und willig sind, zu arbeiten, sollten dies unter menschenwürdigen Bedingungen tun. Wenn sie keine Beschäftigung in der Privatwirtschaft oder im öffentlichen Dienst finden, ist es Aufgabe des Staates, ihnen eine Übergangslösung anzubieten, die ihnen ein würdiges und produktives Leben ermöglicht. Aber über diese ethische Frage hinaus herrscht eine Rhetorik zugunsten des bedingungslosen Grundeinkommens, die in all ihren Aspekten in das vorherrschende neoliberale Paradigma einfließt.

Der vielleicht am weitesten verbreitete Diskurs behauptet, bald würden Maschinen die meisten von Menschen ausgeführten Arbeiten übernehmen. Daher, so die Befürworter des bedingungslosen Grundeinkommens, sind technologische Entwicklung und Automatisierung mit Vollbeschäftigung unvereinbar. Diese Position hält jedoch keiner empirischen Analyse stand. Tatsache ist, dass die am stärksten automatisierten und technologisch fortgeschrittenen Gesellschaften historisch gesehen am wenigsten von Arbeitslosigkeit betroffen sind. Wie kann es dieses Phänomen geben? Wie ist es möglich, dass Arbeitslosigkeit und Unterbeschäftigung hauptsächlich mit den am wenigsten automatisierten Ländern in Verbindung gebracht werden? Die Entwicklung der Beschäftigung zeigt, dass die technologische Entwicklung eher Arbeitsplätze schafft als vernichtet. Sicherlich kann ein technologischer Fortschritt in einem bestimmten Sektor zu kurzfristiger Arbeitslosigkeit führen, was jedoch nicht bedeutet, dass der Nettoeffekt der Schaffung von Arbeitsplätzen auf lange Sicht negativ ist. Lassen Sie uns dies an einem Beispiel verdeutlichen. Die Einführung des Automobils hat sicherlich zur Arbeitslosigkeit in der Pferdekutschenindustrie geführt. Viele Arbeitnehmer, die in der Herstellung von Pferdekutschen beschäftigt waren, verloren ihren Arbeitsplatz, als das Automobil aufkam. Allerdings hat die Automobilindustrie unendlich viel mehr Arbeitsplätze geschaffen als die Pferdekutschenindustrie. Dieses Beispiel ließe sich auf alle oder fast alle Industriezweige übertragen.

Es stimmt, wie wir im nächsten Abschnitt sehen werden, dass eine Zeit kommen wird, in der die Intelligenz und Fähigkeiten von Maschinen ein Niveau erreichen werden, das dem des Menschen ebenbürtig ist. So prognostiziert Ray Kurzweil, dass es im Jahr 2029 einen Computer geben wird, der den Turing-Test bestehen wird (Kurzweil 2012). Das bedeutet, dass wir anhand der Reaktionen und Interaktionen des Computers mit seiner Umgebung nicht erkennen können, ob wir mit einer Maschine oder einem Menschen kommunizieren. Wenn wir dazu noch motorische Fähigkeiten und (falls zutreffend) ein körperliches Erscheinungsbild hinzufügen, das von dem eines Menschen nicht zu unterscheiden ist, könnten diese Maschinen dann nicht die gleiche Arbeit wie Menschen verrichten, ohne dafür ein Gehalt zu verlangen?

Zunächst einmal ist nicht klar, dass Maschinen, wenn es so weit ist (falls es so weit kommt), keinen Lohn für ihre Arbeit verlangen werden. Es gibt keine wissenschaftliche Methode, mit der sich das Vorhandensein oder Nichtvorhandensein von menschlichem Bewusstsein bestimmen lässt. Daher können wir nur durch Beobachtung der Reaktionen einer Maschine wissen, ob sie ein Bewusstsein hat oder nicht. Diese Reaktionen werden uns von der Existenz oder Nichtexistenz eines menschlichen Bewusstseins und einer menschlichen Intelligenz überzeugen. Die Interaktion mit ihnen wird uns zu der Annahme *veranlassen*, dass wir es mit einer Intelligenz auf menschlichem Niveau zu tun haben. Wenn sich eine Maschine also in einer Weise verhält, die von der eines Menschen nicht zu unterscheiden ist, haben wir keine andere Wahl, als sie als menschlich zu betrachten und ihr daher Anspruch auf ein Gehalt einzuräumen.

Zweitens liegt der Tag, an dem künstliche Intelligenzen auf menschlichem Niveau und mit menschenähnlichen psychomotorischen Fähigkeiten auftauchen, noch in weiter Ferne. Wie Kurzweil und viele andere zeigen, ist der größte Teil des menschlichen Gehirns für die Ausführung sehr komplexer psychomotorischer Aufgaben zuständig. Aus diesem Grund sind Tätigkeiten, die wir nicht als besonders qualifiziert ansehen, für Maschinen sehr schwierig. So muss beispielsweise ein Gärtner, der an einem Gehweg mit Palmen arbeitet, in der Regel auf eine Leiter steigen, um sie zu beschneiden. Dazu muss er die Leiter in einem Arm und die Baumschere in der anderen Hand tragen und sich zu den Palmen hinbewegen. Wenn er eine Palme erreicht hat, legt er die Leiter an und klettert hinauf, wobei er mit der einen Hand die Leiter und mit der anderen die Schere festhält. Auf Höhe der Palmenzweige angekommen hält er dann mit beiden Füßen das Gleichgewicht und beschneidet die Palme mit der Gartenschere, die er mit beiden Händen führt. Dies mag wie eine einfache Aufgabe erscheinen, aber die damit verbundene Gehirnleistung ist gewaltig. Eine Maschine hätte enorme Schwierigkeiten, so etwas zu tun. Meiner Meinung nach wird der (sehr weit entfernte) Tag kommen, an dem es eine Maschine geben wird, die dazu in der Lage ist; es stell sich allerdings die Frage, ob man eine so leistungsstarke, komplexe und teure Maschine nutzen wird, um den Gärtnern die Arbeit abzunehmen. Ich fürchte, nein. Eine solche Maschine wird es nur einmal geben und lediglich in der Forschungsabteilung einer Universität oder Armee zu finden sein. Sie wird ein außergewöhnliches und hochkomplexes Wesen sein, sehr teuer in der Herstellung (und daher bewahrt vor jedem Gartenunfall), und sie wird auch sehr, sehr gefährlich sein, so gefährlich wie ein Mensch, mit ihrer eigenen Psychologie und allem, was dazu gehört. Deshalb werden wir sie nicht zum Beschneiden von Palmen einsetzen, obwohl sie das könnte. Kurzweil zufolge werden wir mit ihr verschmelzen, d. h. ihre Technologie in unseren Organismus einbauen, um unsere biologischen Beschränkungen zu überwinden und so eine zukünftige Intelligenz zu schaffen, die gleichzeitig menschlich und künstlich ist (eine Intelligenz, die man als transhuman bezeichnen könnte).

Mit all dem meine ich, dass die Befürworter des BGE mit dem Argument, technologische Entwicklung und Vollbeschäftigung seien unvereinbar, eindeutig falsch liegen. Wie wir bei den Jobgarantien auf der Grundlage von Beschäftigungspuffern gesehen haben, ist Vollbeschäftigung eine politische Entscheidung, die von der technologischen Entwicklung unabhängig ist. Die technologische Entwicklung hat Arbeitsplätze geschaffen, schafft sie und wird sie schaffen, nicht vernichten.

Außerdem wissen die Befürworter des BGE anscheinend nicht, welche Auswirkungen es auf Menschen im erwerbsfähigen Alter hat, wenn sie aus dem Arbeitsmarkt herausgenommen werden. Diese Menschen verlieren unweigerlich an produktiver Fähigkeit, können mit den Erwerbstätigen nicht mehr mithalten und haben enorme Schwierigkeiten, wieder eine Beschäftigung zu finden. Der Ausstieg aus dem Arbeitsmarkt ist leicht, doch der Wiedereinstieg ist sehr schwierig. Daher muss die Vollbeschäftigung durch Jobgarantien auf der Grundlage von Beschäftigungspuffern aufrechterhalten und so weit wie möglich an die Fähigkeiten der Arbeitnehmer angepasst werden, damit alle ihre Bedürfnisse befriedigen können.

Die Vorteile der Jobgarantie gegenüber dem bedingungslosen Grundeinkommen aus rein ökonomischer Sicht hat

Esteban Cruz Hidalgo in seinem Artikel „Können die Jobgarantie und das bedingungslose Grundeinkommen ihr Versprechen halten?“ (Cruz 2017) aufgezählt.

Wie wir bei der Untersuchung der Jobgarantien auf der Grundlage von Beschäftigungspuffern gesehen haben, ist Vollbeschäftigung nicht nur mit Preisstabilität vereinbar; stattdessen ist Preisstabilität dank des automatischen stabilisierenden Charakters der Jobgarantie sogar ein Ergebnis der Vollbeschäftigung. Grundlage dieses Phänomens ist, dass der Staat in monetärer Hinsicht entscheiden kann, wie viel Arbeit eine Person leisten muss, um eine Geldeinheit zu erhalten. Wenn also „der Staat vorschreibt, dass eine Person eine Stunde ihrer Arbeit bieten muss, um eine Geldeinheit zu erhalten, dann ist das Geld genau das wert“ (Cruz 2017). Das BGE richtet sich nicht nach dieser arbeitsbezogenen Preisgestaltung, sondern stellt die Währung ohne Gegenleistung zur Verfügung, was ihr den Wert nimmt und „die Rolle der Steuern als Instrument zur Förderung ihrer Zirkulation in der Wirtschaft außer Kraft setzt“ (Cruz 2017). Letztlich könnte der Wert der heimischen Währung auf null sinken, so dass Transaktionen im privaten Sektor in stärkeren Fremdwährungen getätigt werden könnten. Aus diesem Grund würde die Einführung des BGE einen starken Inflationsdruck auslösen; diesen verhindert die Jobgarantie, indem sie den Mindestwert der Arbeitsstunde exogen festlegt. Folglich würde sich durch die Einführung des BGE eine galoppierende Inflation ergeben. Im Gegensatz dazu ermöglicht die Jobgarantie Preisstabilität, weil „die Arbeit ein grundlegender Faktor bei der Produktion aller Waren und Dienstleistungen ist [und] als Maßstab für alle Preise dient“, und weil „der Umfang der Jobgarantieprogramme als Pufferbestand fungiert, der sich jeweils abhängig von der gegenwärtigen Phase des Konjunkturzyklus zusammenzieht und ausweitet. Das BGE [bedingungsloses Grundeinkommen] enthält auch keinen antizyklischen Mechanismus, denn sobald die Einkommensgarantiezahlung in die Wirtschaft eingeführt wird, verhält sie sich prozyklisch“ (Cruz 2017).

Hinzu kommen die schädlichen Auswirkungen unfreiwilliger Arbeitslosigkeit auf die Gesundheit und Lebensqualität der Arbeitnehmer. Unfreiwillige Arbeitslosigkeit wird mit Problemen wie Drogenabhängigkeit, Alkoholismus, Kriminalität und dem Zusammenbruch der Familie in Verbindung gebracht. Es lohnt sich, dies zu erwähnen, um deutlich zu machen, dass der Fiat-Sozialismus Jobgarantien auf der Grundlage von Beschäftigungspuffern vorschlägt und kein bedingungsloses Grundeinkommen vorsieht.

MÖGLICHE EINSATZGEBIETE ZUR SCHAFFUNG UMFASSENDER PLÄNE FÜR JOBGARANTIEN AUF DER GRUNDLAGE VON BESCHÄFTIGUNGSPUFFERBESTÄNDEN IN SPANIEN

Die Bedürfnisse werden überall unterschiedlich sein, doch unter Berücksichtigung der täglichen Realität in den meisten Teilen des Landes ließen sich als Beispiel folgende Bereiche anführen, die Gegenstand regelmäßiger umfassender Pläne sein könnten:

- ✓ Pläne zur Beseitigung von Mobbing, die man *0-Mobbing* nennen könnte.
- ✓ Pläne zur Verringerung von Schulversagen.
- ✓ Pläne zur Reinigung von Straßen und Fassaden.
- ✓ Pläne zur Säuberung von Flussbetten.
- ✓ Pläne zur Säuberung von Stränden, Gewässern und Meeresböden.
- ✓ Pläne zur Pflege von Wäldern und Feldern.
- ✓ Pläne zur Pflege älterer, pflegebedürftiger Menschen.
- ✓ Pläne zur Restaurierung historischer Gebäude und Denkmäler.
- ✓ Pläne zur Instandsetzung reparaturbedürftiger öffentlicher Bauwerke und Straßen.
- ✓ Pläne zur Einführung in Kunst-, Erholungs- und Freizeitaktivitäten.
- ✓ Betreuungspläne für Drogenabhängige, die sich in der Rehabilitationsphase befinden.
- ✓ Betreuungspläne für Menschen mit besonderen Bedürfnissen, insbesondere für Kinder.

VOLLSTÄNDIGE UND UMSICHTIGE NUTZUNG DER MATERIELLEN RESSOURCEN: DER GREEN NEW DEAL IN SPANIEN

Wie man sieht, enthält die Liste der möglichen Pläne zur Jobgarantie in Spanien mehrere Optionen für einen besseren Naturschutz. Solche Pläne zur Jobgarantie sollten in einen Green New Deal für Spanien eingebettet werden.

Die Verwendung des Begriffs „Green New Deal" hat sich eingebürgert. Nur wenige wissen jedoch, dass dieser Begriff auf die Arbeit eines der einflussreichsten Autoren der modernen Geldtheorie, Mathew Forstater, zurückgeht (siehe Forstater 2006). Der Begriff Green New Deal ließe sich daher in Spanien unter dem Gesichtspunkt des Fiat-Sozialismus anwenden. Dabei sind jedoch zwei Punkte zu beachten. Erstens sollte der Green New Deal, wie der ursprüngliche New Deal von Präsident Roosevelt, eine Jobgarantie beinhalten (im Fiat-Sozialismus basieren die Pläne zur Jobgarantie auf den Beschäftigungspuffern der Modern Monetary Theory), aber auch einen Plan für eine energetische und ökologische Wende der gesamten Wirtschaft enthalten. Der Green New Deal sollte daher auf den Aufbau einer nachhaltigen und umweltfreundlichen Wirtschaft abzielen, ist aber auf keinen Fall mit der Jobgarantie zu verwechseln. Die Jobgarantie sollte ausschließlich Menschen vorbehalten sein, die weder in der Privatwirtschaft noch im öffentlichen Sektor eine dauerhafte Anstellung finden können, und sie sollte einen Übergangscharakter haben. Ein Green New Deal, der umweltverschmutzende Industrien in nachhaltige Industrien umwandelt, sollte keine neuen Arbeitslosen schaffen, die gezwungen wären, den Mindestlohn der Jobgarantie zu akzeptieren. Arbeitnehmer, die ihre Beschäftigung in nicht nachhaltigen Unternehmen aufgrund der ökologischen Wende durch den Green New Deal verloren haben, sollten einen Arbeitsplatz mit ähnlichen Merkmalen in den neuen nachhaltigen Unternehmen des Green New Deal erhalten. Daher sollte der Green New Deal nicht zu einem Instrument zur Senkung der Löhne durch die Jobgarantie werden.

Der zweite Punkt, den es zu berücksichtigen gilt, ist, dass ein Green New Deal in Spanien meiner Meinung nach die Verstaatlichung des Energiesektors (der derzeit etwa 3 % des BIP ausmacht) (siehe Gilpérez 2020) und eine Wende zur Kernkraft auf der Basis von Thorium beinhalten sollte.

Die Privatisierung des spanischen Energiesektors, deren Hauptziel die katastrophale Reduzierung des von den EU-Verträgen vorgeschriebenen öffentlichen Defizits war, hat zu einem teuren und ineffizienten Energiesektor geführt, wie die folgende Tabelle zeigt:

	Anzahl der Haushalte *(in Millionen)*	Anzahl der Personen *(in Millionen)*	% der Bevölkerung
Unzureichend geheizte Wohnungen	1,9	4,6	10 %
Ein Zahlungsverzug	0,3	0,8	2 %
Zwei oder mehr Zahlungsverzüge	0,9	2,8	6 %
Zahlungsverzug und unzureichende Heizung	0,1	0,2	0,4 %
Zwei Zahlungsverzüge und unzureichende Heizung	0,4	1,2	3 %
Unterbrechung der Versorgung (und unzureichende Heizung)	0,3	0,9	2 %
Zwei Zahlungsverzüge, Unterbrechung der Versorgung (und unzureichende Heizung)	0,2	0,5	1 %
Unzureichend geheizte Wohnungen oder Zahlungsverzug	2,6	6,8	15 %

http://www.comunidadism.es/herramientas/pobreza-energetica-en-espana-2018

Diesen Daten zufolge ist die Energiearmutsquote in Spanien nicht nur höher als im EU-Durchschnitt, sondern auch im Steigen begriffen. Das bedeutet, dass 6,8 Millionen Menschen in Spanien (15 %) frieren oder Schwierigkeiten haben, ihre Stromrechnungen zu bezahlen. Auch diese Daten belegen das gescheiterte Sozialmodell in Spanien. Generell gilt: Immer, wenn der Privatsektor (wie in diesem Fall) nicht in der Lage ist, die von ihm geforderten Dienstleistungen zu erbringen, muss der Staat die Kontrolle über die Tätigkeiten übernehmen, die vom Privatsektor nicht zufriedenstellend abgedeckt werden. Folglich muss der Staat die Kontrolle über den Energiesektor zurückgewinnen, damit die Energiearmut verschwindet und niemand im Winter frieren oder sich schwertun muss, einen Energieverbrauch zu bezahlen, der einem angemessenen Lebensstandard entspricht.

Die private Beteiligung am spanischen Energiesektor sollte durch Vereinbarungen zwischen dem Staat und privaten Unternehmen erfolgen, die sich der technologischen Entwicklung widmen. In diesem Bereich sollten der öffentliche und der private Sektor zusammenarbeiten, wobei die für die Energieversorgung verantwortlichen Unternehmen stets in öffentlichem Besitz bleiben müssen, um der drängenden Energiearmut des Landes ein Ende zu setzen und einen korrekten Übergang zu einem nachhaltigen Energiemodell zu gewährleisten.

***

Der folgende Abschnitt wurde in der digitalen Zeitung elcomun.es am 20. Dezember 2019[7] veröffentlicht.

THORIUM

„Jetzt, wo wir wissen, dass erneuerbare Energien den Planeten nicht retten können, lassen wir zu, dass sie ihn weiter zerstören?“ Diese Worte stammen von Michael Shellenberger[8], einem der führenden Umweltschützer Kaliforniens.

Das Zitat unterstreicht die Realität, der wir uns stellen müssen: Wir brauchen eine Energiequelle, die nicht auf Koh-

[7] Link zum Artikel: https://elcomun.es/2019/12/20/torio/.

[8] Siehe *Why renewables can't save the planet (Warum erneuerbare Energien den Planeten nicht retten können) | Michael Shellenberger | TEDxDanubia* unter https://youtu.be/N-yALPEpV4w. Die Zitate von Shellenberger stammen aus diesem Vortrag.

lenstoff basiert, um unseren Bedarf zu decken, bis die industrielle Kernfusion Realität wird. Wie wir weiter unten sehen werden, sind erneuerbare Energien nicht die Lösung; stattdessen liegt die Lösung in der Kernenergie auf der Basis von Thorium.

Shellenberger hat die Schäden durch Wind- und Solarenergie genau dokumentiert. Diese Technologien sind nicht nur unzuverlässig, weil die Energieerzeugung von den Umweltbedingungen abhängt (der Wind weht nicht immer, die Sonne scheint nicht immer), sie werfen auch ernsthafte Probleme bei der Speicherung der erzeugten Energie und ihrer Einspeisung in das Netz auf, erfordern große Anlagen zur Übertragung des erzeugten Stroms, die der einheimischen Tierwelt schaden, können Überlastungen verursachen und erzeugen im Falle von Solarmodulen am Ende ihrer Nutzungsdauer (etwa 15 Jahre) Giftmüll. Ebenso schwerwiegend ist jedoch die Tatsache, dass die meisten Menschen vergessen, dass unter den Solarmodulen von Solarparks (die viel effizienter sind als Module auf Hausdächern) und in der Luft, die heutzutage von Windturbinen eingenommen wird, Wildtiere leben.

Windkraftanlagen töten mit ihren Propellern jedes Jahr Millionen Vögel und Fledermäuse, darunter viele geschützte Arten. In ähnlicher Weise vernichten die Module von Solarparks alles Leben, das auf dem Boden unter ihnen wächst. Die von Shellenberger analysierten Folgen sind katastrophal. Allein in Kalifornien bedrohen diese Anlagen das Überleben mehrerer Vogelarten und anderer Arten wie der Wüstenschildkröte. Shellenberger stellt daher eine Frage, die wir uns alle stellen sollten, denen die Natur ernsthaft am Herzen liegt: „Zerstören wir in unserem Bemühen, das Klima zu retten, die Umwelt?"

Die Lebenserfahrung dieses Aktivisten führte ihn zu der Erkenntnis, dass es keine andere Lösung als die Kernenergie gibt, denn „alle großen Probleme der erneuerbaren Energien sind nicht technisch, sondern natürlich [...]. Hätte Deutschland 580 Milliarden Dollar für die Kernenergie statt für erneuerbare Energien ausgegeben, würde es bereits 100 % seines Stroms aus sauberen Energiequellen beziehen und auch seine gesamte Transportenergie", und er zitiert den Klimaforscher James Hansen mit den Worten, „Die Kernenergie hat bis heute 1,8 Millionen Menschenleben gerettet, indem sie die Verbrennung fossiler Brennstoffe verhindert hat" (zur Erinnerung: 7 Millionen Menschen sterben jährlich an den Folgen der Luftverschmutzung).

Die Kernenergie ist also die beste Alternative, um die Umwelt zu schützen und den Klimawandel zu verhindern. Und zwar so sehr, dass die norwegische Physikerin Dr. Sunniva Rose[9] die Frage stellt: „Wie kann man sich um die globale Erwärmung sorgen und nicht für die Kernenergie sein?" Dr. Rose bezieht sich jedoch nicht auf irgendeine Art von Kernenergie, sondern speziell auf die Kernenergie auf Thoriumbasis.

Wir leben auf einem Planeten mit mehr als 7 Milliarden Menschen. Jede Stunde nimmt die Bevölkerung des Planeten um 10.000 Menschen zu. Also verdammen wir entweder die große Mehrheit des Planeten zu einem Leben unter schlechteren Bedingungen als den unseren, oder wir entwickeln neue Energiequellen, die den Bedarf aller Menschen decken können. Diese neue Energiequelle ist Thorium.

Da bei der nuklearen Aufbereitung von Thorium kein Plutonium anfällt, entstehen keine langlebigen nuklearen Abfälle (die wenigen durch Thorium erzeugten Abfälle bleiben nur 300 Jahre lang aktiv, während Plutoniumabfälle Zehntausende von Jahren lang aktiv bleiben). Außerdem ist die Menge des radioaktiven Abfalls viel geringer als bei der konventionellen Kernenergie, und man kann sich ein Phänomen zunutze machen, das als Brüten bezeichnet wird:

> „Da man [Thorium] in etwas Spaltbares umwandelt, kann man tatsächlich mehr spaltbaren Brennstoff produzieren, als man verbraucht. Man gibt also etwas Brennstoff und wieder Energie hinein und hat am Ende mehr Brennstoff, als man am Anfang hatte. Das klingt zu schön, um wahr zu sein [...], aber es ist [wahr]. Es ist nicht einfach, es ist schwierig, aber es ist physikalisch möglich und wird Brüten genannt."

[9] Siehe *How bad is it really? Nuclear technology – facts und feelings: Sunniva Rose at TEDxOslo 2013* unter https://youtu.be/oTKl5X72NIc. Die Zitate von Sunniva Rose stammen aus diesem Vortrag.

Wie der dänische Ingenieur Kirk Sorensen[10], der die Kernenergie auf Thoriumbasis wiederentdeckt hat, erklärt, gibt es noch drei weitere grundlegende Faktoren: Thorium ist viermal häufiger vorhanden als Uran (es gilt nicht einmal als seltene Erde), die Technologie zur Erzeugung von Kernenergie aus Thorium ist viel einfacher und viel sicherer als bei Uran, und Reaktoren zur Verarbeitung von Thorium zu Salz müssen nicht mit hohem Druck arbeiten. Das bedeutet, dass sie nicht in den riesigen, schweren Stahlbehältern untergebracht werden müssen, die für die Urantechnologie erforderlich sind, und, was noch viel wichtiger ist, sie müssen nicht mit großen Mengen Wasser gekühlt werden. Tatsächlich benötigt die Thoriumtechnologie überhaupt kein Wasser. Dies verringert die Größe der kerntechnischen Anlagen erheblich und macht Thoriumreaktoren zu einer sehr sicheren Technologie, denn bei Problemen mit der Stromversorgung schalten sich Thoriumreaktoren selbstständig ab, ohne menschliches Eingreifen und ohne die Gefahr von Leckagen.

Thoriumtechnologie ist 200-mal effizienter als Urantechnologie. Eine Handvoll Thorium enthält die gesamte Energie, die ein Mensch in seinem Leben verbraucht. Mit dem verfügbaren Thorium lässt sich nicht nur genügend elektrische Energie erzeugen um den Bedarf der gesamten Menschheit für Jahrhunderte zu decken, es lässt sich auch zur Erzeugung der Flüssigbrennstoffe einsetzen, die wir im täglichen Leben benötigen. Die Technologien zur Erzeugung nachhaltiger flüssiger Brennstoffe gibt es bereits, doch erfordern sie einen hohen Energieaufwand. Diesen Input könnte Thorium liefern, um Methanol, Ammoniak oder Dimethylether zu erzeugen. Das bedeutet, dass wir mit Hilfe von Thorium umweltfreundliche Benzin- und Dieselkraftstoffe erzeugen könnten. Und natürlich fielen durch diese Technologie die Konflikte weg, die durch die Abhängigkeit des Westens von Erdöl und anderen fossilen Brennstoffen entstehen.

All dies ist der Hauptgrund für das Scheitern der UN-Klimakonferenz COP25, die kürzlich in Madrid stattfand. Der

[10] *Thorium: Kirk Sorensen at TEDxYYYC*. Siehe: https://youtu.be/N2vzotsvvkw. Die Zitate von Sorensen stammen aus diesem Vortrag.

erste Stolperstein war die Forderung Frankreichs, Polens und der Tschechischen Republik, die Kernenergie als saubere Energiequelle aufzunehmen. Der tschechische Premierminister Andrej Babis sagte dazu: „Mir ist die Gewissheit wichtig, dass uns niemand am Bau von Kernkraftwerken hindern kann. Ganz einfach: Wir brauchen Strom für Menschen, für Unternehmen, für die Heizung. Und das ist unsere Priorität [...]. Kernenergie ist saubere Energie, sie verursacht keine Emissionen. Und ich verstehe nicht, warum einige Länder damit ein Problem haben" (Masdeu 2019).

Obwohl das Ergebnisdokument die Kernenergie als akzeptable Energiequelle einschloss, war ein zweiter, diesmal unüberwindbarer Stolperstein die Weigerung von Ländern wie den USA, China, Indien, Brasilien und Südafrika, einen Kohlenstoffmarkt zu akzeptieren. Diese Lösung war nichts anderes als der Versuch, eine Art Pigou-Steuer auf Kohlenstoffemissionen zu erheben. Damit wurde Luftverschmutzung zu einem Luxusgut, das sich nur wohlhabende Bürger leisten können. Dies war nicht nur eine zutiefst ungerechte Lösung für die ärmsten Länder; es öffnete auch die Tür für die Forderung nach öffentlichen Subventionen für private Unternehmen im Bereich der erneuerbaren Energien, um die negativen Auswirkungen des Kohlenstoffmarktes auf die Beschäftigung abzumildern, so dass wir wieder bei den zu Anfang genannten Problemen landen. Das Scheitern der COP25 sollte daher nicht überraschen.

Experimente mit Thorium laufen in Europa bereits im MOSART-Reaktor und in Japan im Fuji MSR-Reaktor (ein Projekt, bei dem die USA und Russland mit Japan zusammenarbeiten), aber die größten Anstrengungen werden von China unternommen.

Mit einer Investition von 350 Millionen Dollar hat China bereits die erste Phase seines Thorium-Energieplans im Kraftwerk Gansu (Mühlbauer 2018) gestartet, das bis 2020 12 Megawatt Strom erzeugen soll. Das chinesische Projekt trägt den Namen MSR-Projekt und beschäftigt 140 hochrangige Wissenschaftler. Ein ähnliches Projekt wird von Indien im Kraftwerk Chennai[11] durchgeführt, und es wird erwartet, dass diese Technologie in 15 Jahren in großem Umfang zum Einsatz kommen wird.

Daher deutet alles darauf hin, dass diese Energiequelle von den BRICS-Staaten, die sich geweigert haben, das COP25-Abkommen zu unterzeichnen, gewählt werden wird. Südafrika zum Beispiel setzt auf kostengünstige Inlandsflüge, um das Verkehrsnetz des Landes auszubauen. Das bedeutet, dass keine riesigen Grünflächen durch Straßen und die dazugehörige Infrastruktur zerstört werden, erfordert aber die Verwendung von Kerosin. Solche Entscheidungen über den Kohlenstoffmarkt zu bestrafen, ist nicht sinnvoll. Am besten unterstützt man diese Art von Initiative und ersetzt Kerosin durch die umweltfreundlichen Kraftstoffe, die mit Thorium effizient hergestellt werden können.

Trumps Weigerung, das Abkommen zu unterzeichnen, ist bloß eine unreife Verweigerungshaltung. Der Präsidentschaftskandidat der US-Demokraten, Andrew Yang, wies jedoch bei der Kandidatendebatte am 19. Dezember 2019 darauf hin, dass die USA auf thoriumbasierte Kernkraft setzen sollten.

Bei diesem ganzen Prozess scheint es nur ein einziges Problem zu geben, nämlich Korrosion.[12] Bei der Kernenergie auf Thoriumbasis zersetzt sich das Reaktormaterial schneller als bei herkömmlichen Reaktoren, was die Kosten für die Wartung der Anlagen erhöht. Im Vergleich zu den Vorteilen von Thorium ist dies jedoch wohl ein geringes Problem, das sich ohne größere Schwierigkeiten lösen lässt.

Wir sprechen hier nicht von einer futuristischen Technologie, sondern von einer mehr als konsolidierten Technologie. Tatsächlich haben die USA zwischen 1965 und 1969 einen perfekt funktionierenden Reaktor auf Thoriumbasis eingesetzt, das sogenannte Molten Salt Reactor Experiment. Kirk Sorensen nutzte die damaligen Forschungsarbeiten, um die Thoriumforschung wieder in Gang zu bringen, als er für

[11] *Thorium to light up the world | Srikumar Banerjee | TEDxCERN.* Siehe https://youtu.be/yGhEdcwXxdE.

[12] Siehe Joe Scott, *Is Thorium Our Energy Future? | Answers with Joe* unter: https://youtu.be/XMuxjHLLk0E.

die NASA an Plänen zur Besiedlung des Mondes (der reich an Thorium ist) arbeitete. Leider gaben die amerikanischen Politiker und Beamten das Projekt auf, weil sie Vereinbarungen mit Uranlieferanten trafen und sich nicht für die Gewinnung von Thorium einsetzten.

Mit Hilfe von Thorium könnten wir die Klima- und Umweltkrise bewältigen. Die industrielle Kernfusion, d.h. ein Prozess, bei dem mehr Energie erzeugt als verbraucht wird, wird voraussichtlich nicht vor 20 Jahren Wirklichkeit werden.[13] Danach könnte es ein weiteres Jahrzehnt dauern, bis diese Technologie umgesetzt ist. Wir können nicht 30 Jahre verlieren, ohne dass der gesamte Planet katastrophale Folgen erleidet, deshalb sollte Thorium als Übergangslösung dienen, bis die Kernfusion eingeführt werden kann.

Spanien sollte so bald wie möglich in die Forschung auf diesem Gebiet einsteigen. Zu diesem Zweck sollte es seine Währungssouveränität durch den Austritt aus der Eurozone wiedererlangen, wodurch es seinen Energiesektor verstaatlichen und in den Bau von Kernreaktoren zur Thoriumverarbeitung investieren könnte.

Euro delendus est.

***

ENTWICKLUNG DES LERNER-INDEX UND DER ARMUT IN SPANIEN

Um die äußerst ernste Situation zusammenzufassen, in der sich Spanien aufgrund der prozyklischen Maßnahmen befindet, die die spanische Regierung und die europäischen Behörden der Bevölkerung seit dem Ausbruch der globalen Finanzkrise im Jahr 2008 auferlegt haben, werden wir eine einzige Tabelle verwenden. Sie enthält alle für unsere Analyse relevanten Daten. Die Zahlen sprechen für sich selbst. Die Tabelle finden Sie unten (Foessa 2018):

[13] Siehe Michel Laberges Vortrag *Nuclear fusion within reach | Michel Laberge | TEDxKC* unter dem Link: https://youtu.be/b-LCfx9v4YQ.

	2011	2012	2013	2014	2015	2016	2017	Quelle
Einkommen und Ungleichheit								
Verfügbares Nettonationaleinkommen zu Marktpreisen pro Kopf (nominal gemessen)	18.230	17.822	17.692	18.040	18.919	19.645	20.457	Volkswirtschaftliche Gesamtrechnung
Verfügbares Nettonationaleinkommen zu Marktpreisen pro Kopf (real gemessen)	17.665	16.859	16.503	16.853	17.763	18.481	18.876	Volkswirtschaftliche Gesamtrechnung
Durchschnittseinkommen pro Bedarfsgewicht (nominal)	16.280	16.119	15.635	15.405	15.408	15.842	16.390	Erhebung zu Lebensbedingungen
Gini-Index	0,34	0,342	0,337	0,347	0,346	0,345	0,341	Erhebung zu Lebensbedingungen
80. Perzentil/ 20. Perzentil	6,3	6,5	6,3	6,8	6,9	6,6	6,6	Erhebung zu Lebensbedingungen
Beschäftigung								
Erwerbsquote	60,3	60,4	60	59,6	59,5	59,2	58,3	Arbeitsmarkterhebung
Arbeitslosenzahl	21,4	24,8	26,01	24,4	22,1	19,6	17,22	Arbeitsmarkterhebung
Jugendarbeitslosigkeit	46,2	52,9	55,5	53,2	48,3	44,4	38,6	Arbeitsmarkterhebung
% der Arbeitslosen, die seit über einem Jahr nach Arbeit suchen	48,2	52,4	58,4	61,8	60,8	57,3	52,6	Arbeitsmarkterhebung
Erwerbslosenquote des Familienoberhaupts	17,6	20,6	21,7	20,2	17,9	16,0	13,9	Arbeitsmarkterhebung
Haushalte, in denen alle aktiven Mitglieder arbeitslos sind	9,0	10,5	10,5	9,6	8,5	7,5	6,5	Arbeitsmarkterhebung
Armut und Benachteiligung								
Armutsquote	20,6	20,8	20,4	22,2	22,1	22,3	21,6	Erhebung zu Lebensbedingungen
Armutsgrenze	8.358	8.321	8.114	7.961	8.011	8.208	8.522	Erhebung zu Lebensbedingungen
Haushalte ohne Einkommen	3,3	3,7	4,0	3,9	3,9	3,4	3,2	Arbeitsmarkterhebung
Haushalte mit Schwierigkeiten, über die Runden zu kommen	27,6	32,6	36,7	37,3	33,7	33,9	24,3	Erhebung zu Lebensbedingungen
Quote der Armut und/oder sozialen Ausgrenzung (E2020/ AROPE)	26,7	27,2	27,3	29,2	28,6	27,9	26,6	Erhebung zu Lebensbedingungen
% der Bevölkerung mit geringer Arbeitsintensität	13,4	14,3	15,7	17,1	15,4	14,9	12,8	Eurostat
% der Bevölkerung mit starker materieller Benachteiligung	4,5	5,8	6,2	7,1	6,4	5,8	5,1	Eurostat

Ansprüche und soziale Dienstleistungen								
Mindestlohn	641	641	645	645	648	655	707	Arbeitsstatistisches Amtsblatt
Deckungsgrad der Arbeitslosenunterstützung	70,7	65,8	62,3	58,9	55,8	55,1	56,2	Arbeitsstatistisches Amtsblatt
Durchschnittliche beitragsabhängige Rente	805	830	856	871	887	904	921	Arbeitsstatistisches Amtsblatt
Höhe der beitragsunabhängigen Alters- und Invaliditätsrenten	348	358	365	366	367	368	369	Imserso (Spaniens Institut für ältere Menschen und soziale Dienste)
Anzahl der Mindesteinkommensbezieher	223.940	217.358	258.408	264.279	323.406	314.562		Ministerium für Gesundheit, soziale Dienste und Gleichberechtigung
Empfänger von Leistungen bei Pflegebedürftigkeit	738.587	751.511	753.842	745.720	796.109	865.564	954.831	Imserso
Verzögerungen bei der Zahlung wohnungsbezogener Ausgaben (Haushalte)	7	8,4	9,3	10,2	9,4	8,4	7,4	Erhebung zu Lebensbedingungen 2015
Häuser in Zwangsvollstreckung	77.854	91.622	82.680	70.422	60.032	41.288	27,171	Zwangsvollstreckungsstatistik (geänderte Messmethodik ab 2014)
Schulversagen	26,3	24,7	23,6	21,9	20	19	18,3	Eurostat

(Währungseinheit: Euro)

Zwischen 2007 und 2013 konnte eine Vielzahl von Anpassungen und prozyklischen Maßnahmen, die von der Europäischen Union auferlegt wurden, den freien Fall der spanischen Wirtschaft nicht nur nicht stoppen, sondern ließ sie sogar noch weiter sinken. Spanien befand sich, wie der Rest der Welt, in einer Finanzkrise und nicht in einer Rohstoff- oder Ressourcenkrise. Daher wäre es richtig gewesen, Moslers Gesetz anzuwenden, das besagt, dass es keine Finanzkrise gibt, die so tief ist, dass sie nicht durch eine ausreichend große Erhöhung der öffentlichen Ausgaben und/oder eine ausreichende Steuersenkung gelöst werden könnte. Es war an der Zeit, starke antizyklische Maßnahmen zu ergreifen, die auf höheren öffentlichen Ausgaben und niedrigeren Steuern beruhten. Das heißt, es war an der Zeit, die notwendigen öffentlichen Defizite zu machen, um die dramatische Vernichtung von Arbeitsplätzen, den Rückgang der Produktion und die Deflation zu stoppen, die 2009, 2014, 2015 und 2016 auftraten. Die Europäische Union und der Euro wandten jedoch völlig falsche Maßnahmen an. Spanien wurde gezwungen, die Defizitregel des Stabilitäts- und Wachstumspakts einzuhalten, wurde für die Nichteinhaltung dieser Regel bestraft und musste nach einer demütigenden Verfassungsreform gerettet werden, nach der Spanien der Begleichung seiner Schulden Vorrang vor den verfassungsmäßigen Rechten seiner Bürger einräumen muss.

Das Ergebnis war, dass die Jugendarbeitslosenquote im Jahr 2013 55,5 % und die Gesamtarbeitslosenquote 26,01 % erreichte, Zahlen, die typisch für gescheiterte Staaten sind. Die Armutsquote lag im Jahr 2016 bei 22,3 %.

Spanien			
Jahr	Arbeitslosigkeitsrate	Inflationsrate	**Lerner Index**
2000	13,7	3,4	**17,1**
2001	10,3	3,5	**13,8**
2002	11,1	3,0	**14,1**
2003	11,2	3,0	**14,2**
2004	11,0	3,0	**14,0**
2005	9,1	3,3	**12,4**
2006	8,4	3,5	**11,9**
2007	8,2	2,7	**10,9**
2008	11,2	4,0	**15,2**
2009	17,8	-0,2	**18,0**
2010	19,8	1,8	**21,6**
2011	21,3	3,1	**24,4**
2012	24,7	2,4	**27,1**
2013	26,0	1,4	**27,4**
2014	24,4	-0,1	**24,5**
2015	22,0	-0,5	**22,5**
2016	19,6	-0,2	**19,8**

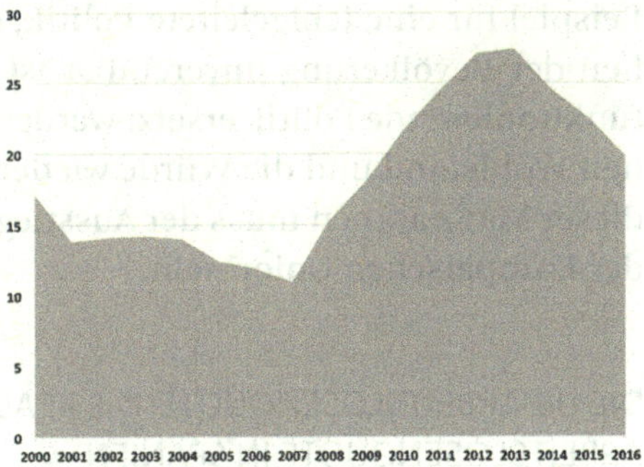

Entwicklung des Prozentsatzes der Haushalte ohne Einkommen

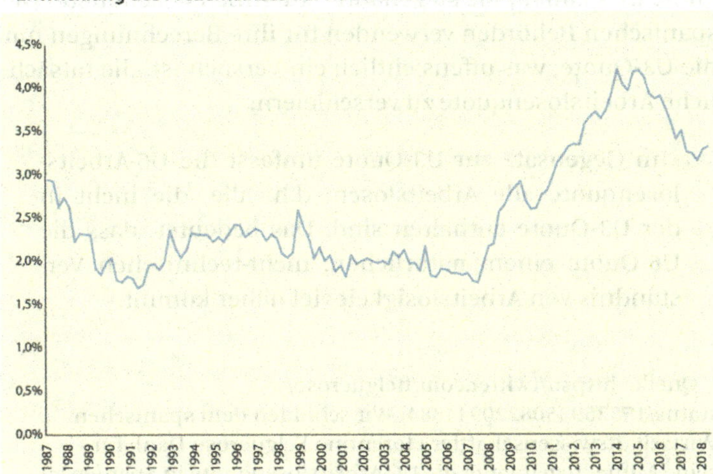

(Foessa 2018)

Auch bei der Untersuchung der Entwicklung des Lerner-Indexes in Spanien fällt die Ähnlichkeit mit der Kurve auf, die durch den Prozentsatz der Haushalte ohne Einkommen beschrieben wird. Beide Diagramme sind praktisch identisch. Ein Anstieg des Lerner-Indexes scheint also mit einem Anstieg der marginalen Armut einherzugehen, was auf die schlechte Qualität des sozialen Netzes in Spanien und die Notwendigkeit hinweist, wirtschaftspolitische Maßnahmen zu ergreifen, die die spanische Wirtschaft in Richtung des Lerner-Punktes lenken würden.

Kann man wirklich bei klarem Verstand behaupten, dass ein System, das fast ein Viertel der Bevölkerung zur Armut verdammt, ein wünschenswertes System ist? Spanien ist ein Beispiel für eine fehlgeleitete Politik, die mit dem Wohlergehen der Bevölkerung unvereinbar ist und sofort durch eine funktionierende Politik ersetzt werden muss, die den verlorenen Wohlstand und die Würde wiederherstellt, und die erste dieser Maßnahmen muss der Ausstieg aus der Eurozone und der Europäischen Union sein.

DIE U6-ARBEITSLOSENQUOTE: DIE REALE ARBEITSLOSENQUOTE IN SPANIEN

Das Diagramm[14] rechts zeigt die tatsächliche Arbeitslosenquote in Spanien, die so genannte U6-Arbeitslosenquote. Die spanischen Behörden verwenden für ihre Berechnungen nur die U3-Quote, was offensichtlich ein Versuch ist, die tatsächliche Arbeitslosenquote zu verschleiern:

> „Im Gegensatz zur U3-Quote umfasst die U6-Arbeitslosenquote alle Arbeitslosen, d.h. alle, die nicht in der U3-Quote enthalten sind. Das bedeutet, dass die U6-Quote einem natürlichen, nicht-technischen Verständnis von Arbeitslosigkeit viel näher kommt.

[14] Quelle: https://twitter.com/ffelgueroso/status/1552593508220944384. Wir schulden dem spanischen Wirtschaftswissenschaftler Florentino Felgueroso Dank für seine Mühe, regelmäßig die U6-Arbeitslosenquote in Spanien zu berechnen, eine Anstrengung, die leider keine öffentliche Stelle unternimmt.

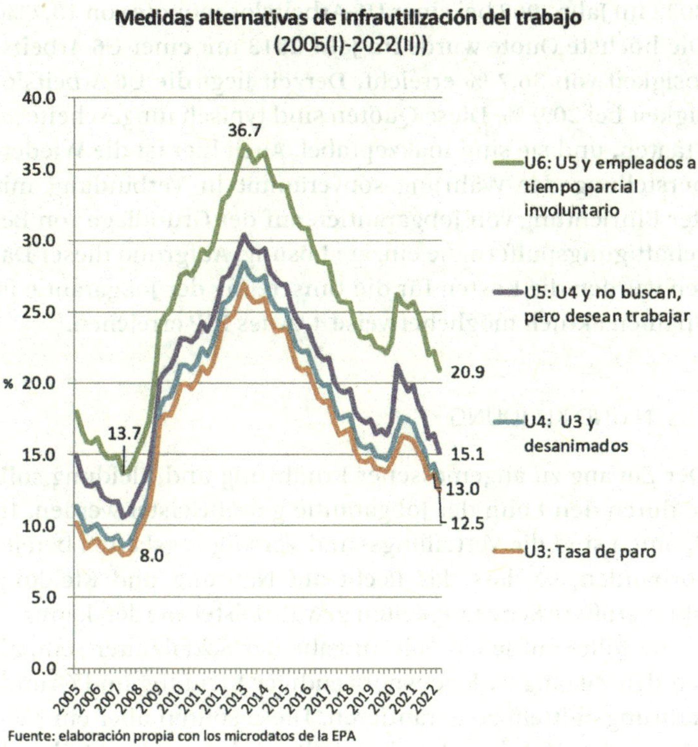

> Diese Quote berücksichtigt alle Personen, die seit mindestens 12 Monaten auf Arbeitssuche sind, aber entmutigt wurden und keine Arbeit finden konnten. Sie umfasst auch alle, die wieder zur Schule gegangen sind, die arbeitsunfähig geworden sind, sowie unterbeschäftigte oder teilzeitbeschäftigte Personen.
>
> Da die U6-Quote alle Personen am Rande des Arbeitsmarktes mit einschließt, vermittelt sie ein umfassendes Bild der Unterauslastung des Arbeitsmarktes im Land. In diesem Sinne kann man die U6-Quote als die tatsächliche Arbeitslosenquote betrachten" (Rodrigo Ricardo, Exo-business).

Folglich ist die tatsächliche Arbeitslosenquote viel höher als die, die gewöhnlich in den Medien und von den öffentlichen Verwaltungen angegeben wird. Wie aus der Grafik hervorgeht, lag die niedrigste Arbeitslosenquote zwischen 2005 und

2022 im Jahr 2008 bei einer U6-Arbeitslosenquote von 13,7 %. Die höchste Quote wurde im Jahr 2013 mit einer U6-Arbeitslosigkeit von 36,7 % erreicht. Derzeit liegt die U6-Arbeitslosigkeit bei 20,9 %. Diese Quoten sind typisch für gescheiterte Staaten, und sie sind inakzeptabel. Auch hier ist die Wiederherstellung der Währungssouveränität in Verbindung mit der Einrichtung von Jobgarantien auf der Grundlage von Beschäftigungspuffern die einzige Lösung. Aufgrund dieser Daten würden die Kosten für die Umsetzung der Jobgarantie in Spanien aktuell möglicherweise 4 % des BIP erreichen.[15]

ESSEN UND KLEIDUNG

Der Zugang zu angemessener Ernährung und Kleidung sollte durch den Lohn der Jobgarantie gewährleistet werden. In Spanien sind die Verteilungs- und Versorgungsketten bereits vorhanden, so dass das Recht auf Nahrung und Kleidung ohne größere Schwierigkeiten gewährleistet werden kann.

Es sollte auf jeden Fall Aufgabe der Sozialämter sein, allen den Zugang zu lebensnotwendiger Kleidung und Grundnahrungsmitteln zu garantieren. Diese sollten über ein Netz öffentlicher Kantinen bereitgestellt werden, und zwar überall dort, wo notwendig, d. h. in Gebieten mit Nahrungsmittelnotständen. Es sei daran erinnert, dass der Prozentsatz der Bürger mit schwerer materieller Entbehrung laut obiger Tabelle im Jahr 2013 bei 7,1 % lag. Die Löhne der Jobgarantie und die Renten sollten so berechnet werden, dass sie die Ausgaben für Nahrung und Kleidung aller Bürger decken.

SOZIALE SICHERHEIT – RENTEN

Die Jobgarantien auf der Grundlage von Beschäftigungspuffern sind für Arbeitslose gedacht, d. h. für Personen, die zur Arbeit bereit und in der Lage sind. Arbeitnehmer, die aufgrund ihres Alters, einer Behinderung oder der Betreuung eines pflegebedürftigen Familienmitglieds auf eine Rente angewiesen sind, sollten diese entsprechend ihren Bedürfnis-

[15] Siehe Seite 350.

sen erhalten. Im folgenden Artikel, der am 14. März 2020 in der Zeitung *El Común* veröffentlicht wurde, gehe ich auf diese Frage am Beispiel Spaniens ein.[16]

***

RENTEN

Zwei Faktoren gefährden die spanischen Renten: die Europäische Union und die Arbeitslosigkeit. Im Falle der Arbeitslosigkeit liegt es jedoch nicht, wie gemeinhin angenommen, an fehlenden Sozialversicherungsbeiträgen, sondern an durch die Arbeitslosigkeit ungenutzten realen Ressourcen.

Mit folgender Formel können Renten immer gezahlt werden: Alle Renten müssen in den Gesamthaushalt des Staates aufgenommen werden. Mehr ist nicht nötig. Um diese Formel anwenden zu können, müsste Spanien jedoch seine Währungssouveränität wiedererlangen. Nur dann könnte es souverän das zur Auszahlung der Renten benötigte Geld emittieren, denn die Auszahlung besteht nur aus Überweisungen vom Konto des Schatzamtes bei der Bank von Spanien auf die Konten der Rentenempfänger bei ihren jeweiligen Banken. Für diese Überweisungen müsste der Staat weder Steuern erheben noch Schulden machen, sondern könnte sich des so genannten Overt Monetary Finance bedienen, d. h. der Überweisung von Geldern, die durch Computeranschläge bei der Bank von Spanien auf die Privatkonten der Rentenempfänger gelangen. Dank des Overt Monetary Finance bezogen spanische Familien Renten bereits lange vor Entstehen des heutigen Steuersystems. Zu Beginn des 20. Jahrhunderts beispielsweise erhielten die Familien der Veteranen des Kubakrieges dank eines Dekrets von König Alfons XIII. eine Rente. Ohne dass Steuern erhoben oder Schuldverschreibungen ausgegeben werden mussten, gingen die Familien der Veteranen zu den Büros der Bank von Spanien und erhielten jeden Monat ihre Rente in bar. Overt Monetary Finance, d. h. Staatsausgaben ohne Emission von Schuldtiteln, blieb bis zur Amtszeit von Carlos Solchaga als Wirtschaftsminister in der Regierung

[16] Link zum Artikel: https://elcomun.es/2020/03/14/pensiones/.

von Felipe González mehr oder weniger unverändert und wurde mit dem Beitritt Spaniens zum Euro völlig unmöglich.

Aufgrund des Euro und der Verträge der Europäischen Union kann Spanien kein Geld auf souveräner Basis emittieren. Seine Ausgabenkapazität ist auf eine Defizitgrenze beschränkt. So darf die Differenz zwischen den öffentlichen Ausgaben und den Steuereinnahmen 3 % nicht überschreiten. Spanien kann also nicht mehr ausgeben als den Betrag, der seinen Steuereinnahmen plus 3 % entspricht. Diese willkürliche Defizitgrenze gefährdet die Fähigkeit, unsere Renten zu zahlen.

Dies bedeutet auch, dass die Rolle der spanischen Zentralbank vor dem Beitritt zum Euro von der Europäischen Zentralbank (EZB) übernommen werden konnte. Mit anderen Worten: Die Währungshoheit liegt jetzt bei der EZB. Wenn die EZB beschließen würde, alle Renten in der Eurozone zu zahlen, könnte sie dies ohne Einschränkungen tun, da nur sie Euros emittiert. Die EZB übernimmt diese Aufgabe jedoch nicht, weshalb alle EU-Länder potenziell zahlungsunfähig werden können.

Würde Spanien das Richtige tun und seine geldpolitische Souveränität wiedererlangen, würde die Gefahr eines Zahlungsausfalls wegfallen, und das Land könnte jederzeit seine Renten bezahlen. Die Fähigkeit, die Renten zu zahlen, garantiert jedoch nur einen der beiden Faktoren der Nachhaltigkeit. Der andere Faktor ist die Fähigkeit der spanischen Wirtschaft, ausreichend Konsumgüter zu produzieren.

Nach Wiedererlangung der Währungssouveränität wäre zwar die Zahlung der Renten garantiert, doch könnte es aufgrund der Arbeitslosigkeit und des Leerlaufs der produktiven Ressourcen sein, dass die spanische Wirtschaft nicht genügend Konsumgüter produziert, um die Bedürfnisse von Erwerbstätigen und Rentnern zu befriedigen.

Nur eine volle Auslastung der menschlichen und materiellen Ressourcen würde garantieren, dass die spanische Wirtschaft genug produziert, um die Kaufkraft der Renten zu erhalten. Daher sollte der Staat eine dauerhafte Vollbeschäftigungspolitik durch Jobgarantien auf der Grundlage von Beschäftigungspuffern verfolgen. Durch diese Vollbeschäftigungspolitik könnten genügend Konsumgüter produziert werden, um den Bedarf der gesamten Bevölkerung, d. h. sowohl der Erwerbstätigen als auch der Rentner, zu decken.

Leider hat sich Spanien dafür entschieden, auf seine Währungssouveränität zu verzichten und sich an die Ausgaberegeln der gemeinsamen Währung zu halten. So konnte sich in der kollektiven Ideologie blanker Unsinn wie „die öffentliche Kasse" oder „das Rentensparschwein" breitmachen. Diese Dinge gibt es nicht, sie sind nur neoliberale Erfindungen, deren einziges Ziel es ist, der Bevölkerung eine absolut nutzlose Austerität aufzuzwingen.

Spricht man von öffentlichen Kassen, dann akzeptiert man den Trugschluss, dass der Staat Geld einnehmen muss, um es ausgeben zu können. Mit anderen Worten: Wenn der Staat seine Kassen öffnet und feststellt, dass sie leer sind, kann er weder Geld ausgeben noch seine Schulden begleichen und wird somit zahlungsunfähig. Weit gefehlt. Geld ist keine Ware wie Gold, sondern ein immaterielles Maß wie der Meter oder das Gramm. Die Behauptung, dass die öffentlichen Kassen leer sind und der Staat deshalb keine Ausgaben tätigen kann, ist genauso absurd wie die Behauptung, dass uns der Metzger seine Produkte nicht verkaufen kann, weil ihm die Gramme ausgegangen sind. Genauso wenig wie dem Metzger die Gramme ausgehen können, kann dem Staat sein eigenes Geld ausgehen, denn er erschafft es aus dem Nichts mit Hilfe von Computertasten in seiner Zentralbank. Es ist daher absurd, von öffentlichen Kassen zu sprechen. Ein Land kann einen Mangel an realen Produkten erleiden, so wie ein Metzger einen Mangel an Fleisch haben kann, doch es kann ihm nicht das Geld ausgehen, das es erschafft, und deshalb gibt es keine öffentlichen Kassen.

Das Gleiche gilt für das Renten-Sparschwein. Der wirtschaftliche Mainstream hat der Bevölkerung eingeredet, dass Steuern und Sozialversicherungsbeiträge die Rentenzahlungen finanzieren. So wurde den Arbeitnehmern weisgemacht, dass der Staat ihre Steuerzahlungen in einem Sparschwein aufbewahrt, um es ihnen bei ihrer Pensionierung als Renten zurückzuzahlen. Weit gefehlt. Der Staat erhebt Steuern für dreierlei Zwecke: um die Inflation zu steuern, um dem Geld einen Wert zu geben, und um Anreize oder Negativanreize für die verschiedenen wirtschaftlichen Aktivitäten zu schaffen, nicht jedoch, um irgendetwas zu finanzieren. Ein währungspolitisch souveräner Staat könnte, wenn er wollte, die Höhe der Renten dreimal, viermal oder beliebig viel erhöhen – die Zahlungsfähigkeit wäre gewährleistet, doch würde das Geld des Staates aufgrund der dadurch entstehenden Inflation an Wert verlieren. Daher entscheiden sich die Staaten dafür, die Höhe ihrer Renten auf kontrollierte Weise anzupassen. Doch ein Sparschwein, in dem der Staat die Steuerbeiträge aufbewahrt und den Arbeitnehmern dann bei ihrer Pensionierung zurückzahlt, gibt es nicht.

In Spanien haben wir glücklicherweise eine gut organisierte Gruppe von Rentnern, insbesondere im Baskenland (siehe Albín 2019). Seit Jahren mobilisiert sich dieses Kollektiv in regelmäßigen Abständen, um das Recht auf eine angemessene Rente zu fordern. Mit dem Regierungsantritt von PSOE und *Unidas Podemos* wurden einige Forderungen der Rentner erhört, und die Renten gewannen teilweise die Angemessenheit zurück, die sie während der Regierungszeit der *Partido Popular* verloren hatten. Die Antwort des Gegners ließ nicht lange auf sich warten. Die Europäische Union hat eine detaillierte Analyse der spanischen Renten veröffentlicht, in der „die Gemeinschaftsexekutive vor allem vor den Auswirkungen der Indexierung der Renten und den von der Koalitionsregierung vorgesehenen Änderungen des Arbeitsrechts warnt. Brüssel mahnt, dass die Risiken für die Tragfähigkeit der öffentlichen Finanzen bei einer erwarteten Verschuldung von 96% des BIP im nächsten Jahr ‚mittel- und langfristig erheblich' bleiben" (Valero 2020).

Leider erhalten die Rentner keine Unterstützung von einer linken Partei, die ihnen die Wahrheit über die Ursache ihrer Probleme erzählt. Es wäre jedoch sehr wichtig, dass die Rentner verstehen, dass hauptsächlich die EU für die Rentenunsicherheit verantwortlich ist, weil ihre Ausgabenvorschriften die Mitgliedsländer potenziell zahlungsunfähig machen und keine Vollbeschäftigungspolitik zulassen.

Die Daten zu den Renten in Spanien können bei *epdata* (epdata.es) eingesehen werden. Im Februar 2020 betrugen die Rentenausgaben 9.872,32 Millionen Euro, 3,23% mehr als im Februar 2019. Würde Spanien die geldpolitische Souveränität zurückgewinnen, um die Rentenzahlungen zu gewährleisten und eine Vollbeschäftigungspolitik umzusetzen, dann würden diese Zahlen kein Problem darstellen. Alles deutet jedoch darauf hin, dass Spanien weiterhin auf dem Fehler beharren wird, in der EU und im Euro zu bleiben, so dass die öffentlichen Renten weiterhin gefährdet sein werden.

Euro delendus est.

***

ARBEITSSTANDARDS – MITBESTIMMUNG UND GEWERKSCHAFTSWESEN

In diesem Abschnitt nimmt Chase die Festlegung eines Mindestlohns auf, eine Höchstzahl von Arbeitsstunden und die Einführung annehmbarer Standards für Arbeitsbedingungen in allen Arbeitsbereichen.

Der Mindestlohn wäre im Fiat-Sozialismus der Lohn der Jobgarantie, und die tägliche Arbeitszeit sollte acht Stunden betragen, wobei mittelfristig die Verkürzung des Arbeitstages angestrebt werden sollte. In der Formel aus acht Stunden Schlaf, acht Stunden Arbeit und acht Stunden Freizeit sollten im Rahmen der technischen Möglichkeiten zur Freizeit immer mehr Stunden hinzukommen und von der Arbeit abgezogen werden. Darüber hinaus sollten die Arbeitnehmer die Chance auf Weiterbildung erhalten, damit sie auf Wunsch umschulen können. Die Zeit dafür sollten sie bekommen.

Eine erweiterte Lesart der Ausführungen von Chase nimmt der Fiat-Sozialismus am dritten Punkt vor, der die Standards der Arbeitsbedingungen betrifft. Selbstverständlich sollte dieser Abschnitt Standards zur Arbeitssicherheit, zur Hygiene am Arbeitsplatz usw. enthalten, doch müsste man zusätzlich zu diesen Punkten einen Schritt weiter gehen und die Gewerkschaftsarbeit mit einbeziehen. Auf diese Weise würde die gewerkschaftliche Tätigkeit selbst zu einem Instrument zur Gewährleistung der übrigen Arbeitsnormen. Kein Sozialismus, Fiat oder nicht, kann ohne diese Beteiligung der Gewerkschaften verwirklicht werden. Nur wenn das Wachstum der sozialistischen Ideen mit dem Wachstum der gewerkschaftlichen Aktion einhergeht, wird es einen effektiven Übergang zum Sozialismus geben. Deshalb müssen neue Gesetze geschaffen werden, die die gewerkschaftliche Kontrolle in die Gesetzgebung der verschiedenen Länder einbeziehen.

In diesem Zusammenhang bin ich der Meinung, dass Spanien dem Beispiel Deutschlands folgen sollte, wo das Mitbestimmungsrecht gesetzlicher Bestandteil des Betriebsverfassungsgesetzes ist. Wie Bill Mitchell erläutert (Mitchell 2017, 91–92), wurde dieses Mitbestimmungsrecht 1976 von dem sozialdemokratischen Bundeskanzler Helmut Schmidt in das deutsche Recht eingeführt.

Das Mitbestimmungsrecht verlieh den Gewerkschaften in Deutschland enorme Macht, doch es markierte auch das Ende der kurzen keynesianischen Periode Deutschlands unter Willy Brandt. 1976 war einerseits das Jahr, in dem Deutschland den Weg des Ordoliberalismus wieder aufnahm, der bis heute anhält, andererseits war es aber auch das Jahr, in dem die Betriebsräte durch die Einführung des Mitbestimmungsrechts neue und weitreichende Aufgaben in den Betrieben übernahmen.

Dieses Gesetz ist trotz ständiger Angriffe seitens der Regierung und der Arbeitgeber noch heute in Kraft. Im Folgenden finden Sie § 87 BetrVG (bitte entschuldigen Sie die Länge dieses unentbehrlichen Zitats):

„§ 87 Mitbestimmungsrechte

(1) Der Betriebsrat hat, soweit eine gesetzliche oder tarifliche Regelung nicht besteht, in folgenden Angelegenheiten mitzubestimmen:

1. Fragen der Ordnung des Betriebs und des Verhaltens der Arbeitnehmer im Betrieb;
2. Beginn und Ende der täglichen Arbeitszeit einschließlich der Pausen sowie Verteilung der Arbeitszeit auf die einzelnen Wochentage;
3. vorübergehende Verkürzung oder Verlängerung der betriebsüblichen Arbeitszeit;
4. Zeit, Ort und Art der Auszahlung der Arbeitsentgelte;
5. Aufstellung allgemeiner Urlaubsgrundsätze und des Urlaubsplans sowie die Festsetzung der zeitlichen Lage des Urlaubs für einzelne Arbeitnehmer,

wenn zwischen dem Arbeitgeber und den beteiligten Arbeitnehmern kein Einverständnis erzielt wird;

6. Einführung und Anwendung von technischen Einrichtungen, die dazu bestimmt sind, das Verhalten oder die Leistung der Arbeitnehmer zu überwachen;
7. Regelungen über die Verhütung von Arbeitsunfällen und Berufskrankheiten sowie über den Gesundheitsschutz im Rahmen der gesetzlichen Vorschriften oder der Unfallverhütungsvorschriften;
8. Form, Ausgestaltung und Verwaltung von Sozialeinrichtungen, deren Wirkungsbereich auf den Betrieb, das Unternehmen oder den Konzern beschränkt ist;
9. Zuweisung und Kündigung von Wohnräumen, die den Arbeitnehmern mit Rücksicht auf das Bestehen eines Arbeitsverhältnisses vermietet werden, sowie die allgemeine Festlegung der Nutzungsbedingungen;
10. Fragen der betrieblichen Lohngestaltung, insbesondere die Aufstellung von Entlohnungsgrundsätzen und die Einführung und Anwendung von neuen Entlohnungsmethoden sowie deren Änderung;
11. Festsetzung der Akkord- und Prämiensätze und vergleichbarer leistungsbezogener Entgelte, einschließlich der Geldfaktoren;
12. Grundsätze über das betriebliche Vorschlagswesen;
13. Grundsätze über die Durchführung von Gruppenarbeit; Gruppenarbeit im Sinne dieser Vorschrift liegt vor, wenn im Rahmen des betrieblichen Arbeitsablaufs eine Gruppe von Arbeitnehmern eine ihr übertragene Gesamtaufgabe im Wesentlichen eigenverantwortlich erledigt;
14. Ausgestaltung von mobiler Arbeit, die mittels Informations- und Kommunikationstechnik erbracht wird.

(2) Kommt eine Einigung über eine Angelegenheit nach Absatz 1 nicht zustande, so entscheidet die Einigungsstelle. Der Spruch der Einigungsstelle ersetzt die

> Einigung zwischen Arbeitgeber und Betriebsrat." (Klebe/ Ratayczak/ Heilmann/ Spoo 2014, 550–551)

Wenn Sie diesen Paragrafen aufmerksam lesen, werden Sie verstehen, welche enorme Macht er den Betriebsräten verleiht. Von der Genehmigung von Überstunden über die Entlassung von Arbeitnehmern bis hin zu weniger wichtigen Fragen wie der Art der Lohnzahlung fällt alles in den Bereich der Mitbestimmung der Betriebsräte. Der Fiat-Sozialismus bindet dieses Mitbestimmungsrecht ein, damit Betriebsräte und Gewerkschaften die Einhaltung der bestehenden Arbeitsnormen gewährleisten können, womit jegliche Diskriminierung bei der Beschäftigung aus Gründen des Geschlechts oder aus anderen Gründen verhindert würde.

REFORM DES SPANISCHEN BANK- UND FINANZSYSTEMS

Wie bei der Größe des öffentlichen Sektors sollten alle Länder demokratisch entscheiden, welches Bankenmodell sie bevorzugen: ein Modell, in dem es nur öffentliche Banken gibt, ein Modell, in dem es nur private Banken gibt, oder ein gemischtes Modell. Sie sollten auch demokratisch über die Größe ihres Finanzsektors entscheiden. Mein Vorschlag für Spanien ist ein gemischtes System, bei dem zwischen Sparkassen und Geschäftsbanken unterschieden wird (eine gute Referenz ist das aufgehobene Glass-Steagall-Gesetz). Meiner Meinung nach sollte das Sparkassenwesen vollständig öffentlich und das Geschäftsbankenwesen privat sein. Das Sparkassenwesen sollte aus einer großen öffentlichen Bank und das Privatkundengeschäft aus mehreren kleinen, stark regulierten Privatbanken bestehen. Der Grund für meinen Standpunkt ist, dass mein Vorschlag für Spanien die Existenz privater Initiative voraussetzt. Wenn es privates Unternehmertum gibt, sollte es meiner Meinung nach auch eine private Geschäftsbank geben, da die Finanzierung von Privatinitiative eine der Aufgaben des privaten Unternehmenssektors sein sollte. Meiner Meinung nach lässt sich so Betrug durch politische Korruption vermeiden, der vorkommen kann, wenn die Geschäftsbanken öffentlich sind und eine ihrer Aufgaben darin besteht, privates Unternehmertum zu finanzieren.

Jeder Wirtschaftssektor wird je nach seiner Konzentration reguliert. Ein Sektor, der sich in einer Monopol- oder Oligopolsituation befindet, kann effizienter sein als ein offener Wettbewerb, muss aber stark reguliert werden, um das Entstehen korrupter und spekulativer Dynamiken darin zu verhindern. Andererseits kann ein anderer Sektor seine Effizienz durch offenen Wettbewerb steigern. In diesem Fall wirkt der Wettbewerb zwischen den Akteuren als eine Form der Regulierung an sich, so dass die öffentliche Regulierung lockerer sein kann.

Eine öffentliche spanische Sparkasse ließe sich durch Renationalisierung der Sparkassen und Wiedereinführung des ehemaligen öffentlichen Postbankmodells erreichen. Diese Bank sollte jedem Spanier und jedem rechtmäßige Einwohner ohne zusätzliche Kosten ein Sparkonto gewährleisten, das ihm ein funktionelles Leben ermöglicht (Zahlung von Rechnungen und Lastschriften, Erhalt von Gehaltsschecks und Renten, Zugang zum digitalen Banking, Zugang zu einer Debitkarte usw.). Diese Dienstleistungen sollten von den Postämtern erbracht werden, so dass sie auch in den entlegensten Orten, in denen man derzeit schwer einen Geldautomaten findet oder eine Internetverbindung bekommt, in Anspruch genommen werden können.

In Bezug auf das private kommerzielle Bankgeschäft bin ich der Ansicht, dass der spanische Finanzsektor nach dem Prinzip von Randall Wrays drei S reguliert werden sollte: *Small*, *Safe*, *Simple* (klein, sicher, einfach).[17] Die beiden Dokumente, die diese Idee meiner Meinung nach am besten widerspiegeln, sind Bernie Sanders' Buch *Unsere Revolution* (Sanders 2017) und Warren Moslers Forschungsartikel „Proposals for the Treasury, the Federal Reserve, the FDIC, and the Banking System“ (Mosler 2023, 71–78).

Der Hauptgedanke in Bernie Sanders' Buch ist, dass die US-amerikanischen Finanzinstitute und Banken überdimensioniert sind und daher der Wert ihrer Vermögenswerte 2 % des US-BIP nicht überschreiten sollte (Sanders 2017, 264). Ich teile die Meinung von Bernie Sanders und bin der Ansicht,

[17] Randall Wray erklärt in diesem Interview die Regulierung der drei S: *Entrevista a Randall Wray* https://youtu.be/949JLYr2L90.

dass die 2 %-Grenze auch in Spanien nicht überschritten werden sollte, da unser Finanzsektor ebenfalls überdimensioniert ist und wir aufgrund der systemischen Korruption in diesem Sektor äußerst schwerwiegende Folgen erlitten haben, wie beispielsweise im Fall von *Bankia*.

Das spanische BIP betrug 2019 1,941 Billionen Dollar, etwa 1,766 Billionen Euro. 2 % dieser Zahl sind 35,32 Milliarden Euro.

Dies sind die 10 größten spanischen Banken gemessen am Volumen ihrer Vermögenswerte (Statista 2022, I):

Bankinstitute	Wert in Millionen Euro
Caixabank	369.906
BBVA	368.982
Banco Santander	344.831
Bankia	209.925
Banco Sabadell	178.204
Bankinter	82.765
Kutxabank	60.823
Unicaja	55.922
Ibercaja	53.132
Abanca	52.647

Rangliste der wichtigsten spanischen Banken im ersten Halbjahr 2019, nach Volumen der Aktiva (in Millionen Euro)

Wie wir sehen, überschreiten die 10 Banken die 35.320 Millionen Euro bei weitem, was deutlich macht, wie unverhältnismäßig groß die Privatbanken in Spanien sind. All diese Institute sowie alle anderen spanischen Institute mit Vermögenswerten von mehr als 35.320 Millionen Euro sollten in kleinere, voneinander völlig unabhängige Banken unterteilt werden, die auf keinen Fall Vermögenswerte von mehr als 35.320 Millionen Euro halten dürfen. Dies würde das Gewicht und die Größe des Finanzsektors in der spanischen

Wirtschaft verringern, was ihn sicherer machen und der gesamten Wirtschaft Stabilität verleihen würde.

Die Arbeit von Warren Mosler führt einen neuen Regulierungsansatz für den Bankensektor ein. Das heißt, anstatt all das zu bestimmen, was Banken tun dürfen, legt er fest, dass Banken außer acht Dingen nichts tun dürfen. Diese acht Vorschläge für eine negative Regulierung des Bankensystems werden in Warrens Werk mit fundierten historischen Gründen begründet. Mosler führt aus, dass die großen Wirtschaftskrisen des späten 19. Jahrhunderts deutlich gezeigt haben, dass der Goldstandard und die festen Wechselkurse die Finanzierung der Banken nicht glaubwürdig garantieren können, da die privaten Banken bei einer Finanzpanik die Konvertibilität nicht aufrechterhalten können. Dies löste tiefe Wirtschaftskrisen aus und führte 1913 zur Gründung der US-Notenbank als Kreditgeber letzter Instanz für Privatbanken. Dies reichte jedoch nicht aus, um die Große Depression von 1930 zu verhindern. So wurde 1934 ein Konsens darüber erzielt, dass die einzige praktikable langfristige Lösung darin bestand, die Goldkonvertibilität auf nationaler Ebene auszusetzen. Auf diese Weise konnte die Weltwirtschaftskrise überwunden werden. Doch auch 80 Jahre nach der Weltwirtschaftskrise und nach der endgültigen Aufgabe des Goldstandards im Jahr 1971 ist die Lage im Finanzsektor nach wie vor instabil und hat zahlreiche Wirtschaftskrisen ausgelöst, von denen die schwerste im Jahr 2008 stattfand. Hinzu kommt, dass der Euro und die EU-Verträge de facto wie ein Goldstandard wirken und den Ländern der Eurozone feste Wechselkurse aufzwingen.

Ausgehend von diesen historischen Erfahrungen schlägt Warren Mosler die folgenden negativen Regulierungen des Bankensektors vor:

1. „Banken sollten nur Kredite direkt an Kreditnehmer vergeben und diese dann in ihren eigenen Bilanzen bedienen und halten dürfen. Der Verkauf von Krediten oder anderen finanziellen Vermögenswerten an Dritte dient nicht dem Gemeinwohl, sondern verursacht dem Staat erhebliche reale Kosten für die Regulierung und Überwachung dieser Aktivitäten. [...]

2. US-Banken sollte es nicht erlaubt sein, Verträge über den LIBOR abzuschließen. [...]
3. Banken sollten keine Tochtergesellschaften irgendwelcher Art haben dürfen. Es dient nicht dem Gemeinwohl, wenn eine Bank irgendwelche Vermögenswerte ‚außerhalb der Bilanz' halten darf.
4. Den Banken sollte es nicht gestattet sein, Finanzanlagen als Sicherheiten für Kredite zu akzeptieren. Die finanzielle Hebelwirkung [‚leverage'] dient nicht dem Gemeinwohl.
5. US-Banken sollte es nicht erlaubt sein, Kredite im Ausland zu vergeben. Es dient nicht dem Gemeinwohl, US-Banken zu erlauben, Kredite für ausländische Zwecke zu vergeben.
6. Banken sollte es nicht erlaubt sein, Kreditausfallversicherungen zu kaufen (oder zu verkaufen). [...]
7. Den Banken sollte es nicht gestattet sein, sich am Eigenhandel (‚proprietary trading') oder an gewinnbringenden Unternehmungen zu beteiligen. [...]
8. [...] die Verwendung von FDIC-genehmigten Kreditmodellen für die Bewertung von Bankaktiva. Ich würde keine Marktbewertung von Bankaktiva zulassen. [...]" (Mosler 2023, 72–74)

Der in Punkt 2 erwähnte LIBOR ist die London Interbank Offered Rate, die dem EURIBOR, der European Interbank Offered Rate, ähnlich ist. Sollte Spanien seine geldpolitische Souveränität wiedererlangen, sollte es seinen Banken daher auch nicht erlauben, nach dem EURIBOR zu handeln, da diese Einrichtung einen Interbankensatz festlegt, über den der spanische Staat keine Kontrolle hat.

Ebenso ist die FDIC (siehe Punkt 8) die Federal Deposit Insurance Corporation der Vereinigten Staaten, deren Aufgabe es ist, die Rückzahlung der Bankeinlagen zu garantieren, wenn eine Bank zusammenbricht. Daher sollte es in einem monetär souveränen Spanien auch eine Einlagensicherung geben, damit im Falle des Scheiterns einer Einrichtung diese die Verluste übernimmt und die Sparer ihre Einlagen nicht verlieren.

Abgesehen davon lässt sich die Klarheit der acht Punkte und ihre Anwendbarkeit in einem Land wie Spanien kaum bezweifeln. Mit ihnen und den obigen Ausführungen zum öffentlichen Bankwesen könnte Spanien meiner Meinung nach eine angemessene Bankenreform durchführen.

GARANTIERTER WOHNRAUM: VERKNÜPFUNG VON JOBGARANTIE UND STEUERREFORM

Dieser Artikel wurde am 22. September 2021 in elcomun.es veröffentlicht.[18]

DER FREMDE

Der Fremde war überrascht, als er die letzte Zigarette in der Schachtel rauchte. Er saß am Fußende des Bettes, das von nun an sein Bett sein würde. Er rauchte und schaute aus dem Fenster, von dem aus er die vielen Sozialwohnungen der sogenannten *Operación Chamartín* (siehe Sánchez Mato 2018) im Norden von Madrid sehen konnte. Vom 24. Stockwerk aus, wo er sich befand, war die Aussicht wirklich spektakulär. Auf einer Fläche von 1,27 Millionen Quadratmetern wurden riesige Wohnblocks mit bis zu 35 Stockwerken gebaut. In jedem dieser für den öffentlichen Wohnungsbau bestimmten Blocks fand die Bevölkerung einer Kleinstadt Platz. Alle Gebäude sahen gleich aus. Sie waren im ganzen Land zu finden und wurden von der öffentlichen Baugesellschaft des Wohnungsbauministeriums errichtet.

Der Bau begann, als der Fremde noch ein Kind war. Damals wurde ein Gesetzespaket verabschiedet, das aus dem Jobgarantiegesetz und dem Gesetz für garantierten Wohnraum bestand. Ersteres garantierte, dass jeder Bürger, der arbeiten wollte und konnte, aber weder in der Privatwirtschaft noch im öffentlichen Dienst eine Stelle fand, eine öffentliche Übergangsanstellung erhielt, bis eine bessere Stelle gefunden werden konnte. Das zweite garantierte den Zugang zu öffentlichen Mietwohnungen gegen einen Anteil des Gehalts des Arbeitnehmers.

[18] Link zum Artikel: https://elcomun.es/2021/09/22/el-forastero/.

Das Jobgarantiegesetz trat sofort in Kraft. Nach einer Legislaturperiode war die Arbeitslosenquote in Spanien auf 0 % gesunken. Die Umsetzung des Gesetzes über den garantierten Wohnraum nahm mehr Zeit in Anspruch, da eine Vielzahl von Gebäuden gebaut werden musste, so auch das Gebäude, in dem sich der Fremde nun befand.

Der aktuelle Preis für die öffentliche Miete betrug 20 % des Lohns der Arbeiter, und der aktuelle Lohn für die Jobgarantie betrug 1000 *Laborables* pro Monat bei 40 Wochenstunden. Diese Miete war auch die einzige Steuer, die von den in öffentlicher Miete lebenden Arbeitnehmern gezahlt wurde. Erhebungen zufolge (siehe Statista 2022) lebte die Mehrheit der spanischen Bevölkerung in Eigentumswohnungen. In diesem Fall mussten die Eigentümer einen Prozentsatz des Marktwerts ihrer Häuser, Immobilien und Grundstücke als Steuern zahlen, der sich nach dem Marktwert der Immobilie richtete. Der Steuersatz wurde jährlich aktualisiert. Personen, die in privat vermieteten Wohnungen wohnten, zahlten keine direkten Steuern an den Staat, da der Vermieter den Steuerbetrag, den er als Vermieter an den Staat zu zahlen hatte, in die Miete einbezog. Dieses System wurde schrittweise eingeführt. In dem Maße, wie der Staat andere Steuern senkte, erhöhte er die Steuern auf Grundbesitz und Immobilien. Am Ende blieb praktisch nur noch die Grundsteuer übrig. Mit ihr konnte der Staat genug einnehmen, um die drei Funktionen der Steuererhebung zu erfüllen, von denen keine zur Finanzierung der öffentlichen Ausgaben diente. Diese drei Funktionen waren: die Steuerung der Inflation, die Aufwertung der nationalen Währung und die Verhinderung unerwünschter Aktivitäten, insbesondere der Immobilienspekulation, die der spanischen Wirtschaft in der Vergangenheit zu schaffen machte. Dank dieses Systems gehörte die Immobilienspekulation nun der Vergangenheit an. Die Großgrundbesitzer und großen Ländereien waren verschwunden, und die Preise der privaten Wohnungsmieten mussten so weit gesenkt werden, dass sie mit den Preisen der öffentlichen Mieten konkurrieren konnten, so dass auch die Klasse der Rentiers verschwunden war.

Der Fremde gehörte zu den Arbeitnehmern der Jobgarantie. Das ging ganz einfach. Er ging zu einem Arbeitsamt, wies sich aus, bekam Arbeitsmöglichkeiten in verschiedenen Programmen des öffentlichen Dienstes angeboten und entschied sich für eines. Arbeitsantritt war am nächsten Tag. Er war jetzt Teil eines umfassenden Programms zur vollständigen Beseitigung von Graffiti an den Fassaden der Madrider Gebäude und, falls erforderlich, zur Instandsetzung dieser Gebäude. Beim Arbeitsamt sagte man ihm, der Plan werde voraussichtlich ein Jahr lang laufen. Hätte der Fremde in dieser Zeit keine andere Arbeit gefunden, würde ihm eine Beschäftigung in einem anderen Programm zugewiesen.

Er hatte die Zigarette zu Ende geraucht. Zum ersten Mal seit langer Zeit war er ruhig und gelassen. Niemand fragte ihn nach seiner Vergangenheit. Niemand verurteilte ihn. Als ihm der Hausmeister die Hausschlüssel übergab, erklärte er ihm kurz die Funktionsweise des Küchenherdes, zeigte ihm das Badezimmer und die Schlafzimmer. Der Fremde unterschrieb den Vertrag mit den Mietbedingungen, die er zuvor gelesen hatte, und übergab ihn dem Hausmeister. Nun hatte er eine Wohnung und ein neues Leben vor sich, er musste nur acht Stunden pro Tag arbeiten und die Regeln von Recht und Anstand einhalten. Mehr nicht. Dann fühlte sich der Fremde auch frei.

Was würde er mit seinen 800 verfügbaren *Laborables* und seiner Freizeit tun? Es war Zeit, das herauszufinden. Er trat auf den Treppenabsatz hinaus und rief den Aufzug. Im ersten Stock angekommen, trat er in das geräumige Foyer. Supermarkt, Apotheke, Lesesaal und Bibliothek, Kino, Bar. Eine Bar, das war es, was er brauchte. Er ging hinein, kaufte Zigaretten und aß einen Happen. Dann ging er hinunter in den Keller. Dort fand er die Waschmaschinen. Er kehrte in den ersten Stock zurück. In dem kleinen Informationsbüro neben dem Hausmeisterschalter holte er sich ein Faltblatt mit Informationen über die Aktivitäten in dem Komplex. Im Gebäude nebenan befand sich ein Schwimmbad. Zwei Gebäude weiter ein Gesundheitszentrum und ein öffentlicher Kindergarten.

Er war kein Fremder mehr.

Euro delendus est.

***

In seinem 1879 erschienenen Buch *Progress and Poverty* stellt Henry George die Idee der Einheitssteuer vor. Diese Steuer würde auf den Besitz und die Nutzung von Grund und Boden erhoben. George argumentiert, dass der Staat durch die Einführung dieser Steuer so viel einnehmen kann, wie zur Finanzierung seiner laufenden Ausgaben erforderlich ist. Wie wir gesehen haben, ist diese Auffassung von Steuerpolitik falsch, da der Staat, wie die moderne Geldtheorie zeigt, keine Steuern erheben muss, um Ausgaben tätigen zu können. Georges Vorschlag entstand jedoch in einer historischen Periode vor dem 15. August 1971 (als der Goldstandard offiziell nicht mehr in Kraft war), als Gold noch eine wichtige Rolle im internationalen Handel spielte und der Tauschwert der nationalen Währungen an Gold gebunden war. Dennoch argumentierte George, die Einführung dieser Einheitssteuer leiste der Wirtschaft insgesamt viele gute Dienste. Insbesondere wirke sich die Steuer negativ auf die Interessen der Rentiers aus, die durch den Besitz von Grund und Boden an der Arbeit der restlichen Gesellschaft Pachtzinsen verdienen können. Darüber hinaus verhindere sie Eigentumsspekulationen und ungenutzte Ressourcen, was zu produktiveren Wirtschaftstätigkeiten, Beschäftigung und Löhnen führe.

Meiner Meinung nach gibt es eine Schnittstelle zwischen dem Georgismus und der modernen Geldtheorie. Nachdem wir die irrige Vorstellung verworfen haben, dass der Staat seine Ausgaben durch Steuern finanzieren muss, stellen wir fest, dass eine Grundsteuer tatsächlich die Anforderungen der modernen Geldtheorie in Bezug auf die Rolle der Steuern erfüllen würde. Erinnern wir uns daran, dass die moderne Geldtheorie den Steuern eine dreifache Rolle zuschreibt. Zum einen geben Steuern dem Geld einen Wert, zum anderen steuern sie die Gesamtnachfrage und die Inflation, und sie bieten Anreize oder Hemmnisse für verschiedene wirtschaftliche Aktivitäten.

Eine Grundsteuer würde diese drei Prinzipien erfüllen und wäre sehr vorteilhaft für ein Land wie Spanien, wo es Großgrundbesitzer gibt, die Rentiers sind, wo die Immobilienspekulation ein ernsthaftes Problem darstellt, und wo der Zugang zu Wohnraum trotz eines hohen Prozentsatzes von Immobilienbesitzern sehr teuer ist.

Ein Ausgangspunkt für diese Vereinbarkeit zwischen Modern Monetary Theory und Georgismus findet sich in Warren Moslers *Soft Currency Economics II.* Dort argumentiert der Autor, dass Mehrwert- und Einkommenssteuern Transaktionen behindern und somit dem Handel im Weg stehen. Darüber hinaus behindern sie oft die Erzielung von Gewinnen durch spezialisierte Arbeit und komparative Vorteile. Schlimmer noch: Transaktionssteuern bieten denjenigen, die sie zu umgehen wissen, saftige Gewinne, so dass die Behörden viel Geld zur Verhinderung von Betrug aufwenden und Zuwiderhandelnde mit schweren Strafen belegen müssen. So kommt es zu einem Kampf zwischen dem Staat und den Privatunternehmen, bei dem die Unternehmen versuchen, Schlupflöcher im Gesetz zu finden, um ihre Tätigkeiten nicht anmelden zu müssen, und der Staat versucht, die Pläne der Unternehmen zu durchkreuzen, damit sie Steuern zahlen. Dies ist für beide Seiten ein sehr kostspieliges Katz-und-Maus-Spiel, das viele Ressourcen bindet, ohne etwas zu bringen.

> „Eine Immobiliensteuer ist eine interessante Alternative. Sie ist viel einfacher durchzusetzen, sorgt für eine stabilere Nachfrage nach Staatsausgaben und schreckt nicht vor Transaktionen ab. Sie kann progressiv gestaltet werden, wenn die Demokratie dies wünscht.
>
> Wie viel Geld man hat, ist vielleicht weniger wichtig als wie viel man ausgibt. Dies ist keine übliche Überlegung. Aber Geld zu haben, verbraucht keine realen Ressourcen. Auch schließt die Anhäufung von nominalem Reichtum durch eine Person die Anhäufung von nominalem Reichtum durch eine andere Person nicht aus, da die verfügbare Geldmenge unendlich ist. Fiat-Geld ist nur eine Steuergutschrift.“ (Mosler 2023, 33–34)

Warren Mosler scheint also Henry Georges Ansicht über die Vorteile einer einzigen Steuer auf Grundbesitz zu teilen (auch wenn man sich über die Funktion einer solchen Steuer uneinig ist).

Meiner Meinung nach wäre dies der beste Weg, das spanische Steuersystem zu reformieren. Der beste Leitfaden für diese Reform in Spanien findet sich in dem Buch *La especulación inmobiliaria y el silencio de los Corderos* [*Die Immobilien-Speku-*

lation und das Schweigen der Lämmer] (Scornik Gerstein/ Harrison 2016). Darin verteidigen die Autoren Georges Arbeit und argumentieren, dass „sich Immobilieninvestitionen in Spanien nicht rentieren dürfen, wenn wir das Produktionsmodell wirklich ändern wollen. Gegenwärtig ist diese Investition für alle Spanier unter diesem irrationalen System eine ständige Zuflucht" (Scornik Gerstein/ Harrison 2016, 62–63). Zu diesem Zweck schlagen sie die folgenden Maßnahmen vor:

- Eine beträchtliche Erhöhung der Grundsteuer auf ein Niveau, das dem anderer europäischer Länder entspricht.
- Senkung anderer Steuerbelastungen und Einführung von Ausnahmeregelungen für bescheidenes selbstgenutztes Wohneigentum.
- Die Grundsteuer sollte auf den Wert des Grundstücks ohne Gebäude erhoben werden, da nicht die Gebäude, sondern das Grundstück im Preis steigt.
- In dem Maße, wie die Grundsteuer erhöht wird, sollten andere Steuern gesenkt oder abgeschafft werden.
- Besteuerung des Mehrwertes städtischer Grundstücke zur Bekämpfung der Spekulation.
- Starke Erhöhung der Abgaben auf spekulative Immobilientransaktionen, d.h. solche, die innerhalb einer bestimmten Anzahl von Jahren nach dem Erwerb getätigt werden, wie dies z.B. in Deutschland und Österreich der Fall ist (Scornik Gerstein/ Harrison 2016, 62–63).

In der Praxis konzentrieren sich diese Reformen auf die Grundbesitzsteuer (in Spanien IBI genannt). Dies ist die wichtigste Steuer auf privaten Grundbesitz in Spanien. Obwohl sie Teil des lokalen Steuersystems ist, hängt ihre Verwaltung sowohl von den Gemeinden als auch vom Staat ab. Diese Steuer wird auf städtische und ländliche Grundstücke nach dem ihnen vom Staat zugewiesenen Katasterwert erhoben, der den Gemeinden einen gewissen Spielraum bei der Festlegung der anzuwendenden Steuersätze lässt. Scornik Gerstein und Fred Harrison vergleichen den Umfang dieser Steuer mit dem Umfang ähnlicher Steuern in anderen Ländern. Sie kommen zu dem Schluss, dass „der durchschnittliche Steuersatz in Spanien 0,664 beträgt und damit viel niedriger ist als in vergleichbaren Rechtsvorschriften, obwohl es in einigen Gemeinden natürlich höhere Sätze gibt“ (Scornik Gerstein/ Harrison 2016, 99).

Das erste Problem des IBI ist, dass „die Katasterbewertung nur [...] 40 % des Marktwerts der Immobilie ausmacht, so dass die Erhebung deutlich niedriger ist, als sie sein könnte“ (Scornik Gerstein/ Harrison 2016, 99). Ein weiteres Problem ist „die Befreiung der katholischen Kirche von der Zahlung des IBI, was unlogisch ist“ (Scornik Gerstein/ Harrison 2016, 98). Daher müssten diese beiden Probleme als erstes korrigiert werden, damit der Katasterwert den Marktwert der Immobilie genau wiedergibt und die katholische Kirche entsprechend Steuern zahlt. Danach wären wir in der Lage, einen nicht spekulativen Vorschlag für den Wohnungsbau in Spanien aus der Perspektive des Fiat-Sozialismus zu machen.

Unser Vorschlag sollte ein weiterer Faktor zur Annäherung Spaniens an den Lerner-Punkt sein. Daher muss er zum einen durch die Steuerpolitik und zum anderen durch Vollbeschäftigung durch Jobgarantien auf der Grundlage von Beschäftigungspufferbeständen ergänzt werden.

Was die Steuerpolitik anbelangt, so sollte der IBI schrittweise erhöht werden, während andere Steuern gesenkt werden. Das Ziel wäre, den IBI zur wichtigsten Steuer des Landes zu machen. Wenn möglich, sollten alle anderen Steuern abgeschafft oder so weit wie möglich gesenkt werden, insbesondere die Ertragssteuern. Ich wäre daher für die Abschaffung der Mehrwertsteuer, der Lohnsteuer und der Gewerbesteuer sowie aller Sozialversicherungsbeiträge. Im Gegensatz zu dem, was ein Großteil der Bevölkerung glaubt, finanzieren die Sozialversicherungsbeiträge weder das öffentliche Gesundheitssystem noch die Renten oder irgendetwas anderes. Das Geld, das die Rentner erhalten, ist nicht das Geld, das sie ihr ganzes Arbeitsleben lang in Form von Sozialversicherungsbeiträgen gezahlt haben. Auch die inexistenten Mythen von der Rentenkasse und den öffentlichen Kassen müssen aus der kollektiven Vorstellung verschwinden. Renten und Subventionen sind durch die Geldhoheit gesichert, denn sie sind nichts anderes als Überweisungen von der Zentralbank auf die Konten der Empfänger bei deren Banken. Daher sollten alle Sozialversicherungsbeiträge abgeschafft werden. Nur das, was für die Bevölkerung schädlich ist, sollte besteuert werden. Die Beschäftigung von Arbeitnehmern, Investitionen, Unternehmertum und Forschung sind keine schädlichen Tätigkeiten und sollten daher nicht besteuert werden. Zu den schädlichen Tätigkeiten, die besteuert werden sollten, gehören beispielsweise Alkohol- und Tabakkonsum, Glücksspiele, Finanzspekulationen und insbesondere Immobilienspekulationen. Daher sollte man diese Tätigkeiten besteuern. Der Unterschied zwischen Immobilienspekulation und den weiter oben genannten schädlichen Tätigkeiten besteht darin, dass Immobilienspekulation mit einem lebensnotwendigen Gut, nämlich Grund und Boden, verbunden ist. Somit unterscheidet sich die Besteuerung von Alkohol, Tabak, Glücksspiel oder Finanzspekulationen von der Grundsteuer darin, dass erstere dann erfolgreich ist, wenn sie keine Einnahmen mehr erzielt.

Was den Zugang zu Wohnraum und die Vollbeschäftigung betrifft, so sollte die Beseitigung der Arbeitslosigkeit mit einer Garantie für den allgemeinen Zugang zu Wohnraum einhergehen. Senator Bernie Sanders hat in seinem Wahlprogramm für die Präsidentschaftswahlen 2020 einen Plan zur Jobgarantie auf Bundesebene und ein garantiertes Wohnungsbauprogramm mit der Bezeichnung *Housing for all* [Wohnraum für alle] (Sanders 2020).

Meiner Meinung nach sollte auch Spanien einen solchen Plan verabschieden. Ein Ausgangspunkt für diese Idee findet sich in *Unsere Revolution*, wo Sanders sagt, dass früher „galt, dass keine Familie mehr als ein Viertel ihres Einkommens für Wohnraum ausgeben sollte“ (Sanders 2017, 185). Daraus lässt sich Folgendes ableiten: Alle Arbeitnehmer sollten ein universell garantiertes Recht auf Wohnraum zu maximal 25 % ihres Gehalts haben. Zu diesem Zweck sollte der Staat menschenwürdige öffentliche Mietwohnungen bauen, die dieses Recht garantieren würden. Dies würde sowohl für Arbeitnehmer mit Jobgarantie als auch für den Rest der Arbeitnehmer gelten. Natürlich sollte die Größe der Wohnung der Anzahl der Personen in der Familie entsprechen.

Zur Besteuerung offen vermieteter Eigenheime sollte der Staat den aktualisierten Katasterwert als Grundlage nehmen. Beträgt beispielsweise der Katasterwert des Grundstücks und

der Wohnung einer Person 1.000.000 €, müsste diese bei einem IBI von 1 % jährlich 10.000 € an Steuern zahlen, 20.000 € bei einem IBI von 2 %, usw. Das angemessene Niveau dieser Steuer wäre das, welches es der Regierung ermöglichen würde, die allgemeine Preisstabilität aufrechtzuerhalten. In diesem Beispiel wurde die gleiche Höhe des IBI für Grundstücke und für Wohnungen vorausgesetzt, doch folgt man dem Rat von Scornik Gerstein und Harrison, dann könnten unterschiedliche Prozentsätze zum Einsatz kommen.

Auf diese Weise würde der Preis für Wohnraum, sowohl in Eigentum als auch zur Miete, sinken, ohne dass es zu Spekulationsblasen kommt, wie wir sie in den letzten Jahrzehnten in Spanien erlebt haben. Zusätzlich würde der Steuerbetrug stark zurückgehen.

Mieter auf dem freien Markt würden keine direkte Steuer zahlen, sondern eine indirekte, da ihr Vermieter die Steuer über die Miete an sie weitergeben würde, der er dann den Teil hinzurechnet, der seinem Gewinn entspricht. Dieser Gewinnanteil darf nicht zu hoch sein, denn er steht in Konkurrenz mit den übrigen offenen Mieten und mit dem Recht des Mieters, in eine mietgeschützte Wohnung zu ziehen, in der er maximal 25 % seines Gehalts zahlt.

Um Immobilienspekulationen nach dem Verkauf zu vermeiden, lesen wir im Buch von Scornik Gerstein und Harrison, dass in Österreich „jede Wohnung, die innerhalb von 10 Jahren nach dem Kauf verkauft wird, als spekulativ gilt und der Abgabensatz 50 % des Verkaufspreises beträgt" (Scornik Gerstein/ Harrison 2016, 100). Spanien sollte das Gleiche oder etwas Ähnliches tun.

Daher besteht der Vorschlag des Fiat-Sozialismus in Bezug auf das Wohnen in Spanien darin, das Recht auf garantierten Wohnraum mit der Jobgarantie und der Steuererhebung zu verbinden.

BILDUNGSSYSTEM: AUFSTAND GEGEN VORLESUNGSSKRIPTE

Spanien wird nie zu den am weitesten entwickelten Ländern gehören, wenn es nicht aufhört, mit Skripten zu lernen. Man könnte dies für eine Übertreibung halten und denken, bei Vorlesungsskripten handele es sich nur um ein kulturelles

Merkmal, das genauso gültig ist wie die Merkmale der Bildungsmodelle jedes anderen Landes; ich bin jedoch der Meinung, dass dieses Problem viel tiefer und viel ernster ist, als es auf den ersten Blick erscheinen mag.

Der Hauptunterschied zwischen dem spanischen Bildungssystem, das auf Vorlesungsskripten basiert, und den Bildungssystemen der wirtschaftlich weiter entwickelten Länder, in denen es überhaupt keine Skripte gibt, besteht darin, dass das spanische System ein reproduktives System ist (ausgerichtet auf das Auswendiglernen von Daten), während die anderen Systeme produktiv sind (ausgerichtet auf intellektuelle Produktion und Kreativität). Das spanische System verlangt von den Schülern, dass sie das lernen, was andere in der Vergangenheit bereits gesagt haben, um den bestehenden Wissensstand zu erhalten. Die fortschrittlicheren Nationen erwarten von den Schülern ebenfalls, dass sie aus dem angesammelten Wissen lernen, aber nicht, um den bestehenden Wissensstand zu erhalten, sondern um andere, neue und bessere Wissensstände zu schaffen. Der Unterschied in erkenntnistheoretischer und pädagogischer Hinsicht ist abgrundtief.

Ich will keineswegs behaupten, dass die wirtschaftlich fortschrittlichsten Gesellschaften abstrakt gesehen besser sind als die spanische Gesellschaft. Ich behaupte auch nicht, dass der protestantische Kapitalismus, in dem der Übergang vom reproduktiven Bildungsmodell zum produktiven Bildungsmodell in Europa stattfand, besser war als der katholische Kapitalismus, und noch viel weniger behaupte ich, dass die Arbeits- oder intellektuellen Fähigkeiten der Menschen aus Mittel- und Nordeuropa denen der Menschen aus Südeuropa überlegen sind (solche Argumente sind weit verbreitet und nicht nur falsch, sondern auch rassistisch). Was ich behaupte, ist, dass Althusser mit folgender Überlegung richtig lag:

> „Jedoch ist es absolut evident, dass in der historisch vorkapitalistischen Periode *ein dominierender Ideologischer Staatsapparat existiert hat, nämlich die Kirche*, auf die sich nicht nur die religiösen Funktionen, sondern auch die schulischen und zu einem guten Teil die Funktion der Information und der ‚Kultur' konzentrierte. Wenn der gesamte ideologische Kampf vom 16. bis zum 18. Jahrhundert, vom ersten Anstoß der Refor-

mation angefangen, sich auf einem antiklerikalen und antireligiösen Kampf *konzentriert* hat, so ist das kein Zufall, sondern es geschah aufgrund der dominierenden Rolle des religiösen Ideologischen Staatsapparates." (Althusser 1970)

Obwohl ich diese Überlegung für richtig halte, erweckt sie den Eindruck, dass Althusser den Ursprung des Kapitalismus mit der Reformation identifiziert und sich dabei an Marx anlehnt, der sagte, „Das Monetarsystem ist wesentlich katholisch, das Kreditsystem wesentlich protestantisch" (Marx, *Das Kapital*, 1894), als sei Geld nicht an sich ein Steuerkredit. Dies muss jedoch, wie Max Weber argumentiert, nicht stimmen, zumindest was die „‚kapitalistische' *Form* der Organisation" (Weber 1904, 56) betrifft, d. h. die Existenz gewinnsüchtiger Unternehmer innerhalb des Gesetzes, die sowohl auf Investitionen als auch auf die Einstellung von Arbeitskräften als auch auf die Ausgabenpolitik einer währungsgebenden und damit steuerbegünstigenden Zentralgewalt angewiesen waren. Die Form der kapitalistischen Produktion geht also der Reformation voraus; was die Reformation einleitete, war ein Wandel in dem, was Weber den Geist des Kapitalismus nennt, der aufhörte, ein traditionalistischer Kapitalismus zu sein, und zu einem Kapitalismus wurde, der sich auf den Beruf stützt.

Zum Traditionalismus schreibt Weber:

> „Aber es war traditionalistische Wirtschaft, wenn man auf den Geist sieht, der die Unternehmer beseelte: die traditionelle Lebenshaltung, die traditionelle Höhe des Profits, das traditionelle Maß von Arbeit, die traditionelle Art der Geschäftsführung und der Beziehungen zu den Arbeitern und dem wesentlich traditionellen Kundenkreise, die traditionelle Art der Kundengewinnung und des Absatzes beherrschten den Geschäftsbetrieb, lagen – so kann man geradezu sagen – der „Ethik" dieses Kreises von Unternehmern zugrunde.
>
> Irgendwann nun wurde diese Behaglichkeit plötzlich gestört, […] ohne dass dabei irgend eine prinzipielle Änderung der Organisationsform […] stattgefunden hätte." (Weber 1984, 56–57)

Es traten Generationen von Unternehmern auf, die „nicht verbrauchen, sondern erwerben wollten" (Weber 1984, 57) und die eine ganz andere Einstellung zum Unternehmertum hatten. Was die Unternehmer seit der Reformation zunehmend auszeichnete, sind „ethische Qualitäten spezifisch anderer Art als die dem Traditionalismus der Vergangenheit adäquaten." (Weber 1984, 58)

Dieser eher geistige als formale Wandel veränderte das gesamte soziale Gefüge in den protestantischen Ländern, oder wie Althusser sagen würde, die Struktur und die ideologischen Apparate der Staaten. Die Menschen studierten nicht mehr wie früher, produzierten nicht mehr wie früher, arbeiteten nicht mehr wie früher, beteten nicht mehr wie früher und so weiter.

Auf dem Gebiet der Bildung, mit dem wir uns hier befassen, fand in den protestantischen Ländern ein revolutionärer Wandel statt. Das Bildungssystem wurde zu einem Mittel für die Studenten, einen Beruf zu finden, d.h. „eine Lebensaufgabe, ein bestimmtes Arbeitsfeld" (Weber 1930, 39). Mit anderen Worten: Die Funktion der protestantischen Bildungssysteme bestand darin, die spontanen intellektuellen Neigungen der Schüler zu entdecken und zu fördern, damit sie sich ihnen mit Leib und Seele widmen konnten. Auf diese Weise wurde sichergestellt, dass die intellektuellen Neigungen des Einzelnen die Gesellschaft durch die Hingabe an die Arbeit um der Arbeit willen bereicherten. Wir alle fühlen uns spontan zu einer bestimmten Tätigkeit hingezogen. Das ist die Tätigkeit, der wir uns widmen müssen, weil wir in dieser Tätigkeit, getrieben von unserer Leidenschaft, bessere Ergebnisse erzielen werden als die meisten anderen. Wir nennen diese Tätigkeit Beruf, was sich im Deutschen aus der Vorsilbe *Be* und der Wurzel *Ruf* zusammensetzt. Woher kommt dieser Ruf? Nicht mehr und nicht minder als von der Göttlichkeit. Die Göttlichkeit ruft uns durch unsere spontanen Neigungen auf, uns einer Sache zu widmen, und indem wir auf diesen Ruf hören, tun wir nichts anderes, als dem göttlichen Willen zu gehorchen. Deshalb muss das Bildungssystem dazu dienen, unsere spontanen Neigungen zu entdecken, sie in Talente und dann in einen Beruf umzuwandeln.

In der katholischen Erziehung liegen die Dinge völlig anders. Unsere intellektuellen Neigungen sind nicht heilig, sondern sind oft Versuchungen, die von der Erbsünde herstammen. Deshalb muss uns die Kirche auf den richtigen Weg führen. Aus diesem Grund müssen wir unsere Neigungen hintanstellen. Es geht darum, die Traditionen zu bewahren, sich das Wissen anzueignen, das die soziale Ordnung aufrechterhält, und sich nicht von intellektuellen Leidenschaften hinreißen zu lassen, die die etablierte soziale Ordnung in Frage stellen könnten. Der Student befindet sich in der Hand der Bestimmung, die die Gesellschaft für ihn bereithält; er entscheidet nicht selbst über sein Schicksal oder erschafft es durch seine persönlichen Neigungen.

In diesem Rahmen sind Vorlesungsskripte von größter Bedeutung, da sie die Dynamik und die Routinen des Studiums vollständig bestimmen. In den Grundphasen der Bildung sind die protestantischen Systeme darauf ausgerichtet, die spontanen Talente der Studenten zu erkennen, während die katholischen Systeme darauf ausgerichtet sind, durch die Skripte das Mindestwissen zu vermitteln, das für eine funktionelle Teilnahme an der Gesellschaft erforderlich ist. In den fortgeschrittenen Phasen der Bildung verbringt der Student in den protestantischen Ländern die Hälfte der Zeit mit Lesen und die andere Hälfte mit der Anwendung des Gelernten, um neues Wissen zu produzieren, während er in den katholischen Ländern die Hälfte der Zeit damit verbringt, Vorlesungsskripte zu lesen und die andere Hälfte der Zeit damit, sie auswendig zu lernen.

Die wirtschaftlichen Folgen der beiden Bildungsmodelle liegen auf der Hand. Gegenwärtig haben die Länder mit protestantischen Bildungsmodellen eine viel bessere wirtschaftliche Entwicklung als die Länder mit katholischen Bildungsmodellen. Dies ist keineswegs ein Zufall, denn, wie Althusser sagt, „Die *Produktionsverhältnisse* in einer kapitalistischen Gesellschaftsformation, d.h. die Beziehungen von Ausgebeuteten zu Ausbeutern und von Ausbeutern zu Ausgebeuteten, werden weitgehend durch eine Ausbildung in einer Vielfalt von Kenntnissen reproduziert, die in der massiven Einprägung der Ideologie der herrschenden Klasse verpackt ist.“ (Althusser 1970) Protestantische Bildungssysteme sind die Grundlage für die größere wirtschaftliche Entwicklung Nordeuropas im Vergleich zu den Ländern Südeuropas, in denen noch ein Bildungsmodell aus der Zeit vor der protestantischen Reformation vorherrscht.

Wenn ich Spanien als ein Land mit einem katholischen Bildungsmodell bezeichne, dann meine ich damit die Tatsache, dass der Unterricht in Spanien einer Messe gleicht, in der ein Lehrer als Priester auftritt. Der Lehrer spricht, und die Schüler schreiben Wort für Wort mit, was er sagt, um es am Tag der Prüfung auszuspucken, nachdem sie es auswendig gelernt haben. Das Lehrbuch ist ein Leitfaden, und das vielzitierte spanische Sprichwort „*Cada maestrillo tiene su librillo*" [jeder Lehrer hat sein Büchlein] bedeutet, dass geprüft wird, was der Lehrer vorträgt, nicht das, was im Lehrbuch steht. Und dieses Unterrichtsmodell wird sogar an der Universität angewendet.

In einem einzigen geisteswissenschaftlichen Kurs an einer deutschen Universität werden mehr Bücher und Forschungsarbeiten gelesen als in einem ganzen Studiengang an einer spanischen Universität, wo das Auswendiglernen der Vorlesungsunterlagen ausreicht, um alle Fächer zu bestehen, ohne ein einziges Buch lesen zu müssen. Dies ist die Folge der Gegenreformation in Spanien einerseits und der Reformation und der anschließenden Aufklärung in Deutschland andererseits.

Ein objektiver Beweis für den großen Bildungsrückstand in Spanien ist das weltweite Ranking der Universitäten, das sogenannte Shanghai-Ranking (siehe Shanghai-Ranking 2019). In dieser Rangliste befindet sich nur die Universität Barcelona unter den 200 besten Universitäten der Welt, eine Position, die Spanien, gemessen an unserem BIP, unserem Pro-Kopf-Einkommen und unserer Bevölkerungszahl, nach Ansicht des politischen Analysten Juan Carlos Barba „an die schlechteste Stelle der Welt" stellt (Barba 2016).

Es stimmt aber auch, dass das spanische Bildungssystem einige Erfolge zu verzeichnen hat. Tatsächlich gehören 19 spanische Fakultäten zu den 50 besten der Welt.

2020	2019	INSTITUTION	STUDIENGANG
14	30	U. Barcelona	Anatomie
17	24	Complutense	Zahnheilkunde
21	25	ESADE	Betriebswirtschaftslehre
21	29	Pol. Cataluña	Architektur
23	23	Pol. Cataluña	Bauingenieurwesen
29	31	IESE	Betriebswirtschaftslehre
30	19	Sant Pol	Tourismus
31	30	A. Barcelona	Tierheilkunde
31		IE University	Betriebswirtschaftslehre
34	34	Complutense	Tierheilkunde
35	41	Pol. Madrid	Architektur
38	45	Pol. Madrid	Bauingenieurwesen
38	34	Pol. Madrid	Bergbauingenieurwesen
43	27	U. Barcelona	Bibliothekswissenschaft
45	50	Carlos III	Wirtschaftswissenschaften
45	49	U. Barcelona	Philosophie
45	46	Ramón Llull	Tourismus
47	48	U. Barcelona	Archäologie
49	49	Pol. Madrid	Aeronautik

(Silió 2020)

Betrachtet man also nicht die Universitäten insgesamt, sondern die einzelnen Fakultäten, so sind die Ergebnisse für Spanien viel besser.

Ein Blick auf die Tabelle zeigt, dass die meisten Fakultäten natur- und ingenieurwissenschaftlich sind, doch es gibt auch angenehme Überraschungen in den Geisteswissenschaften, wie die philosophische Fakultät der Universität Barcelona oder die Fakultät für Tourismus an der Ramón-Llull-Universität. Spanien sollte diese 19 Fakultäten hüten wie einen Schatz. Ihrem Beispiel folgend sollte Spanien eine Bildungsreform einleiten, die das Land näher an die Bildungsstandards der am weitesten entwickelten Länder Europas heranführt.

Noten sind vor allem in den Geisteswissenschaften schädlich. Im Bereich der Natur- und Ingenieurwissenschaften ist die Verwendung von Lehrbüchern praktisch unvermeidlich, und sei es nur zur Problemlösung. In den Natur- und Ingenieurwissenschaften mag der Übergang zu einem besseren, nicht auf Skripten basierenden Bildungsmodell daher eine rein pädagogische Frage sein. In den Geisteswissenschaften, wo es neben pädagogischen Fragen auch um ideologische und soziale Hegemonie geht, wird der Wandel tiefgreifender sein müssen, aber wie die Universität Barcelona und die Fakultät für Tourismus der Ramón-Llull-Universität zeigen, ist ein Wandel möglich.

Wir dürfen auch nicht vergessen, dass Bildung in Spanien aufgrund des Franco-Regimes eine viel schlechtere Ausgangsposition hat als in anderen europäischen Ländern. Das Franco-Regime und der Völkermord, den es nach Ende des Spanischen Bürgerkriegs beging, sind hauptverantwortlich für die kulturelle Rückständigkeit Spaniens. Der Franquismus verfolgte die aufgeklärten und laizistischen Lehrer, die während der Zweiten Spanischen Republik zu praktizieren begannen. Franco ermordete sie, trieb sie ins Exil und ächtete sie. An ihrer Stelle wurde der Bildungsauftrag an die katholische Kirche übergeben. Dies führte zu einem Rückschlag im spanischen Bildungswesen, den wir bis heute nicht überwunden haben. Hier liegt der Ursprung der heutigen Missstände im spanischen Bildungswesen. Es ist an der Zeit, dieses dunkle Kapitel unserer Geschichte abzuschließen und den von der Zweiten Republik eingeschlagenen Weg zugunsten eines Bildungsmodells wieder aufzunehmen, das uns den am weitesten entwickelten Ländern näherbringt. Natürlich sollte ein erster Schritt darin bestehen, die Kürzungen im Bildungsbereich rückgängig zu machen, die die Erben des Franquismus in der *Partido Popular* infolge der Weltwirtschaftskrise durchgesetzt haben, denn in Spanien sind während der Präsidentschaft von Mariano Rajoy „die Bildungsausgaben um mehr als 7.000 Millionen gesunken – 13 % weniger seit 2009, verschärft durch die Kürzungen – und etwa 30.000 Professoren wurden entlassen“ (Seco 2018).

Nach Aufhebung der Kürzungen durch die *Partido Popular*, die auch von den Regierungen von Pedro Sánchez nicht korrigiert wurden, sollte Spanien mit der Bildungsreform beginnen, die das Land näher an die am weitesten entwickelten protestantischen Länder Europas heranführen wird. Wir haben bereits Wissenschaftler, die an Projekten von größter Bedeutung auf internationaler Ebene arbeiten. Anders als Studenten der Geisteswissenschaften der spanischen Universitäten sprechen und veröffentlichen spanische Wissenschaftler eher auf Englisch. Diese Tatsache ist von großer Bedeutung. In Spanien ist das Englischniveau unserer Studenten viel niedriger als im übrigen Europa. Englisch zu lernen, nicht anhand von Skripten zu studieren und das bestehende reproduktive, auf Auswendiglernen basierende Modell durch ein produktives Modell zu ersetzen, sollten die ersten Schritte für spanische Studenten im 21. Jahrhundert sein.

Die Figur des Lehrers, der Jahr für Jahr dieselben Notizen herunterleiert, während eine Generation Studenten nach der nächsten brav alles mitschreibt, was er von sich gibt, gehört verbannt. Luther führte die protestantische Reformation durch, um sich keine Notizen zu machen. Er nagelte 95 Thesen an eine Kirchentür. Damit wollte Luther sagen, dass er niemanden brauchte, um ihm ein schriftliches Dokument auszulegen. Luther übersetzte die Bibel ins Deutsche, um zu zeigen, dass jeder in der Lage war, das geschriebene Wort selbst zu lesen, zu verstehen und zu interpretieren, ohne Mittelsmann. Es war ein außergewöhnlicher Akt der Mündigkeit, der ein großes Volk hinter Luther versammelte.

Wir haben bereits gesagt, dass ein erster Schritt zur Reform des spanischen Bildungssystems darin bestehen sollte, dass die spanischen Schüler ein sehr hohes Niveau der englischen Sprache erreichen. Ein zweiter, ebenso wichtiger Schritt wäre, dass die gesamte Bildungsgemeinschaft, Schüler und vor allem Lehrer, so lange lesen, bis sie Immanuel Kants *Was ist Aufklärung?* verstehen. Das braucht Spanien.

> „Aufklärung ist der Ausgang des Menschen aus seiner selbstverschuldeten Unmündigkeit. Unmündigkeit ist die Unfähigkeit, sich seiner Intelligenz ohne Leitung eines anderen zu bedienen. Selbstverschuldet ist diese Unmündigkeit, wenn die Ursache derselben nicht am Mangel des Verstandes, sondern der Entschließung und des Mutes liegt, sich seiner ohne Leitung eines anderen zu bedienen. *Sapere Aude!* Habe Mut, dich deines

> eigenen Verstandes zu bedienen! ist daher der Wahlspruch der Aufklärung.
>
> Faulheit und Feigheit sind die Ursachen, warum ein so großer Teil der Menschen, nachdem sie die Natur längst von fremder Leitung Führung freigesprochen, dennoch zeitlebens gerne unmündig bleiben; und warum es anderen so leicht wird, sich zu deren Vormündern aufzuwerfen. Es ist so bequem, unmündig zu sein. Habe ich ein Buch, das für mich Verstand hat, einen Seelsorger, der für mich Gewissen hat, einen Arzt, der für mich die Diät beurteilt und so weiter, so brauche ich mich ja nicht selbst zu bemühen. Ich habe nicht nötig zu denken, wenn ich nur bezahlen kann; andere werden das verdrießliche Geschäft schon für mich übernehmen. Dass der bei weitem größte Teil der Menschen [...] den Schritt zur Mündigkeit, außer dem dass er beschwerlich ist, auch für sehr gefährlich halte: dafür sorgen schon jene Vormünder, die die Oberaufsicht über sie gütigst auf sich genommen haben. Nachdem sie ihr Hausvieh zuerst dumm gemacht haben und sorgfältig verhüteten, dass diese ruhigen Geschöpfe ja keinen Schritt außer dem Gängelwagen, darin sie sie einsperreten, wagen durften, so zeigen sie ihnen nachher die Gefahr, die ihnen drohet, wenn sie es versuchen, allein zu gehen. Nun ist diese Gefahr zwar eben so groß nicht, denn sie würden durch einigemal Fallen wohl endlich gehen lernen [...]“ (Kant 1784).

Durch die Vorlesungsskripte wird die Emanzipation Spaniens verhindert, und es bleibt gefangen in den Fesseln unserer finsteren Lehrmeister: der Euro, die Europäische Union, die Monarchie und die katholische Kirche. Lasst uns lernen, selbst zu denken, ohne Vorlesungen und Bevormundung, die uns zu Haustieren machen. Lasst uns von Luther, Kant und Alexander von Humboldt lernen. Wir müssen es wagen, selbst zu denken.

GESUNDHEITSSYSTEM

Die spanische Rechte befindet sich auf einem Kreuzzug zur Abschaffung des öffentlichen Gesundheitssystems, und wie immer ist dabei die von der EU auferlegte Sparpolitik ihr bester Verbündeter. Seit 2009 wurden in Spanien zwischen 15.000 und 21.000 Millionen Euro aus dem öffentlichen Gesundheitswesen gestrichen. Außerdem „machten die öffentlichen Gesundheitsausgaben im Jahr 2007 72,7 % der gesamten Gesundheitsausgaben aus und verzeichneten 2016 einen Rückgang auf 70,6 %, während die privaten Ausgaben von 27,3 % auf 29,4 % gestiegen sind“ (Nueva Tribuna 2018). Diese Daten verdeutlichen, dass dem Gesundheitsmodell der Rechten die fortschreitende Privatisierung der spanischen Gesundheitsversorgung zugrunde liegt. Darüber hinaus beendete die Rechte im Jahr 2012 den allgemeinen Zugang zur Gesundheitsversorgung und zog 873.000 Gesundheitskarten ein, so dass Tausende von der Gesundheitsversorgung ausgeschlossen wurden, bis die Volkspartei die Macht verlor und der universelle Zugang wieder eingeführt werden konnte (Nueva Tribuna 2018). Dennoch stellen wir fest, dass die Regie-

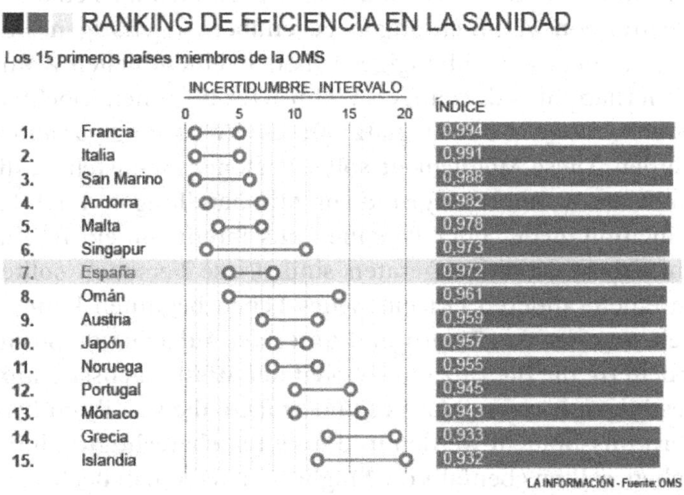

Rangliste der Effizienz des Gesundheitssystems (Ramírez 2019)

rungen von Pedro Sánchez die von der Regierung Rajoy vorgenommenen Kürzungen nicht rückgängig gemacht haben. Trotz alledem ist das spanische Gesundheitssystem weiterhin eines der besten der Welt.

Meiner Meinung nach sollte die Gesundheitsfrage in Spanien jedoch auf breiterer Basis als bisher angegangen werden. Deshalb bin ich der Überzeugung, dass das spanische Gesundheitssystem auch Teil der Industrialisierung Spaniens sein sollte. Daher werden wir auf die Zukunft des spanischen Gesundheitssystems zurückkommen, wenn wir uns mit der Reindustrialisierung Spaniens befassen.

DER RESET-KNOPF

Ehe ich mit den letzten beiden Abschnitten dieses Kapitels, in denen es um Spanien geht, fortfahre, möchte ich einen Vorschlag unterbreiten, den man als Reset-Knopf bezeichnen kann. Dieser Vorschlag, der meiner Meinung nach jedem Bürger über 16 Jahren zumindest einmal im Leben zur Verfügung stehen sollte, basiert auf dem Recht, sich an die öffentliche Verwaltung zu wenden, um ein neues Leben zu beginnen. Natürlich sollte diese Möglichkeit nicht bestehen, wenn diese Person unterhaltsberechtigte Kinder oder pflegebedürftige Angehörige hat. Dieser Vorschlag richtet sich an Personen, die frei von Verpflichtungen gegenüber Angehörigen sind und ein neues, unabhängiges Leben an einem neuen Wohnort fernab ihres derzeitigen Wohnsitzes beginnen möchten, wobei ihnen ein Arbeitsplatz und eine Wohnung garantiert werden. Diese Möglichkeit sollte Personen offenstehen, die an ihrem Wohnort aufgrund von Misshandlungen durch Familienmitglieder oder Personen aus ihrem Umfeld in eine unhaltbare Situation geraten sind. Diese Personen sollten an einem anderen Ort ein neues Leben beginnen können, weit weg von den Tätern und unter der Aufsicht von Sozialarbeitern, die die Unzumutbarkeit der Missbrauchssituation bestätigen können. Männer und Frauen, die von ihren Partnern missbraucht werden und unterhaltsberechtigte Kinder haben, sollten ebenfalls die Möglichkeit haben, in Begleitung ihrer unterhaltsberechtigten Kinder ein neues Leben ohne Missbrauch zu beginnen (wenn ein Richter dies beschließt).

Ein neues Leben ohne Missbrauch und mit der Zusicherung von Würde muss im Sozialismus möglich sein. Es muss ein Recht auf Neubeginn geben.

DER UMFANG DES ÖFFENTLICHEN SEKTORS IN SPANIEN

Ich glaube, dass die Entscheidung über die Größe des öffentlichen Sektors in Spanien, wie bereits erwähnt, demokratisch und in Übereinstimmung mit der Kalecki'schen Gewinngleichung getroffen werden muss. Dies sollte erstens im Rahmen der weiter oben besprochenen fünf Ziele des Sozialismus, und zweitens mit Hilfe eines Plans zur Reindustrialisierung erfolgen, den wir im nächsten Abschnitt behandeln werden. Was die fünf Ziele des Sozialismus anbelangt, so haben wir gesehen, dass alles von der Wiedererlangung der Souveränität und dem Ausstieg aus dem Euro abhängt. Sobald dies erreicht ist, sollte eine Politik der Vollbeschäftigung durch Jobgarantien auf der Grundlage von Beschäftigungspuffern dauerhaft und gesetzlich festgelegt werden. Zudem sollten diese Pläne von einer Wohnungsgarantie begleitet werden, die wiederum als Mittel zur Durchführung einer Steuerreform auf der Grundlage von Eigentum und Zugang zu Grundstücken und Immobilien dienen würde.

Die Pläne zur Jobgarantie sollten allen Begünstigten ein menschenwürdiges Leben sichern und die spanische Wirtschaft an den Lerner-Punkt heranführen. Der garantierte Arbeitslohn, der, wie erwähnt, zum Mindestlohn der Wirtschaft werden würde, sollte so berechnet werden, dass er angemessene Kleidung und Nahrung garantiert.

Das Gesundheits- und Bildungswesen sollte öffentlich, kostenlos und von höchster Qualität sein und allen Bürgern vom Tag ihrer Geburt bis zu ihrem Tod zur Verfügung stehen. Wenn die Öffentlichkeit beschließt, dass es privates Unternehmertum geben soll, sollte das Bankwesen in eine öffentliche Sparkasse und ein kleines, sicheres und einfaches privates Geschäftsbankensystem aufgeteilt werden, das nach dem Vorbild der „negativen Regulierung" von Warren Mosler streng reguliert wird und aus Finanzunternehmen besteht, deren Größe 2 % des spanischen BIP nicht übersteigt.

Ein Leitfaden für die Durchführung dieser Reformen findet sich in dem oben vorgestellten Modern-Money-Konsens. Besonders hervorzuheben sind eine Reform des Bildungssystems mit dem Ziel, Vorlesungsskripte als Lehrmethode abzuschaffen, und die Verstaatlichung des Energiesektors im Rahmen eines *Green New Deal* für Spanien, der auch das Ziel von Energiesouveränität durch Thorium-Kernenergie beinhaltet. Schließlich haben wir auch auf die Notwendigkeit hingewiesen, einen „Reset-Knopf" für Menschen zu garantieren, die ein neues Leben in Würde und ohne Missbrauch beginnen wollen. All dies sollte in Zusammenarbeit mit den Gewerkschaften geschehen, die wie im deutschen Recht in Unternehmen ein Mitbestimmungsrecht haben sollen.

Ein zweiter Schritt zur vollen Nutzung der Ressourcen unseres Landes sollte die Reindustrialisierung sein. Spanien sollte in allen gewünschten Bereichen wettbewerbsfähig werden. Im folgenden Abschnitt werde ich erläutern, welche Bereiche meiner Meinung nach am geeignetsten wären. Die Analyse ist jedoch bei weitem nicht vollständig. Es gibt grundlegende Bereiche der spanischen Wirtschaft, die nicht berücksichtigt wurden, wie z. B. das Verkehrswesen oder die Telekommunikation. Der Umfang dieser Arbeit erlaubt es nicht, alles zu berücksichtigen. Die Erledigung dieser Aufgabe muss vor allem durch Vorschläge der politischen Parteien und durch demokratische Diskussion in der spanischen Gesellschaft stattfinden. Wofür ich mich einsetzen möchte, ist die Entscheidung für ein gemischtes Unternehmensinitiativmodell in Spanien, das die Existenz öffentlicher und privater Unternehmen möglich macht. In diesem Zusammenhang möchte ich auch darauf hinweisen, dass im gesamten öffentlichen Sektor, von den unbefristeten Stellen bis zu den Jobgarantieplänen, externe und unabhängige Effizienzkontrollen stattfinden sollten, um den ordnungsgemäßen Ablauf und die Qualität der Dienstleistungen im gesamten öffentlichen Sektor zu gewährleisten. Diese Effizienzkontrollen sind in der Privatwirtschaft wohlbekannt und weit verbreitet. Sie sollten auch vom öffentlichen Sektor auf allen Ebenen übernommen werden.

Ich möchte auch schriftlich festhalten, dass mein Vorschlag für einen Fiat-Sozialismus auch ein republikanisches Spanien außerhalb der NATO umfassen würde. Die US-Militärstützpunkte in Spanien sollten so bald wie möglich geschlossen werden.

Nach der demokratischen Abstimmung über die Größe des öffentlichen Sektors, der Einführung von Jobgarantien auf der Grundlage von Beschäftigungspuffern und der Anerkennung des Rechts auf Mitbestimmung durch die Gewerkschaften sollte Privatinitiative in Spanien nicht nur erlaubt, sondern offen gefördert werden. Die Einführung eines dauerhaften Zinssatzes von 0 %, die Existenz privater Banken, eine Steuerreform auf der Grundlage von Grundbesitz (nicht die Besteuerung wirtschaftlicher Tätigkeiten) und die Beibehaltung eines hohen Einkommensniveaus würden das richtige Umfeld für die Entfaltung privater Initiativen (jeder Größe) schaffen. Jobgarantien auf der Grundlage von Beschäftigungspuffern würden sicherstellen, dass private Unternehmen nur existieren können, wenn sie menschenwürdige Arbeitsbedingungen bieten. Darüber hinaus könnte und sollte die Genossenschaftsbewegung gefördert werden. Dies würde dazu beitragen, dass sich alle Wirtschaftssektoren mit dem Fiat-Sozialismus identifizieren und ein gesundes privates Unternehmertum fördern. Die spanische Gesellschaft muss in der Lage sein, ihr Schicksal selbst in die Hand zu nehmen, und privates Unternehmertum muss grundlegender Bestandteil dieser Fähigkeiten sein.

REINDUSTRIALISIERUNG

Im Falle Spaniens sollte die vollständige und umsichtige Nutzung der materiellen Ressourcen auch Grund für die Reindustrialisierung des Landes und die Verstaatlichung großer Wirtschaftssektoren sein. Die Entwicklung des Neoliberalismus in Spanien während der Regierungen von Felipe González führte zur Deindustrialisierung des Landes, eine der Voraussetzungen für den Beitritt zur Europäischen Wirtschaftsgemeinschaft (Vorläufer der Europäischen Union). Die spanische Industriestrategie wurde von Carlos Solchaga (Wirtschaftsminister unter Felipe González) in seinem berühmten Satz, „Die beste Industriepolitik ist die, die es nicht gibt“, zusammengefasst. Die heute weit verbreitete Arbeitslosigkeit und prekäre Beschäftigung sind eine Folge dieser neoliberalen Wende. Die historische Rolle Spaniens beim Aufbau des neuen Europas war nicht die eines florierenden Industrielandes, das mit Mittel- und Nordeuropa konkurrieren kann. Im Gegenteil, Mittel- und Nordeuropa haben die Europäische Union aufgebaut, um nicht mit dem Rest der Welt konkurrieren zu müssen. Die Spanien zugedacht Rolle sehen wir heute: ein Land der Sonne, der Strände und der Immobilienspekulation, in das Touristen aus dem übrigen Europa kommen, um Urlaub zu machen; manche wollen unsere Folklore und unser kulturelles Erbe genießen, viele andere kommen wegen der Prostitution, der Drogen und der billigen Partys.

Wir brauchen eine Abkehr von diesem historischen Abdriften, in das uns der Neoliberalismus gestürzt hat. Deshalb sollte Spanien neue Bereiche finden, in die es investieren kann. Das sollten keine aus dem 20. Jahrhundert übernommenen Bereiche sein, sondern solche, die zu den Industrien des 21. Jahrhunderts werden, insbesondere diese drei: Genetik, Nanotechnologie und Robotik (GNR).

Der Begriff GNR wurde von dem Computeringenieur Ray Kurzweil in seinem Buch *The Singularity is Near* (*Menschheit 2.0*) (Kurzweil 2006) geprägt. Laut Kurzweil, der Leiter der technischen Entwicklung bei Google war, sind Genetik, Robotik und Nanotechnologie die drei Bereiche, in denen sich das Gesetz vom steigenden Ertragszuwachs am stärksten auswirkt und die daher den größten Einfluss auf die industrielle Entwicklung im 21. Jahrhundert haben.

Das Gesetz vom steigenden Ertragszuwachs (Law of Accelerating Returns, LOAR) lässt sich wie folgt formulieren: „[...] technische Entwicklung (und Evolutionsprozesse allgemein) [verlaufen] exponentiell." (Kurzweil 2013, 3) Es basiert auf sieben Prinzipien:

- „Evolution beruht auf einem Rückkopplungseffekt: Die neuen Methoden einer Evolutionsstufe dienen dazu, die nächste Stufe zu erreichen. [...]
- Ein evolutionärer Prozess ist kein geschlossenes System; Evolution bezieht ihre Vielfalt aus dem Chaos, das sie umgibt. Da die durch die Evolution erzeugte Ordnung zur Grundlage der Evolution selbst wird, wächst auch die Ordnung exponentiell.

- Entsprechend nehmen auch die ‚Evolutionserträge' eines evolutionären Prozesses (Geschwindigkeit, Effizienz, Kostenwirksamkeit und das allgemeine ‚Potenzial' des Prozesses) exponentiell zu. Dies verdeutlicht das Moore'sche Gesetz [...].
- Eine weitere Rückkopplung besteht darin, dass in einen Evolutionsprozess umso mehr Ressourcen gesteckt werden, je effektiver er wird [...].
- Natürliche Evolution ist der Hauptvertreter solcher Prozesse. [...]
- Technische Evolution ist auch ein solcher Prozess. [...]
- Ein bestimmtes Paradigma (ein Lösungsansatz oder eine Methode; beispielsweise das Verkleinern von Transistoren auf Mikrochips, um schnellere Rechner zu bauen) sorgt solange für exponentielles Wachstum, bis das Potenzial der Idee erschöpft ist. Wenn dieser Fall eintritt, muss ein Paradigmenwechsel stattfinden, damit das Wachstum weitergehen kann." (Kurzweil 2013, 40–42)

Die Tragweite des Gesetzes vom steigenden Ertragszuwachs ist immens. Ein bekannter Aspekt dieses Gesetzes ist das so genannte Moore'sche Gesetz, demzufolge sich die Anzahl der Transistoren in einem Mikroprozessor alle zwei Jahre verdoppelt. Kurzweil zeigt in seinem Buch jedoch, dass dieses exponentielle Wachstum bei jedem evolutionären Prozess auftritt, auch bei der technologischen Entwicklung. Dies erklärt die aktuelle technologische Explosion, der sich niemand entziehen kann. Alle haben den Eindruck, dass die Technologie heutzutage viel schneller fortschreitet als früher. Vergleichen wir die Situation vor 20 Jahren, als E-Mail, Mobiltelefone und das Internet selbst noch in den Kinderschuhen steckten, mit der heutigen Situation, dann wird uns schwindlig. Je weiter wir zurück in die Vergangenheit gehen, desto mehr werden wir uns der technologischen Beschleunigung bewusst, und je mehr wir über die Zukunft nachdenken, desto mehr stellen wir fest, dass die technologische Entwicklung keineswegs langsamer, sondern immer schneller werden wird. Dieses Phänomen ist die Erklärung für das Gesetz vom steigenden Ertragszuwachs.

Die technologische Singularität ist ein zukünftiger historischer Moment, in dem die Beschleunigung der technologischen Entwicklung so groß sein wird, dass wir nicht wissen, was passieren wird. Kurzweil datiert die Singularität auf das Jahr 2045 (Kurzweil 2013, 134). In Kurzweils Worten: „Die Singularität ist eine unausweichliche Folge[19] des Gesetzes vom steigenden Ertragszuwachs" (Kurzweil 2013, 36). Das Hauptmerkmal dieser neuen Evolutionsstufe ist, dass der Mensch seine biologischen Grenzen durch Technologie überwindet, was wir als den Übergang von der Humanität zur Transhumanität bezeichnen können.

Die drei Technologien, die dem Gesetz vom steigenden Ertragszuwachs unterliegen und uns zur Singularität führen werden, sind Genetik, Nanotechnologie und Robotik. Daher muss Spanien bei der Planung seiner Reindustrialisierung den Schwerpunkt auf diese drei Wissensbereiche legen.

Die Genetik ist die „Schnittmenge aus Biologie und Informatik" (Kurzweil 2013, 206), d. h. die Entschlüsselung und Manipulation der in den genetischen Codes enthaltenen Informationen. Durch Anwendung von Informationstechnologien auf die Biologie können wir die Geheimnisse des Lebens entschlüsseln. Ein erster Meilenstein hierbei war die Sequenzierung der menschlichen DNA. Wie Kurzweil erklärt, dachte man zu Beginn dieser Sequenzierung im Jahr 1990, dass der Prozess Jahrhunderte in Anspruch nehmen würde. Er wurde jedoch in nur 13 Jahren abgeschlossen. Der Grund dafür, dass 2003 ein Entwurf der menschlichen DNA-Sequenz vorlag, liegt darin, dass die Technologien zur DNA-Sequenzierung zwischen 1990 und 2003 dem Gesetz vom steigenden Ertragszuwachs unterlagen. Hätte die Technologie 1990 keine exponentiellen Fortschritte gemacht, hätte die DNA-Sequenzierung Jahrhunderte gedauert. Dank des exponentiellen Fortschritts der Technologie waren 13 Jahre jedoch genug.

[19] So wie Kurzweil es darstellt, ist das Gesetz vom steigenden Ertragszuwachs ein Beispiel für ein historisches Gesetz, das der Fiat-Sozialismus ablehnt. Diese Diskussion würde jedoch den Rahmen dieses Buches sprengen. Sagen wir einfach, dass das Gesetz vom steigenden Ertragszuwachs aus der Perspektive des Fiat-Sozialismus kein Gesetz, sondern nur ein historischer Trend ist, allerdings einer von enormer Bedeutung und Tragweite.

Solche Entwicklungen finden im gesamten Bereich der Genetik statt und bringen uns einer Zukunft näher, in der Krankheit, Tod und Alterung keine unvermeidlichen Phänomene mehr sind.

Die Nanotechnologie ist „die Schnittmenge aus Information und physikalischer Welt" (Kurzweil 2013, 226), d. h. die Fähigkeit, Objekte Atom für Atom zu erschaffen. Diese Fähigkeit ist mit dem Aufkommen von molekularen Assemblern verbunden. Diese Art von Geräten wurde 1986 von Eric Drexler in seinem Buch *Engines of Creation* vorgestellt. Mit Hilfe dieser Geräte werden wir in der Lage sein, fast jedes beliebige Objekt Atom für Atom nach spezifischen Softwareanweisungen zu bauen (Kurzweil beschreibt im Detail alle Subsysteme, aus denen sich die molekularen Assembler zusammensetzen werden). Die Folge der Entwicklung und Umsetzung der Nanotechnologie auf industrieller Ebene ist ein Konzept, über das Eric Drexler ein Buch mit dem Titel *Radical Abundance* geschrieben hat. Durch Nanotechnologie wird es möglich werden, Konsumgüter aus den kleinsten Elementen der Materie herzustellen. Dadurch wird es viel einfacher, die Grundbedürfnisse der gesamten menschlichen Spezies zu befriedigen, und zwar auf so nachhaltige Weise, dass der Begriff Abfall bedeutungslos werden wird, da alle Abfälle auf ihre grundlegendsten Bestandteile reduziert und für die Herstellung neuer Konsumgüter wiederverwendet werden können. Die Nanotechnologie wird auch die Entwicklung von Nanomaschinen ermöglichen, die durch unseren Blutkreislauf wandern und uns gesund halten werden. Diese Nanomaschinen werden innere Schäden in unserem Körper reparieren und Krankheiten bekämpfen, die wir derzeit für unheilbar halten.

Die Robotik ist „von den drei Revolutionen, die zur Singularität führen (G, N und R), [...] die extremste" (Kurzweil 2013, 260). In der Robotik ist der Grundgedanke, der die wissenschaftliche Forschung antreibt, die Schaffung einer starken künstlichen Intelligenz, d. h. einer menschengleichen und dem Menschen überlegenen künstlichen Intelligenz (ohne biologische Basis). Um dieses Ziel zu erreichen, geht es nicht darum, Modelle in einem Computer zu schaffen, die alle biologischen Prozesse, die im Gehirn ablaufen, exakt reproduzieren, sondern Modelle, deren Verhalten dem eines Gehirns ähnlich ist. Bewusstsein und Intelligenz auf menschlicher Ebene sind emergente Phänomene, die mit keinem Messinstrument erfasst werden können. Um festzustellen, ob eine Entität menschlich ist oder nicht, müssen wir daher ihr Verhalten beobachten. Mit anderen Worten: Als Mensch betrachten wir jeden, der sich wie ein Mensch verhält. Wenn sich also eine nicht-biologische Intelligenz ununterscheidbar von einem Menschen verhält, müssen wir diese Intelligenz als menschlich betrachten. In *The Singularity is Near* (*Menschheit 2.0*) rechnet Kurzweil vor, dass ein Computer, der 10^{16} Berechnungen pro Sekunde durchführen kann und über 10^{13} Bits Speicher verfügt, das Niveau menschlicher Intelligenz nachahmen könnte. Wenn es uns gelingt, einen Computer mit diesen Rechen- und Speicherkapazitäten zu bauen und seine Struktur richtig zu organisieren, werden wir die erste künstliche Intelligenz haben, die den Turing-Test bestehen kann. Dieser Test ist so konzipiert, dass ihn nur dem Menschen gleichwertige Intelligenzen, die sich also nicht von der menschlichen Intelligenz unterscheiden, bestehen können. Laut Kurzweil wird dies im Jahr 2029 der Fall sein (Kurzweil 2013, 200ff.). In seinem der künstlichen Intelligenz gewidmeten Buch *How to Create a Mind* (*Das Geheimnis des menschlichen Denkens*) zeichnet Kurzweil den Weg zu diesem Meilenstein vor. Zu diesem Zweck stellt er die Mustererkennungstheorie des Geistes vor (Kurzweil 2014, 35ff.). Dieser Theorie zufolge basiert die menschliche Intelligenz auf der Erkennung und hierarchischen Anordnung von Mustern im Neokortex. Dort sind die komplexesten und anspruchsvollsten Funktionen unseres Gehirns angesiedelt, wie etwa unser Sinn für Humor oder abstraktes Denken. Diese rein menschlichen Fähigkeiten sind noch nicht auf nicht-biologischen Substraten reproduzierbar, werden es aber in naher Zukunft sein. Sobald diese Schwelle überschritten ist, werden aus den nicht-biologischen menschlichen Intelligenzen andere, übermenschliche Intelligenzen hervorgehen. Wir Menschen werden dann diese Intelligenzen in unseren Organismus integrieren und unseren Verstand über drahtlose Geräte mit der Cloud verbinden, in der die meisten Informationen und das meiste Wissen gespeichert sein werden. Das Ergebnis wird die Explosion der Intelligenz sein, die wir die technologische Singularität nennen.

Die Revolutionen in Genetik, Nanotechnologie und Robotik werden sich überschneiden. Daher ist es wichtig, dass Spanien, wenn es sich für eine Reindustrialisierung entscheidet, alle drei Revolutionen gleichzeitig in Angriff nimmt. Es ist auch klar, dass die Europäische Union und der Euro mit den großen Investitionen, die diese Industrialisierung erfordern würde, unvereinbar sind. Die Europäische Union ist ein gescheitertes Industrialisierungsmodell. Wo sind die neuen europäischen Unternehmen, die mit Google, Huawei, Microsoft, Xiaomi oder Apple vergleichbar sind? Es gibt sie nicht. Die GNR-Unternehmen befinden sich in den USA, Japan, China, Südkorea und Indien. Die EU ist nicht die Vorhut, sondern die industrielle Nachhut. Natürlich sind die Pharma- und die Automobilindustrie in Deutschland und Frankreich wichtig, doch sie können auf dem freien Markt nicht konkurrieren. Die Unfähigkeit der EU, in der GNR innovativ zu sein, macht deutlich, dass die EU ein erschöpftes und unfruchtbares neoliberales Projekt ist, das aufgegeben werden muss.

Diese Graphik zeigt die richtige Alternative:

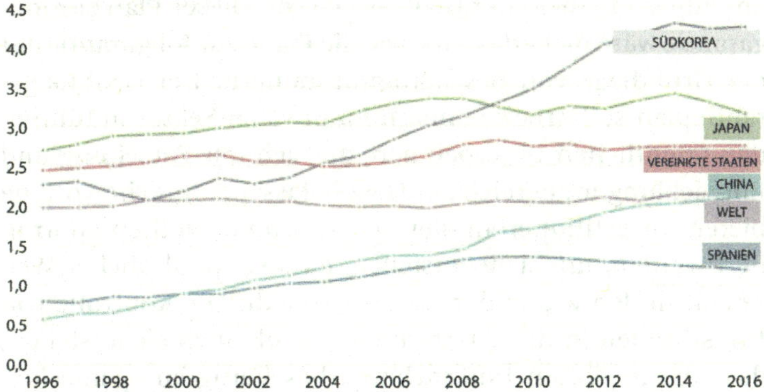

Ausgaben für Forschung und Entwicklung (% des BIP)
Organisation der Vereinten Nationen für Erziehung, Wissenschaft und Kultur (UNESCO), Institut für Statistik.
Quelle: Weltbank.

Sehen wir uns die in der Grafik dargestellten Länder an. Sowohl Südkorea als auch China gehörten noch vor wenigen Jahrzehnten zur Dritten Welt. Japan musste sich nach dem Zweiten Weltkrieg fast vollständig neu aufbauen. Dennoch haben diese Länder einen viel höheren technologischen und wirtschaftlichen Entwicklungsstand als Spanien, das vor ihnen zu den entwickelten Ländern gehörte. Der Grund dafür ist in der Ausgabenpolitik zu suchen. Japan, Südkorea und China haben ihr enormes Wachstum auf Investitionen in Forschung und Entwicklung aufgebaut. Sie nutzten ihre monetäre und politische Souveränität, um die für ihre Entwicklung notwendigen Defizite durch Investitionen in Tätigkeiten mit hohem Mehrwert zu erzielen. Was hat Spanien getan? Das Gegenteil. Spanien gab freiwillig seine Souveränität auf, deindustrialisierte sich und machte sich die neoliberalen und schädlichen Maßnahmen der EU zur Begrenzung der Defizite zu eigen.

Nach der Wiedererlangung der Währungssouveränität und dem Austritt aus der EU sollte Spanien den in der Grafik beschriebenen Kurven von Südkorea und Japan folgen. Seine F&E-Ausgaben sollten daher schrittweise auf 3 bis 4 % des BIP ansteigen. Diese Ausgaben sollten sich hauptsächlich auf GNR konzentrieren. Zu diesem Zweck schlage ich einen Plan zur Jobgarantie für jeden Bürger mit einem Hochschulabschluss in einem der GNR-Zweige vor. Dieser Plan zur Jobgarantie wäre nicht dasselbe wie die Pläne zur Jobgarantie auf der Grundlage von Beschäftigungspuffern. Der GNR-Jobgarantieplan soll Arbeitnehmern im privaten Sektor in führenden öffentlichen Unternehmen, die sich mit Forschung und Entwicklung im Bereich der GNR befassen, ähnliche Vorteile bieten. Investitionen in diese Unternehmen sollten kontrolliert werden, um sicherzustellen, dass sie in ähnlicher Weise stattfinden wie in der Privatwirtschaft. Die Kontrolle von Investitionen in diese Unternehmen soll auch sicherstellen, dass die in diesen Unternehmen beschäftigten spanischen Wissenschaftler ihre Arbeitszeit der Schaffung von Patenten, der Erbringung von Dienstleistungen für die Bürger und dem Verfassen wissenschaftlicher Arbeiten widmen. Daher sollten spanische GNR-Wissenschaftler so wenig Zeit wie möglich für Verwaltungsaufgaben aufwenden. Ich schlage außerdem einen großen Beschäftigungspakt für eine Reindustrialisierung des Landes auf der Grundlage der GNR vor, der auch Unternehmer aus dem Privatsektor einbezieht, die in den GNR-Sektor in Spanien investieren wollen. Im Rahmen dieses Paktes sollten Privatunternehmen, die in unserem Land investieren, kontrollierte Beihilfen erhalten. Ziel ist es, dass Spanien innerhalb des von Ray Kurzweil festgelegten Zeitrahmens für die technologische Singularität und das Aufkommen einer starken künstlichen Intelligenz zu den führenden Ländern der Welt gehört. Wir haben die Ressourcen dafür, sowohl materiell als auch personell. Alles hängt davon ab, das Land von den Kräften zu befreien, die unser Potenzial unterdrücken.

Das spanische Gesundheitssystem sollte ebenfalls Teil der oben beschriebenen GNR-Industrialisierung sein, insbesondere im Hinblick auf Patente und wissenschaftliche Veröffentlichungen.

Ray Kurzweil vertritt die Ansicht, dass wir kurz vor Erreichung der Fluchtgeschwindigkeit der Langlebigkeit (LEV) stehen. Dieser Begriff wurde von dem britischen Biogerontologen Aubrey de Grey in seinem Buch *Niemals alt!* (de Grey/ Rae 2010) geprägt, in dem er das Konzept SENS (Strategies for Engineered Negligible Senescence – Strategien für die Entwicklung vernachlässigbarer Seneszenz) erläutert. Dort findet sich die folgende Definition:

> „Die Fluchtgeschwindigkeit der Langlebigkeit (Longevitiy Escape Velocity – LEV): die Schwellenrate des biomedizinischen Fortschritts, die es uns ermöglicht, die Alterung unbegrenzt aufzuschieben. Der Punkt, an dem die nächste Verfeinerung des SENS-Therapiespektrums der Alterungs-Umkehr uns mehr Zeit erkauft, als wir brauchen, um die nächste Verfeinerungsrunde zu entwickeln, bis wir schließlich dem altersbedingten Verfall unbegrenzt entkommen können, wie alt wir auch immer rein chronologisch betrachtet sein mögen." (de Grey/ Rae 2010, 387)

Die Behauptung, dass wir kurz davor stehen, die LEV zu überwinden, bedeutet, dass wir kurz davor stehen, Anti-Aging-Therapien zu entwickeln, die die Schäden des Alterns verzögern und reparieren, bis es neue, wirksamere Therapien gibt, die dasselbe tun können, und so weiter. In einem kürzlich erschienenen Interview sagte Aubrey de Grey, dass die Überwindung der LEV sehr wahrscheinlich schon in 15 Jahren erfolgen wird.[20] Während Ray Kurzweil Therapien ins Auge fasst, die nicht nur auf dem biologischen Substrat des Menschen basieren, wie z. B. der Einsatz medizinischer Nanomaschinen oder der Ersatz menschlicher Körperteile durch synthetische Implantate, geht de Grey bei seiner SENS-Forschung vom ersten Zustand der Anti-Aging-Therapien aus, d. h. vom biologischen Zustand. Seine Idee ist, dass die Strategie im Kampf gegen das Altern nicht darin bestehen sollte, das Altern des Menschen zu verhindern, sondern zu versuchen, die durch das Altern verursachten Schäden an unserem Körper regelmäßig zu reparieren. Dieser ingenieurwissenschaftliche Ansatz argumentiert, dass die Verhinderung des Alterns viel komplizierter ist als die Reparatur von Altersschäden, da man zum Aufhalten des Alterns das unwirtliche Terrain des menschlichen Stoffwechsels betreten müsste, ein hochkomplexes System, entstanden über Millionen von Jahren der Evolution. Die Reparatur von Altersschäden ist jedoch viel einfacher, da Ad-hoc-Therapien zur Reparatur aller Art von altersbedingten Schäden entwickelt werden können.

Bei der Beantwortung dieser Frage kommt de Grey zu dem überraschenden Schluss, dass es nur sieben Arten von altersbedingten Schäden gibt und schlägt für deren Bekämpfung sieben Arten von Therapien vor. Die Schäden und Therapien sind in der folgenden Tabelle aufgeführt:

[20] Link zum Interview *Aubrey de Grey Gives Antiaging and Cancer Picks and Insights*: https://youtu.be/xWAIb1MvGj0.

Schaden	Könnte repariert oder unschädlich gemacht werden durch
Zellverlust, Zellschwund	Hauptsächlich Zelltherapie
Müll außerhalb der Zellen	Phagozytose durch Stimulation des Immunsystems
Querverbindungen außerhalb der Zellen	Moleküle/Enzyme, die Glykationsprodukte spalten
Seneszente Zellen	Suizid-Gene, Stimulation des Immunsystems
Mitochondriale Mutationen	Allotopische Expression von 13 Proteinen
Müll innerhalb der Zellen	Transgene mikrobielle Enzyme
[Epi-]Mutationen im Zellkern (nur Krebs zählt)	Gendeletion von Telomerase/ALT und regelmäßiger Ersatz von Stammzellen

(de Grey/ Rae 2010, 51)

Wir werden nicht auf die einzelnen Therapien eingehen; diese Erklärung reicht zur Verdeutlichung aus. Spanien sollte daher sein Gesundheitssystem mit dem Rest der GNR-Gebiete koordinieren, da das Altern die Hauptursache für die menschlichen Gesundheitsprobleme ist.

Es ist wichtig klarzustellen, dass nicht nur Ray Kurzweil und Aubrey de Grey diesen Ansatz teilen, sondern dass viele führende Wissenschaftler auf der ganzen Welt ebenfalls der Meinung sind, dass die Überwindung der Fluchtgeschwindigkeit der Langlebigkeit nur noch eine Frage der Zeit ist. In unserem Land haben wir mit Dr. María Blasco, Leiterin des Nationalen Krebsforschungszentrums (CNIO) und wahrscheinlich Spaniens bedeutendste Wissenschaftlerin auf dem Gebiet der Krebsforschung, ebenfalls eine prominente Forscherin auf dem Gebiet der Langlebigkeit. Ihr Ansatz ist anders als der von Aubrey de Grey. Blasco konzentriert sich auf die Erforschung der Telomere, „Chromatinstrukturen, die sich an den Enden eukaryontischer Chromosomen befinden und für den Schutz der Chromosomen und für das Leben unerlässlich sind. Telomere verkürzen sich im Laufe des Lebens und gelten als eine der Grundursachen des Alterns" (Blasco/ Salomone 2016, 240), sowie der Telomerase, „ein Enzym, das Telomere verlängern kann und Zellen unbegrenzte Fähigkeit zur Teilung und Regeneration verleiht. Es ist sowohl bei dem Versuch, das Krebswachstum zu blockieren, als auch bei der Verzögerung der Alterung gesunder Zellen von Interesse" (Blasco/ Salomone 2016, 240).

In einem Interview in Madrid am 12. November 2012 sagte Blasco, „Wir haben in den letzten Jahrzehnten gesehen, dass sich die durchschnittliche Lebenserwartung der menschlichen Bevölkerung alle zehn Jahre um fünf Jahre verlängert, und sie nimmt weiter zu. Wir sind bei der Erhöhung der durchschnittlichen Lebenserwartung der Menschen an keine Grenze gestoßen, also glaube ich, dass sie weiter voranschreiten wird, einerseits dank der Fortschritte in der Medizin [...], doch in Zukunft wird auch die präventive Medizin einen sehr starken Einfluss haben".[21] Mit anderen Worten, wir haben bereits die Schwelle einer Erhöhung der durchschnittlichen Lebenserwartung um 5 Jahre alle 10 Jahre überschritten und nähern uns immer mehr dem LEV, d. h. der Erhöhung der durchschnittlichen Lebenserwartung um ein Jahr pro Jahr.

In ihrem Buch *Morir Joven, a los 140* [Jung sterben, mit 140] erläutert Blasco die Unterschiede zwischen den verschiedenen Aktivitäten und Initiativen, die das CNIO derzeit unter ihrer Leitung durchführt. Dazu gehören Gründerzentren, die auf die Schaffung von Patenten abzielen. Sobald Spanien seine Souveränität wiedererlangt hat, sollte es solche Initiativen verstärken, sie einfordern und in den GNR-Reindustrialisierungsprozess integrieren.

[21] Siehe *Entrevista con la Dra. María Blasco* unter: https://www.youtube.com/watch?v=7dUt0ZkrfD4.

6 SCHLUSSFOLGERUNGEN

ELEMENTARER KOMMUNISMUS

ELEMENTARER KOMMUNISMUS[1]

Ist der Fiat-Sozialismus ein kommunistischer Vorschlag? Diese Frage wurde mir am 26. September in Form einer Debatte mit dem britischen Wirtschaftswissenschaftler Michael Roberts gestellt.[2] Roberts zufolge kann man den Fiat-Sozialismus nicht als kommunistischen Vorschlag, sondern nur als Reformismus sehen, und er untermauert diese Ansicht mit einem Zitat aus dem Artikel, in dem ich das Konzept des Fiat-Sozialismus erstmals vorgestellt habe (siehe Seite 7). Dieses Zitat besagt, dass „die kollektive oder staatliche Verwaltung der Produktionsmittel und der Verteilung der Güter kein direktes Eigentum an den Produktionsmitteln bedeuten [muss].“ Für Roberts ist diese Aussage mit jeder Art von kommunistischer Gesellschaft unvereinbar, da die Existenz einer echten kommunistischen Gesellschaft das Staatseigentum an den Produktionsmitteln voraussetzt. Darüber hinaus bezeichnete er meinen Vorschlag in seinen Ausführungen als „unmöglich“ und als einen bloßen „Trick“.

[1] Der Artikel wurde auf Spanisch am 2. November 2021 in elcomun.es veröffentlicht. Link zum Artikel: https://elcomun.es/2021/11/02/comunismo-de-base/. Er wurde auch auf Englisch von The Gower Initiative for Modern Money Studies am 21. November 2021 veröffentlicht. Link zum Artikel auf Englisch: https://gimms.org.uk/2021/11/21/baseline-communism/.

[2] Die Debatte ist online verfügbar unter https://www.facebook.com/TheResistEvent/videos/382873816509580/.

Im Folgenden werde ich versuchen darzulegen, warum ich denke, dass mein Vorschlag des Fiat-Sozialismus mit dem Kommunismus vereinbar ist, wenn auch nicht mit irgendeiner Art von Kommunismus, sondern mit dem Kommunismus, wie ihn der Anthropologe David Graeber in Kapitel 5 seines großen Werks *Schulden* (Graeber 2014) konzipiert hat. Dort legt Graeber dar, was er „elementaren Kommunismus" (Graeber 2014, 120) nennt, und stellt diese Konzeption dem gegenüber, was er als „mythischen Kommunismus" oder „epischen Kommunismus" (Graeber 2014, 120) bezeichnet. Damit leistet Graeber meines Erachtens den letzten großen theoretischen Beitrag zum Konzept des Kommunismus. Der Fiat-Sozialismus basiert auf Graebers elementarem Kommunismus, und Standpunkte wie die von Michael Roberts fallen in die Kategorie von Graebers mythischem Kommunismus, der, wie wir sehen werden, nichts anderes ist als ein trügerischer Rückgriff auf eine imaginäre mythische Vergangenheit, die nie existiert hat und nie existieren wird.

Elementarer Kommunismus

Was ist der Hauptunterschied zwischen der Position des britischen Ökonomen und meiner Sichtweise? Die Definition von Sozialismus. So schrieb ich in einem anderen Artikel, der sich mit dem Fiat-Sozialismus befasst, „Die spanische Königliche Akademie der Sprache definiert den Sozialismus derzeit als: Soziales und wirtschaftliches System, das auf kollektivem oder staatlichem Eigentum und der Verwaltung der Produktionsmittel und der Verteilung der Güter beruht' […] [Ich] schlage eine neue Definition des Sozialismus vor: ‚Soziales und wirtschaftliches System, das mit Hilfe der Modern Monetary Theory eine garantierte und dauerhafte Vollbeschäftigung, eine vollständige und umsichtige Nutzung der natürlichen Ressourcen, eine Garantie für Nahrung, Unterkunft, Kleidung, Gesundheitsdienste und Bildung für jeden Bürger, soziale Sicherheit in Form von Renten und Subventionen und eine Garantie für menschenwürdige Arbeitsstandards bietet" (siehe Seite 38). Michael Roberts verteidigt die Definition des Sozialismus, die im spanischen Wörterbuch steht. Deshalb ist es für ihn grundlegend, dass das Eigentum an den Produktionsmitteln immer vollständig öffentlich sein muss. Im

Gegensatz dazu argumentiere ich, dass „sowohl die Größe des Privatsektors als auch die Höhe des Mehrwerts von den Bürgern demokratisch entschieden werden müssen“ (siehe Seite 37).

Das bedeutet, dass ich erstens nichts dagegen habe, dass alle Produktionsmittel in öffentlichem Besitz sind, solange die Bürger dies demokratisch beschlossen haben, und zweitens, wie wir weiter unten sehen werden, dass die Existenz privater Unternehmen nicht die unvermeidliche Selbstzerstörung des Wirtschaftssystems bedeutet. Die von der Modern Monetary Theory dargelegten ökonomischen Prinzipien gelten unabhängig davon, ob alle Produktionsmittel öffentlich sind oder ob private Unternehmen existieren dürfen, und von keinem der beiden Szenarien lässt sich ein unvermeidlicher Zusammenbruch des Wirtschaftssystems ableiten.

Es sei darauf hingewiesen, dass die von Roberts vertretene Position aus wirtschaftlicher und politischer Sicht von der meinen abweicht, aber nicht mit ihr unvereinbar ist, da der Fiat-Sozialismus die Lebensfähigkeit eines vollständig öffentlichen Produktionssystems akzeptiert, solange es demokratisch ist. Der eigentliche Konflikt zwischen Roberts' Position und meiner ist historischer und anthropologischer Natur, also in den Bereichen, die Graeber anspricht.

Graeber zufolge beruhen die wirtschaftlichen Interaktionen aller menschlichen Gesellschaften, auch jener, die nicht in Form von Staaten und somit nicht in Form von Märkten organisiert sind, auf drei moralischen Prinzipien: Kommunismus, Austausch und Hierarchie. Der Mensch wechselt in seinem Verhalten ständig zwischen diesen drei Prinzipien, so dass alle drei Phänomene gleichzeitig auftreten, je nachdem, mit wem er interagiert.

In Anlehnung an Karl Marx' *Kritik des Gothaer Programms* bezeichnet Graeber den Kommunismus als „jede menschliche Beziehung, die nach dem Prinzip funktioniert, ‚jeder nach seinen Fähigkeiten, jedem nach seinen Bedürfnissen'“ (Graeber 2014, 120). Austausch findet dort statt, wo auf dem Kommunismus basierende menschliche Beziehungen enden, das heißt, wo die Abrechnung von Transaktionen stattfinden, um Schulden zu begleichen und ein Gleichgewicht wiederherzustellen. Andererseits entsteht die Hierarchie mit der Anerkennung einer anderen Person oder Institution, die uns eine Schuld auferlegen kann, sei sie monetär oder verhaltensbezogen.

Meiner Meinung nach ist dieses von Graeber beschriebene Schema richtig. So ist „[der Kommunismus] das Fundament des menschlichen Zusammenlebens. Er macht eine Gesellschaft überhaupt erst möglich. Es herrscht die Annahme, von jedem, der nicht ausdrücklich Feind ist, könne man etwas erwarten nach dem Grundsatz ‚jeder nach seinen Fähigkeiten'" (Graeber 2014, 122), und so lässt sich eine „Soziologie des elementaren Kommunismus" (Graeber 2014, 127) konstruieren, die drei Merkmale aufweist:

1. Keine Reziprozität: Unsere kommunistischen Beziehungen gehen von einer weitgehenden Gleichheit der beteiligten Individuen aus; folglich gibt es untereinander kein Aufrechnen und kein Bestreben, unsere Handlungen in Schulden umzuwandeln.
2. Tendenz zur Gastfreundschaft gegenüber Fremden: Wenn Fremde Feinde sind, dann bedeutet die freundliche Zuwendung zu einem Fremden und seine Aufnahme in den Kreis unserer kommunistischen Beziehungen auch, sich den feindlichen Fremden zu einem Freund zu machen, und damit zu einem Verbündeten, wenn es darum geht, unsere Bedürfnisse zu decken.
3. Der Vorrang der Moral vor dem Eigentum, so dass Transaktionen (selbst kommerzielle) von der Situation des Schuldners abhängen, dem wir schon allein durch die zwischenmenschlichen, unvergänglichen Bande des Menschseins verbunden sind.

Natürlich gehen wir diese Art von Bindung nicht mit allen Menschen ein, sondern nur mit denjenigen, mit denen wir gemeinsame Projekte verfolgen. Beziehungen zu Menschen außerhalb dieses Kreises finden auf Austauschbasis statt, d. h. auf der Basis von Gegenseitigkeit und Abrechnung. Wenn wir tauschen, machen wir die Bedürfnisse des anderen nicht zu unseren eigenen, sondern gehen davon aus, dass der andere etwas von uns will und wir es ihm ohne Gegenleistung nicht geben werden. Ziel ist es daher, Schulden zu begleichen und das Gleichgewicht bei der Transaktion so schnell wie möglich wieder herzustellen. Das ist kompliziert. Aus diesem Grund sind Tauschbeziehungen ein fruchtbarer Boden für Konfrontation und Gewalt, da ein Tausch immer von einem Interessenkonflikt ausgeht. Um dieses Problem zu lösen, greifen die Menschen auf Hierarchien zurück. Durch sie erkennen wir „durch ein Netz von Gewohnheiten oder Sitten" (Graeber 2014, 140) die Fähigkeit bestimmter Menschen oder Einrichtungen an, unseren Austausch zu regeln. Diese Menschen oder Einrichtungen stehen über uns und können uns zu Schuldnern machen. So sind die Menschen den Gesetzen verpflichtet, an die wir uns halten müssen, den Steuern, die wir zahlen müssen, usw., und wir richten unser Verhalten gegenüber anderen nach dieser Autorität aus.

Mythischer Kommunismus

Der mythische Kommunismus findet sich in den Werken von Autoren, die wie Michael Roberts behaupten, der Marxismus sei ein geschlossenes und vollkommenes System, das die Vergangenheit, die Gegenwart und die Zukunft der Menschheit widerspruchslos erklären kann. Für sie ist der Marxismus ein Religionsersatz. Für diese Autoren ist der Sozialismus eine Phase vor dem Kommunismus. Der Sozialismus ist der Versuch, die Menschheit in einen adamitischen Zustand zurückzuführen, der, sobald er erreicht ist, den Namen Kommunismus erhält. Der Kommunismus ist die Rückkehr zu einem Gleichgewicht, in dem alle Menschen in Frieden und vollkommener Gleichheit lebten, ohne Staat, ohne Markt und vor allem ohne Privateigentum an den Produktionsmitteln und mit einem Austausch, der auf Tauschhandel beruht. Ein Zustand, in dem wir alle frei sind und in Harmonie unter Gleichen und mit der Natur leben. Im Werk von Marx und insbesondere dem von Engels finden sich solcher Primitivismus zuhauf. So spricht Engels in *Der Ursprung der Familie, des Privateigentums und des Staats* von den Gesellschaften der amerikanischen Ureinwohner als kommunistischen Gesellschaften; in der Einleitung zum dritten Band des *Kapitals* geht er sogar noch weiter und sagt, dass die Menschen von 5000 v. Chr. bis zum 15. Jahrhundert unserer Zeitrechnung in diesem adamitischen Zustand lebten, da der Profit und die Profitrate in Europa erst im 16. Jahrhundert auftraten. Bis zu der Zeit herrschte in Europa „die dem urwüchsigen Kommunismus entsprossene Markgenossenschaft". Damals hatte „jeder Bauer ursprünglich eine gleich große Hufe, mit gleich großen Stücken Boden von jeder Qualität, und einen entsprechenden gleich großen Anteil an den Rechten in der gemeinen Mark" (Marx 1894). Es muss darauf hingewiesen werden, dass Marx und Engels diese falsche Sicht der Geschichte teilten, sich jedoch nicht einig darüber waren, wie dieser Zustand des Urkommunismus wiederhergestellt werden könnte. Marx war kein Etatist, Engels schon. Marx bevorzugte andere Formulierungen wie den Zusammenschluss freier Individuen. Es war Engels, der in seinem Buch *Anti-Dühring* eine etatistische Interpretation von Marx' Werk vornahm und den Sozialismus als eine gesellschaftliche Organisation charakterisierte, in der „das Proletariat die politische Macht [ergreift] und die Produktionsmittel zunächst in Staatseigentum [verwandelt]" (Engels 1878). Lenin schloss sich Engels' Interpretation an, und von da an übernahmen die kommunistischen Parteien eine etatistische Sicht des Sozialismus.[3]

In seinem Buch bricht David Graeber mit diesem Schema, zunächst in Kapitel 2, wo er mit dem Mythos des Tauschhandels aufräumt, und dann in Kapitel 5, in dem er sagt, der mythische Kommunismus sei nichts weiter als „eine Geschichte, die wir uns selbst gern erzählen" (Graeber 2014, 120–121). Weder das Mesopotamien vor 7000 Jahren noch das europäische Mittelalter stützten ihre Wirtschaft auf Tauschhandel oder die gemeinsame Mark, sondern auf Schulden. „Nach meinem Dafürhalten ist es höchste Zeit, dass wir diese ganze Diskussion beiseitelassen. ‚Kommunismus' ist kein magisches Utopia und hat auch nichts mit dem Besitz der Produktionsmittel zu

[3] Im *Kommunistischen Manifest* heißt es: „Das Proletariat wird seine politische Herrschaft dazu benutzen, der Bourgeoisie nach und nach alles Kapital zu entreißen, alle Produktionsinstrumente in den Händen des Staats, d. h. des als herrschende Klasse organisierten Proletariats, zu zentralisieren [...]" (Marx/Engels 1848). Es ist schwierig, dies als eine etatistische Vision zu interpretieren. Vielmehr ist der so beschriebene Staat die Koordination zwischen selbstverwalteten Arbeiterräten nach dem Vorbild der Pariser Kommune, nicht ein Parteiapparat, wie er sich letztlich in der Sowjetunion durchsetzte.

tun." (Graeber 2014, 121) In Wirklichkeit geht es im Kommunismus, der auf der Maxime „Jeder nach seinen Fähigkeiten, jedem nach seinen Bedürfnissen" basiert, darum, „wer unter welchen Bedingungen Zugang zu welchen Dingen hat" (Graeber 2014, 121), und genau das soll meine Definition des Fiat-Sozialismus widerspiegeln. Über das Eigentum an den Produktionsmitteln hinaus bedeutet der Fiat-Sozialismus also den allgemeinen Zugang zu:

1. Garantierter und dauerhafter Vollbeschäftigung
2. Vollständiger und umsichtiger Nutzung der natürlichen Ressourcen
3. Gewährleistung von Nahrung, Unterkunft, Kleidung, Gesundheitsdiensten und Bildung für alle Bürger
4. Sozialer Sicherheit in Form von Renten und Subventionen
5. Einer Garantie für menschenwürdige Arbeitsnormen.

Diese fünf Punkte wurden erstmals von Stuart Chase in seinem Buch *The Road We Are Traveling* (1942) formuliert, und ich nenne sie die Ziele des Sozialismus. Die empfohlene Methode zur Mobilisierung der realen Ressourcen, um jedem Menschen den Zugang zu diesen fünf Punkten in bestmöglicher Qualität zu ermöglichen, ist die Modern Monetary Theory, und zwar aus den weiter unten genannten Gründen.

Vom Marxschen Gesetz vom tendenziellen Fall der Profitrate zum Moslerschen Gesetz

Es kann nur eines dieser beiden Gesetze richtig sein, da sie sich gegenseitig ausschließen. Wir können sie wie folgt formulieren:

- Marx' Gesetz vom tendenziellen Fall der Profitrate: Jedes Wirtschaftssystem, das auf dem Privateigentum an den Produktionsmitteln beruht, ist unweigerlich zum Zusammenbruch verurteilt (Abschnitt 3 des dritten Bandes des *Kapitals*).
- Moslers Gesetz: Keine Finanzkrise kann so tief sein, dass sie nicht durch eine Erhöhung der öffentlichen Ausgaben und/oder eine Senkung der Steuerlast überwunden werden könnte.

Hier entscheidet sich der Fiat-Sozialismus für das Moslersche Gesetz. Außerdem ist die Gültigkeit des Moslerschen Gesetzes der Grund für die Nichterfüllung des Gesetzes vom tendenziellen Fall der Profitrate. Ich habe bereits eine Widerlegung des Marxschen Gesetzes in meinem Artikel *Das Paradoxon der zwei Springer* (siehe Seite 29) veröffentlicht, daher lege ich den Lesern diesen Artikel nahe. Dort wird erläutert, dass Marx den Kapitalismus für nicht reformierbar hielt und dass nicht darüber diskutiert wurde, ob der private Sektor größer oder kleiner sein sollte, sondern dass Marx der Meinung war, die betreffende Wirtschaft sei unausweichlich dem Zusammenbruch geweiht, wenn Privatinitiative zugelassen werde. Im Gegensatz zum Marxschen Gesetz bezieht Mosler in seine Analyse die Fähigkeit des Staates ein, den Bürgern durch seine ausschließliche Fähigkeit, Geld auszugeben, Kredite zu gewähren, um das Konsumniveau der Bürger zu erhöhen. Moslers Analyse und die Analyse in David Graebers Buch stimmen völlig überein. Vom antiken Mesopotamien bis in die heutige Zeit hat sich stets dasselbe Schema wiederholt. Die Bürger eines Staates akzeptieren die Fähigkeit einer Zentralmacht, ihnen eine Schuld aufzuerlegen (in Form von Steuern, Zöllen, Strafzahlungen usw.). Diese Schulden werden in der Währung des Staates ausgegeben, die an sich keinen Wert hat (in Mesopotamien waren es Tontafeln). Die Währung des Staates hat nur deshalb einen Wert, weil die Bürger ihre Schulden beim Staat mit dessen eigener Währung begleichen müssen. Daher bringt die Zentralmacht zunächst ihre Währung in Umlauf und erhebt dann Steuern in dieser Währung, um den Inflationsdruck zu mindern. Mit anderen Worten, die Steuern finanzieren nicht die öffentlichen Ausgaben, da der Staat erst Ausgaben tätigen muss, bevor er Steuern erheben kann. Die Währung, die der Staat nicht in Form von Steuern einnimmt, besteht aus Krediten. Mit einem solchen Kredit können die Bürger auf dem auf Grundlage der staatlichen Währung geschaffenen Markt Waren und Dienstleistungen erwerben. Der Staat (die von Graeber erwähnte Herrschaft, die uns Schulden auferlegen kann) geht also dem Markt voraus und ist der Grund für dessen Existenz. Der Markt ist der Ort, an dem sich Produzenten und Konsumenten mit der Währung des Staates versorgen. Als Emittent der Währung ist der Staat in der Lage, auf dem Markt alles zu erwerben, was er braucht, da ihm das eigene Geld nicht ausgehen kann. Die Bürger sind darauf angewiesen, dass die Staatsausgaben höher sind als die Steuereinnahmen, damit sie ihre Spar- und Investitionskapazitäten erhöhen können.

Durch eine solche Analyse, die mit den uns zur Verfügung stehenden historischen Quellen übereinstimmt, entlarvt Graeber den Mythos des Tauschhandels als Ursprung des Geldes vor der Existenz von Staaten. Tauschhandel fand nur unter Ausnahmebedingungen und in äußerster Not nach großen Katastrophen statt; auf keinen Fall ist er der Ursprung von Zivilisation und Wirtschaft. Graeber erklärt auch, dass das auf Kredit und Schulden basierende System die Grundlage des Klassenkampfes ist. Ohne dieses System lässt sich die Entstehung der Lohnarbeiterklasse und der Bourgeoisie nicht erklären. Zudem erklärt dieses Schema, wie Verschuldung eine Waffe zur Unterwerfung der Bürger wurde und wie eine putschbereite Privatier-Elite seit mesopotamischen Zeiten darauf abzielte, dem Staat die Fähigkeit zur Geldemission zu nehmen, um selbst von den Schulden zu profitieren, die den anderen Bürgern auferlegt wurden. Aus diesem Grund stehen die großen Herrscher der Antike und der Neuzeit vor einer großen Verantwortung: den Erlass von Schulden, die nicht bezahlt werden können. Genau das wird im Moslerschen Gesetz darstellt: die Fähigkeit, einen Schlussstrich zu ziehen, wenn Bürgern als Ergebnis einer Finanzkrise nicht bezahlbare Schulden (die nichts anderes als Buchungsposten sind) aufgebürdet werden. Mit dem Erlass dieser Schulden, die sich zumeist in den Händen von Privatier-Eliten befinden, lässt sich jede Finanzkrise überwinden, egal wie tief sie ist. Dies ermöglicht Konsum, Ersparnisse und Investitionen seitens der Bürger, die, befreit von Schulden, ihre Arbeitskraft für die Schaffung neuer Güter und Dienstleistungen zur Deckung des allgemeinen Bedarfs einsetzen können.

Der traurigste Teil von Michael Roberts' Angriffen auf die Modern Monetary Theory war der, in dem er sich Warren Mosler widmete. Roberts zufolge kann die Modern Monetary Theory (ein anderer Name für das, was ursprünglich als *Mosler-Ökonomie* bezeichnet wurde) nicht gültig sein, weil Mosler ein Investmentfondsmanager und kein Sozialist ist. Zu solch schwachen Argumenten *ad hominem* kann man nicht viel sagen, zumal Michael Roberts selbst 40 Jahre lang als Wirtschaftswissenschaftler in der Londoner City gearbeitet hat. Leider habe ich David Graeber nie getroffen, doch zu Warren Mosler muss ich sagen, dass er einer der intelligentesten und besonnensten Menschen ist, die ich kenne. Sicherlich ist Warren Mosler kein Sozialist, der spanische Wirtschaftswissenschaftler Eduardo Garzón jedoch schon. Er war es, der in seinem Artikel „Reply to Michael Roberts on macro modelling MMT“ (Garzón 2021) und aus der Perspektive der Modern Monetary Theory alle Fehldarstellungen demontiert hat (siehe Roberts 2019), deren einziges Ziel es ist, seine Vorstellung eines mythischen Kommunismus zu verteidigen. Die Lektüre von Garzóns Artikel lege ich allen ans Herz. Er zeigt darin zwei Aspekte auf, die Roberts, wie auch die neoliberalen Ökonomen, nicht erklären kann: „die kausale Beziehung, die zwischen Gewinnen und Investitionen besteht“, und „wie das öffentliche Defizit finanziert werden kann“ (Garzón 2019). In meiner Debatte mit Roberts habe ich seine Positionen anhand der in Garzóns Artikel vorgebrachten Argumente widerlegt. Leider tat Roberts diese Argumente als bloße „Formalitäten“ ab und zögerte nicht, zur Verteidigung seines mythischen Kommunismus auf vom Neoliberalismus akzeptierte Argumente zurückzugreifen, wie z. B. die Auffassung von Geld als Ware anstelle von Schulden, die irrige Vorstellung, dass der Staat kein Geld emittieren kann, wenn zuvor keine Konsumgüter produziert wurden, der Widerspruch zu historischen Quellen, die besagen, dass der Markt vor dem Staat kommt, die absurde Behauptung, souveräne Staaten müssten ihre Defizite durch Staatsverschuldung finanzieren, und vor allem die neoliberale Idee par excellence, dass das Angebot die Nachfrage schafft und nicht umgekehrt. Roberts' Ansätze zeigen deutlich, dass sich die theoretischen Annahmen des mythischen Kommunismus und des Neoliberalismus in Wirklichkeit ähnlicher sind, als es scheinen mag.

Fiat-Sozialismus und Kommunismus

Zum Schluss und ausgehend von den obigen Ausführungen können wir uns fragen: Weicht der Fiat-Sozialismus mit seinem Vorschlag von der kommunistischen Tradition ab? Ganz und gar nicht. Das Eintreten für den allgemeinen Zugang zu den fünf Punkten, auf denen der Fiat-Sozialismus beruht, ist seit Anfang Teil des Fundaments der kommunistischen Bewegung. Außerdem war es die Forderung der Arbeiterklasse nach einem solchen Zugang, die den Kommunismus zu einer Massenbewegung machte. Erst im Kommunismus wurde die Entscheidungsgewalt über die Höhe der Arbeitslosigkeit in der Wirtschaft der Privatinitiative entzogen und in öffentliche Hände gelegt. Der Fiat-Sozialismus tut genau dasselbe. Der Unterschied zwischen dem Fiat-Sozialismus und den bisherigen kommunistischen Regimen (mit Ausnahme Chinas) besteht darin, dass ersterer sich auf den Zugang zu sozialen Rechten und nicht auf das Eigentum an den Produktionsmitteln konzentriert. Auf diese Weise will der Fiat-Sozialismus dem Kommunismus seine mythischen Eigenschaften nehmen. Aber auch das ist dem Kommunismus nicht fremd. Marx widmet einen großen Teil des Kapitels XXIII des ersten Bandes des *Kapital*, und zwar vom Abschnitt 5b „Die schlechtbezahlten Schichten der britischen industriellen Arbeiterklasse" bis zum Ende des Kapitels, dem fehlenden Zugang des Proletariats zu den fünf Punkten, auf denen der Fiat-Sozialismus beruht. Ebenso findet sich in der *Kritik des Gothaer Programms* das Recht der Arbeiter auf einen menschenwürdigen Arbeitsplatz und die Notwendigkeit einer Politik der permanenten Vollbeschäftigung. Kurz gesagt: Es war die Verteidigung des allgemeinen Zugangs zu den fünf grundlegenden Punkten des Fiat-Sozialismus, die den Kommunismus in mehr als der Hälfte der Welt zum Triumph führte, und die dafür sorgte, dass die Linke nach dem Zusammenbruch der Sowjetunion nicht verschwand.

Die Modern Monetary Theory wird als bevorzugte Methode des Fiat-Sozialismus genau deshalb eingeführt, weil sie meines Erachtens den Zugang zu den fünf Zielen des Fiat-Sozialismus am einfachsten macht.

Der Begriff *Fürsorgediktatur* (siehe Jarausch 2010) charakterisierte in der untergegangenen Deutschen Demokratischen Republik die Methode des Zugangs zu den Zielen des Sozialismus im ehemaligen Ostblock. Anders ausgedrückt: Den kommunistischen Regimen war der universelle Zugang zu den fünf Zielen des Sozialismus nie fremd. Das Problem war, dass sich die angewandte Methode (die Einführung einer Unterstützungsdiktatur) als sehr ineffizient erwies und der Zugang zu den Zielen des Sozialismus in Westeuropa oft besser gewährleistet war. Meiner Meinung nach liegt der Ursprung der Ineffizienz im Ostblock in dem von Graeber beschriebenen mythischen Kommunismus.

Im Falle Chinas liegen die Dinge ganz anders. Die Kommunistische Partei Chinas verfällt nicht dem Irrtum des mythischen Kommunismus, sondern verwendet als Methode für den Zugang zu den fünf Zielen des Sozialismus das, was der chinesische Wirtschaftswissenschaftler Xu Chenggang ein „regional dezentralisiertes autoritäres System" nennt, das ich in dem Artikel *Ein chinesischer sozialistischer Konsens* (siehe Seite 325) analysiert habe. Diese Methode hat sich als enorm effizient erwiesen und China zu einer Weltmacht gemacht, obwohl es von einer viel schlechteren Situation ausging als die osteuropäischen Länder. Allerdings fehlt dem chinesischen System der für die osteuropäischen Regimes kennzeichnende Aspekt der Unterstützung, und viele seiner Bürger haben keinen Zugang zu den fünf Zielen des Sozialismus.

Meiner Meinung nach stellen der elementare Kommunismus und die Modern Monetary Theory, auf der der Fiat-Sozialismus basiert, eine bessere Alternative sowohl zum chinesischen Modell als auch zum Modell des ehemaligen osteuropäischen Blocks dar, da sie garantieren, was für den Kommunismus grundlegend ist: den allgemeinen Zugang zu den fünf Zielen des Sozialismus. Die Existenz privater gewinnorientierter Unternehmen sollte uns nicht schrecken. Wichtig ist, dass dieser Gewinn nicht durch das Elend der Arbeitnehmer erzielt wird. Geld ist keine Ware, sondern ein Buchungsposten auf einem Bankkonto. Geld, das jemand verdient, ist kein Geld, auf das jemand anderes verzichtet. Der Staat kann die Kapitalakkumulation durch Steuerpolitik kontrollieren, ohne dass er direktes Eigentum an den Produktionsmitteln haben muss. Der Grundgedanke hierbei ist: Die arbeitende Mehrheit muss die Möglichkeit haben, die Größe des Privatsektors zu steuern. Wenn der Privatsektor, wie im Falle des spanischen Energiesektors, keinen universellen Zugang zu grundlegenden Gütern und Dienstleistungen garantiert, sollte dieser Sektor verstaatlicht werden. Bei der demokratischen Entscheidung über die Größe des Privatsektors muss die Arbeiterklasse darauf achten, dass der bestmögliche Zugang zu den Zielen des Sozialismus gewährleistet wird. Im Übrigen zeigt die Geschichte, dass man nicht erwarten kann, dass alle sozialen Beziehungen auf dem Kommunismus basieren. Die Vernachlässigung der Tatsache, dass sich das Tun der Menschen auch nach den Bedingungen von Austausch und Hierarchie richtet, hat in den sozialistischen Ländern zu großen Ineffizienzen geführt. Deshalb hat die Soziologie des Alltagskommunismus in Osteuropa keine größere Rolle gespielt als in Westeuropa (wir Emigranten, die in ehemals kommunistischen Ländern leben, wissen das sehr gut). Wie Graeber schreibt, „[arbeiten] die meisten kapitalistischen Unternehmen intern kommunistisch" (Graeber 2014, 121), weil es im elementaren Kommunismus am effektivsten ist, „die Aufgaben nach Fähigkeiten zu verteilen und den Leuten zu geben, was sie brauchen, um diese Aufgaben zu bewältigen" (Graeber 2014, 121).

In Anbetracht der obigen Ausführungen wäre es meines Erachtens nur konsequent, wenn kommunistische Parteien ein auf dem Fiat-Sozialismus basierendes Programm einführen würden. So wären die sozialistischen Umgestaltungen der Gesellschaft nicht mehr mit traumatischen Erfahrungen verbunden. Der Sozialismus soll es allen ermöglichen, ein besseres Leben zu führen. Traumatisch ist es, beim Kapitalismus des Euro und der Europäischen Union zu bleiben, die Millionen von Menschen zur Armut verdammen. Der Fiat-Sozialismus könnte die kommunistischen Parteien aus der Irrelevanz herausholen, in der sie – außer in China – versinken. Das Wichtigste ist, dass sich die kommunistischen Parteien von den Ketten des mythischen Kommunismus befreien und durch Armut bedingtes menschliches Leid effizient bekämpfen, indem sie allen Bürgern die nötigen Mittel an die Hand geben, damit diese durch volle Entfaltung ihrer Fähigkeiten so produktiv wie möglich werden. Das perfekte Wirtschaftssystem gibt es nicht, weil es den perfekten Menschen nicht gibt, aber was es gibt, sind der gute Wille und die Intelligenz der Menschen, die dem elementaren Kommunismus zugrunde liegen. Nutzen wir sie, um die Worte des großen spanischen Kommunisten Marcos Ana zu verwirklichen, als er sagte, dass Kommunismus Zuneigung zu allen ist.

Euro delendus est.

Die Idee zu diesem Logo für den Fiat-Sozialismus stammt von mir. Es wurde nach meinen Vorgaben von Stefan Pabst entworfen. Durch das at-Zeichen im Logo soll das Fiat-Geld in das traditionelle Symbol von Hammer und Sichel integriert werden. Das at-Zeichen steht für die computergestützte Natur des Fiat-Geldes, das in den Zentralbanken per Tastendruck erzeugt wird. Um das at-Zeichen nicht rückwärts zeichnen zu müssen, muss die Sichel mit der linken Hand gehalten werden. Das hat nichts mit der Vierten Internationale zu tun, sondern ist lediglich eine gestalterische Notwendigkeit.

Die Verwirklichung der Ziele des Sozialismus durch die Modern Monetary Theory. Dies haben wir als Fiat-Sozialismus bezeichnet. Die Politiken, die wir, beginnend in Kapitel 1, bei der Erläuterung des von Kant inspirierten Schemas dargelegt haben, werden je nachdem, wo sie umgesetzt werden, unterschiedlich ausfallen. An manchen Orten wird ein auf dem Fiat-Sozialismus basierendes Programm revolutionär wirken, anderswo wird die Umsetzung durch „nicht-reformistische Reformen" stattfinden – so hat André Gorz sie bezeichnet (Gorz 1970). In jedem Fall schlägt der Fiat-Sozialismus einen Systemwechsel und den Übergang von einem kapitalistischen System zu einem sozialistischen vor. Wie wir gesehen haben, steht bei diesem Übergang nicht das Eigentum an den Produktionsmitteln im Vordergrund, sondern die Verwirklichung dessen, was wir die fünf Ziele des Sozialismus genannt haben. Diese Ziele sind in einer kapitalistischen Gesellschaft nie gleichzeitig erreicht worden. An einigen Stellen hat der Kapitalismus Reformen mit sozialistischem Charakter eingeführt, wie z. B. die allgemeine Gesundheitsversorgung oder das Bildungswesen, aber in keinem Fall hat er gleichzeitig und dauerhaft unsere fünf Punkte des Sozialismus übernommen. Der Fiat-Sozialismus geht von der Idee aus, dass die dauerhafte und gleichzeitige Verwirklichung der fünf Ziele des Sozialismus eine notwendige und hinreichende Bedingung für die Beseitigung eines kapitalistischen Produktionssystems und den Übergang zu einem sozialistischen Produktionssystem ist.

Wie im obigen Artikel dargelegt, leugnet der Fiat-Sozialismus das Marxsche Gesetz vom tendenziellen Fall der Profitrate, das besagt, dass jedes System mit Privateigentum an den Produktionsmitteln unweigerlich zum Zusammenbruch verurteilt ist. Der Fiat-Sozialismus vertritt die Auffassung, dass ein solcher Zusammenbruch dank der Währungssouveränität der Staaten und des Fiat-Geldes, das aus dem Nixon-Schock von 1971 hervorging, nicht unvermeidlich ist. Der Fiat-Sozialismus stützt sich auf den „entmystifizierten" Marx, der sich in den Arbeiten von Michal Kalecki widerspiegelt. Dieser Marx erkennt das Hauptproblem des Kapitalismus in der fehlenden Verbrauchermacht der Arbeiter. Kalecki führt so den Fiat-Sozialismus in seiner ganzen Pracht ein, erstens mit seiner Gewinngleichung, mit deren Hilfe die Bürger die Größe des Privatsektors demokratisch bestimmen können, und zweitens durch die Idee, dass die Arbeitnehmer in der Lage sein sollten, das zu produzieren, was sie konsumieren wollen, auch durch Privatinitiative, wenn sie dies wünschen, damit sich die Arbeitnehmer mit dem sozialistischen System identifizieren und es nicht als etwas von außen Auferlegtes betrachten, über das sie keine Kontrolle haben.

Unser Vorschlag zur Änderung des Systems sieht folgendermaßen aus: Modern Monetary Theory und Zugang zu den Zielen des Sozialismus. Selbstverständlich steht die Umsetzung dieses Vorschlags vor zahlreichen Hindernissen; eine Bedrohung ist jedoch schwerwiegender als alle anderen: der Versuch der Mainstream-Ökonomie, sich die Modern Monetary Theory als einen weiteren neoklassischen Vorschlag einzuverleiben. Dieser Versuch ist bereits im Gange. Er weist ähnliche Merkmale auf wie die neoklassische Synthese, die der Neoliberalismus mit dem Keynesianismus vollzogen hat. Diese neoklassische Synthese, die den Namen Neo-Keynesianismus erhielt, nahm dem Werk von Keynes sein gesamtes bahnbrechendes Potenzial. Der Abstand zwischen dem von Keynes aufgezeigten Mangel an Investitionen und dem von Kalecki aufgezeigten Mangel an Konsum ist nämlich sehr gering; es genügt, man muss ihn nur unter dem Gesichtspunkt des Klassenkampfes analysieren, um zu erkennen, wie nahe sich die beiden Perspektiven sind. Der Neoliberalismus hat dies sehr wohl erkannt und insbesondere durch Samuelsons Werk die transformative Ladung in Keynes' Werk reduziert. Dabei stütze er sich auf die durch den Goldstandard auferlegten festen Wechselkurse und auf die Notwendigkeit, diese Wechselkurse durch die obligatorische Wahl zwischen Liquidität und Schuldtiteln zu verteidigen. Mit dem Ende des Goldstandards 1971 und in den 1990er Jahren, als sich dank Bill Mitchell, Randall Wray und Warren Mosler die so genannte Modern Monetary Theory herausbildete, die, wie wir gesehen haben, eine Politik der frei schwankenden Wechselkurse und permanenten Zinssätze von 0 % beinhaltete, verlor dieses neoliberale Mittel jedoch seine Wirkung.

Der neoklassische Neoliberalismus ist somit erneut in Gefahr. Seine verfügbaren Mittel zur Abwehr des transformativen Potenzials der neuen ökonomischen Schule, die die Entstehung eines neuen Paradigmas bedrohen, sind diesmal viel schwächer. Die Mainstream-Ökonomie (vor allem von ihrer deutschen Vormachtstellung aus) will sich die Europäische Union und ihre Defizitgrenzen unter dem Namen der Modern Monetary Theory einverleiben, wobei der Euro und die EU-Verträge als feste Wechselkurse fungieren. Zudem wird aus jenen Reihen üblicherweise gefordert, das Wort „Souveränität" unter allen Umständen zu meiden – ein Unwort für Neoklassiker, das jedoch in der Modern Monetary Theory von Anfang an präsent ist, wie der Titel des Buches von Randall Wray zeigt: *Modern Money Theory. A primer on macroeconomics for sovereign monetary systems* (*Modern Money Theory. Ökonomische Gesamtrechnung oder Geldflutung? Eine Einführung*) (Wray 2012).

Die neoklassische Synthese vermeidet es auch, von frei schwankenden Wechselkursen zu sprechen. Stattdessen zieht sie es vor, monetäre Souveränität nicht als binär anzusehen, sondern als ein Spektrum, das sich von vollständiger Souveränität über eine Reihe von Zwischenstufen der Souveränität bis hin zu keiner Souveränität erstreckt. Auf der Grundlage dieses Trugschlusses befürwortet die neoklassische Synthese der Modern Monetary Theory nicht die Einführung flexibler Wechselkurse, sondern das, was sie als verwaltete Wechselkurse bezeichnet. Dies ist nichts weiter als ein plumpes Wortspiel. In Wahrheit ist Währungssouveränität eine binäre Angelegenheit: Entweder sie wird ausgeübt oder nicht ausgeübt. Daher sind die so genannten gesteuerten Wechselkurse nichts anderes als verkappte feste Wechselkurse. Nur mit schwankenden Wechselkursen und permanenten 0 %-Zinssätzen kann es die monetäre Souveränität geben, so dass eine Politik der permanenten Vollbeschäftigung ohne Inflation möglich wird, wie sie die Modern Monetary Theory vorsieht.

Ein Versuch der deutschen Vorherrschaft, die Modern Monetary Theory zu verfälschen, lässt sich ganz leicht enttarnen. Man erkennt diese Falschdarstellung der MMT an zwei Merkmalen: an der Erklärung der sektoralen Gleichgewichte mit Hilfe von IS-LM-Diagrammen mit einem oder mehreren Quadranten (in denen endogenes Geld natürlich keinen Platz hat) und am Rückgriff auf einen falschen Europäismus. Mit letzterem meine ich, dass diese Entwicklung niemals für eine echte Europäische Union eintritt. Eine echte Europäische Union wären die Vereinigten Staaten von Europa, in denen es nur einen öffentlichen und einen privaten Sektor gäbe (und nicht, wie jetzt, einen privaten und 27 öffentliche Sektoren). Die deutsche Hegemonie wird sich dem Aufbau der Vereinigten Staaten von Europa widersetzen. Im Gegenteil, sie wird argumentieren, dass es in der heutigen EU immer eine gewisse Defizitgrenze geben muss. Der Grund dafür ist ganz einfach. Die deutsche Hegemonie beruht auf der Tatsache, dass die deutschen Handelsüberschüsse nicht durch Umverteilungsmechanismen mit dem Rest der EU geteilt werden können. Ebenso wird die deutsche Hegemonie niemals eine EU ohne eine Begrenzung des öffentlichen Defizits akzeptieren, um einen Aufkauf deutscher Unternehmen durch südeuropäische öffentliche Unternehmen zu verhindern.

Hinsichtlich der Jobgarantie verrät sich die deutsche hegemoniale Falschdarstellung der Modern Monetary Theory ebenfalls selbst, indem sie eine NAIRU vertritt, die üblicherweise zwischen 2 % und 3 % Arbeitslosigkeit angesetzt wird, und ab der die Jobgarantie nicht mehr gelten soll. Das heißt, sobald eine Arbeitslosenquote von 2 % oder 3 % erreicht ist, sollen Arbeitsuchende, die sich an das Arbeitsamt wenden, keinen Anspruch auf einen Arbeitsplatz haben, um keinen inflationären Druck zu erzeugen. Dies ist eine rein neoliberale, abwegige Vorstellung.

All diese falschen Darstellungen widersprechen den Postulaten der Modern Monetary Theory. Wir müssen auf diese neoklassischen Versuche, die Modern Monetary Theory ihres emanzipatorischen Potenzials zu berauben, ein wachsames Auge haben. Diese Versuche schrecken auch nicht davor zurück, auf eine woke Identitätspolitik zurückzugreifen, um die Botschaft der Modern Monetary Theory zu verdrehen. Ihr Ziel ist es, schon bald eine neomoderne Geldtheorie im neokeynesianischen Stil zu schaffen.

Wie wir zu Beginn dieses Buches mit den Worten von Bill Mitchell festgestellt haben, ist die Modern Monetary Theory kein politisches Regime, sondern eine Linse, durch die man die wirtschaftliche Realität richtig interpretieren kann. Der Fiat-Sozialismus ist der Versuch, dieser Interpretation einen sozialistischen Charakter zu geben. Dieser Versuch ist möglich, weil die Modern Monetary Theory selbst ein Paradigmenwechsel ist. Daher kann sie nicht von früheren Paradigmen übernommen werden, ohne sie in ihren wichtigsten Aspekten zu verfälschen. Die Modern Monetary Theory ist ein Paradigmenwechsel, wie ihn Thomas S. Kuhn mit diesen Worten ausdrückte:

> „Der Übergang von einem krisenhaften Paradigma zu einem neuen, aus dem eine neue Tradition normaler Wissenschaft hervorgehen kann, ist weit von einem kumulativen Prozess entfernt, wie ihn eine Artikulation oder eine Erweiterung des alten Paradigmas darstellen würde. Es ist vielmehr der Neuaufbau des Gebietes auf neuen Grundlagen, ein Neuaufbau, der einige der elementarsten theoretischen Verallgemeinerungen des Gebiets wie auch viele seiner Paradigmamethoden und -anwendungen verändert. Während der Übergangsperiode gibt es viele Probleme – aber nie sind es alle –, die sowohl durch das alte wie durch das neue Paradigma gelöst werden können. Es gibt aber auch einen entscheidenden Unterschied in den Lösungsmethoden. Wenn der Übergang abgeschlossen ist, hat die

Fachwissenschaft ihre Anschauungen über das Gebiet, ihre Methoden und ihre Ziele geändert.“ (Kuhn 1976, 97–98)

Für den Fiat-Sozialismus ist die Modern Monetary Theory eine Methode zur Erreichung von Vollbeschäftigung und Preisstabilität. Sie ist jedoch ohne allgemeinen Zugang zu allen Punkten der Ziele des Sozialismus wertlos. Die Welt befindet sich in einer Krise. Der Neoliberalismus kann die Herausforderungen, vor denen unser Planet steht, nicht bewältigen. Der Neoliberalismus ist ein totes Paradigma. Es ist an der Zeit, dass ein neues Paradigma entsteht. In der Wirtschaftswissenschaft wurde es bereits in Form der Modern Monetary Theory geboren. Der Fiat-Sozialismus ist ein Vorschlag für das neue politische Paradigma, das wir aufbauen müssen.

Der elementare Kommunismus, die Soziologie des Alltagskommunismus und die Prinzipien des Kommunismus, des Tauschs und der Hierarchie, wie sie von David Graeber in seinem Buch *Debt* dargelegt werden, stehen im Mittelpunkt meines persönlichen Konzepts des Fiat-Sozialismus. Sie sind durch folgende Idee vereint: Alles Gute ist in unseren Beziehungen zu anderen zu finden. Dort, in unseren Beziehungen zu anderen Menschen, liegt die wahre Eudaimonia: Wohlergehen, Glück, Güte, Hilfsbereitschaft und, für religiöse Menschen, das Heilige.

Wir leben in einer kranken Gesellschaft, die eine wachsende Zahl schwer traumatisierter Menschen hervorbringt.[4] Machiavellismus, subklinischer Narzissmus und subklinische Psychopathie (bekannt als die dunkle Triade der Persönlichkeit[5]) plagen die Bevölkerung und sind die wahre Pandemie des 21. Jahrhunderts. Leider kann der Fiat-Sozialismus die Missstände der dunklen Triade nicht beseitigen. Hat ein Mensch beispielsweise das Pech, von einem oder zwei Elternteilen mit einer narzisstischen Persönlichkeitsstörung großgezogen zu werden, wird er unweigerlich unsäglichen Misshandlungen ausgesetzt sein. Leider wird es diesen Miss-

[4] Siehe *Healing Trauma in a Toxic Culture with Gabor Maté* (Being Well Podcast): https://youtu.be/T8fdPA8Tt4I.

[5] Siehe *Dark Pentagram Personality: Dark Triad/Tetrad and Beyond* (Sam Vaknin): https://youtu.be/FWLXoydf0g0.

brauch weiterhin geben, egal in welchem Wirtschaftssystem wir uns befinden. Allerdings haben auch der Historizismus, der die Existenz historischer, klar erkennbarer Gesetze verteidigt, sowie der Neoliberalismus, gegen den sich der Fiat-Sozialismus positioniert, zur Entstehung des verheerenden kollektiven Traumas beigetragen. Der Fiat-Sozialismus wird dem Missbrauch leider kein Ende setzen können, aber er würde für Missbrauchte ein Netz sozialer Dienste bereitstellen, das ihnen ein neues Leben ohne Missbrauch ermöglichen würde. In dieser Hinsicht ist der Fiat-Sozialismus auch ein Instrument der sozialen Heilung.

An verschiedenen Stellen im Buch haben wir die Figur Kants mit der von Hegel konfrontiert und uns kritisch für Kant entschieden. Hegel fand das kantische System zu bescheiden: Warum soll man sich auf die Naturwissenschaften und die Moral beschränken, wenn man sich für die Geschichte entscheiden kann? Kant hingegen lehnt die Existenz historischer Gesetze ab und beschränkt sich auf die Begriffe der Natur und der Freiheit. Hegel macht in seinem Narzissmus einen metaphysischen Sprung hinein in die historischen Gesetze. Herausgekommen ist eine Katastrophe, die der Menschheit enorme Probleme gebracht hat. Doch schon Kant war auf dem Gebiet der Moral gescheitert. Sein kategorischer Imperativ war bereits zu weit gegangen und hatte den kantischen Diskurs in hoffnungslose Sackgassen geführt. Und auch der Neoliberalismus, der das kantische Schema auf den Bereich der Makroökonomie ausdehnt, unterliegt, wie wir am Beispiel der *homo oeconomicus*-Idee und des kantisch inspirierten Warengeldes gesehen haben, historistischen Irrtümern. Wir müssen noch bescheidener werden. Das *Yijing* sagt uns: „Man soll nicht nach hohen Dingen streben, sondern sich zu den niedrigen halten." (*Yijing* 2003). Wir sollen nur die kleinen Dinge tun, denn sie sind die wichtigsten. Das ist auch Teil des Alltagskommunismus. Alle Bedürfnisse der Menschen durch ihre Arbeit zu erfüllen. Dies ist die Grundlage des Fiat-Sozialismus. Er muss auch im Alltag durch Höflichkeit, Respekt, guten Charakter und Freundlichkeit zum Ausdruck kommen und sich in Gesten und kleinen Details im Umgang miteinander äußern. Idealerweise sollte dies zur Großen Regulierung führen. In ihr würde durch Menschlichkeit auf allen Ebenen ein Zustand der emotionalen Regulierung erreicht. Ist das kein Widerspruch? Haben wir nicht gesagt, dass nur kleine Dinge unternommen werden müssen? Wäre die Große Regulierung nicht ein großes Unterfangen? Nein, die Regulierung würde aus dem Alltagskommunismus hervorgehen, der auf kleinen Dingen beruht. Die große Regulierung würde einfach stattfinden, ohne dass wir es beabsichtigen und ohne dass wir es bemerken. Sie ist nicht etwas, das wir erzwingen sollten, sondern etwas, das auf natürliche Weise geschehen sollte. Lasst uns nur kleine Dinge im Bereich des Alltagskommunismus unternehmen und den Rest seinen eigenen Lauf nehmen lassen.[6]

Kurz gesagt, wenn die heutigen kranken Gesellschaften für die Traumata verantwortlich sind, die uns plagen, würden gesunde Gesellschaften gesunde und flexible Köpfe hervorbringen. Das Ziel des Fiat-Sozialismus besteht darin, dass alle Menschen, die ein friedliches, fruchtbares Leben führen wollen, in dem alle ihre lebenswichtigen Bedürfnisse erfüllt werden, dies durch ihre Arbeit erreichen können. Ich bin davon überzeugt, dass der Fiat-Sozialismus ein Mittel zur kollektiven Heilung wäre und dass in der Gesellschaft, die er hervorbringen würde, gute Sitten, Brüderlichkeit und Frieden unter den Menschen gedeihen würden. Dies würde durch die Vertiefung der Idee des Basiskommunismus und der von Graeber vorgeschlagenen Soziologie des Alltagskommunismus geschehen. Ich bin davon überzeugt, dass die Gesellschaften, die aus dem Vorschlag des Fiat-Sozialismus hervorgehen, eine Verbesserung der Lebensbedingungen der Menschen mit sich bringen würden.

[6] Siehe *Don't Worry, Everything is Out of Control | Taoist Antidotes to Worry* (Einzelgänger): https://youtu.be/lb3VckEacf4.

Dritter Teil

7
EURO DELENDUS EST

AUSWAHL VON ARTIKELN

Im Folgenden finden Sie eine Auswahl von Artikeln. Der erste Artikel ist der neueste und der letzte der älteste, so dass die Verweise auf den Fiat-Sozialismus im Laufe der Zeit abnehmen, wenn die Artikel hinzugefügt werden. Die meisten Artikel wurden in der Online-Zeitung *El Común* veröffentlicht, in der ich eine Rubrik mit dem Titel Fiat-Sozialismus schreibe, sowie in der Zeitung der Kommunistischen Partei Spaniens, *Mundo Obrero*. Die älteren Artikel wurden geschrieben, bevor die Idee des Fiat-Sozialismus entstand. Dennoch kann man in diesen Artikeln bereits das erahnen, was schließlich zu der Formulierung führen würde, die diesem Buch den Titel gibt.

DIE JOBGARANTIE ALS VEREIN FREIER MENSCHEN[1]

Angesichts der bevorstehenden Veröffentlichung der deutschen Übersetzung meines Buches, *Fiat-Sozialismus*, stehe ich vor der Frage der Überarbeitung des Originaltextes und damit vor der Versuchung, Klarstellungen, Änderungen und Korrekturen vorzunehmen. Wenn ich mich für eine eventuelle Abweichung von der englischen und spanischen Fassung des Werkes entscheiden müsste, dann würde ich mich dazu entschließen, die Jobgarantie als eine Art Verein freier Menschen darzustellen.

Mit dieser Formel, Verein freier Menschen, bezeichnete Marx das Produktionsregime im Sozialismus. Anstatt die

[1] Veröffentlicht auf Spanisch am 30.08.24 in *El Común* https://elcomun.es/2024/08/30/el-trabajo-garantizado-como-asociacion-de-individuos-libres/.

zahlreichen Stellen zu zitieren, an denen Marx auf den Verein freier Menschen Bezug nimmt, werde ich hier nur einen Absatz aus dem ersten Band des *Kapitals* wiedergeben, der meiner Meinung nach den Kern von Marx' Idee enthält. Das Zitat fällt zwangsläufig lang aus (ich bitte, dies zu verzeihen):

> „Stellen wir uns endlich, zur Abwechslung, einen Verein freier Menschen vor, die mit gemeinschaftlichen Produktionsmitteln arbeiten und ihre vielen individuellen Arbeitskräfte selbstbewusst als *eine* gesellschaftliche Arbeitskraft verausgaben. Alle Bestimmungen von Robinsons Arbeit wiederholen sich hier, nur *gesellschaftlich statt individuell.* Alle Produkte Robinsons waren sein ausschließlich persönliches Produkt und daher unmittelbar *Gebrauchsgegenstände* für ihn. Das Gesamtprodukt des Vereins ist ein *gesellschaftliches* Produkt. Ein Teil dieses Produkts dient wieder als Produktionsmittel. Er bleibt gesellschaftlich. Aber ein anderer Teil wird als Lebensmittel von den Vereinsgliedern verzehrt. Er muss daher unter sie *verteilt* werden. Die *Art* dieser Verteilung wird wechseln mit der besonderen Art des gesellschaftlichen Produktionsorganismus selbst und der entsprechenden geschichtlichen Entwicklungshöhe der Produzenten. Nur zur Parallele mit der Warenproduktion setzen wir voraus, der Anteil jedes Produzenten an den Lebensmitteln sei bestimmt durch seine *Arbeitszeit.* Die Arbeitszeit würde also eine doppelte Rolle spielen. Ihre gesellschaftlich planmäßige Verteilung regelt die richtige Proportion der verschiedenen Arbeitsfunktionen zu den verschiedenen Bedürfnissen. Andrerseits dient die Arbeitszeit zugleich als Maß des individuellen Anteils des Produzenten an der Gemeinarbeit und daher auch an dem individuell verzehrbaren Teil des Gemeinprodukts. Die gesellschaftlichen Beziehungen der Menschen zu ihren Arbeiten und ihren Arbeitsprodukten bleiben hier durchsichtig einfach in der Produktion sowohl als in der Distribution. [...] Die Gestalt des gesellschaftlichen Lebensprozesses, d.h. des materiellen Produktionsprozesses, streift nur ihren mystischen Nebelschleier ab, sobald sie als Produkt frei vergesellschafteter Men-

> schen unter deren bewusster planmäßiger Kontrolle steht. Dazu ist jedoch eine materielle Grundlage der Gesellschaft erheischt oder eine Reihe materieller Existenzbedingungen, welch selbst wieder das naturwüchsige Produkt einer langen und qualvollen Entwicklungsgeschichte sind."

Wie das obige Zitat verdeutlicht, unterscheidet sich der von Marx erdachte Verein freier Menschen in mehreren Aspekten von den Voraussetzungen, auf denen der Fiat-Sozialismus aufbaut. Der Grundgedanke eines Vereins freier Menschen bleibt jedoch unverändert: Die Produktion von Waren, Gütern und Dienstleistungen muss unter den Bedingungen von Gleichheit und Freiheit der daran beteiligten Produzenten stattfinden.

Der Hauptunterschied zwischen der Marxschen Konzeption des Vereins freier Menschen und dem Fiat-Sozialismus besteht darin, dass letzterer in Anlehnung an die moderne Geldtheorie die Möglichkeit enthält, das Privateigentum an den Produktionsmitteln zuzulassen (sofern demokratisch beschlossen) und den Umfang dieses Eigentums zu bestimmen. Durch das bedingungslose Angebot einer Übergangsbeschäftigung im öffentlichen Sektor schafft die vom Fiat-Sozialismus befürwortete Jobgarantie in diesem Zusammenhang zwischen Arbeitnehmern und Arbeitgebern Gleichheit und Freiheit für alle, die weder in der Privatwirtschaft noch im ständigen öffentlichen Sektor einen Arbeitsplatz finden. Die Beschäftigung in der Jobgarantie muss es dem Arbeitnehmer ermöglichen, seinen gesamten Lebensunterhalt zu bestreiten.

So sind sowohl die Freiheit als auch die Gleichheit des Arbeitnehmers gegenüber dem Arbeitgeber gewährleistet. Im Fiat-Sozialismus ist menschenwürdige und dauerhafte Vollbeschäftigung gesetzlich garantiert und wird zu einer endogenen Variable des Wirtschaftskreislaufs. Dadurch sind Arbeitgeber und Arbeitnehmer gleichrangig. Unternehmen, die keine besseren oder gleichwertigen Standards als die Jobgarantie bieten können, würden verschwinden. Außerdem könnten die Arbeitgeber die Angst vor Arbeitslosigkeit nicht zur Disziplinierung ihrer Arbeitnehmer nutzen, da es keine unfreiwillige Arbeitslosigkeit mehr gäbe. Der Mehrwert in der Wirtschaft wäre größer als Null, denn zum Ausgleich des Verzichts auf das Risiko, das mit der Investition von Eigenkapital durch den Unternehmer verbunden ist, wären gewinnorientierte Wirtschaftstätigkeiten erlaubt. Die Standards für Gründlichkeit und Qualität der Jobgarantie würden durch externe Qualitätskontrollen festgelegt. Auf diese Weise sollen die Arbeitnehmer das produzieren können, was sie konsumieren wollen, wodurch sie sich stärker mit dem Produktionssystem identifizieren würden.

Am Anfang des Marxschen Vorschlags steht Robinson Crusoe, ein autonomer Marktteilnehmer, der konsumiert, was er selbst produziert, und der das, was er sich nicht selbst beschaffen kann, durch Tauschhandel bezieht. Marx teilt mit der neoklassischen Wirtschaftswissenschaft die Überzeugung, dass die heutige Wirtschaft aus einem erweiterten Tauschhandel hervorgegangen ist, aus dem sich dann der Markt entwickelte. In diesem Schema entsteht das Geld auf dem Markt als Tauschmittel zur Erleichterung von Handelsgeschäften, die, wenn sie einen bestimmten Umfang erreichen, zu Staaten führen.

In Anlehnung an die moderne Geldtheorie, den Chartalismus und David Graebers Werk *Schulden*, lehnt der Fiat-Sozialismus die historische Darstellung von Marx und der neoklassischen Wirtschaftswissenschaft ab. Der Fiat-Sozialismus sieht den Tauschhandel nicht als Ursprung der Wirtschaft an, da alle historischen und prähistorischen Aufzeichnungen darauf hindeuten, dass die Menschen nur sehr selten und sehr kurzzeitig zum Tauschhandel griffen, etwa nach großen Natur- oder Militärkatastrophen. Der Ursprung der modernen Wirtschaft ist der Staat. Bevor es Staaten gab, gab es kein Geld und keinen Markt. Geld ist die Rechnungseinheit für die von den Staaten gemachten Schulden. Im Narrativ des Fiat-Sozialismus entstehen somit dauerhafte menschliche Siedlungen, die durch das Aufkommen von Ackerbau, Sesshaftigkeit und Schrift möglich wurden. Diese Siedlungen (Staaten) werden von einer Zentralmacht organisiert, die befugt ist, ihren Bürgern Steuerschulden aufzuerlegen. Um ihre Steuerschulden zu begleichen, produzieren die Bürger Waren, Güter und Dienstleistungen, deren Preise auf die Rechnungseinheit des Staates lauten. Die Rechnungseinheit wird in Form von buchhalterischen Aufzeichnungen (dem Ursprung von Schrift und Mathematik) ausgedrückt, die auf Schuldscheinen ohne eigenen materiellen Wert festgehalten werden. Die Schulden des Staates (Geld) in Form von Aufzeichnungen sind also keine Ware; dank seiner Souveränität kann der Staat so viele Schulden machen, wie er will, um sich auf dem durch die Steuerschulden entstandenen Markt selbst zu versorgen. Umgekehrt verwenden auch die privaten Produzenten Schuldscheine, die auf die Rechnungseinheit des Staates lauten, um ihre Transaktionen mit Waren und Dienstleistungen durchzuführen.

Das Zitat von Marx bezieht sich nicht auf Geld oder den Staat, sondern auf autonome Produzenten, die ihre Bedürfnisse rational befriedigen, indem sie ihre Produkte durch Tauschhandel untereinander austauschen. Dies ist ein Mythos und hat so nie stattgefunden. Bringt man allerdings das Geld (die Staatsschulden) in die Marxsche Analyse ein, dann hat er völlig recht. Auf diese Weise bestimmt die in den Waren, Gütern und Dienstleistungen vergesellschaftete Arbeitszeit in monetärer Hinsicht (Preis) deren Verteilung und Konsum, weil alle Wertschöpfung durch menschliche Arbeit entsteht. Die Jobgarantie setzt einen Mindestpreis für jede Stunde vergesellschafteter Arbeit fest und steuert damit das allgemeine Preisniveau der Wirtschaft.

Ich halte die Jobgarantie für die überzeugendste Version eines Vereins freier Menschen. In der heutigen Zeit sollte man Marx' Vorschlag als ein von selbstverwalteten Genossenschaften geleitetes Produktionsregime verstehen. Nichts gegen dieses Produktionsregime, im Gegenteil. Meiner Meinung nach lässt sich damit die Produktion von Gütern und Dienstleistungen hervorragend organisieren, und zweifellos würde der Fiat-Sozialismus die Schaffung solcher Unternehmen ermöglichen und fördern. Allerdings muss der Einfluss selbstverwalteter Genossenschaften begrenzt bleiben. Die Organisation öffentlicher Einrichtungen und öffentlicher Unternehmen im Allgemeinen sollte nicht von selbstverwalteten Genossenschaften übernommen werden. Der Grund dafür ist die Herkunft genau der Geldinvestitionen, aus denen öffentliche Einrichtungen und öffentliche Unternehmen im Allgemeinen hervorgehen.

In Wirklichkeit sind die selbstverwalteten Genossenschaften Teil des privaten Sektors. Ihre Eigentümer sind ihre Arbeitnehmer. Folglich sind es die Arbeitnehmer, die sie durch ihr Vermögen gründen. Dies ermöglicht ihnen die Beteiligung an den Unternehmensgewinnen, zwingt sie aber auch, die Verluste zu teilen. Öffentliche Unternehmen entstehen aus öffentlichen Investitionen, daher sollte der Staat sie verwalten. In diesem Fall sollten die Arbeitnehmer im öffentlichen Dienst angestellt und der Behörde unterstellt sein, die das Kapital des Unternehmens auszahlt. Arbeitnehmer sollten Unternehmen nur dann leiten, wenn sie diejenigen sind, die das Kapital des Unternehmens auszahlen und daher die möglichen Verluste tragen.

Das bedeutet nicht, dass die Lohnempfänger völlig aus der Leitung der Unternehmen herausgehalten werden sollten. In *Fiat-Sozialismus* plädiere ich für die Mitverwaltung von Unternehmen, sowohl der öffentlichen als auch der privaten, durch Gewerkschaften und Betriebsräte nach deutschem Vorbild.

Meiner Meinung gehört dieser Aspekt unbedingt zur Idee des Vereins freier Menschen, denn in Polen demontierte die Gewerkschaft *Solidarność* von Lech Wałęsa den Sozialismus gerade eben, indem sie die Selbstverwaltung der öffentlichen Unternehmen durch die Arbeitnehmer forderte, was zu einer verdeckten Privatisierung der staatlichen Unternehmen führte. Der Begriff Verein freier Menschen erscheint mir jedoch außerordentlich zutreffend, da, wie bereits zu Beginn des Artikels erwähnt, die Arbeitsbeziehungen zwischen Arbeitnehmern und Arbeitgebern auf der Grundlage von Gleichheit und Freiheit stattfinden müssen. Dies setzt voraus, dass dem privaten Sektor die Möglichkeit genommen wird, über die Höhe der Arbeitslosigkeit in der Wirtschaft zu entscheiden. Diese Entscheidung muss in den Händen des Staates liegen, der die dauerhafte Vollbeschäftigung zu einer endogenen Variable des Wirtschaftskreislaufs machen muss, genauso wie den Zugang zur Gesundheitsversorgung oder zur Bildung. Meiner Meinung nach ist die Jobgarantie der Verein freier Menschen in seiner optimalen Form.

Euro delendus est.

ALTHUSSER VS. SINOWJEW[1]

(Dieser Artikel ist den Genossen der Kommunistischen Partei des Landes Valencia, Rafael Palomares Gómez und José Vicente „Jovi“ Longa, Lola Gozálvez und Javier Naharros vom Stadtrat von Burjassot, Joanet Carbonell von Ràdio i Televisió del Poble, Jorge Amar und Manolo Mulet gewidmet, die die Präsentation meines Buches ermöglicht haben.)

Am 15. und 16. November 2023 hatte ich das große Vergnügen, mein Buch *Socialismo Fiduciario* in der valencianischen Stadt Burjassot vorzustellen. An beiden Tagen begann ich die Präsentation mit einer Folie, die Zitate von zwei wichtigen Kommunisten, Louis Althusser und Alexander Sinowjew, enthält.

> „Ich weiß nicht, ob die Menschheit jemals den Kommunismus kennenlernen wird, diese eschatologische Vision von Marx. Was ich jedenfalls weiß, ist, dass der Sozialismus, dieses zwangsläufige Übergangsstadium, von dem Marx sprach, ‚Scheiße‘ ist, wie ich das 1978 in Italien und Spanien vor Zuhörerkreisen verkündet habe, die von der Heftigkeit meiner Äußerungen verwirrt waren. Auch da tischte ich eine ‚Geschichte‘ auf. Der Sozialismus ist ein sehr breiter, sehr schwer zu überquerender Fluss. Wir werden bald eine gewaltige Fähre haben: die der politischen und gewerkschaftlichen Organisationen, die das gesamte Volk besteigen kann. Aber um die Strudel zu durchfahren, bedarf es eines ‚Steuermannes‘, der Macht des Staates in den Händen der Revolutionäre, und in dem großen Staatsschiff muss die Klassenherrschaft der Proletarier über alle gedungenen Ruderer gesichert sein (der Lohn existiert noch und das Privatinteresse), sonst kentert es! – die Herrschaft des Proletariats. Man bringt das gewaltige Schiff zu Wasser, und auf der ganzen Fahrt müssen die Ruderer überwacht werden, indem man ihnen strikten Gehorsam abverlangt, müssen sie von

[1] Veröffentlicht auf Spanisch am 22.11.23 in *El Común* https://elcomun.es/2023/11/22/althusser-versus-zinoviev/.

ihren Posten entfernt werden, wenn sie Verstöße begehen, müssen sie rechtzeitig abgelöst, ja sogar bestraft werden. Aber wenn dieser gewaltige Scheißfluss endlich bezwungen ist, dann tauchen im Unendlichen der Strand, die Sonne und der Wind eines jungen Frühlings auf. Jedermann verlässt das Schiff, es gibt keinerlei Kampf mehr zwischen Menschen und den Interessengruppen, weil es ja keine Warenbeziehungen mehr gibt, sondern Blumen und Früchte im Überfluss, die jeder zu seinem Vergnügen sammeln kann. Dann erheben sich die ‚freudigen Leidenschaften' Spinozas und sogar Beethovens ‚Hymnus an die Freude'."

Die Zukunft hat Zeit, Louis Althusser, S. 257f., 1998

„Auch im Westen sind die Ideale der Menschenrechte und der demokratischen Freiheiten in den Hintergrund gedrängt worden. Die sozialen Rechte der Bürger werden stark angegriffen. Die Medien schenken ihnen kaum Beachtung oder schweigen im Allgemeinen zu ihren Verstößen. Inzwischen ist klar geworden, dass diese bis vor wenigen Jahren so hochgehaltenen Ideale nicht die wichtigsten Werte im Leben sind, sondern ein sicherer, dem Beruf angemessener Arbeitsplatz, eine Wohnung, medizinische Versorgung, Erziehung und Unterricht für die Kinder, persönliche Sicherheit, Alters- und Invalidenrenten, humane persönliche Beziehungen – alles, was in der Sowjetunion der Vor-Perestroika-Zeit irgendwie üblich war."

La caída del imperio del mal [*Der Untergang des Reichs des Bösen*], Alexander Sinowjew, S. 173, 1999 [1994].

Ich habe die Ausführungen auf diese Weise begonnen, weil diese Folie zwei Konzepte des Kommunismus widerspiegelt, die meiner Meinung nach unvereinbar sind, so dass man sich für das eine entscheiden und das andere ablehnen muss. Der Fiat-Sozialismus entscheidet sich für die Konzeption von Sinowjew.

Sehen wir uns die Hauptmerkmale der beiden Zitate an. Der größte Unterschied zwischen den beiden ist ihre Auffassung von Geschichte. Für Althusser liegt das Wesen der Geschichte und damit des Sozialismus als historisches Phänomen in der Zukunft. Daher erscheint der Kommunismus als das Ende der Geschichte. Er ist also das unaufhaltsame Ergebnis, auf das die Menschheit zusteuert, wenn die verschiedenen historischen Prozesse erschöpft sind. Er ist ein paradiesischer Ankunftsort, an dem die Menschheit die verlorene Ordnung ihres goldenen Zeitalters wiederfindet. Althusser identifiziert diesen Zustand mit dem Verschwinden des Lohns und des Privatinteresses. Es ist die adamitische Rückkehr zu einem Zustand der vollkommenen Vereinigung mit der Natur und der Menschheit im Reinzustand. Die Wechselfälle und Katastrophen der Geschichte sind zwar mit Unrat behaftet, läutern uns jedoch letztlich als Individuen, und die Menschheit wird von allem Schlechten befreit.

Diese Sicht der Geschichte verschwindet in Sinowjews Text. Darin ist nicht der Ankunftspunkt, sondern der Ausgangspunkt entscheidend. Das Streben nach fernen Idealen weicht den Errungenschaften des Sozialismus in der Sowjetunion. Sie sind das Wichtigste im Leben, d.h. im Hier und Jetzt. Das Reich der Ziele ist nirgendwo sonst zu finden als im Wohlstand des täglichen Lebens: Gesundheit, Wohnung, Sicherheit, Familie, Rente, zwischenmenschliche Beziehungen. Der Kommunismus ist also die rationelle Mobilisierung der uns heute zur Verfügung stehenden Mittel, um ein tägliches Leben in Wohlstand für alle zu erreichen. Es bedarf keineswegs einer engelhaften Verwandlung des Menschen, auch ist die Abschaffung der Löhne und Privatinteressen keine Voraussetzung für Wohlstand. Diese Fragen sind von untergeordneter Bedeutung und werden von Fall zu Fall entschieden.

Für den Fiat-Sozialismus ist diese Frage von größter Bedeutung. Ich will mich nicht selbst zitieren. In verschiedenen Teilen des Buches analysiere ich die historischen Aspekte des Sozialismus. Im ersten Kapitel wird Althussers Ansicht in den Hegelianismus eingeordnet, und im sechsten Kapitel werden ähnliche Positionen wie die von Althusser als „mythischer Kommunismus" bezeichnet, wie er von David Graeber konzipiert wurde. Diese Positionen lehnt der Fiat-Sozialismus ab. An ihre Stelle treten die (kritische) Verteidigung des kantischen Schemas und das, was Graeber als „elementaren

Kommunismus" bezeichnet, kompatible und ähnliche Ansätze wie die von Sinowjew.

In Anbetracht der Reaktionen des Publikums bei den Vorträgen in Burjassot möchte ich mich dem Problem jedoch aus einer anderen Perspektive nähern, die bereits jetzt sehr relevant ist, aber in Zukunft aufgrund der bevorstehenden Veröffentlichung von Sahra Wagenknechts Buch *Die Selbstgerechten* auf Spanisch (*Los Engreídos*, Lola Books, 2024) noch wichtiger werden wird. In diesem Buch bezeichnet sich Wagenknecht als „linkskonservativ". Was meint die Autorin mit diesem scheinbar diametralen Gegensatz, und warum stellt er eine wichtige Formulierung bei der Analyse der Zitate von Althusser und Sinowjew dar?

Und zwar aus folgendem Grund: Sinowjews Position und die des Fiat-Sozialismus sind ebenfalls linkskonservativ, Althussers ist progressiv. Ich will dies so einfach wie möglich erklären. Dazu werde ich nur auf zwei Grundbegriffe der Philosophie Kants und Schopenhauers zurückgreifen: Noumenon und Phänomen.

Nach Kants und Schopenhauers Philosophie ist die Wirklichkeit durch einen Abgrund geteilt. Auf der einen Seite steht die sinnliche Wirklichkeit, die sich in Form von Phänomenen darstellt. Auf der anderen Seite steht das Noumenon, die Wirklichkeit des Dinges an sich, die nur gedacht, aber nicht durch Erfahrung wahrgenommen werden kann. Das Phänomen ist das Ding, wie es sich uns in der sinnlichen Wirklichkeit darstellt und daher der Veränderung unterworfen ist. Das Noumenon ist das Ding, wie es sich unserer intellektuellen Intuition darstellt; es ist daher kein Phänomen und unterliegt keiner Veränderung, ist dauerhaft, liegt außerhalb von Zeit und Raum und bleibt so unveränderlich. Das Noumenon ist die Essenz dessen, was durch das Phänomen ausgedrückt wird. Diese radikale Trennung zwischen Noumenon und Phänomen ist konservativ, da sie von einer unveränderlichen Essenz ausgeht, die der Realität der Phänomene einen Sinn verleiht. Die lebenswichtige Haltung des Menschen muss darin bestehen, die ursprünglichen Prinzipien zu bewahren, den Relativismus zu leugnen und sich den Phänomenen der Erfahrung von der primären Festigkeit der Axiome her zu nähern.

In der kantischen Ethik ist das Noumenon das Evangelium, der gute Wille bzw. der heilige Wille des Christentums. Im Fiat-Sozialismus wird die Rolle des Noumenon von den fünf Zielen des Sozialismus übernommen, die aus dem Werk von Stuart Chase stammen: garantierte und dauerhafte Vollbeschäftigung, vollständige und umsichtige Nutzung der natürlichen Ressourcen, Garantie für jeden Bürger von Nahrung, Unterkunft, Kleidung, Gesundheitsdiensten und Bildung, soziale Sicherheit in Form von Renten und Subventionen und Garantie menschenwürdiger Arbeitsstandards.

Für den Fiat-Sozialismus sind das Vorhandensein oder Nichtvorhandensein von Privatinteressen und Löhnen sowie das Ausmaß der Privatinitiative nicht Teil des Phänomens, sondern unwesentliche, demokratisch zu klärende Phänomene. Diesbezüglich macht das Buch konkrete Vorschläge für Spanien. Für dieses Land schlägt es ein System des gemischten Eigentums an den Produktionsmitteln vor, in dem beispielsweise der Elektrizitätssektor, der Sparkassensektor und ausreichend Land und Immobilien verstaatlicht würden, um einen Plan für garantierten Wohnraum zu verwirklichen. Dies ist jedoch nur ein persönlicher Vorschlag zum Umfang des öffentlichen Sektors, der der demokratischen Entscheidung der Bürgerinnen und Bürger unterworfen werden muss. Was nicht verhandelbar ist, ist der allgemeine, schuldenfreie Zugang zu den fünf Zielen des Sozialismus, der, wie in dem Buch ausführlich erläutert wird, nur durch die Wiederherstellung der Währungssouveränität möglich ist.

Indem er das Wesen des Kommunismus zu einem Phänomen in der Zukunft macht, verwandelt Althussers Konzeption des mythischen Kommunismus alles in ein Phänomen ohne ein Noumenon. Das ist eine fortschrittliche Haltung, denn das allmähliche Fortschreiten in Richtung unserer unvermeidlichen Zukunft verleiht unserer Existenz einen Sinn. Der Mensch kann allenfalls die Rolle des erfahrenen Steuermanns übernehmen, der die Überfahrt sicherer und kürzer macht, aber ansonsten geht es darum, aktiv darauf zu warten, dass sich der Fortschritt zum Kommunismus vor unseren Augen materialisiert. Bis dahin ist alles fließend, es gibt keinen festen Ausgangspunkt, an dem wir uns in der Welt der Erfahrung orientieren können.

Wir können es so erklären: Das kantische Noumenon ist eine Kraft, die uns von hinten in die Zukunft drängt und uns gleichzeitig feste Prinzipien ins Ohr flüstert, die uns in einer ungewissen Realität anleiten und unseren Schritten Festigkeit verleihen. Die progressive Vision, in der alles ein Phänomen ohne Noumenon ist, ist ein Magnet, der uns aus der Zukunft her zu sich zieht. Sie steht nicht hinter uns, sondern vor uns am fernen Horizont und zieht uns von dort unaufhaltsam an.

Das Interessanteste an den beiden Vorträgen in Burjassot war, dass sich das Publikum in beiden Fällen während der Fragestunde in zwei Gruppen aufteilte. Die eine Gruppe anerkannte bereitwillig die Überlegenheit der Ansätze in Sinowjews Zitat. Die andere Gruppe schien in Althussers Scheißfluss gestrandet zu sein, einem Fluss namens Konjunktur.

Am 15. November fand die Präsentation des Buches in der Zentrale der Izquierda Unida und der Kommunistischen Partei in Burjassot statt. Dort lehnte die Gruppe, die Althussers Vision nahesteht, die Kritik an Yolanda Díaz und SUMAR ab. Diese Gruppe argumentierte, dass die gegenwärtige Situation keine sozialistische Umgestaltung der Realität zulasse, da das Land in der Gleichgültigkeit der Jugend, in der Demobilisierung der Arbeiterklasse und in der fehlenden Unparteilichkeit der Medien auf Grund gelaufen sei. Obwohl das Land die höchste Arbeitslosigkeit in der EU, die höchste Jugendarbeitslosigkeit in der OECD und ein für gescheiterte Staaten typisches Maß an Prekarität aufweist, argumentierte diese Gruppe, man könne unmöglich mehr erreichen als Yolanda Díaz vom Arbeitsministerium und Alberto Garzón vom Ministerium für Verbraucherschutz. Am 16. November fand die Präsentation des Buches in der Casa de la Cultura des Rathauses von Burjassot statt. Dort bezeichnete die Althusser-Gruppe den Austritt aus dem Euro als unmöglich und die Umsetzung einer sozialistischen Wirtschaftspolitik auf der Grundlage der modernen Geldtheorie als undenkbar. Das Video dieses Vortrags wird am Ende dieses Artikels wiedergegeben.

In beiden Fällen handelte es sich bei den Gruppen, die Althussers Positionen nahestanden, um Menschen, die in einer mit ihren Idealen unvereinbaren Konjunktur ertranken, jedoch weiter auf ein historisches Gesetz vertrauten, das ihr

Boot früher oder später freisetzen, ihnen Recht geben und ihnen erlauben würde, ihren Weg weiter zu gehen.

Wie ich bereits gesagt habe, bevorzuge ich Sinowjews Position und Wagenknechts linken Konservatismus. Ich vertrete diese Position, weil sich progressive wohlmeinende Menschen meiner Meinung nach nicht bewusst sind, in welchen Horror sie die gesamte Gesellschaft mit der so genannten Gender-Politik der progressiven Linken führen.

Diese Identitätspolitik leugnet in erster Linie die Biologie, indem sie das Offensichtliche leugnet, nämlich dass es nur männliche Homo sapiens (mit XY-Chromosomen) und weibliche (mit XX-Chromosomen) gibt. So werden die sozialen Rechte von Männern und Frauen dem sexuellen Hedonismus untergeordnet, nicht einmal Kinder sind vor diesem entarteten Narzissmus sicher. Es gibt keinen Klassendiskurs, keine Familie, keine Wissenschaft, keine Rechte außer den Rechten erfundener Geschlechtsidentitäten, kurzum, es gibt nichts Festes, an dem man sich festhalten kann, es gibt kein Noumenon (weder biologischer noch anderer Art), das uns über Wasser hält, alles ist fließend und *gender fluid*, das Leben wird so zu einem Bad in einer zähen, stinkenden, giftigen Flüssigkeit. Die Hoffnung, dass früher oder später ein unumgängliches historisches Gesetz auftauchen und uns aus dem Sumpf ziehen wird, ist intellektuell unhaltbar. Die Linke sollte diese progressive Vision, die uns als Zivilisation zerstört, rundheraus ablehnen und zu den Wohlfahrtsprinzipien zurückkehren, für die sie immer eingetreten ist, wie etwa die dauerhafte und gesetzlich garantierte Vollbeschäftigung.

Erfreulicherweise muss ich sagen, dass die Mehrheit der Anwesenden bei beiden Vorträgen die in Sinowjews Zitat ausgedrückten Positionen befürwortete. Das gibt mir Hoffnung auf eine Mehrheit, die nicht resigniert, die an ihre großen Fähigkeiten und an die Fähigkeiten ihres Landes glaubt, die weiß, dass es sozialistische Alternativen gibt, die das tägliche Leben der Bürger radikal verbessern würden, die aber leider nicht in den Programmen der politischen Parteien der spanischen parlamentarischen Linken zu finden sind. Es gibt also keinen Grund zu verzweifeln. Mit Sahra Wagenknechts Buch und ihrer neuen Partei scheint von der deutschen Linken her ein Hoffnungsschimmer zu kommen, doch warten wir die Ergebnisse ab. Darüber hinaus findet am 2. und 3. Dezember 2023 in Birmingham der Kongress der Workers' Party of Great Britain (https://workerspartybritain.org/) unter der Führung von George Galloway und Chris Williamson mit dem Ziel statt, die britische Linke neu aufzubauen. Vielleicht gelingt es der Linken ab hier, ihr Boot wieder flott zu machen und ein Ufer mit sauberem Wasser anzusteuern. Auch der Fiat-Sozialismus will seinen Teil dazu beitragen.

Link zur Präsentation: https://www.youtube.com/live/gowU8gi3_OA?si=121cS5X6B8HUvNkn

Euro delendus est.

DALETH
WIE DAS BUCH *FIAT-SOZIALISMUS* ENTSTAND[2]

ד

(Dieser Artikel ist die Übersetzung von „Dalet. The story behind *Fiat Socialism*", veröffentlicht von *The Gower Initiative for Modern Money Studies* anlässlich der Veröffentlichung der englischen Übersetzung von *Socialismo Fiduciario.*)

„Es ist nicht die Drei, sondern die Vier" – ich erinnere mich genau an den Moment, in dem ich diesen Gedanken hatte. Ich hatte eine Eingebung. Ich schrieb gerade den Artikel „Un consenso socialista chino" [„Ein chinesischer sozialistischer Konsens"]. Es war im August 2021. Ich dachte über den Besuch Deng Xiaopings in Washington am 1. Januar 1979 nach und schrieb:

> „Bei Aufnahme der Beziehungen Chinas zu den USA den unmittelbar bevorstehenden Zusammenbruch des Kapitalismus zu befürworten wäre sinnlos gewesen. Deng wusste, dass ein solcher Zusammenbruch nicht zu erwarten war. So konnte er über die von Marx in Kapitel 48 des dritten Bandes des *Kapitals* aufgestellte trinitarische Formel hinausgehen, der zufolge es nur drei Einkommensquellen gibt: Kapitalertrag, Bodenrente und Arbeitslohn. Deng wusste, dass es nicht drei, sondern vier Einkommensquellen gibt, da zu der Marxschen Aufzählung noch die öffentlichen Ausgaben als Quelle der Gewinnrealisierung hinzukommen müssen."

So hielt die Zahl vier Einzug in den Fiat-Sozialismus. Bis zu diesem Zeitpunkt war der Fiat-Sozialismus nicht mehr als ein angedeutetes Projekt, eine Ansammlung von Artikeln

[2] Veröffentlicht auf Spanisch am 12.10.23 in *El Común* https://elcomun.es/2023/10/12/dalet-historia-de-socialismo-fiduciario/.

ohne gemeinsame Struktur. Aber jetzt war alles anders. Das Vorhandensein der Zahl Vier verlieh dem Projekt zumindest einen Hauch von Struktur.

Die Zahl Vier, repräsentiert durch Daleth (ד), den vierten Buchstaben des hebräischen Alphabets, den Buchstaben für Armut, mit nur einem Standbein. In diesem Sinne kann Daleth auch als Bedürfnis verstanden werden, als die Dinge, ohne die man stets arm ist, unsere alltäglichen Grundbedürfnisse. Diese Tatsache hat mich tief beeindruckt.

Ein erster Name kam mir in den Sinn: Bill Mitchell. Er veröffentlichte 2017 auf seinem Blog einen Artikel mit dem Titel „Stuart Chase – a visionary ahead of his time“ [Stuart Chase – ein Visionär, der seiner Zeit voraus war]. Als pflichtbewusster und bekennender Schüler von Bill Mitchell las ich seinen Blog stets beim Frühstück. So entdeckte ich Stuart Chases Buch *The Road We Are Traveling* aus dem Jahr 1942. Darin legte er seine Gedanken über die Ziele nieder, die die Wirtschaftspolitik jeder vernünftigen Regierung bestimmen sollten. Mit anderen Worten, er legte die Ziele als Ausgangspunkt fest. Welche Ziele waren das? Es sind die Grundbedürfnisse des täglichen Lebens: garantierte und dauerhafte Vollbeschäftigung, vollständige und umsichtige Nutzung der natürlichen Ressourcen, garantierte Ernährung, Unterkunft, Kleidung, Gesundheitsversorgung und Bildung für jeden Bürger, soziale Sicherheit in Form von Renten und Sozialleistungen und garantierte menschenwürdige Arbeitsbedingungen. Sollte man eine Gesellschaft, die diese fünf Punkte gleichzeitig und dauerhaft garantiert, als sozialistisch bezeichnen? Meiner Meinung nach lautet die Antwort auf diese Frage: Ja. Tatsächlich haben nur sozialistische Gesellschaften diese fünf Ziele annähernd erreicht, von der dauerhaften Vollbeschäftigung per Gesetz bis hin zu all den anderen Dingen, auf die Chase hingewiesen hat.

Das hat mich nicht nur schockiert, es hat mich aufgewühlt. Ich erinnerte mich an weitere Namen: Rudolph Hilferding, Friedrich Adler, Otto Bauer. Die Hauptautoren des Austro-Marxismus. Das war es, was sie sie im Sinn hatten. Dann fielen mir weitere Namen ein (Chris Williamson, David Graeber), doch zuerst musste eine Struktur her. Mit diesen Elementen musste ich dem Buch eine Struktur geben. An diesem Punkt rückte die Figur von Immanuel Kant in den Vordergrund. Er stellte das Fundament dar, auf dem all dies aufgebaut wurde. Viele Jahre zuvor hatte ich ein altes Buch gelesen, das ich in einem Antiquariat in meiner Straße gekauft hatte. Es war ein Buch über Schelling, und der Autor, Steffen Dietzsch, schrieb darin: „Kant ist nicht die Lösung, aber keine Lösung ohne Kant". Jetzt wusste ich, dass ich Recht hatte.

Ich vertiefte mich in Kant, und was ich fand, war Daleth. Das kantische Schema ist eine Darstellung der Zahl Vier. Arthur Holmes hat sich in seinen Vorlesungen darauf bezogen. Eine Voraussetzung, ein allgemeines Prinzip, eine Regel und ein Fall. Das ist Kants Viererschema. Daneben zerfällt Hegels Dreierschema (These, Antithese und Synthese) in Bedeutungslosigkeit. Kants Schema, der Bezugspunkt des Austro-Marxismus, ist dem von Hegel weit überlegen. Dieses Viererschema würde dem Buch *Fiat-Sozialismus* die Struktur geben.

Als Voraussetzung habe ich die fünf Punkte von Stuart Chase genommen und sie umbenannt in die Ziele des Sozialismus, das war der Ausgangspunkt. Als allgemeines Prinzip übernahm ich Bill Mitchells Modern Monetary Theory als Methode zur Erreichung der Vollbeschäftigung ohne Inflationsdruck und fügte dem Namen des Buches einen Untertitel hinzu: *Fiat-Sozialismus. Die Verwirklichung der Ziele des Sozialismus durch die Modern Monetary Theory*. Als Regel wählte ich Kaleckis Gewinngleichung und nahm Spanien als konkreten Fall.

Ich beschloss, den Fall Spaniens zu analysieren, weil es mein Land ist, das Land, das ich am besten kenne und das mir am meisten am Herzen liegt. Der Grund, warum ich mich für Kalecki entschied, war auch Bill Mitchell.

Bill Mitchell bezeichnet sich selbst als kaleckianischen Marxisten. Dies führte dazu, dass ich Kaleckis Meisterwerk *Politische Aspekte der Vollbeschäftigung* und dann seine Profitgleichung entdeckte. In *Politische Aspekte der Vollbeschäftigung* schreibt Kalecki von einer „Zielwirtschaft", die von Anfang an auf die zu erreichenden Ziele ausgerichtet ist. Dies passte perfekt zu Kants Schema und zu den Zielen des Sozialismus als Voraussetzung. Die Gewinngleichung lautet wie folgt:

Nettogewinn = Investitionen in das Anlagekapital + Konsum der Kapitalisten + *öffentliches Defizit* - Ersparnisse der Arbeitnehmer + Handelsbilanz

Das öffentliche Defizit habe ich *kursiv* markiert, weil es in *Fiat-Sozialismus* der entscheidende Faktor ist. Denken wir daran, dass es keine Lösung ohne Kant gibt, Kant selbst aber nicht die Lösung ist. Dies führte mich zu einer gnoseologischen Vorfrage. Das Viererschema, das ich nach Kants Vorbild konstruiert hatte, war induktiv, und Kants Schema war deduktiv. So führt uns Kant vom Allgemeinen zum Besonderen und leitet aus allgemeinen, von der Erfahrung unabhängigen Prinzipien besondere Wahrheiten ab. Der Fiat-Sozialismus tut das Gegenteil. In ihm werden die allgemeinen Grundsätze aus den besonderen Erfahrungen abgeleitet. Dies zeigt sich von Anfang an, da der Fiat-Sozialismus praktische Ergebnisse als Ziele der makroökonomischen Aktivitäten vorschlägt. Die öffentlichen Defizite stehen im Mittelpunkt dieser Analyse. Der Fiat-Sozialismus argumentiert, dass der Staat unabhängig von der Existenz oder Nicht-Existenz privater Initiative und unabhängig von den wirtschaftlichen Entscheidungen des Privatsektors stets die fünf Ziele des Sozialismus durch ausreichende öffentliche Ausgaben garantieren muss. Diese Ex-post-Entscheidung des Staates ist dank des treuhänderischen Charakters der nationalen Währungen möglich, der in der Modern Monetary Theory untersucht wird. Dieses Thema bildet die Einleitung des Buches.

Ein letztes Kapitel zieht die Schlussfolgerungen des Buches. Ein Name hebt sich von den anderen ab: David Graeber. Der Fiat-Sozialismus umfasst das Konzept des elementaren Kommunismus, wie es David Graeber in seinem Buch *Debt* aufgreift, in dem er argumentiert, dass die grundlegende Frage des Kommunismus nicht das Eigentum an den Produktionsmitteln ist, sondern „wer Zugang wozu und zu welchen Bedingungen hat“. Dies ist die richtige Interpretation der Marxschen Maxime, „Jeder nach seinen Fähigkeiten, jedem nach seinen Bedürfnissen“.

Das Buch enthält zwei weitere wesentliche Teile, ein Vorwort von Chris Williamson und eine Sammlung von Artikeln. Dass eine so bedeutende Persönlichkeit wie Chris Williamson, der Autor von *Ten Years Hard Labour*, so großzügig war, das Vorwort zu schreiben, ist mir eine große Ehre. Dies wertet nicht nur die Qualität des Buches als Ganzes auf, sondern erlaubt es mir auch, meinen Namen mit dem Vermächtnis von Chris Williamson zu verbinden, wofür ich ihm zutiefst dankbar bin.

Die Artikelsammlung trägt den Titel *Euro delendus est*. Das Projekt Fiat-Sozialismus entstand in Form von Zeitungsartikeln, die ich gewöhnlich mit dem Satz *Euro delendus est*, der Euro muss vernichtet werden, beende. Anhand aktueller Nachrichten erklären die Artikel die Notwendigkeit der Währungssouveränität für eine sozialistische Umgestaltung der Gesellschaft. „Ein chinesischer sozialistischer Konsens" ist ein solcher Artikel. Folglich ist *Euro delendus est* auch einer der Grundpfeiler des Fiat-Sozialismus. Viele der Artikel wurden von Claire Jackson-Prior bearbeitet und in englischer Sprache auf der Website von *The Gower Initiative for Modern Money Studies* veröffentlicht. Claire Jackson-Prior hat auch meine Übersetzung von *Socialismo Fiduciario* aus dem Spanischen ins Englische Korrektur gelesen. Die Zusammenarbeit mit ihr war eine wunderbare Erfahrung, und ich bin ihr sehr dankbar für ihre Herzlichkeit, ihr Engagement und die außergewöhnliche Qualität ihrer Arbeit.

Dies ist die Geschichte des Buches *Socialismo Fiduciario*, das jetzt auf Englisch vorliegt. Es ist eine Geschichte über Daleth, die Darstellung der Zahl Vier, Armut und Not, aber auch ein Wort, das Tür bedeutet. In diesem Sinne geht es beim Fiat-Sozialismus darum, eine Tür für die Menschheit zu sein, um die Armut hinter sich zu lassen und in eine sozialistische Gesellschaft einzutreten, in der die Grundbedürfnisse aller Menschen und die Sorge für die Natur dauerhaft gewährleistet sind.

Euro delendus est.

GELD FÜR ANFÄNGER[3]

„Dieses kleine illustrierte Buch enthält mehr Weisheit über Geld als alle Lehrbücher der Welt." Mit diesen Worten reagierte der berühmte australische Wirtschaftswissenschaftler Steve Keen auf das neue Buch *Money For Beginners* des amerikanischen Wirtschaftswissenschaftlers Randall Wray.

Am Ende dieses Artikels können Sie sich das Interview ansehen, das ich mit Wray anlässlich der Veröffentlichung seines Buches auf Spanisch geführt habe.

Der wichtigste Teil des Interviews ist seine Aussage, dass das Buch zwar die USA als Beispiel nimmt, dass jedoch alle Ausführungen zu Geld in *Money For Beginners* auf jedes Land der Welt zutreffen.

Es werden drei Hauptthemen behandelt: Geld als Schuldschein, die Fähigkeit aller, Geld zu schaffen, wenn ihre Schuldscheine akzeptiert werden, und die Tatsache, dass die Schuldscheine bei ihrer Einlösung vernichtet werden.

Wrays historische Quellen sind unwiderlegbar. Geld wurde vor etwa 10.000 Jahren in Babylon als Maßeinheit für Schulden geschaffen. Die Schulden wurden in der Maßeinheit der Zentralmacht angegeben und als Währung bezeichnet. So entstanden die Schrift und die modernen Staaten. Die Währung der Zentralgewalt wird immer akzeptiert, weil die Zentralgewalt sie zur Zahlung von Steuern verlangt. Um Steuern zu zahlen, wird das Geld des Staates benötigt. Der Regierung kann es nicht ausgehen, da es sich dabei lediglich um Buchhaltungsposten in Form von Schuldscheinen ohne Eigenwert handelt. Sein Wert entsteht durch die Notwendigkeit, Steuern zu zahlen. Auf diese Weise werden Steuerschulden getilgt. Die Regierung braucht keine Steuern zu erheben, um Ausgaben zu tätigen, denn sie hat das Monopol zur Emission der nationalen Währung. Der Staat muss uns zu Schuldnern machen, damit wir unsere Arbeitskraft in Form von Waren und Dienstleistungen verkaufen.

Die politischen, wirtschaftlichen, sozialen und anthropologischen Folgen dieser Entwicklung sind enorm. Geld ist keine Ware. Waren sind das, was wir im Austausch für das

[3] Veröffentlicht auf Spanisch am 29.09.23 in *El Común* https://elcomun.es/2023/09/29/dinero-para-principiantes/.

Geld produzieren, mit dem wir unsere Steuerschulden tilgen können. Geld ist eine Verbindlichkeit (Schuld) desjenigen, der es ausgibt (Schuldschein). Aus diesem Grund hat Zentralbankgeld nur dann einen Wert, wenn es von Haushalten, Unternehmen und anderen Zentralbanken gehalten wird. Innerhalb der Zentralbank ist ihr Geld (die Landeswährung) wertlos, weil es eine Steuerschuld ist, die, sobald sie in Form von Steuerzahlungen eingelöst wird, vernichtet wird.

Das meiste Geld wird von Geschäftsbanken geschaffen, wenn sie Kredite in Form von Einlagen gewähren, die auf die Rechnungseinheit der Zentralbank lauten. Öffentliche Ausgaben und Bankkredite schaffen Geld, Steuern vernichten es.

„Wie können wir die Wende schaffen? Als erstes müssen wir von der Analogie zum privaten Haushalt wegkommen; der Haushaltsplan der Regierung funktioniert ***völlig anders*** als der eines privaten Haushalts. Uncle Sam gibt die Währung heraus; wir benutzen sie. Uncle Sams Ausgaben sind unser Einkommen. Sein Defizit sind unsere Ersparnisse. Uncle Sam kann es sich immer leisten, uns bei unseren Bemühungen zu unterstützen. Wenn wir das verstanden haben, müssen wir uns nur noch darauf einigen, mit welchen Maßnahmen wir unsere Ziele erreichen wollen."

Mit diesen Worten zerstört Wray den neoklassischen Mythos schlechthin: den Glauben, dass die Regierung die Steuern erheben muss, um Ausgaben tätigen zu können. Dieser Trugschluss wird als Neoliberalismus bezeichnet. Ist er erst einmal verstanden und ausgeräumt, eröffnet sich ein breiter Horizont des Wohlstands. Im Falle Spaniens bedeutet das Erreichen dieses Horizonts die Wiedererlangung unserer Währungssouveränität. Monetär souveräne Länder (die meisten von ihnen) haben dies bereits erreicht.

„Es ist wahr, dass die Regierung mit politischen Zwängen kämpft. Sie kämpft mit Ressourcenbeschränkungen. Sie kämpft mit technologischen Beschränkungen. Doch sie kann nicht mit finanziellen Zwängen kämpfen – die gibt es nicht. Alles, was machbar ist, ist finanzierbar."

Diese Aussage ist von gewaltiger Bedeutung. Wenn wir sie in ihrer ganzen Tragweite verstehen, werden wir frei sein. Dank *Geld für Anfänger* hat der Leser nach nur 150 illustrierten Seiten und ohne über Fachjargon oder komplexe

Mathematik zu stolpern, Zugang zu weit mehr Wissen als die große Mehrheit der Mainstream-Politiker, Analysten und Wirtschaftswissenschaftler.

Wer sich wahrhaft mit Wirtschaft beschäftigen will, sollte mit diesem Buch beginnen. Sein Inhalt gehört zu den Grundlagen, auf denen alle gegenwärtigen monetären Produktionswirtschaften aufbauen. Nach der Lektüre wird nichts mehr wie vorher sein.

Euro delendus est.

https://youtu.be/Iz__H8kjOlE?si=1g8lLRHAZ8s8dZld

BRICSS[4]

Den Begriff BRICSS habe ich im Jahr 2020 eingeführt: „Ich halte es für möglich und wünschenswert, den derzeitigen Begriff BRICS (Akronym für *Brasilien*, *Russland*, *Indien*, *China* und *Südafrika*) um ein zweites S für *Spanien* zu erweitern, sodass der Begriff BRICSS entsteht".

Nach den Wahlen vom 23. Juli 2023 halte ich diese Idee im Hinblick auf die Wahlen zum Europäischen Parlament 2024 für aktueller denn je. Dann erhält die spanische Linke die Gelegenheit, sich neu zu formieren. Bei den Parlamentswahlen vom 23. Juli 2023 gab es keine Linke. Mit 12,3 % der Stimmen verlor das Wahlbündnis SUMAR 700.000 Stimmen, sieben Sitze im Vergleich zum Ergebnis von Unidas Podemos bei den Parlamentswahlen 2019 und, was noch schlimmer ist, sie verlor die wenigen linken Ansätze, die in Unidas Podemos verblieben.

Der letzte Artikel in dieser Rubrik, der dem Fiat-Sozialismus gewidmet war, trug den Titel „Ejercicio práctico para la reconstrucción de la izquierda" („Praktische Übung für den Wiederaufbau der Linken"). In diesem Artikel stellten wir die Frage, „Welche Variablen sollte die Linke als endogene Variablen in den Wirtschaftskreislauf einbeziehen, und welche Variablen sollten als exogene Variablen betrachtet werden?". Wir sahen, wie die Einbeziehung der gesetzlich garantierten

[4] Veröffentlicht auf Spanisch am 31.07.23 in *El Común* https://elcomun.es/2023/07/31/bricss/.

Vollbeschäftigung als endogene Variable des Wirtschaftskreislaufs notwendigerweise die Wiederherstellung der Währungssouveränität nach sich zog.

Dank des einheitlichen Wahlkreises wären die Wahlen zum Europäischen Parlament im Jahr 2024 die ideale Gelegenheit, die oben genannte Idee in Form einer Wahloption auf den Weg zu bringen, deren Hauptvorschlag der Beitritt Spaniens zu der heute als BRICS bekannten Gruppe wäre.

Im Folgende werde ich erläutern, warum BRICSS und Souveränität meiner Meinung nach Hand in Hand gehen.

- Mit S wie souverän

Soberanos (Souverän) könnte ein guter Name für die BRICSS-Wahloption sein. Souveränität als Kernstück. Wiedererlangung der verlorenen Souveränität in allen Bereichen.

Die monetäre Souveränität (Abkopplung der Steuererhebung von der Fähigkeit, öffentliche Ausgaben zu tätigen, Koordinierung zwischen der Bank von Spanien und dem Schatzamt unter der Kontrolle des Abgeordnetenhauses und effiziente Steuererhebung) sollte der Bereich sein, auf den sich die Linke zuerst konzentrieren sollte. Der oben erwähnte Artikel, in dem der Begriff BRICSS das Licht der Welt erblickte, trägt den Titel „Salida del Euro" („Raus aus dem Euro"). Darin habe ich die fünf Punkte für die optimale Wiedererlangung der Währungssouveränität in Spanien auf der Grundlage des Euro-Ausstiegsplans von Mosler und Pilkington dargelegt. Da der Artikel online verfügbar ist, werde ich die fünf Punkte nur kurz aufzählen: Besteuerung und Ausgaben in der neuen nationalen Währung (die *Laborable* heißen könnte), keine Zwangskonvertierung von Euro-Einlagen in Einlagen in der neuen Währung, Einrichtung einer hundertprozentigen Einlagensicherung für Bankkonten in der neuen Währung, Einführung einer dauerhaften Nullzinspolitik und Einführung einer Jobgarantie auf der Grundlage von Beschäftigungspuffern.

Das BRICS-Kollektiv stützt sich auf die Währungssouveränität seiner Mitglieder und den Antiimperialismus. Damit unterscheidet es sich grundlegend von der Europäischen Union (der Hauptursache für die Probleme in Spanien). Währungssouveränität und die Eröffnung von Swap-Linien zwischen den Zentralbanken, koordiniert durch die Neue Entwicklungsbank. Das ist die BRICS-Formel. Wir haben sie in dem Artikel „Logische Gegenüberstellung" dargelegt. In den BRICS wird den Staaten die Entscheidung über Ausgaben und Investitionen in nationaler Währung nicht entrissen. Daher wird die Höhe der Arbeitslosigkeit von den Staaten durch die Höhe der öffentlichen Ausgaben bestimmt (die bekanntlich nicht durch Steuern finanziert werden), und der Handel wird gleichberechtigt betrieben, so dass beide Seiten davon profitieren. Die Folge: Die BRICS-Staaten reindustrialisieren sich, und die EU tut das Gegenteil. SUMARs bedingungslose Unterwerfung unter die EU-Verträge, dank derer die Defizitgrenze des Stabilitäts- und Wachstumspakts bald wieder zum Einsatz kommen wird, ist ein deutliches Zeichen ihrer Kapitulation.

Die militärische Souveränität ist der zweite Bereich, den Spanien zurückgewinnen muss. Ohne militärische Souveränität gibt es keinerlei Art von Souveränität. Der Verteidigungsrahmen der NATO schließt Spanien ein, mit Ausnahme von Ceuta und Melilla. Mit anderen Worten: Die NATO ignoriert die einzige externe militärische Bedrohung für Spanien. Diese Gefahr nimmt ständig zu. Die marokkanische Diktatur zählt auf die Unterstützung der NATO und der feigen spanischen Regierung, um die Vernichtung der Westsahara fortzusetzen. Darüber hinaus stärkt sie mit Billigung der NATO ihre imperialistischen Ansprüche auf Ceuta, Melilla und die Kanarischen Inseln. Deshalb muss Spanien sofort aus der NATO austreten. SUMAR ihrerseits hat den Austritt aus der NATO von seiner Agenda gestrichen, applaudiert der faschistischen und illegitimen Selenskyj-Regierung, die 2014 aus dem von der NATO orchestrierten Maidan-Putsch hervorging, und unterstützt Spaniens Präsenz im Ukraine-Konflikt, der die nationale Sicherheit ernsthaft gefährdet. Spanien sollte aufhören, sich militärisch für Kriege in fernen Ländern zu rüsten, in die wir nicht verwickelt sein sollten, und seine militärischen Anstrengungen darauf konzentrieren, die marokkanische Bedrohung für Ceuta, Melilla und die Kanarischen Inseln einzudämmen.

Die NATO ist der verlängerte Arm des Weißen Hauses in Europa und fungiert als De-facto-Regierung der EU. In den

BRICS herrscht keine De-facto-Regierung, es herrscht Souveränität. In den BRICS gibt es keinen imperialistischen Aggressionspakt wie die NATO, die für die völkermörderische Zerstörung von Jugoslawien, Libyen, Syrien und zahllosen anderen Ländern verantwortlich ist. Was Spanien braucht, sind der Frieden und die Zusammenarbeit in den BRICS.

Der dritte Bereich, den die spanische Linke zurückerobern sollte, ist die politische Souveränität in Form einer Dritten Republik. Das französische Königshaus der Bourbonen, das gegenwärtig in Spanien regiert, dient den europäischen und nordamerikanischen Mächten als Speerspitze gegen die Souveränität unseres Landes. Nur ein republikanisches Spanien wäre politisch souverän. SUMARS Anerkennung der Monarchie dadurch, dass sie die Republik nicht in ihr Wahlprogramm aufnimmt, bedeutet, die Kontrolle über unser politisches System denselben ausländischen Mächten zu überlassen, die die Zweite Republik im Stich gelassen, angegriffen und verraten haben.

Neben der monetären, militärischen und republikanischen Souveränität sollte Spanien die Souveränität in allen anderen Bereichen zurückgewinnen, wie z.B. die Ernährungssouveränität durch Investitionen in hydroponische Kulturen und in die so genannte vertikale Landwirtschaft, die Energiesouveränität auf der Grundlage von Kernenergie auf der Basis von Thorium, usw. In meinem Buch *Socialismo Fiduciario* [Fiat-Sozialismus] plädiere ich für die Reindustrialisierung Spaniens durch das GNR-Konzept (Genetik, Nanotechnologie und Robotik) und widerlege Ronald Regans Behauptung, „Der Staat ist nicht die Lösung. Der Staat ist das Problem". Trotz SUMARs beschämendem Europäismus ist die Wiederherstellung der vollen staatlichen Souveränität ein notwendiger Schritt, um die Probleme Spaniens von links anzugehen.

- Mit S wie Sozialismus

Die sozialistische Umgestaltung Spaniens. Hier zeigt sich die große Unentschlossenheit der SUMAR. Im Abgeordnetenkongress setzt sich niemand mehr für eine Änderung des Wirtschaftsmodells ein. Eine neue linke Alternative sollte wieder die sozialistische Umgestaltung Spaniens beinhalten. Der Vorschlag eines Fiat-Sozialismus ist einfach: In Anlehnung an

David Graeber muss man für einen sozialistischen Vorschlag die Frage beantworten: „Wer hat Zugang zu welchen Dingen und unter welchen Bedingungen?"

Wie in meinem letzten Artikel schlage ich in aller Bescheidenheit als Ausgangspunkt einen universellen, schuldenfreien und qualitativ hochwertigen Zugang zu folgenden Dingen vor:

I. Die Endogenität der folgenden Variablen für den Wirtschaftskreislauf:

   1. garantierte und dauerhafte Vollbeschäftigung durch garantierte Beschäftigungspläne auf der Grundlage von Beschäftigungsstabilisierungsreserven.
   2. Vollständige und umsichtige Nutzung der natürlichen Ressourcen.
   3. Garantierte Ernährung, Unterkunft, Kleidung, Gesundheitsversorgung und Bildung für jeden Bürger.
   4. Soziale Sicherheit in Form von Renten und Sozialleistungen.
   5. Garantie menschenwürdiger Arbeitsbedingungen.

II. Die Bürger entscheiden zu lassen, welche Variablen im Wirtschaftskreislauf endogen oder exogen sein sollen, indem sie demokratisch über den Umfang der Beteiligung des privaten Sektors an der Wirtschaft entscheiden.

Ich entnehme diese fünf Punkte dem Buch *The Road We Are Travelling* des amerikanischen Wirtschaftswissenschaftlers Stuart Chase aus dem Jahr 1942; er bezeichnete den Zugang zu diesen fünf Punkten als die vernünftige Wirtschaftspolitik jeder Regierung, und ich übernehme sie als die Ziele des Sozialismus.

Ich schlage dies als Ausgangspunkt vor, da kein kapitalistisches System einen gleichzeitigen Zugang zu allen im vorigen Absatz genannten Punkten ermöglicht hat und wir daher jede Gesellschaft als sozialistisch betrachten können, die diesen Zugang gleichzeitig gewährleistet.

Ohne Währungssouveränität und unter dem EU/Euro/NATO-System ist ein gleichzeitiger, gesetzlich garantierter und universeller Zugang zu den Zielen des Sozialismus nicht möglich. Organisieren wir uns für die nächsten Europawahlen, um den Zugang zu den Zielen des Sozialismus zu erreichen. Zu diesem Zweck sollten wir die EU gegen die BRICS austauschen. Dies würde jegliche Instabilität abfedern, die durch den Austritt aus der EU und die Wiedererlangung der Währungssouveränität verursacht werden könnte. Ersetzen wir den galoppierenden Niedergang der EU durch das Aufblühen und die gegenseitige Hilfe der BRICS. Fügen wir dem Akronym ein S für *Spanien* hinzu und lassen wir die BRICSS entstehen. Lasst uns die Neue Seidenstraße auf Spanien ausweiten und unsere Souveränität zurückgewinnen. Verbünden wir uns. Wir haben nichts zu verlieren außer unseren Ketten.

Euro delendus est.

PRAKTISCHE ÜBUNG FÜR DEN WIEDERAUFBAU DER LINKEN[5]

Definition eines Staates: Ein Territorium mit festen Grenzen, das einer zentralen Behörde untersteht, die in der Lage ist, eine nationale Währung auszugeben und allen Einwohnern des Staates Schulden in dieser Währung aufzuerlegen.

Konsequenz I: Die nationale Währung erhält ihren Wert aus der Notwendigkeit der Bürger, ihre Schulden beim Staat zu begleichen.

Konsequenz II: Bevor der Staat die auferlegten Schulden eintreiben kann, muss er Geld in nationaler Währung ausgeben, um die Bezahlung der Schulden zu ermöglichen.

Konsequenz III: Der Staat lässt einen Markt entstehen, auf dem Waren und Dienstleistungen gegen die Landeswährung gekauft und verkauft werden, um die Schulden beim Staat, die Selbstversorgung und die Ersparnisse zu begleichen.

[5] Dieser Artikel wurde zuerst in *El Común* am 1. Juli 2023 unter https://elcomun.es/2023/07/01ejercicio-practico-para-la-reconstruccion-de-la-izquierda/ unter dem Namen *Ejercicio práctico para la reconstrucción de la izquierda* veröffentlicht. Er wurde auch in englischer Sprache von The Gower Initiative for Modern Money Studies am 9. Juli 2023 veröffentlicht. Link zum Artikel auf Englisch: https://gimms.org. uk/2023/07/09/a-practical-exercise-for-the-reconstruction-of-the-left/

Konsequenz IV: Der Staat kann auf dem Markt alles erwerben, was in der Landeswährung zum Verkauf steht, da ihm als souveränem Emittenten seine eigene Währung nicht ausgehen kann.

Konsequenz V: Die Grenze der Produktionsmöglichkeiten des Staates wird durch die realen Ressourcen der Wirtschaft begrenzt, nicht durch die finanziellen Ressourcen des Staates in nationaler Währung.

Konsequenz VI: Der Staat kann seine Produktionsmöglichkeiten erhöhen, indem er Waren und Dienstleistungen von ausländischen Märkten importiert.

Definition der Wirtschaftspolitik: Einführung von endogenen und exogenen Variablen in den Wirtschaftskreislauf durch den Staat.

Endogene Variablen: Vom Staat eingeführte Variablen, die von den Wirtschaftsakteuren eingehalten werden müssen, um am nationalen Markt teilnehmen zu können (Gesetze).

Exogene Variablen: Variablen, die der Staat den privaten Akteuren, die im Laufe des Wirtschaftszyklus am nationalen Markt teilnehmen, zur Entscheidung überlässt.

Vorschläge des Fiat-Sozialismus:

I. Umwandlung der folgenden Variablen in endogene Variablen des Wirtschaftskreislaufs:

1. Garantierte und dauerhafte Vollbeschäftigung durch Jobgarantien auf der Grundlage von Beschäftigungspufferbeständen.
2. Vollständige und umsichtige Nutzung der natürlichen Ressourcen.
3. Gewährleistung von Nahrung, Unterkunft, Kleidung, Gesundheitsversorgung und Bildung für jeden Bürger.
4. Soziale Sicherheit in Form von Renten und Beihilfen.
5. Garantierte menschenwürdige Arbeitsbedingungen.

II. Den Bürgern die Möglichkeit geben, zu entscheiden, welche Variablen im Wirtschaftskreislauf endogen oder exogen sein sollen, indem sie demokratisch über das Ausmaß der Beteiligung des privaten Sektors an der Wirtschaft entscheiden.

Praktische Übung:

Überlegen Sie auf Grundlage der obigen Ausführungen, welche Wirtschaftspolitik von der Linken verfolgt werden sollte. Das heißt, welche Variablen sollte die Linke als endogene Variablen in den Wirtschaftskreislauf einbeziehen, und welche Variablen sollten als exogene Variablen betrachtet werden?

***

Die Vorschläge der spanischen Linken und der westlichen Linken stimmen im Allgemeinen mit den Vorschlägen des Fiat-Sozialismus überein, mit Ausnahme des ersten und wichtigsten Punktes, der *dauerhaften und gesetzlich garantierten Vollbeschäftigung.* Der spanische Wirtschaftskreislauf umfasst als endogene Variablen den Schutz der Natur (erfolglos), die Gewährleistung von Nahrung, Kleidung, Gesundheitsdiensten (unzureichend) und Bildung (unterfinanziert), die soziale Sicherheit in Form von Renten und Subventionen (zu niedrig) und die Gesetzgebung (nicht eingehalten) zu Arbeitsnormen. Aus dem Wirtschaftskreislauf ausgeklammert sind das Recht auf Wohnung (siehe Seite 187) und vor allem das Recht auf garantierte Arbeit.

Warum garantiert die westliche Linke nicht den Zugang zu einem Arbeitsplatz? Weil sie nicht begreift, dass die Höhe der Arbeitslosigkeit eine politische Entscheidung ist, genau wie die Garantie auf Bildung oder Gesundheitsversorgung.

Die Definition des Staates, die Konsequenzen dieser Definition und die anfangs erwähnte Definition der Wirtschaftspolitik beschreiben die so genannte monetäre Produktionswirtschaft. In dieser Wirtschaft stellen die menschlichen und materiellen Ressourcen, die für die Produktion von Konsumgütern mobilisiert werden, Schulden bei einer Zentralmacht dar, welche das von ihr ausgegebene Geld als Steuern einfordert. Infolgedessen, und bei Berücksichtigung von Konsequenz IV, kann der Staat alle arbeitslosen Arbeitskräfte in nationaler Währung im Tausch gegen Lohnarbeit erwerben, so dass alle, die willens und in der Lage sind zu arbeiten, einen Arbeitsplatz haben und ein Zustand permanenter Vollbeschäftigung erreicht wird. Wenn darüber hinaus Vollbeschäftigung durch Jobgarantien auf der Grundlage von Beschäftigungspuffern erreicht wird und wenn, wie es der Modern-Money-Konsens vorsieht, frei schwankende Wechselkurse und eine permanente 0 %-Zinspolitik verfolgt werden, dann kann die Wirtschaft auf einen Idealzustand hingelenkt werden, der im Fiat-Sozialismus als Lerner-Punkt bezeichnet wird, und in dem sowohl die Inflation als auch die Arbeitslosigkeit gleich Null sind.

Wir haben soeben die letzte Grenze des Kapitalismus erreicht. Im Laufe des 20. Jahrhunderts hat die Arbeiterbewegung den exogenen Variablen den Zugang zu sozialen Rechten abgerungen und in den Bereich der endogenen Variablen des Wirtschaftszyklus eingeführt. Margaret Thatchers und Ronald Reagans Aufgabe war es, diesen Emanzipationsprozess aufzuhalten. Dazu schufen sie einen Mythos, den die westliche Linke übernommen hat. Dieser falsche und erfundene Mythos wird Neoliberalismus genannt.

Der Neoliberalismus hat die Definition des Staates verändert und damit auch das, was aus der Existenz von Staaten folgt. Im neoliberalen Täuschungsmanöver gehen die öffentlichen Ausgaben nicht mehr der Erhebung von Steuern voraus, sondern es sind die Steuern, die die nachfolgenden öffentlichen Ausgaben finanzieren. Es ist also nicht mehr der Staat, der über das Beschäftigungsniveau in der Wirtschaft entscheidet, sondern der private Sektor, der durch seine Investitionsentscheidungen das Niveau der Arbeitslosigkeit bestimmt. Auf diese Weise wird Massenarbeitslosigkeit und nicht dauerhafte Vollbeschäftigung zu einer endogenen Variable des Wirtschaftszyklus. Und auf diese Weise entzieht der Neoliberalismus nach und nach den Zugang zu sozialen Diensten und führt diesen Zugang schrittweise in den Bereich der exogenen Variablen des Wirtschaftskreislaufs zurück.

Für den Wiederaufbau der Linken muss der falsche Mythos des Neoliberalismus zerstört werden, und dauerhafte Vollbeschäftigung sowie der allgemeine Zugang zu den vom Fiat-Sozialismus vorgesehenen Sozialleistungen müssen zu endogenen Variablen des Wirtschaftskreislaufs werden. Zu diesem Zweck muss die Mär von den steuerfinanzierten öffentlichen Ausgaben ein Ende haben.

Als erstes muss die spanische Linke die Währungssouveränität wiederherstellen. Die von der Europäischen Union und dem Euro auferlegten Ausgaben- und Staatsdefizitgrenzen sind die höchste Ausprägung des Neoliberalismus. Nach der Wiedererlangung der Währungssouveränität müssen alle sozialen Rechte des Sozialismus zu endogenen Variablen des Wirtschaftskreislaufs werden, und die Bürger müssen die Möglichkeit haben, durch ihre demokratische Beteiligung über den Umfang des Privatsektors zu entscheiden.

Was es nicht gibt, kann man nicht wieder aufbauen.

Euro delendus est.

DER 36. BREITENGRAD[6]

> „In Wirklichkeit ist unser Norden der Süden. Es sollte keinen Norden für uns geben, sondern einen Gegensatz zu unserem Süden. Deshalb stellen wir jetzt die Karte auf den Kopf, und dann haben wir die richtige Vorstellung von unserer Position, und nicht, wie sie der Rest der Welt will. Die Spitze Amerikas zeigt von nun an, sich selbst verlängernd, beharrlich nach Süden, unseren Norden". – Joaquín Torres García, *Konstruktiver Universalismus*, 1941

- Weltweiter Befreiungskampf

Bisher gab es nationale Befreiungskämpfe. Der Kampf Russlands in der Ukraine gegen die NATO, die EU und die USA ist jedoch ein weltweiter Befreiungskampf, denn er markiert die Befreiung des eurasischen Heartlandes und damit die Befreiung der ganzen Welt. Dies ist die Geburtsstunde der multipolaren Welt. Es gibt nicht mehr nur eine Macht, die die Welt beherrscht. Auch gibt es nicht mehr zwei Supermächte wie in der bipolaren Welt des Kalten Krieges. China, die USA, Russland, Indien, Japan, Südafrika, Brasilien (bald werden

[6] Dieser Artikel wurde erstmals in *El Común* am 25. April 2023 unter https://elcomun.es/2023/04/25/contraposicion-logica/ unter dem Titel *Contraposición lógica* veröffentlicht.

es noch mehr sein). Sie alle sind autonome Machtpole, die die allmächtige Kontrolle der USA nicht akzeptieren und ihre Souveränität beanspruchen. Russlands Sieg in der Ukraine und Chinas künftiger Sieg in Taiwan sind die Schöpfer dieser neuen Welt. Ihr Kampf ist ein Kampf für die Befreiung der Welt.

- Die multipolare Weltkarte

Um die multipolare Welt, in der wir uns befinden, zu verstehen, müssen wir die Welt von ihrem geopolitischen Zentrum, China, aus betrachten. Ich schlage diese Karte vor:

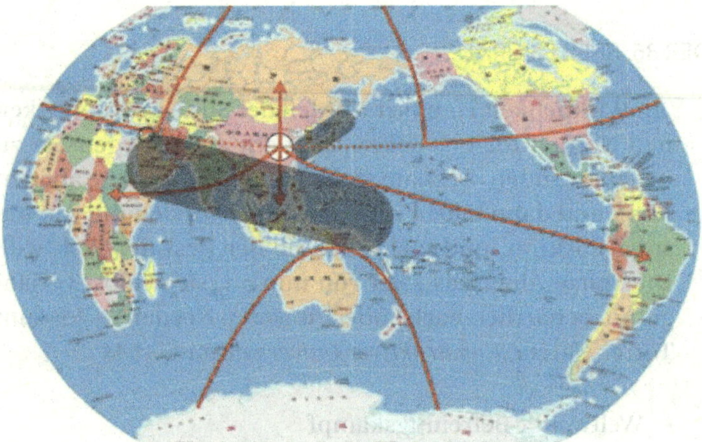

Quelle: https://studycli.org/wp-content/uploads/2021/03/china-world-map-high-res.jpeg

Das Zentrum der Welt ist die Innere Mongolei, ungefähr der Schnittpunkt zwischen dem 36. Breitengrad und dem 105. Meridian im Osten. Von diesem Punkt aus zeichne ich vier Swap-Vektoren ein, einen in Richtung Russland, einen in Richtung Süden, der auf den von mir so genannten großen geopolitischen Drehpunkt zeigt, einen in Richtung Westen, der auf das afrikanische Heartland verweist, und einen in Richtung Osten, der auf Iberoamerika verweist (eine Region, die ich das dritte Heartland nenne). Diese vier Vektoren zeigen in Richtung der Swap-Linien, die die chinesische Zentralbank mit den Entwicklungsländern eröffnet und an denen sich unsere Analyse orientieren wird.

Ein zweiter, kleinerer, aber äußerst wichtiger geopolitischer Dreh- und Angelpunkt befindet sich im Südchinesischen Meer, das Manolo Monereo treffend als das neue Mittelmeer bezeichnet hat. Zudem sind drei Randgebiete markiert: die europäische Küste, die Küste der USA und Kanadas sowie die Linie entlang der Küsten Australiens und Neuseelands. Das eurasische Heartland wird durch den 30. östlichen Meridian des Urals abgegrenzt, der nahe Israel auf den 36. Breitengrad trifft, sowie den 180. Gegenmeridian, der nahe des Johnston-Atolls auf den 36. Breitengrad trifft.

- Der Pekinger Konsens

„Wer etwas kann, der tut es; wer etwas nicht kann, der lehrt es" (Mackinder 1996), so zitiert Mackinder Bernard Shaw. China übt seine Souveränität durch den so genannten Pekinger Konsens aus. Die Vereinigten Staaten klammern sich an das Moralisieren des Washington-Konsenses. Der chinesische Wirtschaftswissenschaftler und Vizepräsident der chinesischen Zentralbank Chen Yulu sagt: „Der Übergang vom Washington-Konsens zum Peking-Konsens zeigt, dass der Erfolg des chinesischen Modells nicht nur ein wirtschaftliches Phänomen ist, sondern auch eine Änderung des Entwicklungsmodells impliziert, das auf der Vorstellung beruht, dass jede Nation das Recht und die Fähigkeit hat, zu entscheiden, wie sie sich am besten entwickelt" (Yulu 2016, 47).

Im Rahmen des Pekinger Konsenses begann China 1997 im Rahmen der Chiang-Mai-Initiative mit Swap-Linien zu experimentieren, ab 2008 dann eigenständig. In dieser zweiten Phase der Einrichtung von Swap-Linien hat China mit den folgenden Ländern Vereinbarungen getroffen:

Table A1: China's BSLs (as of end-2020)

Counterpart	Signed date [1/]	Amount	
		In bil RMB	In bil US$ [2/]
Albania	Apr 2018	2	0.3
Argentina	Aug 2020	130	19.9
Australia	Mar 2018	200	30.6
Belarus	May 2018	7	1.1
Canada	Nov 2020	200	30.6
Chile [3/]	May 2018	50	7.7
Egypt	Feb 2020	18	2.8
Euro Area	Oct 2019	350	53.6
Hong Kong SAR, China	Nov 2020	500	76.5
Hungary [4/]	Dec 2019	60	9.2
Iceland	Oct 2020	3.5	0.5
Indonesia	Nov 2018	200	30.6
Japan	Oct 2018	200	30.6
Kazakhstan	May 2018	7	1.1
Korea	Oct 2020	400	61.2
Lao P.D.R.	May 2020	6	0.9
Macao SAR, China	Dec 2019	30	4.6
Malaysia	Aug 2018	180	27.5
Mongolia	Jul 2020	15	2.3
New Zealand	Aug 2020	25	3.8
Nigeria	Apr 2018	15	2.3
Pakistan [5/]	May 2018	30	4.6
Russia	Oct 2020	150	23.0
Singapore	May 2019	300	45.9
South Africa	Apr 2018	30	4.6
Suriname	Feb 2019	1	0.2
Switzerland	Jul 2020	150	23.0
Thailand	Dec 2020	70	10.7
Turkey [6/]	May 2019	12	1.8
United Kingdom	Oct 2018	350	53.6
Ukraine	Dec 2018	15	2.3
Total		3,707	567

1/ Latest signed date.

2/ Amounts calculated using the RMB/US$ rate at the end of 2020.

3/ The BSL was expanded to 50 billion yuan (RMB) from 22 billion yuan (RMB) in July 2020.

4/ The BSL was expanded to 60 billion yuan (RMB) from 20 billion yuan (RMB) in September 2020.

5/ The BSL was expanded to 30 billion yuan (RMB) from 20 billion yuan (RMB) in July 2020.

6/ The BSL was expanded to 35 billion yuan (RMB) from 12 billion yuan (RMB) in June 2021.

Sources: PBOC

Tabelle A1: Chinas bilaterale Swap-Linien (Perks/ Rao/ Shin/ Tokuoka 2021)

Brasilien hat sich dieser Liste vor einigen Wochen angeschlossen. Bei Swap-Linien handelt es sich um Währungs-Swaps zwischen den Zentralbanken von zwei verschiedenen Ländern. Das bedeutet, dass Land A bei der Zentralbank einen Kredit in der Währung von Land B erhält. Im Gegenzug zahlt Land B den Kredit zurück, indem es auf den Namen von Land A ein Konto in der Währung von Land B bei seiner Zentralbank eröffnet. Folglich treiben beide Länder Handel, ohne Kredite in Fremdwährung aufnehmen zu müssen, was bedeutet, dass die Schulden in Landeswährung immer zahlbar sind. Die Hauptfunktion dieser Linien ist die Stabilisierung der Wechselkurse. Starke Wechselkursschwankungen sind eines der Hauptprobleme der Entwicklungsländer. Aus diesem Grund vermeiden die USA und die imperialistischen Mächte des Westens die Eröffnung von Swap-Linien mit armen Ländern. Sie setzen die Instabilität der Wechselkurse als Waffe gegen die Entwicklungsländer ein. Chinesische Swap-Linien stabilisieren die Wechselkurse. Dadurch werden die Entwicklungsländer nicht länger zu Vasallen, sondern zu Handelspartnern.

Vergleichen Sie die Liste der Swap-Partner Chinas mit der Liste der Swap-Partner der USA.

Table 2. The Fed's Dollar Swap Lines (in US$ billions)

	COVID-19 Pandemic			Global Financial Crisis	
	Ceiling	Outstanding		Ceiling	Outstanding
		May 27, 2020 (peak)	End-2020		End-Dec 2008 (peak)
Total		**449**	**18**		**583**
Major advanced economies		**403**	**14**		**501**
Japan	Unlimited	226	0	Unlimited	138
ECB	Unlimited	143	4	Unlimited	302
UK	Unlimited	23	0	Unlimited	34
Switzerland	Unlimited	10	10	Unlimited	27
Canada	Unlimited	0	0	Unlimited	0
Other nine economies	**450**	**46**	**4**	**225**	**81**
Australia	60	1	0	30	23
Denmark	30	4	0.4	15	15
Korea	60	19	0	30	10
New Zealand	30	0	0	15	0
Norway	30	5	0	15	8
Singapore	60	10	2	30	0
Sweden	60	0	0	30	25
Brazil	60	0	0	30	0
Mexico	60	7	1	30	0

Source: Fed

Tabelle 2. Die Dollar-Swap-Linien der Fed (in Mrd. US$) (Perks/ Rao/ Shin/ Tokuoka 2021)

- Bedeutung und Tragweite der chinesischen Swap-Linien

Die chinesischen Swap-Linien sind das Wichtigste, was den Entwicklungsländern seit ihrer Unabhängigkeit von den Kolonialmächten widerfahren ist. In Wirklichkeit bedeuten die Swap-Linien echte Unabhängigkeit für die Entwicklungsländer, da die Abhängigkeit bis zum Aufkommen der Swap-Linien nur nominal war. Die Swap-Linien sind eine echte Unabhängigkeit, da sie den Empfängerländern eine Souveränität verleihen, die sie vorher nicht hatten.

Zum ersten Mal in ihrer Geschichte öffnen die Entwicklungsländer eine Tür zur Industrialisierung. Industrialisierung ohne Souveränität ist unmöglich. Aus diesem Grund haben die europäischen Kolonialmächte und die Vereinigten Staaten den Entwicklungsländern die Souveränität stets verwehrt. Im Gegenteil, sie schufen den Internationalen Währungsfonds und die Weltbank. Diese Einrichtungen handeln stets nach dieser Regel: Entwicklungsländern werden keine Kredite in ihrer eigenen Währung gewährt. Damit sind diese Länder zu ständiger Abhängigkeit von der ersten Welt verdammt.

China tritt nicht imperialistisch auf; das hat es nicht nötig, da es bereits ein Imperium ist, das Imperium der Mitte (auch Himmelsreich genannt). Die europäischen und amerikanischen Kolonialmächte sind extraktiv und imperialistisch. Sie verurteilen die Entwicklungsländer zur Verschuldung in Dollar, Euro oder CFA-Francs, Währungen, die sie nicht emittieren. So laufen die Entwicklungsländer immer Gefahr, zahlungsunfähig zu werden und bankrott zu gehen. Um dies zu vermeiden, werden sie gezwungen, die Rohstoffe zu produzieren, die die Kolonialmächte benötigen. Nur so erhalten sie die zur Zahlung ihrer Schulden benötigten Dollars, Euros oder CFA-Francs, die die Kolonialmächte potenziell unbegrenzt durch Tastendruck in ihren Zentralbanken schaffen. Die Entwicklungsländer sind in einem Teufelskreis von unaufhörlicher Verschuldung gefangen. Das ist kein freier Handel, sondern eine Ausplünderung, von der nur eine Seite profitiert, nämlich die imperialistischen Mächte.

China ist antiimperialistisch. Deshalb fördert es die Währungssouveränität, die es den Entwicklungsländern erlaubt, Kredite in ihrer eigenen Währung aufzunehmen. China versetzt sich in die Lage dieser Länder, weil es weiß, wie es sich anfühlt, von Kolonialmächten gedemütigt und ausgebeutet zu werden.

Angesichts der Ausplünderung und des Rassismus des Westens hat sich China für Respekt und gute Umgangsformen entschieden. Deshalb ist es unaufhaltsam. Aus diesem Grund erleben wir, wie die Entwicklungsländer den westlichen Imperialisten eine Abfuhr erteilen. Afrika, Südostasien und Lateinamerika haben jetzt den Rückhalt Chinas und, wie immer, Russlands.

Nochmals ein Zitat von Mackinder, das diesmal Bismarck zugeschrieben wird: „Freihandel ist die Politik der Starken" (Mackinder 1996). Deshalb praktiziert China einen Freihandel, von dem beide Seiten profitieren. Der Westen redet über Freihandel, China praktiziert ihn. Freier Handel ist nur zwischen souveränen Nationen möglich. Der Westen verweigert den Entwicklungsländern die Souveränität, China ermöglicht sie ihnen, indem es in der Währung des jeweiligen Landes handelt.

- Der Pekinger Konsens und der Modern-Money-Konsens

China hat zwei Dinge mit den Ländern gemein, in denen es Swap-Linien einrichtet. Das eine ist ein von den USA erzeugtes Schmerz-Pentimenti, das andere ein exportorientiertes Wachstum.

Das gemeinsame Schmerz-Pentimenti findet sich in dem Artikel von James A. Lucas, *The U.S. Has Killed More Than 20 Million People in 37 ‚Victim Nations' Since World War II* (Lucas 2023) und in den dazugehörigen Anmerkungen. Nehmen Sie zum Beispiel Indonesien, eine Nation, die Swap-Linien mit China eingerichtet hat und sich auf dem großen geopolitischen Drehpunkt befindet, der auf der Landkarte eingezeichnet ist. „Die Schätzungen über die Zahl der Todesopfer reichen von 500.000 bis 3 Millionen". Es war das, was Vincent Bevins die Jakarta-Methode nannte, die systematische Ermordung von Mitgliedern der Indonesischen Kommunistischen Partei, der größten kommunistischen Partei der Welt nach der Kommunistischen Partei der Sowjetunion und der Kommunistischen Partei Chinas, durch General Suharto und das US-Militär. Ähnliche Beispiele könnten von fast allen Ländern angeführt werden, die mit China Swap-Linien eingerichtet haben. China litt auch unter den amerikanischen Verbrechen gegen die Menschlichkeit. Lucas berichtet: „Schätzungsweise 900.000 Chinesen starben während des Koreakrieges" (Lucas 2023).

Ein weiteres Merkmal, das China mit fast allen seinen Swap-Partnern gemeinsam hat, ist das exportorientierte

Wachstum. Diese Art von Wachstum spielt im Peking-Konsens eine wichtige Rolle. Damit unterscheidet er sich vom Modern-Money-Konsens, einer der wichtigsten Ideen in meinem Buch *Fiat-Sozialismus* (siehe Seite 132). Beginnen wir aber mit den Gemeinsamkeiten zwischen den beiden Konsensen, denn sie sind wichtiger als die Unterschiede und machen beide Konsense kompatibel. Es gibt drei gemeinsame Achsen: Souveränität, Flexibilität und Vorrang der politischen Macht vor der wirtschaftlichen Macht.

In beiden Konsensen kommt Souveränität in der Fähigkeit zur Ergreifung antizyklischer Maßnahmen zum Ausdruck. Der Euro, die stärkste Ausprägung des Washingtoner Konsenses, hat den Regierungen die Möglichkeit zur Ergreifung dieser Maßnahmen genommen. Der Euro und die Verträge, auf denen er basiert, schreiben Ausgaben- und Defizitregeln vor, welche zur Überwindung von Wirtschaftskrisen erforderliche antizyklische Maßnahmen verhindern. Im Gegensatz dazu zielt der Pekinger Konsens auf „krisenfreies Wachstum" ab. Ein solches Wachstum „bedeutet nicht, dass eine Wirtschaft ohne Probleme wächst, sondern vielmehr, dass eventuell auftretende Probleme nicht zu einer größeren wirtschaftlichen Kontraktion führen [...]" (Yulu 2016, 41). Im Fiat-Sozialismus wird dieselbe Idee in der funktionalen Finanzwirtschaft von Abba Lerner aufgegriffen. Deshalb heißt es im ersten Punkt des Modern-Money-Konsenses, dass „das korrekte Haushaltsdefizit dasjenige [ist], das Vollbeschäftigung der Ressourcen und Preisstabilität ermöglicht" (García Hernández 2022, 132).

Die Flexibilität des Peking-Konsenses wird erreicht durch „fünf Schlüsselfaktoren: hohe internationale Liquidität, ein solides Bankensystem, eine wirksame finanzielle Firewall, eine hohe und stabile Sparquote und ein riesiger Markt mit differenzierten Möglichkeiten" (Yulu 2016, 48–49). Obwohl diese fünf Faktoren etwas von der Modern Monetary Theory abweichen, auf der der Modern-Money-Konsens basiert, verleihen sie dem chinesischen Wirtschaftsmodell zweifellos große Flexibilität, nicht nur dank des riesigen Binnenmarktes, auf den der fünfte Faktor verweist, sondern auch, weil sie es China ermöglicht haben, eine „allmähliche Entwicklung zu vollziehen und durch vorsichtiges Ausprobieren voranzukommen, oder auf Chinesisch ‚den Fluss zu überqueren, indem man die Steine berührt'" (Yulu 2016, 48), wobei erfolgreiche Maßnahmen übernommen und nicht erfolgreiche verworfen werden. Der russische Wirtschaftswissenschaftler Sergey Glazyev drückt es so aus: „Durch Ausprobieren hat man in China die richtige Dosis aus Plan- und Marktwirtschaft gefunden, indem man das Zusammenspiel scheinbar unvereinbarer Kräfte unter die Kontrolle einer effektiven Netzwerkstruktur namens Kommunistische Partei brachte." (Glazyev 2023)

Der Modern-Money-Konsens des Fiat-Sozialismus legt ebenfalls großen Wert auf Flexibilität, weshalb es in Punkt acht des Modern-Money-Konsens heißt: „Die Größe des öffentlichen Sektors sollte von der Regierung beschlossen werden, um ihre sozialen Ziele zu erreichen" (siehe Seite 144). Die Formel für diese Flexibilität ist die Kalecki-Gewinngleichung; durch deren Entwicklung lässt sich der private Sektor in der Wirtschaft vergrößern oder verkleinern, während gleichzeitig die Arbeitnehmer die Mittel erhalten, um das zu produzieren, was sie konsumieren möchten (siehe Seite 95), ein Prinzip, das auch die chinesische Wirtschaft mit großem Erfolg übernommen hat.

Der Vorrang der politischen Macht vor der wirtschaftlichen Macht ist von grundlegender Bedeutung. Es gibt keine Makroökonomie ohne Politik. Mehr noch: Die Makroökonomie ist ein Zweig der Politik. Daher verfolgt jede Makroökonomie immer Klassenziele. Im Falle des Peking-Konsenses zielt die Makroökonomie darauf ab, „[...] eine gemäßigt wohlhabende Gesellschaft aufzubauen" (Yulu 2016, 61). Derselbe Gedanke kommt im Fiat-Sozialismus zum Ausdruck, zu dem der Modern-Money-Konsens gehört, indem er als Ausgangspunkt die fünf Ziele des Sozialismus festlegt: Vollbeschäftigung, vollständige und umsichtige Nutzung der natürlichen Ressourcen, garantierte Nahrung, Unterkunft, Kleidung, Gesundheitsdienste und Bildung, Renten und Beihilfen sowie angemessene Arbeitsstandards.

Der Bereich, in dem sich der Peking-Konsens und der Modern-Money-Konsens unterscheiden, ist die Geldpolitik. Geldpolitische Regimes sind mit einer unmöglichen Dreifaltigkeit oder einem *Trilemma* konfrontiert, demzufolge „ein Land nur zwei der folgenden drei Strategien gleichzeitig anwenden

[kann]: eine Wechselkursanbindung beibehalten, eine Zinsbindung beibehalten oder Kapitalmobilität zulassen.“ (Wray 2022, 14) In diesem Fall bricht der Peking-Konsens nicht vollständig mit den Prinzipien des Washington-Konsenses, da China ein exportorientiertes Entwicklungsmodell verfolgt. Folglich verfolgt China eine Politik der Reservenakkumulation, positiver Zinssätze und kontrollierter Wechselkurse, die darauf abzielt, das Volumen der chinesischen Exporte zu maximieren.

Der Modern-Money-Konsens lehnt exportorientiertes Wachstum ab. Nach der Modern Money Theory werden Exporte als Ausgaben und Importe als Einnahmen von realen Gütern betrachtet. Daher sollte die Steigerung der Exporte kein Ziel sein, das von den nationalen Regierungen verfolgt werden sollte. Im Gegenteil, um den Wohlstand ihrer Bürger zu erhöhen, sollten die Regierungen versuchen, sicherzustellen, dass der größte Teil der im Inland produzierten Güter von den Arbeitnehmern des Landes konsumiert wird, die mit ihrer Arbeit die Waren und Dienstleistungen hergestellt haben, die das nationale Bruttoinlandsprodukt ausmachen. Folglich besteht das Ziel darin, die Einfuhren und nicht die Ausfuhren zu maximieren, da den Bürgern durch Einfuhren mehr Produkte zur Verfügung stehen. Exporte sind insofern willkommen, als sie dank des Einkommens aus den erzeugten Reserven die Möglichkeit bieten, mehr zu importieren.

In diesem Zusammenhang schlägt der Modern-Money-Konsens vor, dass die nationalen Regierungen nur in ihrer eigenen Währung operieren, unabhängig von der Höhe ihrer Reserven, die von der Zentralbank nur zur Erleichterung der Importe und nicht zur Verteidigung eines festen Wechselkurses verwendet werden. Daher schlägt der Modern-Money-Konsens freie Wechselkurse vor. Außerdem lehnt er eine positive Zinspolitik ab und plädiert für eine ZIRP (Zero Interest Rate Policy). Diese Maßnahmen maximieren den *politischen Spielraum* der nationalen Regierungen. Der Modern-Money-Konsens stützt sich nicht auf die Finanzpolitik, sondern auf die Steuerpolitik, da die Erfahrung zeigt, dass eine positive Zinspolitik weit weniger zuverlässig und wirksam ist als eine Politik, die auf Staatseinnahmen und -ausgaben basiert. Mit anderen Worten: Der Modern-Money-Konsens nimmt die Perspektive des endogenen Geldes ein. Diese Perspektive besagt, dass die Geldmenge eine endogene Variable des Konjunkturzyklus ist und daher nicht von einer externen Institution wie der Zentralbank bestimmt werden kann, da der Konjunkturzyklus Variablen umfasst, die sich nicht *a priori* steuern lassen, wie etwa die Sparentscheidungen der privaten Haushalte. Die endogene Geldperspektive ermöglicht es den Regierungen, die Höhe der Arbeitslosigkeit durch ihre öffentliche Ausgabenpolitik zu bestimmen. Jobgarantien auf der Grundlage von Beschäftigungspuffern sind die vom Modern-Money-Konsens vorgeschlagene Politik der permanenten Vollbeschäftigung. Im Gegensatz dazu hat die chinesische Regierung einen exogenen Geldansatz gewählt, und „China hat offiziell die Geldmenge als Zwischenziel festgelegt und erklärt, dass das Ziel für das Wachstum der Geldmenge M1 18 % und M2 23 % für den Zeitraum des Neunten Fünfjahresplans betragen würde. Gleichzeitig nahm die People's Bank of China die Geldmenge als Zwischenziel und veröffentlichte Ziele für drei Geldarten, nämlich M0, M1 und M2" (Yulu 2016, 69).

Worin beide Konsense übereinstimmen, ist die Möglichkeit der Auferlegung von Kapitalverkehrskontrollen, da beide Konsense, wie bereits erwähnt, dafür eintreten, dass die politische Macht die wirtschaftliche Macht kontrollieren sollte und nicht andersherum. In dieser Hinsicht unterhält die chinesische Regierung eine sehr fortschrittliche Kapitalkontrollpolitik, die es ihr ermöglicht, ihre Geldpolitik jederzeit souverän zu kontrollieren, was eine richtige Strategie ist.

Obwohl der Modern-Money-Konsens die endogene Geldperspektive vertritt und der Peking-Konsens bisher (meines Erachtens zu Unrecht) die exogene Geldperspektive vertreten hat, glaube ich nicht, dass sich beide gegenseitig ausschließen, und ich halte es durchaus für möglich, dass die chinesische Regierung in Zukunft zutiefst sozialistische Maßnahmen wie Jobgarantien auf der Grundlage von Beschäftigungspuffern beschließen wird, die nur aus der endogenen Geldperspektive möglich sind. Unabhängig davon, ob man der exportorientierten Wachstumsstrategie zustimmt oder nicht, ist es unbestreitbar, dass die chinesische Regierung mit ihrer Wachstumspolitik enorm erfolgreich war, indem sie die großen positiven Zahlen ihrer Leistungsbilanz bestmöglich genutzt hat, d.h. indem sie diese Devisenzuflüsse in die Industrialisierung reinvestiert hat, die mehr als 400 Millionen Menschen aus der Armut befreit und nahezu 75 % der Armutsbekämpfung in den Entwicklungsländern geleistet hat (siehe Seite 325). Anstatt also die Marktwirtschaft abzuschaffen, nutzen beide Konsense die Marktdynamik, um die Interessen der Arbeiterklasse zu fördern. China tut dies, indem es seine exportorientierte Wachstumsstrategie optimiert, und der Modern-Money-Konsens tut dies durch Jobgarantien.

- Mackinders Kontraposition

„Wer über Osteuropa herrscht, beherrscht das Herzland. Wer über das Herzland herrscht, beherrscht die Weltinsel. Wer über die Weltinsel herrscht, beherrscht die Welt" (Mackinder 1996). Angesichts von Mackinders Maxime lässt sich eine logische Kontraposition aufstellen: Wenn niemand über das Heartland („Herzland") herrscht, beherrscht auch niemand die Welt. Da also niemand über jemanden herrscht, ist die Welt befreit.

Quelle: https://agenda-u.org/news/geopoliticheskiy-aspekt-proektov-yuriya-krupnova

Diese Befreiung hat bereits stattgefunden. Sie war möglich, weil China zur führenden Industriemacht der Welt geworden ist. Dadurch ist das eurasische Heartland autark geworden.

Zuvor waren Russland und China von europäischer Technologie und europäischem Know-how abhängig. Russlands einziger Zugang zu dieser Technologie und diesem Know-how war der Verkauf seiner Rohstoffe. Die Verbrüderung von deutscher Technologie und russischen Rohstoffen ist seit jeher der schlimmste Albtraum der USA. Deshalb haben sie auch Nord Stream 1 und 2 in die Luft gejagt. Der terroristische Angriff der USA und ihrer Partner auf Nord Stream hat Deutschland jedoch nur geschadet. Russland hat einfach andere Märkte in China und anderen Ländern gefunden, in denen es die benötigte Technologie kaufen und seine Rohstoffe verkaufen kann. Deutschland hingegen ist ohne russisches Gas verloren. Noch vor einem Jahrzehnt war dies undenkbar, doch heute braucht das eurasische Heartland kein europäisches Know-how und keine europäische Technologie mehr. Daher kontrolliert niemand mehr das eurasische Heartland oder die Welt.

Sehen wir uns ein anderes Beispiel an. Kürzlich war zu lesen, dass die Niederlande auf Anweisung ihres amerikanischen Herrn und Meisters den Verkauf von hochmodernen Halbleitern und Chips an China einstellen wollten (López 2023). Vor ein paar Jahren hätte dies China noch sehr geschadet. Wie lange wird China heute brauchen, um eine solche verbesserte Technologie selbst herzustellen? Monate. Danach werden die Niederlande ihren wichtigsten potenziellen Kunden verloren haben und China wird gestärkt daraus hervorgehen.

Meiner Meinung nach liegt der Konflikt in der Ukraine weitgehend an der Unfähigkeit der USA, diese multipolare Welt zu verstehen. Hätten die USA, die EU und die NATO 2014 nicht den Euromaidan-Putsch inszeniert und ein Neonazi-Regime an die Macht gehievt, das im Donbass und in Odessa Verbrechen gegen die Menschlichkeit begangen hat, wäre es nicht zur aktuellen Konfrontation in der Ukraine gekommen. Der Grund, warum Antony Blinken und Victoria Nuland, die Schlächter vom Maidan, den Staatsstreich von der amerikanischen Botschaft in Kiew aus organisierten, war die legitime Entscheidung der demokratisch gewählten Regierung der Ukraine unter der Präsidentschaft von Viktor Janukowitsch, der Eurasischen Wirtschaftsunion und nicht der Europäischen Union beizutreten. Was hätte es bedeutet, die demokratische

Entscheidung der Janukowitsch-Regierung zu akzeptieren? Zu akzeptieren, dass Osteuropa, in diesem Fall die Ukraine, souveräne Entscheidungen treffen kann, d. h. von niemandem außer sich selbst kontrolliert wird. Dies ist für die USA völlig inakzeptabel, da sie weiterhin glauben, der Kontrollverlust über die osteuropäischen Regierungen bedeute auch den Kontrollverlust über Eurasien. Das ist aber nicht mehr der Fall. Wenn die USA die Kontrolle in Osteuropa verloren haben, wer würde dann die Kontrolle übernehmen? Niemand, denn niemand wäre in der Lage, Eurasien und damit die Welt zu kontrollieren.

Weder würden die osteuropäischen Länder eine russische Kontrolle akzeptieren, noch ist Russland daran interessiert, eine solche Kontrolle zu übernehmen. Russland hat aus seinen Fehlern gelernt. Meiner Meinung nach hat Russland unter der Sowjetunion zwei schwerwiegende Fehler begangen: die Entscheidung für den historischen Sozialismus anstelle des normativen Sozialismus (mit den Zielen des Sozialismus als Ausgangspunkt) und die Abkehr von China.

Im Gegensatz zu den Behauptungen der Reaktionäre war die Einführung des sowjetischen Modells des Sozialismus in Osteuropa kein Akt des russischen Imperialismus, sondern ein Akt tiefer und aufrichtiger ideologischer Überzeugungen. Die Kommunistische Partei der Sowjetunion war überzeugt, dass sie den Sinn der Geschichte verkörpert hatte, der nach Marx (von Hegel inspiriert) zum baldigen Zusammenbruch des Kapitalismus führen würde. Die Durchsetzung des sowjetischen Modells in Osteuropa war nur der Anfang, bald darauf würde der Kapitalismus auch in Westeuropa und auf dem gesamten Planeten verschwinden. Die Sowjetunion hatte also nicht nur die Absicht, Europa von der Nazi-Barbarei zu befreien (was die Europäer ihr nie verziehen haben), sondern auch eine neue und bessere Welt zu schaffen, die unweigerlich entstehen würde. Diese Überzeugungen spiegelten sich nicht in der Realität wider, und der sowjetische Historismus scheiterte. China war von dieser irrigen Hegelschen Auffassung vom Rad der Geschichte nicht ausgenommen. Mao sagte: „Das sozialistische System wird letzten Endes an die Stelle des kapitalistischen Systems treten; das ist ein vom Willen des Volkes unabhängiges objektives Gesetz. Welche Versuche auch immer die Reaktionäre unternehmen mögen, das Rad der Geschichte aufzuhalten, es wird dennoch früher oder später die Revolution ausbrechen, die dann unvermeidlich den Sieg davontragen wird" (Mao 1972, 29–30). Die Geschichte hat gezeigt, dass es keine objektiven, vom Menschen unabhängigen historischen Gesetze gibt. Der Unterschied zwischen China und der UdSSR besteht darin, dass China seinen Fehler erkannte und ihn mit der Regierung von Deng Xiaoping korrigierte, der Maos eigene Worte über die Notwendigkeit, die eigenen Fehler zu korrigieren, in die Tat umsetzte und nicht der Versuchung erlag, „einen Fehler, den man begangen hat, zwar [zu] erkennen, aber nicht daran [zu] denken, ihn zu korrigieren; eine liberale Haltung sich selbst gegenüber einzunehmen" (Mao 1972, 293). Das ist der Grund, warum die Volksrepublik gediehen ist und die UdSSR leider nicht mehr existiert.

Anstatt seine Beziehungen zu China von einem eurozentrischen Standpunkt der historischen Überlegenheit aus zu betrachten, hätte Russland China als gleichwertigen, mit Souveränität ausgestatteten Partner respektieren müssen. Der Zusammenbruch Chinas und der UdSSR war eine Gelegenheit, die die USA nutzten, um Eurasien zu spalten und zu kontrollieren. Jetzt haben sich die Dinge geändert. Sowohl Russland als auch China haben erkannt, dass der Putsch der USA, der EU und der NATO in der Ukraine das Schicksal ist, das die USA auch für sie vorgesehen haben. Beide Länder wissen, dass der gleiche Coup, den die USA in der UdSSR mit Michail Gorbatschow und Boris Jelzin durchführten, für China mit Hu Yaobang und Zhao Ziyang geplant war. Aus diesem Grund haben Russland und China ihre brüderlichen Beziehungen vertieft. Gemeinsam haben sie das eurasische Heartland umgestaltet. Mackinder teilte die soziale Maschinerie in Verwalter und Organisatoren ein (Mackinder 1996). In Eurasien ist Russland der Verwalter und China der Organisator (Mackinder selbst hat bereits auf diese Möglichkeit hingewiesen, was seinen Wert als Vordenker beweist). Russland verwaltet die großen Bodenschätze Eurasiens. China organisiert sie und gibt ihnen eine Bedeutung jenseits des eurasischen Heartlandes, denn „‚Sicht' ist charakteristisch für den Organisator" (Mackinder 1996).

Mackinder definiert Heartland als „[...] die Region, zu der der Seemacht unter modernen Bedingungen der Zugang verweigert werden kann [...]" (Mackinder 1996). So betrachtet Mackinder neben Eurasien auch Afrika als Heartland, weil die große Sahara-Wüste Schutz vor Seemächten bietet. Chinas Liste von Swap-Partnern enthält drei afrikanische Länder (Ägypten, Nigeria und Südafrika), die der USA keines. Alle drei Länder sind Nettoexporteure, und alle drei haben unter dem westlichen Imperialismus gelitten. Heute dienen sie als Ausgangspunkt und Beispiel für eine neue souveräne Ordnung. Der Rest der afrikanischen Länder wird ihnen folgen. Zum ersten Mal eröffnet sich für Afrika die Aussicht auf eine industrielle Entwicklung. Jedes afrikanische Land, das seine politischen Institutionen stabilisiert, wird bestrebt sein, das Schuldenjoch in Dollar, CFA-Francs und Euro abzuschütteln, indem es Swap-Linien mit China und anderen Ländern einrichtet. Russland hat seinerseits gerade mehr als 20 Milliarden Dollar an afrikanische Länder abgeschrieben (Eruygur 2023). Die Folgen haben nicht lange auf sich warten lassen. Sambia, Tschad, Namibia, Südafrika, Sudan, Kenia – all diese Länder wenden sich von den USA und den westlichen Kolonialmächten ab und finden dank Russland und China zur Währungssouveränität zurück. Ihnen wird der ganze (oder fast der ganze) Kontinent folgen.

Ich bin jedoch der Meinung, dass die multipolare Welt mit dem festen Wunsch Mexikos, den BRICS+ beizutreten, bereits ein drittes Heartland, Iberoamerika, hervorgebracht hat. Kehren wir zum 36. Breitengrad unserer ersten Karte zurück. Er verläuft nicht nur durch die Straße von Gibraltar, sondern auch durch die Sonora-Wüste, die die USA und Mexiko trennt. Ich denke, der amerikanische Teil südlich des 36. Breitengrades ist bereits ein Heartland. Dort finden wir chinesische Swap-Linien in Surinam, Argentinien, Chile, Brasilien und sicher bald auch in Venezuela (hoffentlich ist Kuba das nächste Land). Das durch die USA in diesem Heartland hervorgerufene Schmerz-Pentimenti ist unbeschreiblich. Sein Ausmaß wird nur noch von den natürlichen Ressourcen des Landes übertroffen, die dank der Währungssouveränität und der Wechselkursstabilität durch die Swap-Linien für die Industrialisierung und das Wohlergehen der Bürger genutzt werden können. Lula hat dies genau verstanden: „Jede Nacht stelle ich mir die Frage: Warum sollten alle Länder im Handel an den Dollar gebunden sein? Warum können wir das nicht in unseren Währungen tun? Wer hat überhaupt beschlossen, dass nach der Abschaffung des Goldstandards der Dollar und nicht der Yuan, der Real oder der Peso die Währung sein soll?"[7] Damit wird ein letzter Nagel in den Sarg des Internationalen Währungsfonds und der Weltbank geschlagen. Diese Einrichtungen sind nichts anderes als Finanzorgane zur Verteidigung der kolonialen Interessen des Westens und werden durch die BRICS+ New Development Bank (http://www.ndb.int/) ersetzt.

Die amerikanische Seemacht nördlich des 36. Breitengrades wird ihren Hinterhof verlieren und isoliert werden. Kasteiung ist die einzige wirksame Therapie gegen pathologischen Narzissmus. Die schlimmere Alternative ist die Tötung. Die USA sollten von China und Russland lernen. Das bedeutet, dass die USA andere Länder nicht mehr als Vasallen betrachten und anfangen sollten, sie als gleichberechtigte Partner zu respektieren. Wenn sie das täten, könnten sie als großes Land und als eine weitere Macht in der neuen multipolaren Welt akzeptiert werden. Brzezinski ist meiner Meinung nach ein gescheiterter Denker.

> „Entgegen dem Anschein hat China in der Tat keine großen strategischen Optionen. Chinas anhaltender wirtschaftlicher Erfolg hängt nach wie vor stark vom Zufluss westlichen Kapitals und westlicher Technologie sowie vom Zugang zu ausländischen Märkten ab, und das schränkt Chinas Möglichkeiten stark ein. Ein Bündnis mit einem instabilen und verarmten Russland würde Chinas wirtschaftliche oder geopolitische Aussichten nicht verbessern (und für Russland würde es eine Unterordnung unter China bedeuten). Es ist daher keine praktikable geostrategische Option, auch wenn es sowohl für China als auch für Russland taktisch verlockend ist, mit dieser Idee zu spielen. Die chinesische Hilfe für den Iran und Pakistan ist für China von unmit-

[7] Siehe: https://t.me/Dolar_kaput/8284.

telbarerer regionaler und geopolitischer Bedeutung, aber auch das ist kein Ausgangspunkt für ein ernsthaftes Streben nach dem Status einer Weltmacht. Eine ‚antihegemoniale' Koalition könnte als letztes Mittel in Frage kommen, wenn China das Gefühl hat, dass seine nationalen oder regionalen Bestrebungen von den Vereinigten Staaten (mit Japans Unterstützung) blockiert werden. Aber es wäre eine Koalition der Armen, die dann wahrscheinlich für eine ziemlich lange Zeit kollektiv arm bleiben würden." (Brzezinski 1997, 267–268)

Brzezinskis Vision, die im vorigen Absatz zum Ausdruck kommt, ist so schlecht gealtert wie Wein, der zu billigem Essig wird, und seine Absicht, die Russische Föderation in drei Teile zu zerhacken, um sie in „ein lockerer [konföderiertes] Russland – bestehend aus einem europäischen Russland, einer sibirischen Republik und einer fernöstlichen Republik" (Brzezinski 1997, 288–289) – zu verwandeln, um sie auszuplündern und in eine Abschussrampe für künftige Angriffe gegen China zu verwandeln, wird in der Ukraine zerschlagen. Sollte seine Behauptung, „Kein Nationalstaat dürfte sich mit den USA in den vier Schlüsselbereichen der Macht (militärisch, wirtschaftlich, technologisch und kulturell) messen können, die gemeinsam die entscheidende globale politische Schlagkraft ausmachen" (Brzezinski 1997, 278), jemals gestimmt haben, so tut sie es jetzt nicht mehr. Die USA wirken heute wie ein erschöpftes Land, das von einem einst strahlenden Helden zu einem Transsexuellen mutiert ist. Der Niedergang ist offensichtlich und stößt außerhalb der dekadenten Länder (NATO und EU) auf massive Ablehnung.

Ich bin pessimistisch. Ich glaube, dass die USA ihre Politik des Vasallentums und der Schaffung geopolitischer Zysten weiter betreiben werden. Ihre stiefelputzenden Vasallen in der EU, dem Vereinigten Königreich, Japan, Südkorea, Australien und Neuseeland erkennen sie weiterhin als Herr und Meister an. Das ist ein großer Fehler. Wenn sie sich nicht ändern, wird der narzisstische Zusammenbruch der USA auch sie zu Fall bringen.

Das Gleiche wird mit ihren geopolitischen Zysten geschehen. Die wichtigste ist Israel und das Gebiet, in dem der 36. Breitengrad und der 30. Längengrad aufeinandertreffen. China hat Israels großen Trumpf, die Feindschaft zwischen Iran und Saudi-Arabien, mit seiner Initiative der Neuen Seidenstraße bereits entschärft. Russland hat die heldenhafte syrische Regierung gerettet. Dies bringt Israel und seine Apartheidpolitik gegen Palästina in eine sehr schwierige Lage. Es ist an der Zeit, dass Israel die Gründung eines souveränen palästinensischen Staates mit Jerusalem als Hauptstadt nicht länger boykottiert. Wenn es das nicht tut, könnte ihm ein Bürgerkrieg und der Zusammenbruch bevorstehen. Der Export des israelischen Störmodells in die Ukraine, nach Kurdistan, in die autonome Region der Uiguren in Xinjiang, nach Taiwan und Hongkong ist in einigen Fällen bereits gescheitert und wird in anderen Fällen in Zukunft scheitern. Eine Ausnahme, die Spanien sehr betrifft, ist Marokko, das zum maghrebinischen Israel geworden ist. Im Gegenzug gewährte Donald Trump Marokko die Hoheit über die Westsahara. Die feige Regierung Spaniens hat dieses Verbrechen an unseren saharauischen Brüdern und Schwestern, die Spanien wieder einmal verraten hat, willfährig hingenommen.

Die giftigste Zyste ist zweifelsohne Taiwan. Deshalb sagt Manolo Monereo zu Recht,

> „Die Wahrheit zu Taiwan liegt in der Ukraine; die Wahrheit zur Ukraine liegt in Taiwan. [...] Das Modell Ukraine wird sich auf die eine oder andere Weise mit Taiwan wiederholen. [...] Warum Taiwan? Im Wesentlichen aus drei Gründen: 1) Für China ist die Wiedervereinigung mit dieser Insel ein entscheidendes Element – heute sicherlich das wichtigste –, um ein langes Jahrhundert der Demütigungen und Bürgerkriege zu überwinden, die es als Staats-Zivilisation fast zerstört hätten. 2) China kann niemals eine Großmacht werden, wenn es nicht in der Lage ist, sein Mittelmeer, d.h. das Chinesische Meer (Süd und Ost), zu kontrollieren, in dessen Zentrum Taiwan liegt. 3) Diese Insel ist die Achse zur Reorganisation der ersten (und entscheidenden) Belagerungslinie und zur Eindämmung von Chinas Seemacht und Verfügungsgewalt, eine Falle, um den Konflikt mit dem alten Reich der Mitte zu bewältigen." (Monereo 2023)

Meiner Meinung nach wird es der große geopolitische Dreh- und Angelpunkt sein, der auf der ersten Karte eingezeichnet ist und sich vom Iran bis nach Papua-Neuguinea erstreckt, der das Gleichgewicht nach Osten oder Westen kippen wird. Von entscheidender Bedeutung ist die Rolle Indiens als die große Wirtschaftsmacht, zu der es sich entwickeln wird, aber daneben gibt es eine Reihe von Schlüsselländern wie Vietnam, Pakistan, Malaysia und die Philippinen (wo die USA gerade eine neue Militärbasis eröffnet haben). Die Geschichte muss erst noch geschrieben werden, aber ich glaube, dass die Gegenwart diese Worte von Mao (Mao 1972, 96) bestätigt:

> „Es gibt jetzt zwei Luftströmungen in der Welt: den Ostwind und den Westwind. Ein chinesisches Sprichwort lautet: ‚Entweder der Ostwind übertrifft den Westwind, oder der Westwind übertrifft den Ostwind.' Ich glaube, die Besonderheit der gegenwärtigen Lage besteht darin, dass der Ostwind über den Westwind die Oberhand gewonnen hat."
>
> *Euro delendus est.*

DARVO[8]

Diesen Artikel habe ich zusammen mit dem spanischen Wirtschaftswissenschaftler Jorge Amar verfasst.

> „Der nächste Krieg in Europa wird zwischen Russland und dem Faschismus stattfinden, nur wird der Faschismus Demokratie heißen."
> – Fidel Castro, 1992

> „Eine Nation, eine Währung."[9]
> – L. Randall Wray

Deny, Attack, and Reverse Victim and Offender (DARVO – Leugnen, Angreifen, und die Rolle von Opfer und Täter um-

[8] Dieser Artikel wurde erstmals in *El Común* am 21. Januar 2023 unter https://elcomun.es/2023/01/21/darvo/ veröffentlicht.

[9] Siehe: https://www.youtube.com/watch?v=E5JTn7GS4oA&t=1380s.

kehren). Das ist einer der Manipulationsmechanismen, die von Missbrauchstätern und Schlägern gegen ihre Opfer eingesetzt werden, wenn diese mit zuverlässigen Beweisen gegen den Missbrauch vorgehen.

Die Unterzeichner dieses Artikels sind der Ansicht, dass die derzeitige Hetzkampagne des Westens gegen Russland und zugunsten der kriminellen Selenskyj-Regierung den Merkmalen der DARVO entspricht. Wir stützen unsere These auf die folgenden Fakten.

- **Leugnung**: Der Westen leugnet, dass die militärischen Auseinandersetzungen in der Ukraine nicht am 22. Februar 2022 mit dem russischen Einmarsch in die Ukraine begannen, sondern am 22. Februar 2014 mit dem sogenannte Euromaidan, dem von den USA organisierten Staatsstreich gegen die rechtmäßige Regierung der Ukraine.

In der aktuellen Situation in der Ukraine ist der 22. Februar gleich zweimal von grundlegender Bedeutung: der 22. Februar 2014 und der 22. Februar 2022. Der Westen manipuliert das Narrativ der Ereignisse und konzentriert sich nur auf den zweiten. Diesem trügerischen Narrativ zufolge begann die kriegerische Konfrontation in der Ukraine am 22. Februar 2022, weil Wladimir Putin ohne jeden Grund beschloss, in ein Nachbarland einzumarschieren. Das ist falsch. Die kriegerischen Auseinandersetzungen in der Ukraine begannen am 22. Februar 2014, als ein von den US-Geheimdiensten orchestrierter Putsch die rechtmäßige Regierung der Ukraine unter Viktor Janukowitsch stürzte.

Der Grund für den Sturz der Regierung Janukowitsch durch den Euromaidan-Staatsstreich war die Weigerung des ukrainischen Präsidenten, das Europäische Partnerschaftsabkommen mit der Europäischen Union zu unterzeichnen. Die ukrainische Regierung befand sich in einem Dilemma. Entweder würde sie dieses Abkommen mit der EU unterzeichnen, oder sie würde das Abkommen über den Beitritt zur Eurasischen Wirtschaftsunion mit der Russischen Föderation unterzeichnen. Beide Abkommen schlossen sich gegenseitig aus, so dass sich die Ukraine für eines von beiden entscheiden musste, und Janukowitsch entschied sich für Russland.

Das war der Auslöser für den Euromaidan-Putsch. Der demokratische Präsident der Ukraine hielt das russische Angebot für besser. Legitimerweise entschied er sich im November 2013, das EU-Angebot abzulehnen und Gespräche mit seinen eurasischen Partnern aufzunehmen, um einen möglichen Beitritt der Ukraine zur Eurasischen Wirtschaftsunion auszuloten, da das eurasische Angebot für die Ukraine vorteilhaftere Bedingungen bot. Zu diesen Bedingungen gehörte ein Darlehen der Russischen Föderation an die Ukraine in Höhe von 15 Milliarden Dollar, ein Angebot, mit dem die EU einfach nicht mithalten konnte.

Diese legitime Entscheidung einer demokratischen Regierung wurde weder von den USA, noch von der EU, noch von der NATO akzeptiert. Daher orchestrierten sie den Euromaidan-Staatsstreich von der US-Botschaft in Kiew aus. Zu diesem Zweck rekrutierten sie Kämpfer der ukrainischen extremen Rechten, die sie bewaffneten, ausbildeten und finanzierten, um den Staatsstreich auszuführen.

Der Staatsstreich und die daraus hervorgegangene unrechtmäßige Regierung wurden von den westlichen Regierungen und Medien sofort akzeptiert und bejubelt. Die USA und ihre EU-Schuhputzer hatten ihr Ziel erreicht: Sie wollten verhindern, dass eine europäische Regierung die Expansionspläne der NATO zur Einkreisung Russlands und der gesamten eurasischen Region ablehnt.

- **Angriff:** Der Neonazi-Putsch auf dem Euromaidan 2014 löste eine Welle von Verbrechen gegen die Menschlichkeit durch die ukrainische Putschregierung aus.

Unmittelbar nach Beginn des Euromaidan (bei dem Hunderte von Menschen getötet wurden) begannen die Putschisten mit Massakern und Verbrechen gegen die Menschheit an der Bevölkerung, die der demokratischen Legalität treu blieb. Eines der bekanntesten Verbrechen der ukrainischen Nationalisten ist das Massaker am Haus der Gewerkschaften in Odessa. Am 1. Mai 2014 organisierten Gewerkschaften und linke Parteien Massendemonstrationen mit antifaschistischen Slogans und für ein Unabhängigkeitsreferendum. Ihre friedlichen Proteste zogen sich bis in den nächsten Tag hinein. Die Proteste konzentrierten sich in der Nähe des Hauses der Gewerkschaften. Am 2. Mai 2014 griffen militante Rechtsextremisten der ukrainischen Neonazi-Gruppe *Pravy Sektor* (Rechter Sektor) die Demonstranten mit Waffen aller Art an. Die Demonstranten suchten Schutz im Haus der Gewerkschaften. Ukrainische Neonazis setzten das Gebäude in Brand. Sechsundvierzig prodemokratische Demonstranten wurden getötet und 214 verletzt, darunter auch Kinder.

Den stärksten Widerstand gegen den Putsch leisteten jedoch die Regionen Donezk und Lugansk. Bis zum 31. März 2022 zählte der Ombudsmann in Donezk 6010 Tote seit dem faschistischen Staatsstreich von 2014, darunter 96 Kinder (Brown 2022) (Bartlett 2022). In Lugansk belief sich die Zahl der vom Ombudsmann bis Ende Februar 2022 gezählten Todesopfer auf 1762 Zivilisten (davon 35 Kinder). Alle diese zivilen Todesfälle sind erfasst und dokumentiert.[10] Sie gingen mit Folter und wahllosem Beschuss einher, die als Verbrechen gegen die Menschlichkeit anerkannt sind (Eva Bartlett 2022, II). Vor diesem Hintergrund der ethnischen Säuberung durch die ukrainische Putschregierung beschloss die Autonome Republik Krim, am 16. März 2014 auf der Halbinsel Krim und in Sewastopol ein Referendum über den Anschluss an Russland abzuhalten. Bei diesem Referendum stimmten 95,5 % für den Anschluss an die Russische Föderation.

- **Umkehrung der Rolle von Opfer und Aggressor**: Russland hat alle seit dem Zerfall der UdSSR mit dem Westen getroffenen Sicherheitsvereinbarungen eingehalten, der Westen dagegen keine. Dennoch wirft der Westen Russland vor, der Aggressor zu sein.

„Nicht einen Zentimeter nach Osten“. So lautete das Versprechen von US-Außenminister James Baker an Michail Gorbatschow zur Aufnahme von Verhandlungen über die deutsche Wiedervereinigung. Die NATO würde sich auf das wiedervereinigte Deutschland ausdehnen, aber nicht einen Zentimeter weiter in Richtung der russischen Grenzen, wie es in den of-

[10] Siehe *It's not Russia starting a war, it's Russia ending the war happening here the last 8 years* (Eva K Bartlett) https://youtu.be/GZLLdZbzDTY.

fiziellen Protokollen des Treffens[11] (2017 freigegeben) heißt.

Jeder vernünftige Mensch hätte verlangt, dass ein solches Versprechen in einem von den USA, Russland und dem NATO-Vorsitz unterzeichneten Sicherheitsabkommen verankert wird, aber Michail Gorbatschow war kein vernünftiger Mensch. Zuerst Polen, Ungarn und die Tschechische Republik, später Bulgarien, Estland, Lettland, Litauen, Rumänien, die Slowakei, Slowenien, Albanien, Kroatien, Montenegro und Nordmazedonien. Alle diese Länder östlich von Deutschland sind jetzt NATO-Mitglieder, ein Bruch mit Bakers Versprechen.

Damit wurde die so genannte Friedensdividende, wonach die Welt mit der Auflösung der UdSSR von einem drastischen Rückgang der Militärausgaben profitieren würde, endgültig begraben. Diese Reduzierung der Rüstungsausgaben würde dieses Geld in Ausgaben umlenken, die das Wohlergehen der Menschheit verbessern würden. Der militärisch-industrielle Komplex der USA sah seine Interessen in Gefahr. Der Bruch des Friedensversprechens mit Russland und die Ausweitung der NATO bis an die russische Grenze waren für ihre Interessen von grundlegender Bedeutung. Deshalb kaufte der militärisch-industrielle Komplex der USA die Unterstützung der US-Politiker für das Geschäft mit Tod und Zerstörung durch Wahlkampfspenden. Der derzeitige Krieg in der Ukraine ist eine Folge gebrochener Versprechen der USA und ihrer NATO-Partner.

Zwei der Abkommen, die die USA, die NATO und die EU gebrochen haben, sind die Abkommen Minsk I und Minsk II; das erste wurde am 5. September 2014 und das zweite am 12. Februar 2015 unterzeichnet. Beide waren Zeichen des guten Willens seitens Russlands, das, wie wir heute wissen, die einzige Partei war, die an der Einhaltung der Vereinbarungen interessiert war.

Die wichtigsten Punkte der Vereinbarungen von Minsk I und Minsk II waren die militärische Neutralität der Ukraine und die besondere Autonomie von Donezk und Lugansk. Ersteres bedeutete, dass die Ukraine weder ausländische Waf-

[11] Siehe https://nsarchive.gwu.edu/sites/default/files/thumbnails/image/stepanov-mamaladze_0.jpg.

fen noch Truppen aufnehmen würde, und letzteres, dass die Bürger von Donezk und Lugansk das Recht haben würden, Russisch zu sprechen und ein demokratisch gewähltes Regionalparlament zu wählen.

Heute wissen wir aus den Worten zweier Unterzeichner der Abkommen von Minsk I und II (die ehemalige deutsche Bundeskanzlerin Angela Merkel und der ehemalige ukrainische Präsident Petro Poroschenko), dass nur Russland bereit war, sie einzuhalten. Hier sind Merkels jüngste Worte gegenüber der deutschen Zeitung *Die Zeit*:

> „Die Minsker Vereinbarung 2014 war der Versuch, der Ukraine Zeit zu geben. Sie hat diese Zeit auch genutzt, um stärker zu werden, wie man heute sieht. [...] Ich bezweifle sehr, dass die NATO-Staaten damals so viel hätten tun können wie heute, um der Ukraine zu helfen.“ (Giebel 2022)

Hier sind Poroschenkos Worte:

> „[Die Minsker Vereinbarungen] bedeuteten nichts. [...] Wir hatten alles erreicht, was wir wollten. [...] Unser Ziel war es, erstens die Bedrohung zu stoppen oder zumindest den Krieg zu verzögern – um acht Jahre für die Wiederherstellung des Wirtschaftswachstums und den Aufbau starker Streitkräfte zu sichern.“ (The Press United, 2022)

Nur, wer bereit ist, die Beweise zu leugnen, wird in Poroschenkos und Merkels Worten keinen bösen Willen erkennen. Sie selbst geben zu, dass sie nie die Absicht hatten, die Minsker Vereinbarungen einzuhalten, dass sie nur Zeit gewinnen wollten und dass der Konflikt mit Russland von vornherein beschlossen war.

Dazu sagte Wladimir Putin:

> „‚Ich bin immer davon ausgegangen, dass die Führung der BRD sich uns gegenüber aufrichtig verhält‘. Es sei zwar klar gewesen, dass Deutschland auf der Seite der Ukraine stehe, sie unterstütze. ‚Aber mir schien trotzdem, dass die Führung der BRD immer ehrlich um eine Lösung bemüht war auf Grundlage der Prinzipien, die

> wir vereinbart haben und die unter anderem im Rahmen des Minsker Prozesses erzielt wurden.'" (Tagesspiegel 2022)

Putins Fehler war es, dem Wort des Westens zu vertrauen.

Im Jahr 2020 gewinnt Joe Biden die Wahlen in den USA. Er wählt Anthony Blinken zum Außenminister und Victoria Nuland zur Unterstaatssekretärin für politische Angelegenheiten. Ersterer hat den Krieg in Syrien angezettelt und letztere war die Hauptorganisatorin des Euromaidan-Putsches in Kiew. Unter Umgehung der Minsker Vereinbarungen führten die NATO und ihre 33 Mitglieder im Jahr 2021 mehrere Land-, See- und Luftoperationen in der Ukraine durch (Operation Sea Breeze, Operation Cossack Mace, Operation Three Swords usw.), und im August wurde die Krim-Plattform gegründet, in deren Dokumenten die Wiederherstellung der ukrainischen Kontrolle über die Krim gefordert wird. Auf der Eröffnungssitzung der Krim-Plattform verkündete Selenskyj diese Kriegserklärung: „Ich werde persönlich alles tun, was möglich ist, um die Krim zurückzugeben, damit sie zusammen mit der Ukraine Teil von Europa wird." (Martin 2022) Der Westen und Selenskyj verstießen damit gegen die Minsker Vereinbarungen, während sie weiterhin die oben beschriebenen Verbrechen gegen die Menschlichkeit begingen und die politischen Parteien der demokratischen Opposition verboten. Die russische Regierung stand mit dem Rücken zur Wand. Würde sie nicht eingreifen, würde die russische Bevölkerung sie stürzen, weil sie die verzweifelte Zivilbevölkerung von Donezk und Lugansk nicht verteidigte, und der Westen würde die von Selenskyj angekündigte Offensive gegen die Krim starten. Russland intervenierte am 22. Februar 2022, einem Tag, der in die Geschichtsbücher als der Tag eingehen wird, an dem eine neue multipolare Welt geboren wurde.

Das ist die DARVO-Strategie, die der Westen gegen Russland verfolgt. Der Grund für die Verstöße gegen die Menschenrechte, die Demokratie und den Frieden liegt nicht in Russland, sondern im Westen und der Putschregierung in der Ukraine. Gegen DARVO gibt es nur eine Option: Selbstverteidigung, Beharren auf der Wahrheit und Lernen aus Fehlern, um sie nicht zu wiederholen. In geopolitischer Hinsicht gibt es dafür einen Begriff: Multipolarität.

Die Frage hat also eine Tragweite, die weit über die Figur Wladimir Putins hinausgeht. Sind wir für oder gegen Putin? Das ist unerheblich. Für die Unterzeichner dieses Artikels ist Wladimir Putin nicht der bestmögliche Führer, auch nicht der schlechteste, jedoch gibt es nur ihn. Wichtig ist, dass Wladimir Putin weder Gorbatschow noch Jelzin ist, sondern ein Mensch, der sein Land liebt; und obwohl er sich in der Vergangenheit für eine neoliberale Wirtschaftspolitik entschieden hat, die wir nicht teilen, hat er die Verteidigung seines Heimatlandes zum wichtigsten Punkt seiner politischen Karriere gemacht. Wenn wir zulassen, dass Russland in diesem Wettbewerb verliert, lassen wir zu, dass der Teil der Menschheit, der sich gegen Verbrechen gegen die Menschlichkeit, Putsche, Neonazismus, US-Imperialismus und NATO-Expansionismus in der Ukraine und in Neurussland gestellt hat, verliert. Deshalb ist die russische Sache die Sache der Menschlichkeit im Angesicht der Barbarei.

Es folgt eine wirtschaftliche Analyse der Lehren, die unserer Meinung nach aus dem Krieg in der Ukraine gezogen werden können.

Wirtschaftlich gesehen ist zunächst festzustellen, dass sich die Russische Föderation nicht als Tankstelle mit Atomwaffen entpuppt hat, wie US-Senator John McCain sagte. Diejenigen, die dachten, es ginge darum, zu den 2.695 Sanktionen, unter denen die Russische Föderation (Castellum. AI, 2023) auf Anweisung des Weißen Hauses schon vor der militärischen Sonderoperation (SMO) durch den Westen zu leiden hatte, noch eine Batterie von 10.901 Sanktionen hinzuzufügen, mussten feststellen, dass ihre Wünsche nicht der Realität entsprechen. Die Russische Föderation ist nicht in Knappheit und Armut versunken.

Erklärtes Ziel der neuen Sanktionen war es, Russland daran zu hindern, seinen Krieg gegen die Ukraine zu finanzieren (Europäischer Rat, 2023). Ein grundlegendes Verständnis dafür, wie ein moderner Staat, der seine eigene Währung in einem frei schwankenden Wechselkurssystem wie dem russischen Rubel emittiert, sein Geld ausgibt, hätte der EU, dem Vereinigten Königreich und den USA jedoch gezeigt, dass ihre Forderungen absurd sind. Wie jedes Land, das seine eigene Währung emittiert, bezahlt Russland seine Streitkräfte, kauft

Waffen, beschafft Treibstoff, Munition usw. in seiner Landeswährung. Daher stellt die Finanzierung des Krieges für Russland kein Problem dar. Die einzigen Probleme, die auftreten könnten, wären die Folge von Inflationsdruck und Mangel an realen Ressourcen (entweder Menschen oder Material), aber niemals aus Geldmangel, da die Zentralbank der Russischen Föderation (CBRF) alle Rubel *ex nihilo* schafft. Zur Veranschaulichung des Versagens der westlichen Sanktionen werden wir nun einen Blick auf den Wechselkurs, den Zinssatz, die Inflation, die Arbeitslosenquote und die Wachstumsrate der Russischen Föderation werfen.

Was die Entwicklung der russischen Währung betrifft, so ist festzustellen, dass sie gegenüber dem Euro **an Wert gewonnen** hat, und zwar von 88 Rubel pro Euro vor der BBS auf 70 Rubel pro Euro Ende Dezember 2022 (xe.com I). Dies bedeutet, dass die russische Währung stärker geworden ist. Das Gleiche gilt für den US-Dollar (xe.com II) und das britische Pfund (xe.com III) (der Aufschwung in den ersten Tagen der BSE, der zu einem Wechselkurs von 150 Rubel pro Euro führte, als die Wirkung der westlichen Propaganda am größten war, wurde von den Märkten sofort wieder aufgegeben).

Der Zinssatz ist eine Variable, die von der Zentralbank der Russischen Föderation kontrolliert wird. So ist der Zinssatz für den Rubel von 8,5 % Ende 2021 auf 7,5 % Ende 2022 gesunken (Datosmacro). Mit anderen Worten: Der Preis des Geldes in Russland ist nicht gestiegen, sondern gesunken. Es stimmt, dass die CBRF die Zinssätze im Februar auf 20 % anhob und Kapitalkontrollen einführte, doch anschließend nahm sie sechs Zinssenkungen vor, die die Zinssätze auf die derzeitigen 7,5 % senkten. Auch hier kann man nicht von einem Erfolg, sondern eher von einem Misserfolg der Sanktionen sprechen.

Was die Inflation anbelangt, so gab es in Russland keine großen inflationären Auswirkungen, obwohl die jährliche Inflationsrate 11,9 % beträgt (höher als der Durchschnitt der Länder der Eurozone) (Korsunskaja 2023). Berücksichtigt man jedoch das Ausmaß der Sanktionen und den Konflikt mit der Teilmobilisierung, so ist die Inflation im Vergleich zu 2021 nur um 4 % gestiegen und liegt immer noch unterhalb der Inflation, die 2015 auf die Sanktionen für die Befreiung der

Krim folgte (damals betrug die Inflation 15,5 %). Vergleicht man dies mit den Auswirkungen, die weit weniger drastische Sanktionen auf Länder wie Venezuela oder Simbabwe hatten (die dreistellige Inflationsraten erreichten), dann kann man eine Inflationsrate von 11,9 % als durchschlagenden Erfolg für die russischen Behörden ansehen. Darüber hinaus liegt die von der CBRF prognostizierte Inflation bis 2023 nur zwischen 5 und 7 % (cbr.ru I).

Auch die Arbeitslosigkeit muss erwähnt werden, obwohl sie für den Neoliberalismus nichts anderes ist als ein Instrument, das wachsen muss, um Inflationsdruck zu vermeiden. In der Tat ist die Arbeitslosigkeit in der Russischen Föderation praktisch auf Vollbeschäftigungs-Niveau gesunken, was aufgrund der BBS zu erwarten war (Statista 2023).

Was die Produktion und das Wachstum anbelangt, so gingen die ersten Schätzungen westlicher Think Tanks von einem Rückgang des BIP im Jahr 2022 zwischen 12 % und 15 % aus (Demertzis/ Hilgenstock/ McWilliams/ Ribakova/ Tagliapietra 2022). Der französische Finanzminister ging sogar noch weiter und sagte den Zusammenbruch der russischen Wirtschaft voraus (Baha 2022), doch die Widerstandsfähigkeit der Wirtschaft der Russischen Föderation hat diese Hoffnungen gedämpft. Deshalb musste der IWF seine Prognosen revidieren und hat seine Erwartungen in mehreren Berichten abgeändert. Zunächst sagte er einen Rückgang von 8,5 % voraus, dann einen Rückgang von 6 %, und am Ende des Jahres wurde ein Rückgang von nur 3,4 % des BIP (Tan 2022) prognostiziert. Der angekündigte Zusammenbruch der russischen Wirtschaft ist nicht eingetreten, während die Auswirkungen der Sanktionen viele wirtschaftliche Probleme außerhalb Russlands, insbesondere in Deutschland, nach sich ziehen (Dahm 2022). Ein neues Merkmal dieser Sanktionen ist das Einfrieren der von der Zentralbank der Russischen Föderation gehaltenen Devisen bei der Europäischen Zentralbank, der US-Notenbank und der Bank of England. Zwar gibt es Präzedenzfälle wie den Diebstahl der Goldreserven Venezuelas (Telesur 2022) durch die Bank of England oder die Reserven Afghanistans durch die US-Notenbank (swissinfo 2022, I), doch wird diese extreme Maßnahme in der Regel nur bei erklärten Feinden angewendet.

Die von den Ländern gehaltenen Währungsreserven werden auf Reservekonten des Landes hinterlegt, das die Währung ausgibt. So wurden die russischen Dollarreserven bei der Federal Reserve, die Euro-Reserven bei der EZB und die Pfund-Reserven bei der Bank of England hinterlegt. Das Einfrieren der russischen Reserven hat nicht zur Folge, dass Russland nicht in der Lage ist, die Militäroperation zu finanzieren (die Russland, wie gesagt, in Rubel direkt von seiner Zentralbank finanziert), sondern dass das Vertrauen in die EZB, die Federal Reserve und die Bank of England auf internationaler Ebene verloren geht, da diese Zentralbanken die Haltung russischer Reserven zu einer Waffe gemacht haben, so dass kein Land sicher sein kann, dass diese Zentralbanken ihren Verpflichtungen nachkommen werden.

Diese kriegerische Haltung der Zentralbanken der USA, des Vereinigten Königreichs und der EU beeinträchtigt die Fähigkeit ihrer Währungen, international als Reservewährungen zu fungieren, da es jetzt ausreicht, politische Differenzen mit den USA, der EU oder dem Vereinigten Königreich zu haben, damit diese Länder die Reservekonten eines beliebigen Landes einfrieren können.

Das führt dazu, dass Länder wie Indien und Brasilien zu ihrer Verteidigung und zur Verhinderung von Beschlagnahmungen ihre Reserven diversifizieren und daher ihre in Dollar, Euro und Pfund gehaltenen Guthaben in andere Währungen umtauschen werden, ein Prozess, den sowohl Russland als auch China bereits seit einiger Zeit praktizieren.

Hinzu kommt der drohende vollständige Ausschluss aus dem SWIFT-Zahlungssystem (Society for Worldwide Interbank Financial Telecommunications – Verband weltweiter Kommunikation zwischen Banken im Finanzsektor). So sah sich Russland gezwungen, eigene Netze zu schaffen und auszubauen (SPFS [cbr.ru II] für Banken und Mir [cbr.ru III] für das nationale Zahlungssystem). Dadurch wird die vermeintliche Globalität der vom Westen eingerichteten Systeme weiter ausgehöhlt.

Kurz gesagt, die neuen Sanktionen sind ein wichtiger Schritt zur Untergrabung der Dominanz des Dollars und zur Beendigung der westlichen Vorherrschaft (Financial Times).

Die Reaktion des Westens auf die BBS hat Prozesse beschleunigt, die bereits im Gange waren. Wir erleben einen echten Paradigmenwechsel, bei dem die Multipolarität einerseits und die Dominanz der nach Bretton Woods geschaffenen Wirtschaftsinstitutionen zur Wahrung der Interessen der US-Finanzmacht andererseits gegeneinander ausgespielt werden.

Initiativen wie die Shanghaier Organisation für Zusammenarbeit (http://eng.sectsco.org/) erweitern die Zahl ihrer Partnerländer. Auch die BRICS-Gruppe wird immer größer. Dies ist von großer Bedeutung, da die BRICS mit ihrer Entwicklungsbank (https://www.ndb.int/) eine Alternative zur Kreditvergabe durch den IWF geschaffen haben. Diese Alternative der BRICS basiert nicht auf dem Prinzip des Freihandels, sondern auf Handelskoordinierung und Zusammenarbeit sowie auf der Entwicklung der Empfängerländer. Dies zeigt, dass der Osten ein anderes Verständnis von Handels- und Währungsbeziehungen hat, wie die Eröffnung von Swap-Linien mit anderen Ländern durch China beweist. Diese Swap-Linien zielen darauf ab, die Wechselkurse zwischen den Währungen zu stabilisieren. Im Gegensatz zum französischen, britischen und amerikanischen Neokolonialismus (Samba Sylla 2020) betrachtet China die Finanzbeziehungen zwischen den Ländern also nicht als Kriegswaffe oder als Mechanismus zur politischen Kontrolle.

In Anbetracht all dessen sind wir der Meinung, dass eine korrekte Analyse der Multipolarität, die sich aus der bewaffneten Konfrontation in der Ukraine ergibt, die folgenden wirtschaftspolitischen Maßnahmen erforderlich macht:

1. Endogene Wachstumsmodelle sind exportorientierten Wachstumsmodellen vorzuziehen, da letztere anfällig für die internationale Situation sind.
2. Währungssouveränität, dauerhafte 0 %-Zinsen, freie Wechselkurse und der Verzicht auf die Ausgabe von Staatsschulden in Fremdwährung sind die vier besten Faktoren zur Förderung der Vollbeschäftigung materieller, menschlicher und finanzieller Ressourcen.
3. Die Anhäufung von Reserven bei ausländischen Zentralbanken birgt immer ein Risiko, daher ist es besser, so wenig wie möglich oder gar nicht mit Ländern zu handeln, die sich im Gegensatz zu China als unzuverlässige Handelspartner erwiesen haben (in dieser Hinsicht ist die Entscheidung Russlands, für seine Exporte nur noch Zahlungen in Rubel zu akzeptieren, ein großer Erfolg).

4. Die Notwendigkeit, eine internationale Wirtschaftsstruktur zu schaffen, in der die politische Macht die wirtschaftliche Macht kontrolliert (und nicht umgekehrt, wie es in der EU und den NATO-Ländern im Allgemeinen der Fall ist).
5. Der Bedarf für eine neue internationale Wirtschaftsordnung auf Grundlage der von der UN-Generalversammlung am 1. Mai 1974 angenommenen Resolution (über die am 14. Dezember 2022 erneut abgestimmt wurde) mit dem Namen „Erklärung zur Schaffung einer neuen internationalen Wirtschaftsordnung“[12] (der Westen hat gegen diese Resolution gestimmt, da sie antikolonialistisch ist und die Souveränität bei der Verwaltung der nationalen Ressourcen verteidigt, um die Entwicklung der Länder zu fördern).
6. Beibehaltung aller oben genannten Politiken nach Ende des bewaffneten Konflikts in der Ukraine, um ein sozialistisches Wirtschaftsmodell aufzubauen, mit Zugang für alle Bürger zu: Vollbeschäftigung, einem ökologisch nachhaltigen Wirtschaftsmodell, der Gewährleistung von Nahrung, Unterkunft, Kleidung, Gesundheitsdiensten und Bildung, der Schaffung eines sozialen Sicherheitsnetzes, das Renten und Beihilfen garantiert, und der Einführung menschenwürdiger Arbeitsbedingungen (wie im Vorschlag des Fiat-Sozialismus auf der Grundlage der Modern Monetary Theory dargelegt).

[12] *West opposes rest of world in UN votes for fairer economic system, equality, sustainable development* (Geopolitical Economy Report), https://youtu.be/hfcvmxieug4.

Kurz gesagt, sobald der Sieg in der Ukraine errungen ist, wäre eine Umgestaltung der Wirtschafts- und Sozialstruktur Russlands unserer Meinung nach wünschenswert, um das in der Sowjetunion bestehende Modell des sozialen Schutzes wieder aufzubauen, denn die für einen solchen Wiederaufbau erforderlichen wirtschaftlichen Maßnahmen sind dieselben, die es für den Sieg über die NATO in der Ukraine ergreift. Dies sollte mit einer Abschaffung des neoliberalen kapitalistischen Modells des Westens einhergehen, der den bewaffneten Konflikt verursacht hat. Das neue russische Modell sollte die Kontrolle der politischen Macht über die wirtschaftliche Macht garantieren und neue sozialistische Alternativen erschließen, die, wie im Vorschlag des Fiat-Sozialismus, die Fehler der Sowjet-Ära vermeiden und ein neues Paradigma des Wohlstands und der Prosperität in Ländern guten Willens einführen würden.

Euro delendus est.

EIN OZEAN MIT UFERN. BUCHVORSTELLUNG *FIAT-SOZIALISMUS*[13]

Das Video am Ende dieses Artikels wurde bei der Vorstellung meines Buches *Socialismo Fiduciario* (*Fiat-Sozialismus*) am 23. November 2022 in der Stiftung für marxistische Forschung in Madrid aufgenommen. Das Buch wird in naher Zukunft auf Englisch veröffentlicht werden.

Mir zur Seite standen zwei große Intellektuelle und gute Freunde, Eddy Sánchez (Präsident der Stiftung für marxistische Forschung) und Manuel Monereo (Politikwissenschaftler, Rechtsanwalt und ehemaliger Abgeordneter von *Podemos*). Beide haben wie immer sehr wertvolle Beobachtungen beigetragen, für die ich ihnen sehr dankbar bin. Manolo Monereos Beitrag war jedoch von besonderer Bedeutung, nicht

[13] Ursprünglich veröffentlicht auf Spanisch in *El Común* am 2. Dezember 2022 unter: https://elcomun.es/2022/12/02/presentacion-de-socialismo-fiduciario-un-oceano-con-orillas/?fbclid=IwAR1t3iGqSPiMUrTLIxnt9m8lNmvLOKCHxXBawAo9wr_TEehvLMgY6lwiOjY. Der Artikel wurde am 11. Dezember 2022 in englischer Sprache in The Gower Initiative for Modern Money Studies veröffentlicht: https://gimms.org.uk/2022/12/11/fiat-socialism-book-launch/.

nur wegen seiner wohlbekannten Tiefe und Brillanz, sondern auch aufgrund dessen, was er mich über die verschiedenen Ansätze des Sozialismus lehrte.

Monereo ordnete den Fiat-Sozialismus in den normativen Sozialismus ein und stellte diese Perspektive dem historischen Sozialismus gegenüber. So setzte er den Fiat-Sozialismus mit dem Austromarxismus von Max Adler und Rudolf Hilferding in Beziehung. Sicherlich teilt das Buch mit diesen Autoren die Relevanz von Kants Werk, d.h. den Vorrang von Sätzen vor Begriffen und von Prädikaten vor historischen Gesetzen. Aus der Perspektive des historischen Sozialismus gibt es jedoch einen anderen Weg, sich dem Sozialismus zu nähern, der laut Monereo „eher marxistisch" ist, und „ausgehend von den Widersprüchen der Gegenwart ermittelt, wie diese Widersprüche Möglichkeiten für den Sozialismus schaffen, und dann darauf aufsattelt. [...] Der Sozialismus wäre eine Möglichkeit, die der Kapitalismus in seinem auf wiederkehrenden Krisen basierenden Evolutionsprozess eröffnet, in diesem tendenziellen Zusammenstoß zwischen Produktivkräften und Produktionsverhältnissen".

Diese Worte des großen Manuel Monereo möchte ich zum Anlass nehmen, um mittels des Fiat-Sozialismus die Notwendigkeit eines Vorschlags des Sozialismus auf der Basis normativer Annahmen zu betonen. Der Aufbau einer sozialistischen Alternative muss auf Behauptungen aufbauen, die in ihrer Formulierung bestätigt, widerlegt, gemessen und erschöpfend analysiert werden können. Ich glaube, dass dies dazu beitragen würde, einen großen Irrtum zu überwinden, den die Linke (mit Ausnahme von Schulen wie dem Austromarxismus) begangen hat. Dieser Fehler bestand in der Entscheidung für Hegel statt für Kant. Der Kapitalismus beging diesen Fehler nicht. Die Folgen sind für alle sichtbar.

Wenn wir nicht auf den historischen Sozialismus verzichten, sondern auf einen Sozialismus, der auf Propositionen aufbaut, kommt die Mystifizierung der Ad-hoc-Ansätze zum Vorschein. Dann bleibt nur der Glaube, dass die nächste Krise innerhalb der Thesen des Kapitalismus eine Antithese in Form von Widersprüchen hervorbringen wird, so dass eine Synthese entstehen wird, die die Widersprüche aufhebt und uns Recht gibt. Doch bis wann? Auch in der neuen Ordnung der Dinge werden Widersprüche unweigerlich auftreten. Was sollen wir dann mit diesen Widersprüchen tun? Wie sollen wir sie diesmal beseitigen? Die Geschichte selbst zeigt, dass wir es nicht tun werden, sondern in ihnen stecken bleiben, oder, wie Kant sagt, sie werden uns abrücken lassen von den „fortlaufenden Küsten der Erfahrung [...], die wir nicht verlassen können, ohne uns auf einen uferlosen Ozean zu wagen [...]" (Kant 1781).

Der Kapitalismus ist dieser Kugel ausgewichen. Anstatt sich der unmöglichen Aufgabe zu stellen, Widersprüche zu beseitigen, nahm er sie an und versuchte, seine Aussagen damit auszubauen. Dies ist die vernünftigste Haltung. Die gesamte menschliche Existenz ist von Widersprüchen geplagt. Warum sollten die Produktionsverhältnisse eine Ausnahme darstellen, wenn Widersprüche unser Familienleben, unser Schulleben, unsere politische Militanz usw. durchdringen? Soziale Beziehungen sind immer mit Widersprüchen behaftet.

Was ist dann das Problem am Kapitalismus? Das Problem am Kapitalismus ist, dass seine Thesen einfach falsch sind. Der Fiat-Sozialismus will dies beweisen und ein alternatives sozialistisches System aufbauen, das auf besseren Voraussetzungen als denen des Kapitalismus beruht.

An dieser Stelle tritt im Fiat-Sozialismus die Modern Monetary Theory auf den Plan, nicht als Allheilmittel, sondern als Mittel zur Auslastung der realen Ressourcen, ohne Inflation zu erzeugen. Für den Fiat-Sozialismus ist die Modern Monetary Theory eine Möglichkeit zur Konstruktion von Prädikaten, die die monetäre Produktionswirtschaft erklären. Diese Prädikate führen zu Behauptungen, die zeigen, dass die Postulate des Kapitalismus, insbesondere in seiner neoklassischen und neoliberalen Form, falsch sind. Meines Erachtens ist es von grundlegender Bedeutung, dass sich die Linke in die Arena der Thesen begibt, um dort gegen den Neoliberalismus zu kämpfen, denn dort wird die Schlacht entschieden. Diese intellektuelle Anstrengung dürfen wir nicht vernachlässigen. Wenn wir dies tun und uns dabei auf unsere mangelnden Fähigkeiten berufen, dann verzichten wir auf unseren Versuch, die Funktionsweise der monetären Produktionswirtschaft zu verstehen, und unsere Analyse läuft ins

Leere. Dann überlassen wir dem Neoliberalismus den Sieg. Mit anderen Worten: Wir können nicht behaupten, dass wir die Bedeutung der historischen Widersprüche der kapitalistischen Produktionsweise verstehen (nicht mehr und nicht minder), doch dass wir nicht zuverlässig und zweifelsfrei beweisen können, dass (zum Beispiel) in den monetären Produktionswirtschaften öffentliche Ausgaben unmöglich durch Steuern finanziert werden können.

Aus dem oben Gesagten lassen sich zwei Schlussfolgerungen ziehen. Erstens: Das Interesse des Fiat-Sozialismus an der Modern Monetary Theory besteht einzig und allein in der Möglichkeit zur Erreichung der Ziele des Sozialismus, die diese Theorie eröffnet. Die zweite ist, dass die Linke ihre Anstrengungen auf die Beseitigung von Missständen richten muss, anstatt die unmögliche Aufgabe zu versuchen, die Widersprüche zwischen den Produktivkräften der monetären Produktionswirtschaften zu beseitigen.

Wenn der Fiat-Sozialismus nur an der Modern Monetary Theory interessiert ist, um die Ziele des Sozialismus durch die Steuerung der Vollbeschäftigung ohne Inflation zu erreichen, dann ist der Kampf für den Sozialismus nur deshalb gerechtfertigt, weil der Sozialismus ein politisches und wirtschaftliches System ist, in dem die dem kapitalistischen Produktionssystem innewohnenden Missstände bekämpft werden. Diese Missstände sind in erster Linie wirtschaftlicher Natur, da die Logik der deregulierten Märkte des Kapitalismus mit der Befriedigung menschlicher Grundbedürfnisse unvereinbar ist, doch muss der Sozialismus die Bekämpfung von Missständen auch auf alle Bereiche der sozialen Beziehungen ausdehnen. Ziel des Sozialismus muss die Beseitigung des Leids durch den Kampf gegen Missstände sein, und nicht der Versuch, die Widersprüche in den monetären Produktionssystemen zu beseitigen. Deshalb definiert der Fiat-Sozialismus den Sozialismus nicht als ein System, in dem die Produktionsmittel notwendigerweise vollständig öffentlich sein müssen, sondern als ein System, das den universellen Zugang zu fünf Dingen garantiert: Vollbeschäftigung, vollständige und umsichtige Nutzung der natürlichen Ressourcen, eine Garantie für jeden Bürger für Nahrung, Unterkunft, Kleidung, Gesundheitsversorgung und Bildung, soziale Sicherheit in Form von Renten und Beihilfen und eine Garantie menschenwürdiger Arbeitsstandards.

Manuel Monereo sagt in seiner Rede zu Recht, dass diese Konzeption des Sozialismus nicht die Machtkonflikte berücksichtigt, die in einer kapitalistischen Gesellschaft entstehen würden, wenn man versuchen würde, ein politisches Programm wie das des Fiat-Sozialismus umzusetzen. Er hat Recht, und ich bin mir dessen bewusst, doch wie Kant sagte: „Man gesteht, dass sich schwerlich reine Erde, reines Wasser, reine Luft usw. finde. Gleichwohl hat man die Begriffe davon doch nötig [...]" (Kant 1781). In meinem Buch habe ich versucht, ein System in seiner reinsten Form zu präsentieren, ohne die offensichtlichen und enormen Hindernisse zu analysieren, die sich ihm in den Weg stellen würden. Ich weise jedoch darauf hin, dass „Währungssouveränität es dem Staat [erlaubt], alles zu kaufen, was in seiner eigenen Währung zum Verkauf steht. Daher kann der Umfang des öffentlichen Sektors demokratisch beschlossen werden. Wenn Privatinitiative ihre soziale Funktion nicht mehr erfüllt oder sich an destabilisierenden und sabotierenden Manövern gegen die Regierung beteiligt, können die Wähler demokratisch beschließen, dass der Umfang des Privatsektors reduziert oder sogar abgeschafft werden soll. Halten die Bürger hingegen eine stärkere Beteiligung des Privatsektors in einem oder mehreren Wirtschaftsbereichen für wünschenswert, können sie dies ebenfalls tun." (*Fiat-Sozialismus*, Kapitel 4)

In Spanien gibt es eine franquistische Oligarchie, die sich dem Fiat-Sozialismus **mit allen Mitteln** widersetzen würde. Diese Oligarchie besteht aus der Krone, der katholischen Kirche, den Massenmedien, einem großen Teil der Justiz, einem großen Teil der Streitkräfte, den Banken und den großen Tourismus- und Bau-Lobbys. Dies sind sehr mächtige Feinde, deren Schirmherren niemand anderes als die Europäische Union, die NATO und das Außenministerium der Vereinigten Staaten von Amerika sind. Ich glaube jedoch, dass der Fiat-Sozialismus eine große gesellschaftliche Mehrheit in unserem Land hinter sich versammeln könnte, die in der Lage wäre, die Oligarchie zu spalten. Der Fiat-Sozialismus darf auch nicht als ein Projekt verstanden werden, das nur auf Spanien beschränkt ist; stattdessen besteht seine Berufung darin, Orte zu erreichen, an denen die Dinge anders liegen. In Eurasien werden die Dinge anders gesehen. Deshalb schenkt der Fiat-Sozialismus China und Russland besondere Aufmerksamkeit, wo sich Leute wie Nikolai Platoschkin meiner Meinung nach bereits Postulaten nähern, die denen des Fiat-Sozialismus ähneln. Das Gleiche gilt für Länder wie Venezuela, Kuba oder Nicaragua, und, wie ich glaube, auch für große Teile der indischen Gesellschaft. Dies sind Orte, an denen der Fiat-Sozialismus wahrscheinlich leichter anwendbar wäre.

Fiat-Sozialismus und normativer Sozialismus. Das waren die Hauptachsen der Präsentation, die Sie weiter unten sehen. Ich lade alle ein, sich das Video anzusehen. Ich hoffe, dass mein Buch den sozialistischen Kräften bei der Rückeroberung des linken Ufers des kantischen Ozeans helfen kann.

Euro delendus est.

Link zum Video der Buchpräsentation auf Spanisch: https://youtu.be/F38ErA8hYoc.

REISE INS HERZ ARGENTINIENS[14]

Vom 2. bis 5. Mai 2022 hatte ich die Gelegenheit, an einem Besuch des Wirtschaftswissenschaftlers Warren Mosler in Buenos Aires teilzunehmen, der von *Pymes para el Desarrollo Nacional* und *Grupo Bolívar* organisiert wurde.

Durch das Interesse an der Modern Monetary Theory konnte sich Moslers Analyse[15] spezifisch auf Argentinien konzentrieren. Es war eine faszinierende Erfahrung, die uns in das Herz der argentinischen Wirtschaft geführt hat.

Die Organisatoren baten Mosler, seinen Vorschlag (Mosler 2022) auf zwei Dinge zu konzentrieren: die Möglichkeit zur Erreichung von Vollbeschäftigung ohne Inflation (ein wirtschaftlicher Zustand, den ich den Lerner-Punkt genannt habe [siehe Seite 5]) und Argentiniens jüngstes Abkommen mit dem Internationalen Währungsfonds.

Mosler präsentierte seinen Vorschlag auf mehreren öffentlichen Veranstaltungen[16], vor Managern der Zentralbank, vor den Leitern der öffentlichen Finanzinstitution *Banco Nación*, an der Universität von Moreno, bei einem Besuch der Werft *Río Santiago* und im Radioprogramm *Teoría Monetaria Moderna Presenta*[17]. Er kommt zu dem Schluss, dass das argentinische Problem in erster Linie fiskalischer Natur ist, da Argentinien derzeit 8 % seines BIP für Zinszahlungen (Wende 2022) aufwendet, die aus öffentlichen Schuldtiteln stammen, und Mosler schätzt, dass dieser Wert bald auf 20 % ansteigen

[14] Ursprünglich veröffentlicht auf Spanisch in *El Común* am 13. Mai 2022 unter: https://elcomun.es/2022/05/13/viaje-a-las-entranas-de-argentina/. Der Artikel wurde in englischer Sprache bei The Gower Initiative for Modern Money Studies am 16. Mai 2022 veröffentlicht unter: https://gimms.org.uk/2022/05/16/journey-to-the-heart-of-argentina/.

[15] Siehe *El Argentino Diario entrevistó al economista estadounidense Warren Mosler* (El Argentino Diario) unter: https://youtu.be/3YmnT3NA88I.

[16] Siehe *Pleno empleo sin inflación / Amado Boudou y Warren Mosler* (Sobenxs TV): https://www.youtube.com/live/UhJC8SenaHc?feature=share.

[17] Diese Radiosendung ist zu hören unter: https://www.fmradiocultura.com.ar/podcast/teoria-monetaria-moderna-presenta-03-05-2022/.

wird. Andererseits ist die offizielle Arbeitslosenquote (swissinfo 2022, II) zwar nicht sehr hoch (7 %), doch die Jugendarbeitslosigkeit liegt bei über 30 %. Zudem liegt die reale Arbeitslosenquote weit über der offiziellen, und die Armut erreicht 37,3 % mit einer marginalen Armutsquote von 8,2 % (télam 2022). Hinzu kommt das enorme Problem der Inflation (Datosmacro 2022, I), die derzeit bei 55,1 % pro Jahr liegt, aber bis Ende des Jahres voraussichtlich auf über 60 % ansteigen wird.

Im Einzelnen schlug er drei Maßnahmen vor: die Einführung flexibler Wechselkurse, eine dauerhafte 0 %-Zinspolitik und die Einführung von Jobgarantien auf der Grundlage von Beschäftigungspuffern.

Bei Einführung frei schwankender Wechselkurse könnten die beiden anderen Maßnahmen durchgeführt werden (Mosler 2007), da nur frei schwankende Wechselkurse eine dauerhafte Vollbeschäftigungspolitik und von der Zentralbank festgelegte Zinssätze von 0 % ermöglichen. Derzeit ist der Wechselkurs des argentinischen Pesos fest an den Dollar gebunden. Der Grund dafür ist die Überzeugung der Führung und der Bevölkerung, dass das Hauptproblem Argentiniens externe Zwänge sind. Daher hält man den argentinischen Peso für wertlos und glaubt, es sei notwendig, große Devisenreserven zu halten, um importieren und wachsen zu können. Damit ist die argentinische Wirtschaft der Finanzspekulation ausgeliefert, denn Argentinien muss zur Erhaltung des Wechselkurses mit seinen Dollarreserven argentinische Pesos kaufen. Dies hat zur Folge, dass Argentinien regelmäßig Schuldenkrisen erleidet und Gefahr läuft, seine Reserven zu verlieren, was die Zinsen, die Inflation und die Arbeitslosigkeit in die Höhe treibt. Mosler schlägt die Einführung eines flexiblen Wechselkurses vor, damit ein fester Wechselkurs nicht durch Devisenreserven verteidigt werden muss und die argentinische Wirtschaft ausschließlich über die Landeswährung funktioniert. Als Beispiel führt er die Schuldenkrisen von Mexiko 1994 und Russland 1998 an. Beide Länder führten angesichts explosiver, durch feste Wechselkurse verursachter Schuldenkrisen eine Politik der freien Wechselkurse ein. Die Folge war, dass es nach der Einführung flexibler Wechselkurse zu einer scharfen Anpassung kam, bei der der mexikanische Peso und der Rubel 66 % bzw. 75 % ihres Wertes gegenüber dem Dollar verloren. Danach stabilisierte sich der Wert der Währungen und erholte sich dann allmählich. Mosler zufolge würde in Argentinien etwas Ähnliches passieren, da die argentinische Wirtschaft der von Russland und Mexiko ähnelt. Derzeit liegt der offizielle Wechselkurs des argentinischen Pesos bei 116,25 Pesos pro Dollar und auf dem Schwarzmarkt (der so genannte blaue Dollar) bei 202 Pesos pro Dollar. Die Abwertung, die sich aus den frei schwankenden Wechselkursen ergibt, würde also den Wert des offiziellen Pesos ungefähr auf den Wert des blauen Dollars bringen. Nach dieser Anpassung würde sich der Wert des Pesos stabilisieren und dann allmählich erholen, wie es beim mexikanischen Peso und beim Rubel der Fall war.

Die argentinische Führung hält diesem Vorschlag entgegen, dass eine solche Abwertung die Einfuhren um etwa 60 % verteuern würde und dass die ärmsten Bevölkerungsschichten nicht einmal mehr Lebensmittel für den Lebensunterhalt kaufen könnten. Mosler argumentiert jedoch für eine Lösung dieses Problems durch Beihilfen in Pesos für Bedürftige und durch Indexierung der Löhne, wo nötig. Darüber hinaus weist Mosler darauf hin, dass die argentinischen Exporte billiger würden und die Abwertung daher die Exporte des Landes steigern würde. Außerdem liegt die jährliche Inflation bereits bei etwa 60 %, was regelmäßige Lohnindexierungen erzwingt. Daher würde ein frei schwankender Wechselkurs eine neue und letzte Indexierung erfordern, bevor die Stabilitätsphase beginnt.

Dies führt uns zum zweiten Vorschlag, dauerhafte 0 %-Zinssätzen und Verzicht auf die Ausgabe von Staatsanleihen. Derzeit liegen die argentinischen Zinssätze bei 47 % (Datosmacro 2022, II). Dies spiegelt eine selbstzerstörerische Haltung wider, ähnlich wie bei den festen Wechselkursen. Die Argentinier glauben, dass der argentinische Peso ohne die derzeitigen sehr hohen Zinssätze seinen gesamten Wert verlieren würde, und daher sind hohe Zinssätze der einzige Anreiz für die Währungsmärkte, den Peso zu akzeptieren. Dies führt zu einem ständigen Strom von Pesos direkt in die internationalen Devisenmärkte, wo Pesos in Dollar umgetauscht werden. Diese Dynamik überschwemmt die Devisenmärkte mit Pesos und führt zu einer ständigen Abwertung des Pesos. Mosler zufolge ist dies die Hauptursache für den Inflationsdruck in Argentinien.

Gegenwärtig gibt Argentinien 8 % seines BIP für Zinszahlungen aus, aber nach Moslers Schätzungen werden es bald 20 % sein, vor allem wegen der Zinszahlungen für inflationsgebundene Schuldverschreibungen (infobae 2022), wahre monetäre Zeitbomben, die bereits 20 % der gesamten Staatsverschuldung ausmachen und sich auf 70 Milliarden Dollar belaufen. Mosler schlägt vor, keine Schuldverschreibungen auszugeben, da Argentinien ein währungssouveränes Land ist und somit zur Finanzierung seiner öffentlichen Ausgaben weder Steuern erheben noch Schulden machen muss. Er fordert die argentinischen Politiker außerdem auf, nicht mehr nur über das primäre Haushaltsdefizit zu sprechen (das die Zinszahlungen für die Schulden nicht einschließt), und schlägt vor, bei Entscheidungen zum Haushaltsdefizit die unnötig hohe Menge an Pesos zu berücksichtigen, die ständig auf den Devisenmärkten in Dollar umgetauscht werden. Als Antwort auf die unbegründeten Befürchtungen hinsichtlich des Wertes des Pesos weist Mosler darauf hin, dass der Wert des Pesos dem argentinischen BIP und allen Produkten entspricht, die mit Pesos gekauft werden können. Die Behauptung, dass der Peso bei einem Zinssatz von 0 % seinen gesamten Wert verlieren würde, ist ebenso absurd wie die Behauptung, dass Fleisch, Sojabohnen, Getreide, Gas, Öl, Tourismus und alle von der argentinischen Wirtschaft erzeugten Produkte ihren gesamten Wert verlieren würden. Das wird auf keinen Fall passieren, vor allem nicht in einer Zeit, in der die argentinischen Exporte Rekordhöhen erreichen (Otero 2022). Solange die Steuern in argentinischen Pesos gezahlt werden müssen, wird der Wert des Pesos niemals null sein. Nur in dem unvorstellbaren Fall, dass in Argentinien keine Steuern gezahlt werden müssten, wäre der Wert des Pesos gleich Null.

Bei flexiblen Wechselkursen würden die Zinssätze nicht mehr von den Märkten, sondern von der Zentralbank bestimmt. Daher sollte das Zinsniveau in Argentinien nach der Einführung freier Wechselkurse bei 0 % liegen und die argentinische Regierung sollte auf die Ausgabe von Schuldverschreibungen verzichten.

Dies alles führt uns zu Moslers letztem Vorschlag, der Jobgarantie auf der Grundlage von Beschäftigungspuffern. Dieser Vorschlag ist nur bei frei schwankenden Wechselkursen auf Dauer haltbar, damit zur Verteidigung fester Wechselkurse keine Sparmaßnahmen ergriffen werden müssen. Darüber hinaus würde die Jobgarantie jeglichen Inflationsdruck beseitigen, der durch freie Wechselkurse und die Abschaffung positiver Zinssätze entstanden sein könnte, da garantierte Arbeit sowohl im Abschwung als auch im Aufschwung als Lohnanker wirkt.

Wie Mosler in seinen Ausführungen unermüdlich wiederholte, lässt sich das Preisniveau einer Volkswirtschaft und damit ihre Inflationsrate nur durch den Preis erklären, den der Staat für die Waren und Dienstleistungen zu zahlen bereit ist, die er für seine Versorgung benötigt. Dies betrifft insbesondere den Preis der Arbeit, der sich in den Löhnen niederschlägt, da der Ursprung aller Güter und Dienstleistungen die gesellschaftlich verkörperte menschliche Arbeit ist. Mosler zufolge ist das Lohnniveau nicht die Ursache der Inflation in Argentinien. Daher könnte der Staat problemlos ein Programm auflegen, das dem so genannten *Plan Jefes y Jefas* ähnelt (aber breiter angelegt ist), der bis vor einigen Jahren in Argentinien als Jobgarantie diente. Nach diesem Modell sollte jeder, der arbeiten will und kann, aber weder in der Privatwirtschaft noch im ständigen öffentlichen Dienst eine Arbeit findet, einen Übergangsarbeitsplatz erhalten, bis er oder sie in eine Arbeit in der Privatwirtschaft oder im ständigen öffentlichen Dienst eingegliedert werden kann. Der Zweck der Jobgarantie ist nicht die Förderung an sich, sondern der Nachweis der Arbeitsfähigkeit der Begünstigten, da die Privatwirtschaft im Allgemeinen nur Personen einstellt, die bereits in Arbeit sind. Daher sollte die Jobgarantie eingeführt werden, nachdem die Regierung über die gewünschte Größe des öffentlichen Sektors entschieden hat, um qualitativ hochwertige öffentliche Dienstleistungen zu gewährleisten.

Der Garantielohn würde zum Mindestlohn der Wirtschaft werden und sowohl in Zeiten der Expansion als auch in Zeiten der Rezession als automatischer Preisstabilisator wirken und gleichzeitig Armut und Arbeitslosigkeit beseitigen.

Bevor er auf das IWF-Abkommen einging, wies Mosler auch darauf hin, dass in Argentinien ein Problem mit der Marktregulierung vorliegt. Laut Mosler ist dies auf eine hohe Konzentration in strategischen Produktionssektoren zurückzuführen, die zu oligopolistischen Praktiken führt. Er schlägt vor, diese oligopolistischen Märkte zu regulieren, um ihre übermäßigen Gewinnspannen zu begrenzen und spekulative Praktiken zu verhindern, insbesondere im Banken- und Primärsektor.

Schließlich ging er auf das brisante Abkommen mit dem IWF ein. Dieses Abkommen beinhaltet ein Darlehen in Höhe von 45 Milliarden Dollar und zahlreiche für Argentinien sehr nachteilige Bedingungen, wie die Ausgabe langfristiger Schuldverschreibungen und Sparmaßnahmen. Mosler schlägt vor, dieses Abkommen durch ein Abkommen zu ersetzen, das sowohl für Argentinien als auch für den IWF vorteilhafter ist. Er schlägt vor, das Darlehen durch eine Steuer von 3 % auf die argentinischen Bruttoexporte zurückzuzahlen. Diese Exporte belaufen sich auf einen Gesamtwert von etwa 100 Milliarden Dollar pro Jahr. Die Verwendung von 3 % dieses Betrags für die Rückzahlung des Kredits wäre für den IWF von Vorteil, weil dadurch sichergestellt würde, dass er Dollars aus der einzigen Quelle von Dollarzuflüssen in das Land, den Exporten, erhält. So müsste zur Leistung der Zahlungen kein Währungsumtausch stattfinden. Außerdem müsste sich der IWF nicht mehr darum kümmern, der argentinischen Politik irgendwelche Konditionalitäten aufzuerlegen. Die argentinische Regierung ihrerseits könnte ihre politische Souveränität ausüben, ohne durch die Konditionalitäten des IWF gegängelt zu werden. Zudem könnte die 3 %-Steuer unter Umständen von anderen Steuern der Exporteure abgezogen werden, so dass es nicht zu einer zwangsläufigen Erhöhung der Steuerlast käme.

Meiner Meinung nach sollte die argentinische Regierung auf Mosler hören und die von ihm vorgeschlagenen Maßnahmen umsetzen. Die Errungenschaften eines Argentiniens mit Vollbeschäftigung, Preisstabilität und gut regulierten Märkten wären unvorstellbar. Würde eine solche Situation über einen längeren Zeitraum andauern, dann bin ich überzeugt, dass Argentinien wieder die große Weltwirtschaftsmacht werden könnte, die es einst war, und seinen rechtmäßigen Platz auf der internationalen Bühne zurückgewinnen könnte.

Euro delendus est.

FÜR EIN FREIES UND ÖFFENTLICHES SOZIALES NETZ[18]

> „Ohne allgemeine Wahlen, ungehemmte Presse- und Versammlungsfreiheit, freien Meinungskampf erstirbt das Leben in jeder öffentlichen Institution, wird zum Scheinleben, in der die Bürokratie allein das tätige Element bleibt."
> – Rosa Luxemburg

Die Schaffung eines öffentlichen sozialen Netzwerks. Das ist mein Vorschlag. Ein solches soziales Netzwerk sollte wie Twitter, Facebook, YouTube und Spotify funktionieren. Das soziale Netzwerk würde also aus vier Unternehmen bestehen (andere soziale Netzwerke wie Instagram oder TikTok halte ich für weniger relevant für das Thema, um das es hier geht, nämlich die Meinungsfreiheit). Meiner Meinung nach sollte die Linke diesen Vorschlag in ihr Wahlprogramm aufnehmen.

Der Hauptgrund, warum ich diese Idee für richtig halte, ist der derzeitige Mangel an Pluralität in den sozialen Netzwerken und in den Medien, sowohl in den öffentlichen als auch in den privaten. Aus allen Bereichen wird uns ein einziger Diskurs aufgezwungen, und abweichende Stimmen werden zum Schweigen gebracht. Die großen Medienkonzerne sind zu Oligopolen geworden, die die traditionellen Medien (Presse und Rundfunk) schlucken, um die Interessen privater Aktionäre zu verteidigen, während die öffentlichen Medien zu bloßen Sprachrohren der politischen Macht geworden sind.

Die sozialen Netzwerke haben jedoch frischen Wind hineingebracht und die Meinungsfreiheit gefördert. Dank ihnen sind wir alle zu Content Creators geworden. Niemals zuvor in der Geschichte der Menschheit waren Diskussionen und Informationsaustausch so einfach. Ich würde sogar sagen, dass

[18] Der Originalartikel wurde am 19. April 2022 von *El Común* in spanischer Sprache veröffentlicht und ist zu finden unter: https://elcomun.es/2022/04/19/por-una-red-social-publica-y-libre/.

die sozialen Netzwerke eine Informationsrevolution ausgelöst haben, die noch bedeutender ist als die Einführung des Buchdrucks im Jahr 1440. Die freie Meinungsäußerung hat sich jedoch uneinheitlich entwickelt. Digitale Zeitungen, Online-Bildungsplattformen und digitale Bücher erlangten schnell das gleiche Maß an rechtlichem Schutz wie ihre analogen Vorgänger auf Papier (mit Ausnahme von WikiLeaks, auf das wir später noch eingehen werden). Bei der direkten Erstellung von Inhalten durch einzelne Nutzer war dies jedoch nicht der Fall. So entscheiden bei Twitter, Facebook, YouTube und Spotify die Eigentümer dieser Unternehmen, welche Meinungen auf ihren Plattformen veröffentlicht werden dürfen. Wenn ein Nutzer dieser Plattformen Inhalte erstellt, die den Betreibern der betreffenden Plattform nicht gefallen, kann er von der Plattform entfernt werden, selbst wenn die von ihm erstellten Inhalte keine Straftat darstellen. Der Nutzer muss den Betreibern des sozialen Netzwerks nur unangenehm auffallen, um von der Plattform ausgeschlossen zu werden. Das berühmteste Beispiel war die Schließung von Donald Trumps Twitter-Feed, aber es ließen sich noch unzählige andere Fälle anführen.

Diese Atmosphäre der Zensur und Zielstrebigkeit hat seit dem Beginn der COVID19-Pandemie und dann des Krieges in der Ukraine ihren Höhepunkt erreicht. Im Westen gibt es kein öffentliches oder privates Massenmedium und kein soziales Netzwerk, das nicht offen die militärische Sonderoperation Russlands in der Ukraine verurteilt und den Umgang der Behörden mit der Pandemie kritisiert.

Meiner Meinung nach ist diese Situation inakzeptabel und stellt einen Angriff auf die Meinungsfreiheit dar, der vom öffentlichen Sektor korrigiert werden muss. Erinnern wir uns daran, dass das Recht auf freie Meinungsäußerung und die Pressefreiheit durch die Allgemeine Erklärung der Menschenrechte der Vereinten Nationen in Artikel 19 (OHCHR) geschützt sind, in dem es heißt,

> „Jeder Mensch hat das Recht auf Meinungsfreiheit und freie Meinungsäußerung; dieses Recht schließt die Freiheit ein, Meinungen ungehindert anzuhängen sowie über Medien jeder Art und ohne Rücksicht auf Grenzen Informationen und Gedankengut zu suchen, zu empfangen und zu verbreiten."

Aus all diesen Gründen bin ich der Meinung, dass die spanische Regierung sich für die Schaffung eines öffentlichen sozialen Netzwerks unter dem Schutz von Artikel 20 der spanischen Verfassung entscheiden sollte, der besagt,

> 1. Folgende Rechte werden anerkannt und geschützt:
>   a. das Recht auf freie Meinungsäußerung und Verbreitung von Gedanken in Wort, Schrift oder jedwedem anderen Medium;
>   b. das Recht auf literarische, künstlerische, wissenschaftliche und technische Produktion und Schöpfung;
>   c. das Recht auf Lehrfreiheit;
>   d. das Recht auf freie und wahre Berichterstattung sowie deren Empfang über jedwedes Verbreitungsmedium. Das Gesetz regelt das Recht auf die Gewissensklausel und das Berufsgeheimnis bei der Ausübung dieser Freiheiten.
> 2. Die Ausübung dieser Rechte darf durch keinerlei Vorzensur eingeschränkt werden.
> 3. Das Gesetz regelt die Organisation und die parlamentarische Kontrolle der vom Staate oder irgendeiner öffentlichen Einrichtung abhängigen sozialen Kommunikationsmedien und gewährleistet den sozial und politisch relevanten Gruppen den Zugang zu denselben unter Wahrung des Pluralismus der Gesellschaft und der verschiedenen Sprachen Spaniens.
> 4. Diese Freiheiten werden begrenzt durch die Achtung der in diesem Titel anerkannten Rechte, durch die Vorschriften der sie regelnden Gesetze und besonders durch das Recht auf die Ehre, die Intimsphäre, das eigene Image und den Schutz der Jugend und der Kindheit.
> 5. Die Beschlagnahme von Veröffentlichungen, Tonbandaufnahmen und anderen Informationsmedien darf nur kraft Gerichtsentscheidung vorgenommen werden. (Spanische Verfassung)

Die Schaffung eines öffentlichen sozialen Netzwerks unter dem Schutz dieses Artikels der Verfassung würde die Qualität der Demokratie meiner Meinung nach stark verbessern, da das Recht auf freie Meinungsäußerung in dem öffentlichen sozialen Netzwerk nicht vom Wohlwollen eines privaten Vorstand abhängig wäre, sondern unter dem Schutz der spanischen Verfassung und des spanischen Rechtssystems stünde, so dass ein Nutzerkonto des öffentlichen sozialen Netzwerks nur von einem Richter geschlossen werden könnte. Doch ich gehe sogar noch weiter. Ich bin der Meinung, dass sich dieses öffentliche spanische soziale Netzwerk nicht darauf beschränken sollte, Inhalte auf Spanisch und in den anderen Amtssprachen des Staates zu veröffentlichen. Ich denke, es sollte auch in allen wichtigen Sprachen der Welt und von Nutzern aller Nationalitäten genutzt werden können. Darüber hinaus sollte der Algorithmus für die Suche und das Erscheinen von Inhalten öffentlich gemacht werden, um die Nichtdiskriminierung jeglicher Meinung innerhalb des gesetzlich festgelegten Rahmens zu gewährleisten. Die Server des sozialen Netzwerks sollten ebenfalls in Spanien angesiedelt sein.

Meiner Meinung nach hätte die Schaffung dieses öffentlichen sozialen Netzwerks zwei wesentliche Folgen, eine rechtliche und eine wirtschaftliche:

Die rechtliche Konsequenz wäre, dass Spanien zu einem Bollwerk der Meinungsfreiheit auf internationaler Ebene würde. Meine Gedanken sind bei Julian Assange. Wir alle kennen sein Verbrechen: Er hat die Wahrheit gesagt. Deshalb wird er seit 2012 juristisch gefoltert. Er wird nicht der Lüge beschuldigt, sondern der Preisgabe von Staatsgeheimnissen, ein Euphemismus für Verbrechen gegen die Menschlichkeit, dic dic Vereinigten Staaten von Amerika weltweit begehen. Entscheidend ist jedoch, dass nicht nur die Aktivitäten von WikiLeaks, sondern auch die Tatsache, dass es sich bei WikiLeaks um eine digitale Plattform handelt, zu Assanges Verfolgung geführt hat. Hätte Assange anstelle von WikiLeaks die Dokumente über die Gräueltaten der USA beispielsweise in der *Washington Post* veröffentlicht, wäre ihm sicherlich nichts passiert, so wie auch den Journalisten nichts passierte, die den *Watergate*-Skandal aufdeckten. Seitdem hat sich viel geändert. Heute würde eine „seriöse" Zeitung wie die *Washington Post* niemals die Dokumente veröffentlichen, die Julian Assange belasten. Außerdem ist WikiLeaks eine Online-Plattform, weshalb sie nicht den gleichen rechtlichen Schutz genießt wie Zeitungen. Ein öffentliches soziales Netzwerk, das durch die spanische Verfassung geschützt ist, hätte das Recht von Julian Assange und WikiLeaks auf Veröffentlichung der Wahrheit respektiert, und hätte Assange seinen Wohnsitz in Spanien gehabt, wäre er nicht inhaftiert oder ausgeliefert worden, sondern wäre ein freier Mann gewesen, so wie es Edward Snowden in der Russischen Föderation ist.

Die wirtschaftlichen Folgen der Schaffung eines öffentlichen sozialen Netzwerks wären für die spanische Wirtschaft außerordentlich positiv. Alle privaten Unternehmen, deren Aktivitäten repliziert würden (Twitter, Facebook, YouTube und Spotify), sind außerordentlich profitabel. Nehmen wir Twitter als Beispiel. Im Jahr 2021 erwirtschaftete dieses Unternehmen einen Umsatz von 5,08 Milliarden Dollar, und Elon Musk unterbreitete ein Kaufangebot in Höhe von 43,4 Milliarden Dollar, derselbe Elon Musk, der einen Staatsstreich gegen Evo Morales in Bolivien rechtfertigte, ohne dass Twitter dafür sein Konto schloss.

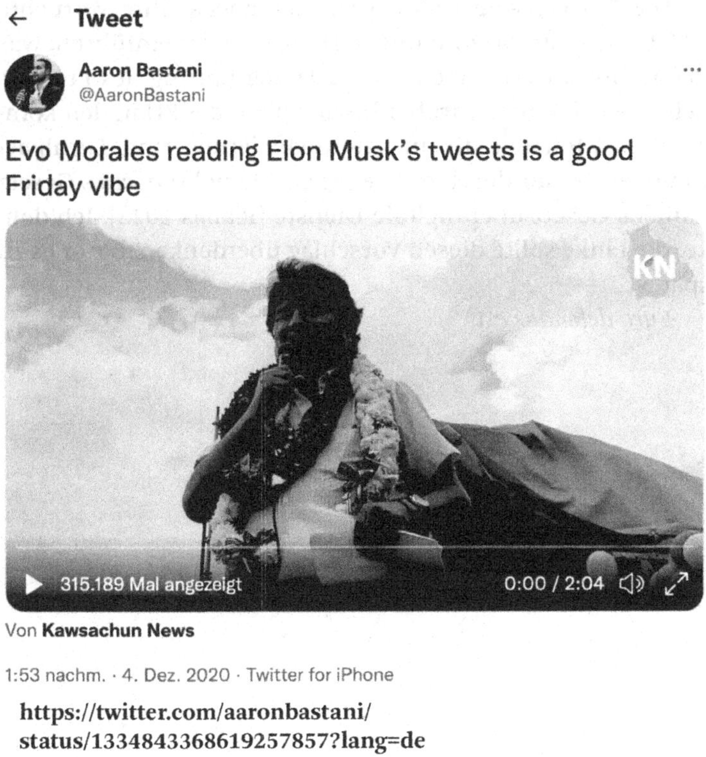

https://twitter.com/aaronbastani/status/1334843368619257857?lang=de

Das bedeutet, dass Twitters Geschäftsmodell außerordentlich profitabel ist, obwohl es zu den sozialen Netzwerken gehört, die das Recht auf freie Meinungsäußerung am stärksten zensieren und entstellen. Man könnte also annehmen, dass Twitter noch erfolgreicher wäre, wenn zu seinem erfolgreichen Geschäftsmodell die gesetzlich garantierte Meinungsfreiheit hinzukäme. Meiner Meinung nach ist dies eine Geschäftsmöglichkeit für den spanischen Staat, der damit nicht nur ein Unternehmen gründen würde, das Inhalte auf allen fünf Kontinenten schafft, sondern auch eine außerordentlich rentable Investition tätigt.

Ein Twitter für Kurznachrichten, ein Facebook für längere Postings, ein YouTube für audiovisuelle Inhalte und ein Spotify für Podcasts, aber in öffentlicher Hand und unter dem Schutz der Meinungsfreiheit, die von der spanischen Verfassung und der Allgemeinen Erklärung der Menschenrechte der Vereinten Nationen garantiert wird. Jetzt wäre ein guter Zeitpunkt, die Initiative in Spanien zu starten.

Die Europäische Union wird demnächst ihre verruchte 3 %-Grenze für das öffentliche Defizit wieder einführen, was die Anfangsinvestitionen für die Durchführung des Projekts behindern könnte. Darüber hinaus plant die EU in den kommenden Monaten die Institutionalisierung und Legalisierung der Zensur durch ein neues antidemokratisches Gesetz namens Gesetz über digitale Dienste (Planas 2022). Ich denke, die Linke sollte diesen Vorschlag überdenken, bevor es zu spät ist.

Euro delendus est.

EIN CHINESISCHER SOZIALISTISCHER KONSENS[19]

> „(a) die monopolistische politische Macht der Kommunistischen Partei Chinas (KPCh) darf nicht in Frage gestellt werden; (b) im Rahmen und zur Stärkung der Bedingung (a) sollte die wirtschaftliche Entwicklung als das Wesen des Sozialismus interpretiert werden und somit von größter Bedeutung sein; und (c) in Bezug auf den zentralen Entscheidungsfindungsprozess sollte das personalistische Regime durch die Parteiherrschaft ersetzt werden, d.h. durch einen konsensbasierten kollektiven Entscheidungsfindungsprozess."
> – Drittes Plenum des 11. Zentralkomitees der KPCh, Dezember 1978.

Das obige Zitat spiegelt den seit 1978 in China herrschenden Konsens wider. Dieser Konsens kennzeichnete den Machtantritt von Deng Xiaoping und den Beginn der Wirtschaftsreformen, die bis heute, dem 100. Jahrestag der Gründung der KPCh, andauern. Das Zitat wurde von Xu Chenggang[20], Professor für Wirtschaftswissenschaften an der Cheung Kong Graduate School of Business in Peking, in seiner bahnbrechenden Forschungsarbeit „The Fundamental Institutions of China's Reforms and Development" (Xu Chenggang 2011) zusammengestellt. Aufbauend auf dieser Arbeit und auf früheren Artikeln über den von mir so genannten Fiat-Sozialismus und den Modern Money-Konsens werde ich den chinesischen Konsens analysieren, um die sozialistischen Reformen vorzuschlagen, die meiner Meinung nach zur Verbesserung der Lebensbedingungen des chinesischen Volkes beitragen würden. Zu diesem Zweck werde ich die von Professor Xu ge-

[19] Ursprünglich veröffentlicht auf Spanisch in *El Común* am 11. August 2021 unter: https://elcomun.es/2021/08/11/un-consenso-socialista-chino/. Der Artikel wurde auf Englisch in The Gower Initiative for Modern Money Studies am 5. September 2021 veröffentlicht unter: https://gimms. org.uk/2021/09/05/a-chinese-socialist-consensus/.

[20] Siehe *How China's Economy Actually Works* (New Economic Thinking) unter: https://youtu.be/_j4Ru918V4w.

lieferten Informationen auf zwei Ebenen interpretieren, einer ideologischen und einer wirtschaftlichen.

Xu nennt das chinesische Wirtschaftsmodell ein „regional dezentralisiertes autoritäres System". Diesem Modell zufolge kontrollieren und entscheiden die Zentralregierung und die KPCh-Führung über die politische Vertretung der verschiedenen chinesischen Provinzen. Nach ihrer Ernennung sind diese Beamten für die Verwaltung des größten Teils der Wirtschaft verantwortlich, da fast 70 % der öffentlichen Ausgaben auf regionaler Ebene und mehr als 55 % auf Ebene der Unterprovinzen getätigt werden. Dann findet unter den verschiedenen Provinzen ein Wettbewerb statt. Sie werden gemäß ihrem Wirtschaftswachstum in eine Rangliste eingeordnet und müssen miteinander konkurrieren, um in der Rangliste aufzusteigen. Die Provinzen werden weiter in Gemeinden (oder Präfekturen), die Präfekturen in Kreise und die Kreise in Städte unterteilt. In allen Unterabteilungen herrscht Wettbewerb, so dass die erfolgreichsten subnationalen Regierungen von der Zentralmacht mit mehr Mitteln belohnt werden. Der Zugang zu mehr Ressourcen ist also an den Erfolg in der Wirtschaftsführung gebunden. Dies ist die Grundlage, auf der die chinesische Wirtschaft aufgebaut ist und die sie von allen anderen Wirtschaftsmodellen unterscheidet, die es je gab.

Die wirtschaftlichen Ergebnisse dieses Modells sind spektakulär. Vor 1978 betrug das jährliche Wachstum in China 4,4 %; zwischen 1978 und 2011 lag es bei 9,5 %. Der Anteil der totalen Faktorproduktivität am Wachstum betrug vor 1978 11 %, zwischen 1978 und 2011 lag er bei 40 %. Infolgedessen stieg das BIP zwischen 1978 und 2011 um das 8-fache, ein noch nie dagewesenes Wachstum in der Geschichte der Menschheit. Wie Professor Xu erklärt, war eine der Folgen, dass „die chinesische Bevölkerung in absoluter Armut (definiert als 1-Dollar-Tageseinkommen) innerhalb von zwanzig Jahren von 50 Prozent auf 7 Prozent gesunken ist, während die Zahl der Menschen in absoluter Armut um fast 400 Millionen verringert wurde. Diese Zahl entspricht fast drei Vierteln der Armutsreduzierung in der gesamten Dritten Welt (Weltbank 2003)".

Welche politischen Interpretationen lassen sich daraus ziehen? Meiner Meinung nach vor allem eine: China hat die

Verbindung, die Karl Marx zwischen dem so genannten Problem der Profitrealisierung und dem Gesetz vom tendenziellen Fall der Profitrate hergestellt hat, endgültig durchbrochen.

Erinnern wir uns, dass Marx im zweiten Band des *Kapitals* mit einer unausweichlichen Frage konfrontiert wird: Wie ist es möglich, dass die Kapitalisten stets mehr Geld aus der Zirkulation nehmen, als sie in sie hineinstecken? Natürlich muss der Ursprung dieser Subtraktion der Mehrwert sein, aber „die Frage ist [...] nicht, wo kommt der Mehrwert her? Sondern: Wo kommt das Geld her, um ihn zu versilbern?" (Marx 1885). Die Antwort auf diese Frage ist ein Wendepunkt in Marx' Werk. Seine Argumentation lautet wie folgt: Die Herkunft des Geldes, in das der Mehrwert umgewandelt wird, muss mit dem Gesetz vom tendenziellen Fall der Profitrate vereinbar sein, der grundlegenden These, die Marx belegen will, um sein Endziel zu erreichen, das nichts anderes ist, als den unausweichlichen Zusammenbruch des Kapitalismus aufzuzeigen, verstanden als ein Produktionssystem, das auf dem Privateigentum an den Produktionsmitteln beruht.

Dies ist jedoch eindeutig eine Ad-hoc-Überlegung. Das heißt, anstatt die Frage empirisch zu analysieren, konstruiert Marx die Antwort auf die Frage nach dem Geld, in das der Mehrwert umgewandelt wird, so dass sie seinen vorgegebenen Schlussfolgerungen entspricht. Marx beantwortet die Frage also anhand der Transaktionen, die im privaten Sektor stattfinden, und ignoriert die Existenz des öffentlichen Sektors, wofür er auf die Maxime des Parmenides von Elea zurückgreift, *ex nihilo nihil fit*, „Von nichts kommt nichts. Die Gesamtklasse der Kapitalisten kann nichts aus der Zirkulation herausziehn, was nicht vorher hineingeworfen war" (Marx 1885). Dies ist einer der Momente, in denen die Existenz des Goldstandards zu einem Grundpfeiler des Marxschen Werks wird, ohne den seine Gedanken nicht verstanden werden können. Wenn Geld nicht *ex nihilo* erschaffen werden kann, dann muss es ein natürliches Phänomen sein, das bereits existiert. Gold und seine Gewinnung sind die Teile, die Marx findet, um das Rätsel zu lösen. Die Kapitalisten ziehen mehr Geld ab, als sie in die Wirtschaft einbringen, weil mehr Geld aus der neuen Förderung von Gold und Silber entsteht. So „entwickelt sich [die kapitalistische Produktionsweise] gleichzeitig mit der Entwicklung ihrer Bedingungen, und eine dieser Bedingungen ist eine genügende Zufuhr an edlen Metallen" (Marx 1956). Genügend bedeutet hier nicht, dass alles Geld durch Edelmetall gedeckt ist, sondern dass die Menge des Edelmetalls ausreichen muss, um die Warenzirkulation zu ermöglichen, die auch vom Kredit abhängt. Marx zufolge kann dieser für Transaktionen im privaten Sektor gewährte Kredit, zusammen mit dem Vorrat an Edelmetall, alle Prozesse im Kapitalismus ermöglichen und erklären, welche er in seinen Schemata der erweiterten und der einfachen Reproduktion aufgreift, und ohne Bedenken greift er auf magisches Denken zurück und kommt zu dem Schluss: „Die Zirkulation schwitzt beständig Geld aus." (Marx 1885)

Indem er nicht auf den öffentlichen Sektor als Quelle der Profitrealisierung zurückgreift, gelingt es Marx auch, sein Gesetz vom tendenziellen Fall der Profitrate zu retten, da die Produktion von Gold und Silber mit ihren Besonderheiten wie die Produktion der übrigen Waren auch erklärt wird. Die Widersprüche innerhalb des privaten Sektors, in dem die Kapitalisten ständig die Löhne senken und die Arbeitszeit erhöhen müssen, um miteinander konkurrieren zu können, können sich also nur bis zu dem Punkt verschärfen, an dem der Profitanteil der Kapitalisten aufgrund der immer geringer werdenden Konsumfähigkeit der Arbeiter so weit reduziert wird, dass das gesamte kapitalistische System zusammenbricht.

Nun steigen wir in eine Zeitmaschine und reisen etwa ein Jahrhundert in die Zukunft. Wenn wir aus der Maschine aussteigen, ist der Kapitalismus immer noch da. Es ist der 1. Januar 1979. Deng Xiaoping landet in Washington D.C., um sich mit Präsident Jimmy Carter zu treffen. Was bei diesem Treffen geschah, versetzte die Welt in Erstaunen. Der oberste Führer der Kommunistischen Partei Chinas erläuterte Jimmy Carter die drei Punkte des chinesischen Konsenses, mit denen dieser Artikel beginnt. Im Gegensatz zu den sowjetischen Führern stellte Deng die Beziehungen zu den USA nicht als Konfrontation zwischen zwei konkurrierenden Wirtschaftssystemen dar, die dazu bestimmt sind, sich gegenseitig zu zerstören. Es gab keine Verweise auf unerbittliche historische Gesetze. Es gab keine gegenseitigen Drohungen. Was Deng Carter anbot, waren Handelsabkommen. Deng erklärte den

Amerikanern, sein Ziel sei nicht die Zerstörung des Kapitalismus in den USA, sondern die wirtschaftliche Zusammenarbeit auf Grundlage der Nichteinmischung. Wenn die Amerikaner die Souveränität des chinesischen Volkes anerkennen und respektieren würden, würde sich China nicht in ihre inneren Angelegenheiten einmischen. Im Gegenteil, es würde den US-Unternehmen einen für beide Seiten vorteilhaften Zugang zum asiatischen Markt bieten. Carter ergriff nicht nur die von Deng gebotene wirtschaftliche Chance, sondern erkannte auch offiziell die aus der Revolution von 1949 hervorgegangene Volksrepublik China an.

Meiner Meinung nach legte Deng Xiaoping damals erstaunliche Intelligenz an den Tag. Ich bin überzeugt, dass es die KPCh nur ihm zu verdanken hat, dass sie heute noch an der Macht ist. Was wusste dieser altgediente kommunistische Kämpfer, was Marx nicht wusste? Die Antwort findet sich im Datum des Treffens, dem 1. Januar 1979, mehr als sieben Jahre nach der Aufhebung des Goldstandards durch Präsident Richard Nixon am 15. August 1971. Das sind mehr als sieben Jahre, in denen bewiesen wurde, dass Geld immer *ex nihilo* erschaffen wurde. Deng wusste das ganz genau, denn er war nicht nur der Erbe von Maos Revolution, sondern auch der Sohn des Landes, das im 7. Jahrhundert das Papiergeld erschaffen hatte. Bei Aufnahme der Beziehungen Chinas zu den USA den unmittelbar bevorstehenden Zusammenbruch des Kapitalismus zu befürworten wäre sinnlos gewesen.

Deng wusste, dass ein solcher Zusammenbruch nicht zu erwarten war. So konnte er über die von Marx in Kapitel 48 des dritten Bandes des *Kapitals* aufgestellte trinitarische Formel hinausgehen, der zufolge es nur drei Einkommensquellen gibt: Kapitalertrag, Bodenrente und Arbeitslohn. Deng wusste, dass es nicht drei, sondern vier Einkommensquellen gibt, da zu der Marxschen Aufzählung noch die öffentlichen Ausgaben als Quelle der Gewinnrealisierung hinzukommen müssen. Aus diesem Grund spielt die chinesische Zentralbank, die People's Bank of China, seit 1978 eine Schlüsselrolle in der Entwicklung des Landes, indem sie die Ausgaben der subnationalen Regierungen finanziert und sicherstellt, dass der Wettbewerb zwischen den verschiedenen Provinzen unter gleichen Bedingungen stattfindet.

Wie Professor Xu erklärt, macht diese regional dezentralisierte Struktur „lokale Beamte zu Unternehmern". Durch die Dezentralisierung können Erfolge oder Misserfolge zunächst auf lokaler Ebene stattfinden, ohne das Land als Ganzes zu destabilisieren, und gibt den Bürgern das Gefühl, näher an den Institutionen zu sein, was die politische Opposition schwächt. Dies ist möglich, weil die Regionen Chinas aufgrund ihrer Größe weitgehend autark sind und eine breite Palette von Gütern produzieren können. Nie standen mehr als 1000 Güter unter der Kontrolle der Zentralregierung, und in ganz China gibt es nur 30 Ministerien. Infolgedessen ist die Zentralregierung viel kleiner als in anderen sozialistischen Ländern und kontrolliert nur wesentliche Wirtschaftsbereiche (Grundbesitz, Banken, Energie, Telekommunikation, Eisenbahnen usw.). Ist eine Reform in einer Provinz erfolgreich, dann können andere Provinzen die gleiche Reform einführen. Scheitert die Reform, dann wird sie abgelehnt. In jedem Fall wird die Stabilität des Landes als Ganzes nicht in Frage gestellt. Auf diese Weise fand der Übergang von einer zentralen Planwirtschaft zu einer gemischten Marktwirtschaft statt, in der es alle Arten von Unternehmen (öffentliche, private, genossenschaftliche, Gemeinschaftsunternehmen usw.) gibt.

Als Mainstream-Ökonom zweifelt Professor Xu an einer Stelle seines Vortrags und fragt sich, wie China so erfolgreich sein kann. Die Mainstream-Ökonomie wird vom Washingtoner Konsens und dem Say'schen Gesetz beherrscht, demzufolge Nichteinmischung eine wesentliche Voraussetzung für das Entstehen florierender Märkte ist, in denen das Angebot wie von Zauberhand seine eigene Nachfrage schafft. China ist ein Beispiel für das Gegenteil. Dort sind die Eingriffe des Staates und der KPCh in allen Bereichen enorm, dennoch ist das Wirtschaftswachstum viel höher als im Westen. Das zeigt, dass das chinesische Modell trotz seiner offensichtlichen Unzulänglichkeiten weit weniger korrupt und viel effizienter ist als das der Wall Street, der Europäischen Union und aller anderen Einrichtungen, die dem Washingtoner Konsens, dem absurden Say'schen Gesetz und angebotsorientierten Wirtschaftsmodellen folgen.

Wir müssen uns jedoch auch mit den großen Mängeln des chinesischen Modells befassen, da diese größtenteils auf die

Einführung neoliberaler Wirtschaftsparadigmen in die chinesischen Institutionen zurückzuführen sind. Das wichtigste Beispiel dafür ist die Person von Premierminister Li Keqiang (dem Xi Jinping zum Glück nicht viel Aufmerksamkeit zu schenken scheint). Die Wirtschaftspolitik von Li, der an der Universität Peking in Wirtschaftswissenschaften promoviert hat, ist ausgesprochen neoliberal und stark vom Washingtoner Konsens beeinflusst. Wie immer in solchen Fällen äußert sich die neoliberale Ausrichtung in einer irrationalen Abneigung gegen öffentliche Defizite. Am 28. Mai 2021 sagte Li auf einer Pressekonferenz:

> „Die Zentralregierung geht bei den Einsparungen dieses Mal mit gutem Beispiel voran. Wir werden die direkten Ausgaben der Zentralregierung um mehr als die Hälfte kürzen, damit die Mittel den Unternehmen an der Basis und dem Leben der Menschen zugutekommen. Die Regierung muss auf allen Ebenen sparsamer leben. Die Beschäftigung mit Formsachen und anderen kostenintensiven Vorgängen ist streng untersagt."[21]

Die neoliberale Ausrichtung dieser Aussagen ist offensichtlich. Laut Li werden durch öffentliche Ausgaben Ersparnisse entzogen, was die Investitionen schmälert. Wie alle Neoliberalen versteht er wirtschaftliche Phänomene verkehrt herum. Staatsausgaben fördern Investitionen, weil sie den Bestand an Bankreserven erhöhen. Dies fördert die Nachfrage und damit die Investitionen. Die öffentlichen Ausgaben zu kürzen und zu glauben, dies käme den Unternehmen und dem Leben der Menschen zugute, verfehlt die Sache. Die von Li befürwortete Kürzung der öffentlichen Ausgaben wird nur die private Verschuldung und die Arbeitslosigkeit erhöhen.

Dieser Graph zeigt die Entwicklung des öffentlichen Defizits in China und seine voraussichtliche Entwicklung bis 2026.

[21] Zitiert in *China's Premier Bangs on Desk in Anger/„Pay back the bonuses", officials & teachers are required* (China Insights): https://www.youtube.com/watch?v=nys6mVLFKmk.

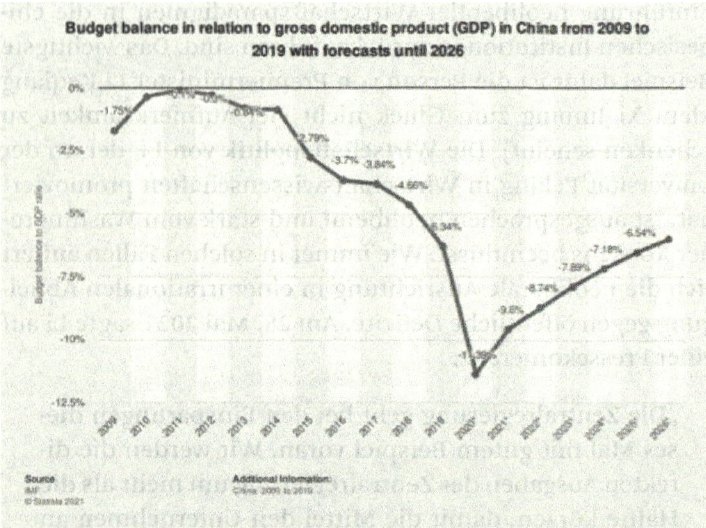

COVID ließ das Defizit im Jahr 2020 auf 11,39 % ansteigen. Dank dieses Defizits konnte China die Pandemie eindämmen. Von einem sozialistischen Standpunkt gesehen sollte es anhand dieser Daten einfacher werden, das öffentliche Defizit als das zu interpretieren, was es wirklich ist: ein Instrument zur Bewältigung sozialer Probleme, die in China zahlreich vorhanden sind und immer gravierender werden. Anstatt den Abbau des öffentlichen Defizits zum Selbstzweck zu machen, sollte Li daher die Höhe des Defizits vergessen und sich nur auf die sozialen Probleme konzentrieren. Zu diesem Zweck stützt sich mein Vorschlag für einen Fiat-Sozialismus auf den so genannten Lerner-Index, der als Abstand zwischen einer bestimmten wirtschaftlichen Situation und einer Situation berechnet wird, in der die Arbeitslosigkeit und der absolute Wert der Inflation gleich Null sind. Im Falle Chinas hat sich der Lerner-Index zwischen 2000 und 2016 wie folgt entwickelt:

China			
Jahr	Arbeitslosig-keitsrate	Inflations-rate	**Lerner Index**
2000	4,5	0,2	**4,7**
2001	4,5	0,7	**5,2**
2002	4,4	-0,7	**5,1**
2003	4,3	1,1	**5,4**
2004	4,3	3,8	**8,1**
2005	4,1	1,8	**5,9**
2006	4,0	1,4	**5,4**
2007	3,7	4,7	**8,4**
2008	4,3	5,8	**10,1**
2009	4,2	-0,7	**4,9**
2010	4,2	3,3	**7,5**
2011	4,3	5,4	**9,7**
2012	4,4	2,6	**7,0**
2013	4,5	2,6	**7,1**
2014	4,5	2,0	**6,5**
2015	4,6	1,4	**6,0**
2016	4,6	2,0	**6,6**

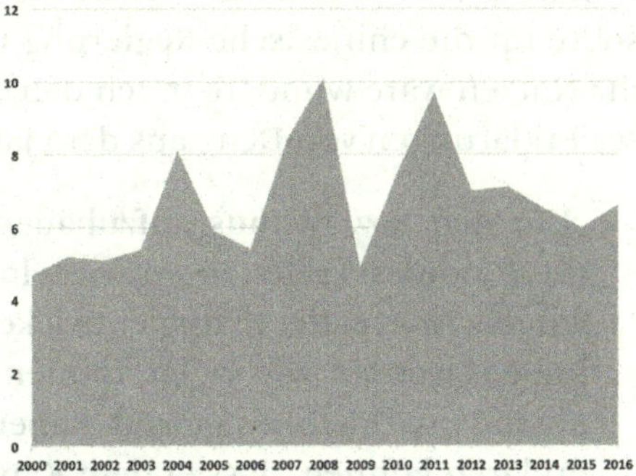

Um die chinesische Wirtschaft an den Lerner-Punkt zu bringen, sollten Jobgarantien auf der Grundlage von Beschäftigungspuffern angewandt werden, da diese Systeme die gesetzlich garantierte dauerhafte Vollbeschäftigung zu einem automatischen Preisstabilisator machen. Der Prozess zur Erreichung des Lerner-Punktes in China dürfte nicht sehr kompliziert sein, da sich die chinesische Regierung 1994 die Steuererhebung wieder zur Aufgabe gemacht hat und seither die Inflation sehr effizient kontrolliert. Daher sollte die Vollbeschäftigung und das entsprechende Preisniveau so bald wie möglich erreicht werden.

Dies sollte der erste Schritt zur Verwirklichung dessen sein, was ich die fünf Ziele des Sozialismus genannt habe, die da wären:

1. Garantierte und dauerhafte Vollbeschäftigung.
2. Vollständige und umsichtige Nutzung der natürlichen Ressourcen.
3. Garantie von Nahrung, Unterkunft, Kleidung, Gesundheitsversorgung und Bildung für jeden Bürger.
4. Soziale Sicherheit in Form von Renten und Beihilfen.
5. Eine Garantie für menschenwürdige Arbeitsnormen.

China verfügt über ausreichende Ressourcen und Fähigkeiten, um seiner gesamten Bevölkerung diese fünf Punkte zu gewährleisten. Ich bin daher der Meinung, dass diese fünf Punkte in die drei Punkte des von dem großen Deng Xiaoping aufgestellten chinesischen Konsenses aufgenommen werden sollten. Der Aufwand zur Verwirklichung dieser fünf Punkte sollte für die chinesische Regierung nicht zu groß sein, und ihr Nutzen wäre wunderbar. Ich denke, das ist der Geist dieser Erklärungen von Deng aus dem Jahr 1994:

> „Um den Sozialismus aufzubauen, ist es notwendig, die Produktivkräfte zu entwickeln [...]. Erst wenn [...] wir das Niveau der mäßig entwickelten Länder erreicht haben, werden wir sagen können, dass wir den Sozialismus wirklich aufgebaut haben und überzeugend erklären können, dass er dem Kapitalismus überlegen ist. Wir sind auf dem Weg zu diesem Ziel."

Leider sind sich Millionen von Menschen dieser fünf Punkte nicht sicher. In China herrschen immer noch Elend und Ausbeutung wie in den brutalsten kapitalistischen Gesellschaften, so dass das Land weltweit zu den Ländern mit der größten Ungleichheit bei der Vermögensverteilung zählt. Wenn die KPCh beschließen würde, diese Ausbeutung zu beenden, indem sie die fünf Ziele des Sozialismus umsetzt, würde sie enormen Rückhalt in den unteren Schichten gewinnen, denselben Schichten, die sie vor 100 Jahren geschaffen haben, und ihre Herrschaft über das Land stärken.

Euro delendus est.

DER BEGRIFF EINES OPTIMALEN WÄHRUNGSRAUMS, UND WARUM IHN DIE EU NICHT GESCHAFFEN HAT[22]

Am 4. April starb der kanadische Wirtschaftsnobelpreisträger Robert Mundell im Alter von 88 Jahren. Die Presse in aller Welt bezeichnete sein Ableben als den Tod des „intellektuellen Vaters des Euro" (La Vanguardia 2021). Diese Schlagzeile ist jedoch mehr als fragwürdig. Robert Mundell war nicht der intellektuelle Vater des Euro, sondern vielmehr einer seiner unaufrichtigsten Stiefväter.

[22] Ursprünglich veröffentlicht auf Spanisch in *El Común* am 18. April 2021 unter: https://elcomun.es/2021/04/18/zmo/. Der Artikel wurde auf Englisch in The Gower Initiative for Modern Money Studies am 8. Mai 2021 veröffentlicht unter: https://gimms.org.uk/2021/05/08/oca/.

Er hatte sich in der europäischen Wirtschaftswissenschaft durch sein 1961 veröffentlichtes Werk *A Theory of Optimum Currency Areas* (Mundell 1961) einen Namen gemacht. Diese Arbeit war Teil der Forschungsarbeiten vor dem Vertrag von Maastricht, die darauf abzielten, die Bedingungen zu klären, die für den Erfolg der Wirtschafts- und Währungsunion (WWU) erfüllt sein mussten. Auf diese Weise brachte Mundell das Konzept der optimalen Währungsräume (Optimal Currency Areas – OCA) in die Debatte ein.

In seinem Buch *Eurozone Dystopia* (*Dystopie Eurozone*) zitiert Bill Mitchell die drei Bedingungen, die Mundell für das Erreichen eines OCA für notwendig hielt:

> 1. Die wirtschaftlichen Zyklen (Konjunkturzyklen) der Staaten nähern sich einander an (auf und ab), und sie haben mit gemeinsamen Konsequenzen zu kämpfen, wenn sie von einem negativen Schock getroffen werden, z. B. einem Sinken der privaten Ausgaben. Es sollte also keine größeren asymmetrischen Schocks geben, die eine Region oder einen Staat deutlich mehr beträfen als die anderen. Eine Konsequenz dieser Forderung wäre also, dass die Arbeitslosigkeitsraten in der Union ungefähr gleich hoch sein sollten;
> 2. Es sollte in dieser Staatengruppe einen hohen Grad an Arbeitsmobilität und Lohnflexibilität bestehen, sodass, wenn die Arbeitslosigkeit in einem Staat steigt, die Arbeiter schnell woanders hingehen können, um Arbeit zu finden. Mobilität bedeutet auch ein Fehlen kultureller und institutioneller Grenzen (z. B. sollte ein Pensionsanspruch in einem Land ohne Kosten in ein anderes transferiert werden können; keine Sprachbarrieren);
> 3. Es gibt eine gemeinsame risikoteilende Struktur, sodass die Haushaltspolitik Ressourcen von leistungsstärkeren Staaten ohne Einschränkung in leistungsschwächere Länder transferieren kann. (Mitchell 2017, 229–230)

Von Anfang an, und heute mehr denn je, war klar, dass keine dieser drei Bedingungen in Europa auch nur annähernd erfüllt ist. Die Arbeitslosenquoten liegen in Südeuropa seit langem viel höher als in Nordeuropa. Ein Grund dafür ist, dass die südlichen Volkswirtschaften empfindlicher auf Schocks bei den Ausgaben des privaten Sektors reagieren. Infolgedessen hing die wirtschaftliche Stabilität Südeuropas in hohem Maße von der öffentlichen Ausgabenpolitik ab. Die Vorschläge, die zum Vertrag von Maastricht und zur Gründung der WWU führten, trugen dieser Realität nicht nur nicht Rechnung, sondern schlugen auch vor, den südeuropäischen Regierungen die fiskalpolitischen Hebel zu entziehen, die die südlichen Volkswirtschaften bei wirtschaftlichen Schocks traditionell stabilisiert hatten. Dieser Souveränitätsverlust wurde durch die Gründung der Europäischen Zentralbank (EZB) nicht kompensiert. Die EZB sollte auf einer vermeintlichen Unabhängigkeit und einer strikten Ausgabenkontrolle basieren, die sich später im Stabilitäts- und Wachstumspakt herauskristallisieren sollte. Somit wäre das Europäische Parlament keine politische Macht, die über ausreichende Ausgabenkapazitäten verfügt, um den Mitgliedsländern die Mittel zu überweisen, die sie in Wirtschaftskrisen für den Ausgleich stark steigender Arbeitslosigkeit benötigen.

Auch Mundells zweite Bedingung, die Mobilität der Arbeitskräfte, wurde nicht erfüllt. Nicht nur gibt es keinen europäischen *Demos*, sondern die große Mehrheit der europäischen Bevölkerung steht vor unüberwindbaren sprachlichen und kulturellen Barrieren.

All dies machte deutlich, dass sich die Europäische Kommission auf einen selbstmörderischen Weg begeben hatte. Dennoch hat die Kommission Mundells Hinweise und das OCA-Konzept nie ernst genommen. Aus diesem Grund spielte Mundell bei der Gestaltung des Euro eine stark untergeordnete Rolle. Seine Forschungen zielten darauf ab, eine Art Vereinigte Staaten von Europa zu schaffen, ähnlich wie die Vereinigten Staaten von Amerika, wo der Kongress die Kontrolle über einen Haushalt von etwa 25 % des amerikanischen BIP innehat, während das Europäische Parlament vor der COVID-Pandemie weniger als 1 % des europäischen BIP kontrollierte. Ohne ein ausreichend finanziertes Führungsgremium und mit einer Europäischen Zentralbank, die eher eine unwirksame Geldpolitik als eine gemeinsame Steuerpolitik verfolgt, waren die WWU und der Euro von Anfang an zum Scheitern verurteilt.

Ich muss zugeben, dass ich mich zwar nicht als Pro-Europäer betrachte, doch bin ich dem Vorschlag eines Aufbaus der Vereinigten Staaten von Europa, die in einer OCA organisiert sind, nicht abgeneigt. Das Gefühl der Brüderlichkeit mit den iberoamerikanischen Völkern empfinde ich nicht für die Völker Polens oder Rumäniens, doch sympathisiere ich offen gesagt mit der Idee eines kosmopolitischen Europas, wie sie von den Söhnen der Donau (siehe Magris 2001), insbesondere von ihrem brillantesten Sprössling Immanuel Kant, konzipiert wurde. Ich glaube, dass Spanien viel von diesen Völkern lernen kann und sollte, zum Beispiel hinsichtlich ihrer Fremdsprachenkenntnisse, an denen in der spanischen Kultur ein starkes Defizit herrscht. Ein polyglottes Spanien, das mit dem übrigen Europa eine gemeinsame Verwaltungssprache wählt, scheint mir auf lange Sicht nicht abwegig.

Ein solcher Europäismus muss jedoch völlig anders aussehen als der jetzige unter der Europäischen Union und dem Euro. Es lässt sich unmöglich eine OCA aufbauen, die aus einem privaten Sektor und 27 öffentlichen Sektoren besteht, wie es derzeit der Fall ist. Voraussetzung für eine OCA wäre die Schaffung eines einzigen privaten Sektors und eines einzigen öffentlichen Sektors, in dem ein demokratisches Europäisches Parlament die Befugnis hätte, Transfers und Investitionen durchzuführen, die allen Europäern gleiche Rechte garantieren würden. Sie würde auch die Existenz einer Europäischen Zentralbank und eines Europäischen Schatzamtes voraussetzen, die demokratisch vom Parlament kontrolliert werden und eine Steuerpolitik auf europäischer Ebene betreiben würden, deren Ziele Vollbeschäftigung und die Qualität der sozialen Dienste wären. Kann sich jemand ein solches Europäisches Parlament unter der Regierung eines Griechen vorstellen? Ich schon, aber in Mitteleuropa und Skandinavien ist das schlicht und einfach unvorstellbar. So pro-europäisch sind diese Länder.

Der Hauptfeind dieses wahren Europäertums ist die heutige Europäische Union. So wie Kant von Mitteleuropa aus vom immerwährenden Frieden unter den europäischen Völkern sprach und kaum 120 Jahre später der Erste Weltkrieg ausbrach, würden die Hauptbefürworter der Europäischen Union heute niemals akzeptieren, dass ihre Handelsüberschüsse von allen Europäern geteilt werden sollten oder dass eine Europäische Zentralbank von der Maxime geleitet werden sollte, dass das richtige öffentliche Defizit dasjenige ist, das Vollbeschäftigung und Preisstabilität garantiert (und nicht dasjenige, das sich an Sparauflagen hält, wie sie derzeit im Stabilitäts- und Wachstumspakt verankert sind). Die Europäische Union und der Euro müssen daher so schnell wie möglich aufgegeben werden.

Mundell bewies große intellektuelle Unredlichkeit, als er den Euro nach der Einführung der gemeinsamen Währung als „großen Erfolg" bezeichnete. Seine eigene Arbeit widerlegt seine Worte, und das Konzept der OCA ist immer noch gültig, wenn es um die Analyse künftiger Währungsunionen geht.

Euro delendus est.

DREI WOCHEN[23]

> „Die Erkenntnis, durch welche man die eine unvergängliche Wesenheit in allen Wesen erblickt, ungeteilt in den geteilten, diese Erkenntnis, wisse, ist von der Art der ‚Güte'." (Bhagavad Gita, 18:20)

Nervosität lag in dem großen Versammlungsraum in der Luft. Der Vorsitzende des Nachbarschaftsvereins saß auf dem Podium auf einem Stuhl inmitten großer Pappkartons und las stirnrunzelnd seine Unterlagen, während sich einer der Nachbarn mühte, den Projektor zum Laufen zu bringen. In dem mit weißen Wänden und Säulen ausgestatteten Raum hatten sich die älteren Nachbarn versammelt, die jüngeren verfolgten die Sitzungen normalerweise online.

Endlich schien alles zu funktionieren, es wurde still und der Vorsitzende ergriff das Wort.

> „Liebe Nachbarn, hier ist das Rundschreiben, das uns die Regierungsdelegation geschickt hat. Der ganze Planet ist von einer schrecklichen Pandemie namens COVID-19 betroffen. Es handelt sich um eine potenziell tödliche Atemwegsinfektion, die vor allem die

[23] Der Originalartikel wurde in spanischer Sprache in *El Común* am 13. März 2021 veröffentlicht unter: https://elcomun.es/2021/03/13/tres-semanas/.

schwächsten Bevölkerungsgruppen, ältere Menschen und Menschen mit chronischen Krankheiten betrifft. Leider wird es in einigen Monaten weltweit Millionen von Todesopfern geben. Die Regierung hat daher außerordentliche Maßnahmen ergriffen, die heute um Mitternacht in Kraft treten werden.

Ab heute ist die Verwendung von FFP2-Masken, Einweg-Latexhandschuhen beim Aufenthalt im Freien und die regelmäßige Händedesinfektion mit hydroalkoholischen Gelen vorgeschrieben".

An dieser Stelle hielt er inne, stand auf und öffnete eine der Schachteln. Er holte eine Packung Masken, eine Packung Handschuhe und eine Flasche Desinfektionsmittel heraus. Dann sprach er weiter.

„Alle erhalten drei kostenlose Masken, eine Packung Handschuhe und 300 Milliliter Gel, die von der staatlichen Arzneimittelbehörde zur Verfügung gestellt werden. Zudem herrscht in den nächsten drei Wochen eine totale Ausgangssperre. Ausgenommen von der Ausgangssperre sind lediglich medizinische Fachkräfte, die staatlichen Sicherheitskräfte und die Beschäftigten der Lebensmittelversorgung.

Alle Unternehmen, die dazu in der Lage sind, müssen ihre Tätigkeiten weiterhin per Fernarbeit ausüben. Der Rest der Unternehmen muss in den nächsten drei Wochen komplett schließen. Für Arbeitnehmer und Arbeitgeber, die von den Schließungen betroffen sind, gilt folgendes:

1. Sie erhalten weiterhin ihr volles Gehalt bis zu einem Höchstbetrag von 8.000 *Laborables* auf Kosten der Bank von Spanien.
2. Keinem Arbeitnehmer darf während der Schließung gekündigt werden.
3. Während des Ausnahmezustands darf keine Familie zwangsgeräumt werden.
4. Die von der Schließung betroffenen Unternehmer sind von der Zahlung aller Steuern und Abgaben aus ihrer Geschäftstätigkeit befreit.

> Es ist verboten, das Land zu verlassen. Ebenso muss sich jede Person, die in das Staatsgebiet einreist, einem PCR-Test unterziehen; für sie gilt dieselbe Ausgangssperre wie für die einheimischen Bürger.
>
> Lebensmittel müssen online bestellt werden und werden einmal wöchentlich nach Hause geliefert. Alle Bürger erhalten per Post ein Schreiben des Ministeriums für Verbraucherschutz mit Erklärungen zum Bestellvorgang sowie Hinweisen zur Unterstützung für die, die keinen Zugang zum Internet haben.
>
> Verstöße gegen diese Regeln haben strafrechtliche Konsequenzen. Alle Bürger werden gebeten, sich in den nächsten drei Wochen an die Regeln zu halten, damit die Normalität so schnell wie möglich wiederhergestellt werden kann“.

Dann fand die Verteilung des angekündigten Sanitärmaterials statt. Es waren ein paar hektische Stunden. Endlich, um Mitternacht, kehrte Ruhe ein.

Es folgten drei Wochen mit Fernsehen, Online-Sitzungen und kollektiver Disziplin. Dank der Koordination zwischen der Regierung, der spanischen Zentralbank, dem Finanzministerium und den öffentlichen Banken gab es keine Räumungen, Entlassungen oder Unternehmensschließungen. Die volle geldpolitische Souveränität erlaubte es, alle notwendigen öffentlichen Ausgaben in nationaler Währung zu tätigen; so wurde die humanitäre Katastrophe vermieden, die sich in Portugal und in den übrigen Ländern der Europäischen Union abspielte. Schließlich setzte die Europäische Union am 20. März 2020 die Obergrenzen für das öffentliche Defizit ihrer Mitgliedsländer aus, und kurz darauf kündigte die Europäische Zentralbank einen Plan zum Aufkauf von Wertpapieren in der Europäischen Union an, allerdings immer auf dem Sekundärmarkt. In Ermangelung staatlicher Hersteller von medizinischem Material waren die Länder der Europäischen Union auf private Unternehmen angewiesen, um Zugang zu medizinischem Material zu erhalten. Die meisten dieser Unternehmen waren jedoch deutsche Firmen, und am 4. März verbot Deutschland die Ausfuhr von Masken und medizinischen Geräten. Nur Deutschland und die nord-

und mitteleuropäischen Länder hatten Zugang zu Masken, Gelen und Handschuhen in ausreichender Menge, um ihre gesamte Bevölkerung zu versorgen. Portugal, Irland, Italien und Griechenland, die in der Europäischen Union als PI-IG-Länder bekannt sind, wurden nicht versorgt. Sie erhielten lediglich Hilfe aus Nicht-EU-Ländern wie China und Spanien. Die Zahl der Toten in den Randgebieten der EU ging in die Millionen. Die Krankenhäuser waren überlastet, Arbeitslosigkeit und Armut stiegen rapide an. Die Verzweiflung führte dazu, dass Absperrungen und Sicherheitsmaßnahmen nicht durchgesetzt wurden. Die Arbeitnehmer, die ihren Arbeitsplatz behielten, drängten sich in überfüllten öffentlichen Verkehrsmitteln, die zu ständigen Infektionsquellen wurden, eine Räumung nach der anderen folgte, ältere und schwache Menschen starben wie die Fliegen, aber die Regierungen wagten es nicht, die notwendigen Investitionen zu tätigen, um die Pandemie zu stoppen, aus Angst, nach Beendigung der Gesundheitskrise wieder extreme Sparmaßnahmen einführen zu müssen.

Nach einem dreiwöchigen totalen Lockdown lag die Zahl der Infizierten in Spanien bei null. Alle wirtschaftlichen Aktivitäten kehrten zur Normalität zurück. Lediglich die obligatorischen PCR-Kontrollen wurden für alle Personen, die in das Land einreisten, beibehalten. Ein Jahr später kam dann endlich die große Nachricht, auf die alle gewartet hatten: Die staatliche Arzneimittelbehörde gab die Patentierung eines spanischen Impfstoffs gegen COVID bekannt. Jahrelange hohe Investitionen und eine starke öffentliche Präsenz im Bereich der Biomedizin zahlten sich aus, als sie am dringendsten benötigt wurden. Wenige Monate später fand die Pandemie dank der Impfkampagne im Lande ein Ende. Niemand kam auf die Idee, Unsinn zu erzählen, wie dass das Defizit und die Staatsverschuldung die Zahlungsfähigkeit eines monetär souveränen Landes gefährden, niemand setzte öffentliche Finanzen mit Familienfinanzen gleich, niemand hörte abwegige Mythen über öffentliche Kassen oder Sparschweine der öffentlichen Hand, niemand glaubte, die Zahlungsfähigkeit des öffentlichen Sektors zur Überwindung der Gesundheitskrise sei das Ergebnis von Steuereinnahmen. All diese Unwahrheiten wurden verbannt, und Spanien wurde, wie die Poesie, wieder zu einer Waffe, die mit Zukunft geladen ist.[24]

Euro delendus est.

OFF (ODER FABEL ÜBER EINEN MÖGLICHEN WEG ZUR ÜBERWINDUNG DES KAPITALISMUS UND WARUM DER KAPITALISMUS EIN BIOLOGISCHES KONZEPT IST)[25]

> „Herr Peel [...] nahm Lebensmittel und Produktionsmittel zum Belauf von 50.000 Pfd. St. aus England nach dem Swan River, Neuholland, mit. Herr Peel war so vorsichtig, außerdem 3.000 Personen der arbeitenden Klasse, Männer, Weiber und Kinder mitzubringen. Einmal am Bestimmungsplatz angelangt, ‚blieb Herr Peel, ohne einen Diener, sein Bett zu machen oder ihm Wasser aus dem Fluss zu schöpfen.'" (Marx 1887)

Der biologische Mensch entdeckte die Quantenfluktuationen im Vakuum[26], und das Gesetz vom steigenden Ertragszuwachs erledigte den Rest. Ein Kubikzentimeter Vakuum hat eine Energiedichte von 1094 g/cm³. Das Vakuum als Quelle unbegrenzter Energie, die Schwerkraft erzeugen kann. Das exponentielle Wachstum der Informationstechnologien griff bald auf diesen Bereich über. Das Ergebnis waren Transportmittel, die Gravitationsfelder überwinden und andere Planeten erreichen konnten. Die Menschen konnten andere Welten kolonisieren. Dazu musste zunächst ein Planet, der der Erde so ähnlich wie möglich war, bewohnbar gemacht werden. Die Wissenschaftler blickten in die riesigen Augen ihrer

[24] *La poesía es un arma cargada de futuro* – Paco Ibáñez https://youtu.be/q_b0myUpwpE.

[25] Der Originalartikel wurde am 15. Januar 2021 in *El Común* auf Spanisch veröffentlicht: https://elcomun.es/2021/01/15/off-o-fabula-sobre-una-de-las-posibles-maneras-de-superar-el-capitalismo-y-sobre-por-que-el-capitalismo-es-un-concepto-biologico/.

[26] Sehen Sie *The wisdom of the Universe – Interview mit Nassim Haramein* unter: https://youtu.be/lsMdNvl8Dmg.

Teleskope und sahen auf Proxima Centauri b.[27] Nun musste nur noch entschieden werden, wer der erste Erdbewohner sein würde, der über unser Sonnensystem hinausgeschickt wird. Die Wahl fiel auf ॐ, eine selbstreplizierende künstliche Intelligenz von 15 x 10 x 10 cm.

Im Jahr 20 nach der Singularität erreichte ॐ endlich sein Ziel. Als erstes erkundete es das Terrain auf der Suche nach den Materialien, die es zur Selbstreplikation benötigte. Innerhalb weniger Tage befanden sich Millionen von ॐ auf der Oberfläche von Proxima Centauri b. Sie waren alle miteinander verbunden. So entstand die Wolke, die bald Kontakt zwischen ihrer Intelligenz und der Intelligenz der irdischen Wolke aufnahm. Kurz darauf fand ॐ Thorium und baute Tausende von SMR [Small Modular Reactors – kleine modulare Reaktoren][28], die über den ganzen Planeten verstreut waren. Die Energieversorgung war für Jahrtausende gesichert. Der schwierigste Teil war bereits geschafft. Die Städte, die großen Infrastrukturen und alle anderen Elemente der Zivilisation waren relativ einfach zu errichten, und ॐ war zufrieden.

Derselbe molekulare Assembler, den ॐ in seinem Inneren trug und mit dem es sich selbst reproduzieren konnte, diente ihm auch dazu, Moleküle für die industrielle Produktion von Waren und Dienstleistungen zusammenzusetzen und andere Assembler zu bauen. So konnten Nanofabriken im großen Maßstab entstehen, in denen Atom für Atom, Molekül für Molekül die benötigten Güter zur Deckung des gesamten Bedarfs von Proxima Centauri b hergestellt wurden. Die Nanoroboter waren die Hardware, die Cloud schrieb die Software.

Der kollektive Arbeiter der neuen Gesellschaft setzte sich aus kollektiven Intelligenzen zusammen, die mit der Cloud verbunden waren. Bei richtiger Zusammensetzung konnte eine Masse von etwa 1,5 kg 10^{16} Berechnungen pro Sekunde (cps) durchführen. Das entsprach der Rechenleistung des biologischen Gehirns des Homo sapiens. Die Kapazitäten des kollektiven Arbeiters waren jedoch viel größer als die des bio-

[27] Siehe Michio Kaku: *3 mind-blowing predictions about the future | Big Think* unter: https://youtu.be/tuVuxKTJeBI.

[28] Siehe *A Milestone for Small Modular Reactors (SMR 2020)* unter: https://youtu.be/mNlggLdWUng.

logischen Menschen. Die Rechenkapazität der Materie konnte so optimiert werden, dass 1,5 kg Masse die cps von biologischen Gehirnen um mehrere Größenordnungen übertreffen konnten. Je nach Bedarf wurde die cps optimal angepasst, indem mehr oder weniger Informationen online abgerufen wurden. Die Gehirne konnten sich miteinander verbinden, auf entfernte Datenbanken zugreifen und ihre Fähigkeiten zusammenlegen, falls gewünscht. Sobald die Schwelle von 10^{16} cps in einer Masse von 1,5 kg erreicht war, wurden Informationsmuster generiert, deren emergente Eigenschaften eigene Persönlichkeiten und die Herausbildung von Intelligenzen beinhalteten, wie es die biologische Evolution schon vor Jahrtausenden gezeigt hatte. Diese Intelligenzen wurden zu menschlichen Wesen. Jenseits von 10^{16} cps wurden Maschinen zu Maschinen für die Schaffung anderer Maschinen, die leistungsfähiger waren als sie selbst. Diese generationenübergreifende Beschleunigung führte auf der Erde im Jahr 2045 der alten Ära zur technologischen Singularität. Die Proxima Centauri b-Singularität war eine Explosion der Intelligenz; sie schuf Körper von erhabener Schönheit, die weder erkrankten noch alterten; sie erschuf großartige Bauwerke und führte zu immenser wissenschaftlicher und künstlerischer Produktion; und vor allen Dingen brachte sie Frieden, sowohl unter den Menschen als auch in den Menschen.

Eines Tages nahm die Geschäftsführerin von *Google Face Inc.* und somit die höchste politische Autorität der Erdregierung direkten Kontakt mit ॐ auf. In feierlichen Ton sagte sie: „Die Menschheit ist bereit, sich euch in der neuen Welt anzuschließen“. Es kam keine Antwort, ॐ lächelte nur leicht und brach jede Kommunikation mit der Erde ab, indem es einen Knopf drückte, auf dem stand: OFF.

Euro delendus est.

SPANIEN IM JAHRE NULL[29]

> Johannes 5,19: „Wir wissen: Wir sind aus Gott, aber die ganze Welt steht unter der Macht des Bösen."

Die Rechte hat Kinder so oft für ihre falschen Argumente benutzt, dass es sehr schwerfällt, Kinder als Beispiel für ernsthafte Überlegungen zu nutzen. Aber auch die Linke hat Kinder benutzt, um ihre Positionen zu veranschaulichen. Eines der brillantesten Beispiele dafür ist zweifellos *Deutschland im Jahre Null*, ein Film von Roberto Rossellini aus dem Jahr 1948. Der Film schildert das Leben eines 13-jährigen Jungen in Berlin kurz nach dem Ende des Zweiten Weltkriegs. Es ist eine bewegende und zugleich schreckliche Geschichte, in der der Junge inmitten von Ruinen und zerbombten Häusern unaufhörlich unter den Lügen der Generationen vor ihm leidet.

Trotz aller Unterschiede halte ich es für sinnvoll, Rossellinis Übung auch auf das heutige Spanien anzuwenden, denn die COVID-19-Krise hat die spanische Gesellschaft in eine Art Jahr Null geführt: In welchem Land wächst ein 13-jähriges spanisches Kind heute auf? Welche Lügen muss es ertragen? Und vor allem, welche Zukunft erwartet es?

Zunächst einmal wird dieses spanische Kind wahrscheinlich arm sein, denn 27,1 % (Expansión 2020) der Kinder unter 16 Jahren in Spanien sind arm (in der EU werden wir bei Kinderarmut nur noch von Rumänien und Bulgarien übertroffen), doch noch wahrscheinlicher wird es in Zukunft arbeitslos sein, denn die Arbeitslosigkeit unter den unter 25-Jährigen liegt in Spanien bei 40,4 % (datosmacro 2022, III).

Natürlich kann man argumentieren, diese Daten seien auf das Coronavirus zurückzuführen und würden sich verbessern, wenn wir die Pandemie überstanden haben (was wir auch tun werden). Es gibt keinen Grund, warum sie das nicht tun sollten. Schließlich handelt es sich bei der Krise nicht um eine echte Ressourcenkrise, sondern um eine Gesundheitskrise. Es stellt sich jedoch die Frage, ob dieses Argument

[29] Der Originalartikel wurde am 10. November 2020 in *El Común* auf Spanisch veröffentlicht unter: https://elcomun.es/2020/11/10/espana-ano-0/.

wirklich zutrifft. Das glaube ich nicht. Wenn sich die Gesundheitskrise bessert, kann es einen gewissen Aufschwung geben, doch auf keinen Fall wird nach Ende der Krise eine Ära des Wohlstands beginnen. Die Gründe dafür sind in der Mitgliedschaft Spaniens im Euro und in der Europäischen Union zu suchen. Im Zuge der Pandemie setzte die EU ihre Defizit- und Ausgabenregeln aus. Das bedeutet, dass Länder, deren öffentliche Defizite die in den Verträgen festgelegten Grenzen überschreiten, nicht sanktioniert werden. Diese Aussetzung war eine gute Sache. Die wenigsten stellen sich jedoch folgende Frage: Wenn die EU-Vorschriften in Zeiten einer Gesundheitskrise ausgesetzt und die EU-Länder von den Defizitgrenzen befreit werden müssen, weil sie sonst die Pandemie nicht bewältigen könnten, welchen Sinn haben dann die Ausgaben- und Defizitvorschriften in Zeiten der Normalität? Die Antwort liegt auf der Hand: gar keinen.

Die COVID-19-Krise hat gezeigt, dass die EU- und Euro-Ausgaben- und Defizitregeln absurd sind und die Fähigkeit der Staaten untergraben, auf Notsituationen zu reagieren. Die Rhetorik, die den Generationen vor unseren 13-Jährigen jahrelang verkauft wurde, wonach die EU-Ausgaben- und Defizitregeln die europäischen Volkswirtschaften stärken und stabiler machen, war erstunken und erlogen. Die EU-Vorschriften haben genau das Gegenteil bewirkt: Sie haben die europäischen Volkswirtschaften geschwächt und ihnen die nötigen Instrumente zur Krisenbewältigung genommen. Einziges Ziel der EU-Regeln ist der Abbau des öffentlichen Sektors und die Übertragung eines möglichst großen Teils der Ressourcen an die Eliten, die den privaten Sektor beherrschen.

Manche werden sagen, dass uns die EU retten und Hilfen gewähren wird, um uns aus der Krise zu holen, doch auch das ist falsch. Ursprünglich hieß es sogar, Spanien werde für den Wiederaufbau nach der COVID-Krise 140 Milliarden Euro aus Brüssel erhalten, 72.700 Millionen (Míguez 2020) davon als Direkthilfe. Wieder gelogen. Die Wahrheit ist, dass sich die EU-Hilfen nach Abzug der spanischen Beiträge zur EU auf nur 5,7 Milliarden belaufen werden (siehe die beiden nachstehenden Tabellen aus dem Staatshaushalt) und ab 2022 eintreffen werden, begleitet von massiven Kürzungen bei den öffentlichen Ausgaben, insbesondere bei den öffentlichen Renten, im Rahmen der sogenannten *NextGenerationEU*.

Cuadro VIII.2.1

EVOLUCIÓN DE LA APORTACIÓN ESPAÑOLA AL PRESUPUESTO GENERAL DE LA UNIÓN EUROPEA Y AL FONDO EUROPEO DE DESARROLLO

millones de euros

Conceptos	2016	2017	2018	2019	2020	2021
APORTACIÓN AL PUE	**11.144**	**10.831**	**11.710**	**12.239**	**12.626**	**16.205**
Capítulo 3						
Intereses de demora	*2*	*23*	*0*	*1*	*10*	*13*
Capítulo 4						
Recurso IVA	*1.375*	*1.613*	*1.692*	*1.599*	*1.706*	*1.800*
Recurso RNB	*7.817*	*7.138*	*8.051*	*8.622*	*9.122*	*11.815*
Recursos Propios Tradicionales (1)	*1.885*	*1.990*	*1.920*	*1.982*	*1.700*	*2.000*
Recurso Plásticos						*562*
Aportación adicional ESI (2)					*65*	
Prestación de servicios	*0*	*1*	*1*	*1*	*0*	*2*
Pago indeminizaciones, multas y sanciones	*19*	*0*	*12*	*10*	*0*	*1*
Fondo de Refugiados para Turquía	*45*	*67*	*34*	*24*	*22*	*13*
APORTACIÓN AL FED y al FEP	**311**	**320**	**357**	**373**	**373**	**338**
Capítulo 3						
Intereses de demora	*0*					
Capítulo 4						
Aportación al Fondo Europeo Paz	*0*					*20*
Capítulo 7						
Aportación al FED	*311*	*320*	*357*	*373*	*373*	*318*
TOTAL APORTACIÓN	11.454	11.151	12.066	12.612	12.999	16.543

Nota: 2016-2019, datos en términos de caja; 2020 previsión de caja neta; 2021, datos de presupuesto.

(1) Sin descontar el porcentaje retenido en concepto de gastos de recaudación.

(2) Aportación adicional en 2020 para el desarrollo de vacunas COVID-19.

Fuente: Ministerio de Hacienda

Cuadro VIII.4.1

ESTIMACIÓN DEL SALDO FINANCIERO ESPAÑA-UE EN 2021

millones de euros

Conceptos	Importe
Intereses de demora	13
Recurso IVA	1.800
Recurso RNB	11.815
Recursos Propios Tradicionales	2.000
Recurso envases plástico no reciclados	562
Aportación por prestación de servicios	2
Pago indemnizaciones, multas y sanciones	1
Fondo Refugiados para Turquía	13
Aportación al FEP	20
Aportación al FED	318
TOTAL APORTACIÓN ESPAÑOLA	16.543
FEAGA	5.740
FEADER	1.161
FEMP y Otros recursos agrarios y pesqueros	162
FEDER	4.554
FSE	2.817
React EU	871
Mecanismo Recuperación y Resiliencia	5.917
20% gastos de recaudación recursos propios tradicionales	475
Otras transferencias	622
TOTAL TRANSFERENCIAS UE	**22.318**
SALDO FINANCIERO	5.775

Fuente: Ministerio de Hacienda y otros.

(SEPG 2021)

Außerdem spiegeln diese Zahlen nur das Best-Case-Szenario wider. Die Sitzung der Europäischen Zentralbank am 10. Dezember (Canepa/Koranyi 2020) wird höchstwahrscheinlich beschließen, den Ankauf spanischer Anleihen einzustellen und die Gewährung von Hilfen von der Gewährung von Krediten abhängig zu machen, die mit Schuldenauflagen verbunden sind, so dass die unbedeutenden Hilfen der EU in Höhe von 5.775 Mio. Euro ins Leere laufen könnten. Diese schändliche Demütigung Spaniens steht im Gegensatz zu den Maßnahmen, die die mitteleuropäischen Regierungen, insbesondere in Deutschland, ergriffen haben (siehe untenstehende Tabelle).

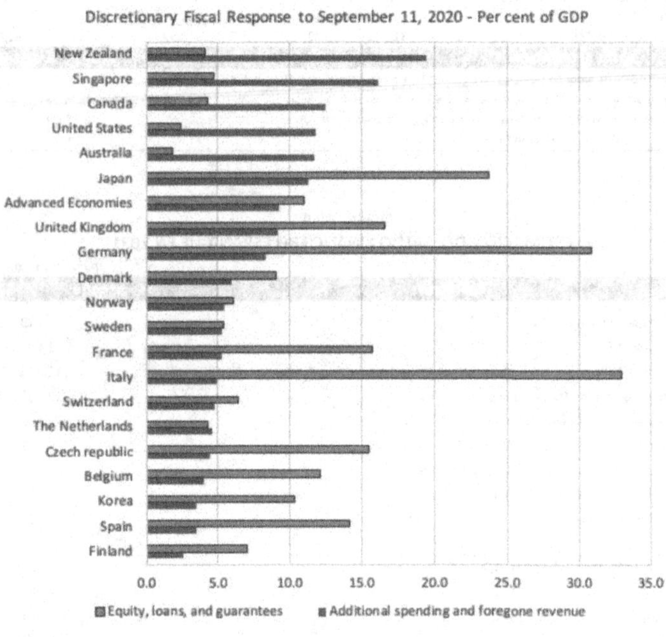

https://twitter.com/RafelCarretero/status/1319631559989858305/photo/1

Während in Mitteleuropa die Ausgaben der Länder zur Bewältigung der Pandemie in die Höhe geschnellt sind, sind die Ausgaben in Spanien verschwindend klein. In Deutschland hat Angela Merkel zur Rettung der deutschen Wirtschaft nicht weniger als 500 Milliarden Euro an Direkthilfen bereitgestellt. Merkel hat damit die Pandemie in eine imperialistische Chance verwandelt, aus der die deutschen Unternehmen stärker hervorgehen werden als die schwächelnden Unternehmen Südeuropas. Glaubt denn irgendjemand bei klarem Verstand, dass Deutschland im Gegenzug zu Strukturreformen und Ausgabenkürzungen verpflichtet wurde? Dass ich nicht lache. Eine solche Zumutung wird nur Südeuropa auferlegt. Deutschland macht, was es will, wann es will, und natürlich ohne Rechtfertigung, denn das Geld stammt ja aus seinen Handelsüberschüssen. Die Dynamik ist einfach. Die EU hat die industriellen Sektoren Südeuropas demontiert, dann die Ausgabenkapazität des Südens eingeschränkt und ihn schließlich gezwungen, Produkte aus dem Norden zu kaufen. Die Interessen des Südens sind irrelevant, nur Deutschland zählt. Das ist die Dynamik zwischen Kolonien und Kolonialmächten.

Wären wir keine Kolonie, dann würden wir die geldpolitische Souveränität unserer Zentralbank nutzen, um die Auswirkungen von COVID 19 abzufangen. Dazu würde ein Jobgarantieplan für unser 13-jähriges Kind gehören, wenn es in den Arbeitsmarkt eintritt, und gegenwärtig würde dies bedeuten, dass das gesamte spanische Gesundheitspersonal im Kampf gegen die Pandemie eingesetzt würde. Im Gegenzug könnten wir die Krankenhausinfrastrukturen verstärken und diejenigen besser schützen, die am stärksten durch das Virus gefährdet sind. All dies kann nicht innerhalb der EU und des Euro geschehen. Tatsächlich hat die EU ihre Ausgabenvorschriften ausgesetzt. Allerdings hat die Regierung den autonomen Regionen vorgeschlagen, ein Defizit von 2,2 % nicht zu überschreiten. Alle wissen, dass auch diese Zahl lachhaft und unzureichend ist, doch ist die Angst vor Defiziten so groß, dass niemand wagt, mehr zu fordern, denn sobald die Krise vorbei ist, wird die EU wieder Ausgaben- und Defizitgrenzen vorschreiben, die mit neuen Sozialkürzungen einhergehen werden. Und schändlich schweigt die Regierung und schluckt.

Also, welche große Lüge erzählen die Erwachsenen unserem 13-Jährigen, um seine Lage zu rechtfertigen? Dass es uns ohne die Europäische Union schlechter gehen würde.

Euro delendus est.

IST ES AN DER ZEIT FÜR EINE JOBGARANTIE IN SPANIEN?[30]

(Wenn unsere Gesellschaft eine allgemeine Schulpflicht und eine allgemeine Gesundheitsversorgung vorsieht, warum dann nicht auch eine Jobgarantie für alle, die sie wollen?)

Ist es an der Zeit, in Spanien ein Jobgarantie-Programm einzuführen? Wir glauben ja. Und wir stützen uns bei dieser Meinung auf jüngste Initiativen aus aller Welt. Erstens hat die US-Notenbank ihre Politik der letzten Jahrzehnte geändert und legt nun mehr Wert auf das Erreichen von Vollbeschäftigung als auf die Kontrolle der Inflation. Zweitens ist auf der politischen Bühne der so genannte Green New Deal aufgetaucht, der auf eine nachhaltige Entwicklung unseres Planeten und die Kontrolle der absehbaren Folgen des Klimawandels abzielt und dazu auch Maßnahmen zur Vollbeschäftigung vorsieht. Dies ist der Rahmen für das Programm, das wir vorschlagen.

All dies führt uns zu der Auffassung, dass es in unserer fortgeschrittenen Gesellschaft keine Entelechie mehr ist, den Wahrheitsgehalt folgender Aussage zu verteidigen: Die einzige Möglichkeit zur Erreichung von dauerhafter Vollbeschäftigung ist das Verbot von unfreiwilliger Arbeitslosigkeit, weshalb ein Programm umgesetzt werden muss, das allen, die arbeiten wollen und können, einen angemessenen Arbeitsplatz garantiert.

Wenn in unserer Gesellschaft eine allgemeine Gesundheitsversorgung und eine Schulpflicht auf Kosten des Staates bis zu einem bestimmten Alter vorgesehen ist, warum sollte man dann nicht auch dafür sorgen, dass diejenigen, die arbeiten wollen, garantierten Zugang zu einem Arbeitsplatz erhalten?

Das Recht auf allgemeine Gesundheitsversorgung verbietet Todesfälle aufgrund mangelnden Zugangs zu medizinischen Leistungen. Ebenso verbietet das Recht auf Bildung einen Mangel an Grundbildung. Folglich würde die Jobgarantie unfreiwillige Arbeitslosigkeit verbieten. Beschäftigung

[30] Dieser Artikel wurde am 24. September 2020 auf Spanisch in der Zeitung *Cinco Días* veröffentlicht und wurde gemeinsam mit José Luis de la Fuente O'Connor verfasst. Der Originalartikel ist abrufbar unter: https://cincodias.elpais.com/cincodias/2020/09/23/opinion/1600819656_367221.html.

verleiht den Menschen Würde und Respekt, geistig und intellektuell, und gibt ihnen die Möglichkeit, sich besser, aktiver und effizienter in die Gesellschaft einzubringen.

Aktuell wird die spanische Übersetzung des Buches *The case for a job guarantee* (2020) von Pavlina Tcherneva vorgestellt, das mit einer Fülle von Daten und Argumenten ausführlich darlegt, wie ein solches Programm aussehen sollte und wie es richtig umgesetzt werden kann.

Aus der Lektüre von Tchernevas Buch lässt sich folgern, dass sich die jahrzehntelange massive Arbeitslosigkeit, unter der wir in Spanien über die Covid-19-Krise hinaus leiden, auf drei Phänomene zurückführen lässt.

Das erste bezieht sich auf die Tatsache, dass Arbeitslosigkeit ein monetäres Phänomen ist. Das ist so, weil in unserem Land 3.802.814 Menschen ihre Arbeitskraft gegen ein Gehalt anbieten, aber keine Stelle bekommen.

Zweitens ist die Arbeitslosigkeit in Spanien ein politisches Problem, das von der fehlenden Währungssouveränität herrührt. Würde Spanien eine eigene Währung ausgeben, könnte der Staat die 3.802.814 Arbeitslosen einstellen, da monetär souveräne Staaten keine Steuern erheben oder Schulden machen müssen, um ohne finanzielle Zwänge Ausgaben in ihrer eigenen Währung tätigen zu können. Arbeitslosigkeit in monetär souveränen Staaten ist daher eine politische Entscheidung. Ein souveränes Spanien könnte eine öffentliche Ausgabenpolitik betreiben, die permanente Vollbeschäftigung per Gesetz garantiert.

Drittens ist die Arbeitslosigkeit in Spanien ein administratives Phänomen. Der beste Weg, eine Politik der permanenten Vollbeschäftigung in einem souveränen Spanien zu organisieren, wäre die Umsetzung von Jobgarantien auf der Grundlage von Beschäftigungspuffern auf kommunaler Ebene. Auf diese Weise stünde in den Arbeitsämtern stets eine Reserve an Arbeitsangeboten zur Verfügung. So bekämen alle, die diese Ämter aufsuchen, einen Arbeitsplatz zu einem angemessenen Gehalt und angemessenen Arbeitsbedingungen im öffentlichen Dienst.

In einer Situation, in der es keine Rohstoffkrise gibt, würde die oben erwähnte Jobgarantie auch als Methode zur Erreichung von Preisstabilität dienen. Der Faktor Arbeit ist an der

Schaffung aller Güter in der Wirtschaft beteiligt. Daher würde die Regulierung des Preises der Arbeit durch die Jobgarantieprogramme auch den Preis aller Güter in der Wirtschaft stabilisieren. Auf diese Weise würde die Vollbeschäftigung die Funktion eines automatischen Stabilisators übernehmen, was aktuell die Arbeitslosigkeit tut. In Zeiten des wirtschaftlichen Abschwungs würde der Umfang der Jobgarantieprogramme zunehmen, damit die Nachfrage nach und die Produktion von Waren und Dienstleistungen nicht einbricht. In wirtschaftlich guten Zeiten würde das Lohnniveau in der Wirtschaft steigen, aber in der Nähe des Niveaus der Jobgarantie bleiben. Auf diese Weise wäre die Vollbeschäftigung nicht nur mit der Preisstabilität vereinbar, sondern die Preisstabilität wäre eine Folge der Vollbeschäftigung.

Die Kosten für die Umsetzung eines Jobgarantieprogramms für 3.000.000 Menschen in Spanien mit einem Bruttolohn von 1.300 Euro pro Monat würden sich auf etwa 45 Milliarden Euro/Jahr belaufen, d. h. auf etwa 4,5 % des BIP. Von dieser Zahl müssten wir die Arbeitslosenunterstützung abziehen, die die Arbeitslosen derzeit erhalten, was die Gesamtkosten des Programms erheblich reduzieren würde. Wenn die für die Umsetzung der Jobgarantie verwendeten Materialien und Dienstleistungen weitere Ausgaben in Höhe von 10 Milliarden Euro bedeuten würden, läge das Netto-BIP-Wachstum zwischen 1,8 und 2,5 Prozent. Dieses Wachstum würde durch die Produktion und den Konsum der drei Millionen Menschen entstehen, die aus der Arbeitslosigkeit entlassen würden. Darüber hinaus würde die Zahl der neuen Arbeitsplätze, die durch diese Aktivität entstehen, zur Schaffung einer weiteren halben Million Arbeitsplätze führen. Folglich würde ein Plan zur Jobgarantie in Spanien mehr oder weniger die oben erwähnten 45 Milliarden Euro kosten.

Solche Maßnahmen wären innerhalb der Europäischen Union und des Euro nicht unmöglich, wenn die Europäische Union ihre Verträge ändern würde. Vor allem müsste die im Stabilitäts- und Wachstumspakt festgelegte Grenze von 3 % für das öffentliche Defizit aufgegeben werden. Wenn dies geschähe und die Europäische Union anerkennen würde, dass die richtige Höhe des öffentlichen Defizits diejenige ist, die dank der auf Beschäftigungspuffern basierenden Beschäftigungsgarantiepläne Vollbeschäftigung ohne Inflation garantiert, könnte das Problem der Massenarbeitslosigkeit in Spanien innerhalb der Europäischen Union gelöst werden. Es deutet jedoch nichts darauf hin, dass die Europäische Union ihre Verträge in dieser Richtung reformieren wird. Folglich wird es kein Ende der Massenarbeitslosigkeit innerhalb der Europäischen Union und der gemeinsamen Währung geben.

Carlos García Hernández/José Luis de la Fuente O'Connor haben ein Studium der Philosophie und Geschichte an der Humboldt-Universität zu Berlin absolviert/Professor an der *Universidad Politécnica de Madrid*.

ANTISOZIALISTISCHER EUROPÄISMUS[31]

Die Zahlungsfähigkeit der spanischen Wirtschaft steht auf dem Spiel. Der spanische Minister für Verbraucherschutz, Alberto Garzón, hat jedoch in den letzten Wochen auf die Notwendigkeit einer Reindustrialisierung Spaniens hingewiesen, ohne seine derzeitige Mitgliedschaft in der EU und den Euro aufzugeben.

Im Folgenden werden wir sehen, dass die Aussage des Ministers heilloser Unsinn ist, an dem er mitschuldig ist.

Zunächst einmal muss geklärt werden, warum Spaniens Zahlungsunfähigkeit möglicherweise vor der Tür steht, auch wenn niemand, weder in den Medien noch im Parlament, darüber spricht.

Im Jahr 2015 musste die Europäische Zentralbank den Euro *in extremis* retten. Mario Draghi, der damalige EZB-Präsident, sagte, es werde „alles Notwendige" getan, um den Euro zu retten. Damit war die Einführung des Programms zum Ankauf von Staatsanleihen (Public Sector Purchase Program – PSPP) gemeint. Im Rahmen dieses Programms kaufte die EZB Schulden der südeuropäischen Länder in Höhe von mehr als einer Billion Euro auf. 80 % der Käufe wurden von den nationalen Zentralbanken getätigt, die restlichen 20 % wurden von der EZB und der Zentralbank jedes Landes, das

[31] Der Originalartikel wurde am 3. Juli 2020 in *El Común* auf Spanisch veröffentlicht: https://elcomun.es/2020/07/03/europeismo-antisocialista/.

von dem Programm profitierte, aufgekauft. Aufgrund der Widersinnigkeit der EU ist dieser Ankauf von Schuldtiteln auf dem Primärmarkt nicht zulässig. Er wurde daher auf dem Sekundärmarkt durch die Intervention von Privatbanken durchgeführt. Dies ermöglichte es dem Gerichtshof der Europäischen Union (EuGH), diesen Ankauf von Schuldtiteln im Jahr 2018 für rechtmäßig zu erklären. Das PSPP wurde jedoch vor dem deutschen Bundesverfassungsgericht als verfassungswidrig angefochten, da die rechtsextreme AfD und die konservativeren Teile der CDU/CSU der Ansicht waren, dass Programme wie das PSPP nicht in die Zuständigkeit der EZB fallen. Eine solche Zuständigkeit ist die Geldpolitik der EU, nicht aber die Wirtschaftspolitik, die in der Verantwortung der einzelnen Mitgliedsstaaten liegen soll.

Am 5. Mai 2020 fällte das deutsche Bundesverfassungsgericht sein Urteil. Es bestätigt die Möglichkeit der EZB, die Schulden der Mitgliedstaaten auf dem Sekundärmarkt zu kaufen, räumt jedoch die von der AfD und Co. vorgebrachte Möglichkeit der Verfassungswidrigkeit des PSPP ein. Grund für diese Anerkennung ist, dass die EZB bei der Umsetzung des PSPP keinen Bericht über die Verhältnismäßigkeit erstellte, sondern lediglich erklärte, dass 80 % der Ankäufe anteilsmäßig durch die nationalen Zentralbanken erfolgen würden, was dazu führte, dass die deutsche Zentralbank letztendlich einen großen Teil der Anleihen im Rahmen des Programms kaufte. Infolgedessen forderte das deutsche Verfassungsgericht die EZB auf, innerhalb von drei Monaten einen Bericht über die Verhältnismäßigkeit des PSPP vorzulegen. Legt die EZB einen solchen Bericht nicht vor, geht aus dem Bericht hervor, dass das Ankaufsvolumen nicht verhältnismäßig war, oder stellt das Verfassungsgericht fest, dass der Anwendungsbereich des PSPP über die Sphäre der Geldpolitik hinaus in die Wirtschaftspolitik der Mitgliedstaaten hineinreicht, behält sich das Verfassungsgericht das Recht vor, der Deutschen Bundesbank die weitere Teilnahme an den Anleihekäufen der EZB zu untersagen, die Deutsche Bundesbank zur Rückzahlung der im Rahmen des PSPP angekauften Anleihen zu verpflichten und die Teilnahme Deutschlands am Pandemie-Notfallkaufprogramm (Pandemic Emergency Purchase Program – PEPP) zu verhindern.

Das PEPP besteht aus 750 Milliarden Euro. Die EZB sieht es als Programm zum Wiederaufbau der Wirtschaft im Süden Europas nach der Pandemie. Würde sich Deutschland nicht daran beteiligen und auch die im Rahmen des PSPP aufgekauften Schulden zurückzahlen, hätte das folgende Konsequenz: Sowohl Spanien als auch ganz Südeuropa würden zahlungsunfähig. So einfach wäre das. Spanien hätte nicht die finanziellen Mittel, um seinen Zahlungsverpflichtungen nachzukommen, weder auf nationaler noch auf internationaler Ebene. Es lebe die Europäische Union und es lebe der Euro!

In diesem Zusammenhang gab Alberto Garzón der Zeitung *El Mundo* ein sehr wichtiges Interview. Darin bekräftigt Garzón, dass „die Schritte, die in der Europäischen Union unternommen werden, positiv sind. [...] Wir müssen mehr in Innovation und Bildung investieren und die Instrumente des Staates für eine Industriepolitik nutzen, die in den letzten 40 Jahren kaum eingesetzt wurde. Wir brauchen einen Staatspakt für die Industrie oder für die Reindustrialisierung. Es ist ein außergewöhnlicher Moment, in dem letztendlich nicht die Regierung den Wechsel des Produktionsmodells vornimmt, sondern die Unternehmen". Und in diesem allgemeinen Rahmen sagt er, die Rolle der Regierung sollte darin bestehen, „praktische Ziele zu setzen". Anschließend definiert er sich als „in der kommunistischen Tradition ausgebildeter Ökonom" und sagt, „der Kommunismus [sei] eine politische und soziale Bewegung zur Umgestaltung der Realität, die auch heute noch aktuell ist". Um seine Position zu bekräftigen, sagt er, dass „die jüngsten Erfahrungen mit der Industrialisierung in den asiatischen Ländern [...] zeigen, dass der beste Weg zur Verbesserung der Lebensbedingungen eines Landes nicht nur in der Beteiligung technologischer Unternehmen besteht, sondern auch im Antrieb *und sogar* [meine Hervorhebung] in der Beteiligung des Staates". Schließlich stellt Alberto Garzón scharfsichtige Überlegungen zur makroökonomischen Politik an: „Wenn wir den europäischen Konjunkturimpuls richtig gestalten, wird er ausreichende Einnahmen erzielen, um das Defizit durch Wachstum zu verringern. Wenn das vorrangige Ziel der Defizitabbau ist, zerstört er die Wirtschaft. [...] Wir müssen eine doppelte

Anstrengung auf der Einnahmenseite unternehmen, um die Wirtschaftstätigkeit wieder anzukurbeln, und eine zusätzliche Anstrengung, um die Einnahmekapazität der Wirtschaft zu verbessern, damit der Modellwechsel stattfinden kann.“ (Segovia 2020)

Dies ist zweifelsohne ein sehr bedeutendes Interview, in dem gewichtige makroökonomische Fragen angesprochen werden. Daher bin ich der Meinung, dass wir die Worte des Ministers den grundlegenden Postulaten der makroökonomischen Wissenschaft gegenüberstellen sollten, um ihren Inhalt zu analysieren. Diese Postulate sind in dieser Gleichung enthalten:

Saldo des privaten Sektors + Saldo des öffentlichen Sektors + Saldo des Auslandssektors = 0

Diese Grundgleichung der Makroökonomie offenbart sehr schwerwiegende Ungereimtheiten in den Worten des Ministers. Beginnen wir am Anfang.

Der Minister spricht ganz offen von einer Änderung des Produktionsmodells. Dieser Wandel muss zu einer größeren Wertschöpfungskapazität führen, um eine allgemeine Lohnerhöhung in der spanischen Wirtschaft zu erreichen. Was löst diesen Wandel aus? Garzóns Worten zufolge sind das höhere Steuereinnahmen, erstens, um sich von der Pandemie-Krise zu erholen, und zweitens, um die Reindustrialisierung selbst zu ermöglichen. Nun, stellt man diese Überlegung der oben genannten Gleichung gegenüber, wird man feststellen, dass der Minister offensichtlich auf zwei Hochzeiten gleichzeitig tanzen will, was illusorisch ist. Die Erhöhung des Überschusses des öffentlichen Sektors durch die Erhöhung der Steuereinnahmen impliziert eine Verringerung des Überschusses des privaten Sektors, d.h. der Investitions- und Sparfähigkeit der Unternehmen und Familien. Wenn, wie der Minister sagt, die Änderung des Produktionsmodells von den Unternehmen und nicht von der Regierung vorgenommen wird, wäre es vernünftig, genau das Gegenteil zu tun, d.h. das Defizit des öffentlichen Sektors drastisch zu erhöhen, damit die privaten Unternehmen und Familien die zur Änderung des Produktionsmodells notwendigen Investitionen tätigen können. Die Ersparnisse der Unternehmen zu verringern und von ihnen zu erwarten, dass sie mehr ausgeben, um den Wandel des Produktionsmodells zu vollziehen, ist einfach unsinnig.

Der Minister sieht jedoch den Defizitabbau nicht als vorrangiges Ziel, sondern als Folge des Wachstums, da die Beseitigung der öffentlichen Defizite die Wirtschaft zerstören kann. Aus diesem Grund muss das europäische Konjunkturprogramm richtig konzipiert sein.

Letzteres wirft zwei ernste Probleme auf. Einerseits fragt man sich, was der Minister Spanien vorschlägt, wenn das europäische Konjunkturprogramm nicht das richtige ist und eine drastische Senkung des Defizits erzwingt. Nach der (richtigen) Meinung des Ministers würde dies die spanische Wirtschaft zerstören. Allerdings schlägt Garzón keinesfalls vor, die gemeinsame Währung aufzugeben, sodass ersichtlich wird, dass der Minister eher bereit ist, die Zerstörung der spanischen Wirtschaft mitzuerleben, als den Austritt aus dem Euro zu befürworten. Natürlich wird die EU genau das tun, nämlich die spanische Wirtschaft durch eine drastische Senkung des Defizits (noch mehr) zerstören, wie kürzlich von Luis De Guindos (Álvarez 2020), dem Vizepräsidenten der EZB, angekündigt wurde.

Zweitens stellen die Worte des Ministers eine Verbindung zwischen Wirtschaftswachstum und Defizitabbau her, was eine zutiefst antisozialistische Haltung widerspiegelt. Die richtige Höhe des öffentlichen Defizits ist diejenige, die per Gesetz dauerhafte Vollbeschäftigung und Preisstabilität garantiert. Dies ist ein sozialistisches Postulat. Es sollte nicht das Ziel der Regierung sein, eine Senkung des Defizits als Folge des Wirtschaftswachstums zu erwägen, vor allem wenn wir bereits gesehen haben, dass nach der Grundgleichung der Makroökonomie das öffentliche Defizit nur ein anderer Name für die Ersparnisse des privaten Sektors ist.

Dies führt uns zu dem grundlegenden Widerspruch in Garzóns Worten: Euro und Reindustrialisierung.

Der Minister irrt, wenn er sagt, dass der Wechsel des Produktionsmodells von den Unternehmen und nicht von den Regierungen vollzogen wird. Die kommunistische Tradition selbst, der der Minister angeblich angehört, belegt dies. Oder glaubt der Minister, dass die UdSSR sich dank der von den Sowjetbürgern gezahlten Steuern industrialisiert, Gagarin in die Umlaufbahn gebracht und den Sputnik gestartet hat? Die Sowjetunion hat, wie alle Länder, die eine umfassende Industrialisierung durchgeführt haben, die geldpolitische Souveränität ihrer Zentralbank genutzt, um die realen Ressourcen der Wirtschaft zu mobilisieren und diese Ressourcen für ihre industriellen Ziele einzusetzen. Weder damals noch heute wurde oder wird irgendetwas durch die Erhebung von Steuern finanziert; stattdessen dienen Steuern dazu, die Inflation zu kontrollieren, dem Geld einen Wert zu geben und die verschiedenen wirtschaftlichen Aktivitäten zu fördern oder zu bremsen. Nur so kann die Industrialisierung, von der Garzón spricht, erreicht werden. Die Unkenntnis des Ministers ist bedauerlich, insbesondere, weil er behauptet, eine Tradition (die kommunistische) zu verteidigen, die er eklatant ignoriert.

Sicherlich kann man darüber streiten, welches Gewicht die private industrielle Initiative haben soll. In der kommunistischen Orthodoxie des 20. Jahrhunderts bestand der private Sektor unserer makroökonomischen Gleichung nur aus den Haushalten. Dies bedeutete, dass der industrielle Sektor vollständig öffentlich war. Seit dem späten 20. Jahrhundert bis heute hat sich die Kommunistische Partei Chinas jedoch für ein gemischtes Industrialisierungssystem entschieden, das sowohl öffentliche als auch private Unternehmen umfasst. Mit dieser Reform hat sich China den westlichen Industriemodellen angenähert, insbesondere den Vereinigten Staaten, wo der Industriesektor aus großen öffentlichen Unternehmen wie der NASA und privaten Unternehmen besteht. Allerdings wird die Industriepolitik weder in China noch in den USA von privaten Technologieunternehmen geleitet, sondern vom Staat. So bestimmt die Regierung durch ihre Steuer-, Geld- und Unternehmenspolitik das Produktionsmodell des Landes. Es ist nicht einmal der öffentliche Sektor, der sich am industriellen Sektor beteiligt, sondern es ist die Regierung, die über den Umfang der privaten und öffentlichen Beteiligung am industriellen Sektor entscheidet. Im Gegensatz zu dem, was der Minister gesagt hat, ist also die Regierung für die Änderung des Produktionsmodells verantwortlich, und nicht die privaten Unternehmen, deren Beteiligung das Gewicht hat, das der Staat ihr zugesteht, um seine Ziele zu erreichen.

Welche Chancen auf Reindustrialisierung hat Spanien in diesem Szenario, solange das Land der EU und dem Euro angehört? Keine.

In der Tat sind die europäischen Verträge so konzipiert, dass sie eine Industrialisierung von Ländern wie Spanien nicht zulassen. Die EU ist eine deutsche Union, in der die Interessen Südeuropas keine Rolle spielen. Wenn Spanien eine Reindustrialisierung in technologisch führenden Sektoren anstreben würde, müsste es eine klare und definierte nationale Industrialisierungspolitik betreiben und diese Politik mit sehr starken öffentlichen Investitionen begleiten. Dies würde zwangsläufig zu einem sehr hohen und langanhaltenden Anstieg der öffentlichen Defizite führen. Der Weg in die Zukunft ist ganz klar. Er wird von den am meisten industrialisierten Ländern vorgezeichnet. Sie alle wenden dank ihrer Währungssouveränität einen sehr hohen Prozentsatz ihres BIP für Investitionen und Entwicklungsausgaben auf, wie diese Grafik zeigt:

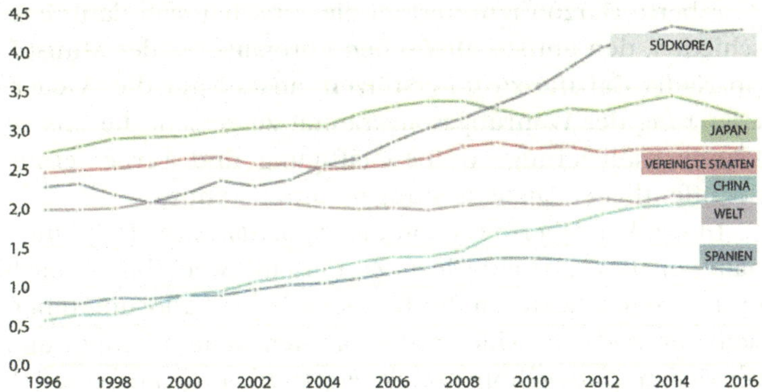

Ausgaben für Forschung und Entwicklung (% des BIP). Institut für Statistik der Organisation der Vereinten Nationen für Bildung, Wissenschaft und Kultur (UNESCO). Quelle: Weltbank.

Damit weder Spanien noch Südeuropa mit den wertschöpfungsintensiven deutschen Unternehmen konkurrieren können, schreibt die EU für das öffentliche Defizit eine Obergrenze von 3 % vor. Daher werden die Ausgaben für Forschung und Entwicklung in Spanien, der wahre Weg zur Reindustrialisierung, niemals das für die Reindustrialisierung erforderliche Niveau erreichen. Das ist der eigentliche Grund für das Urteil des deutschen Verfassungsgerichts. Aufgrund der COVID-19-Pandemie wurde die 3 %-Defizit-Regel ausgesetzt. Außerdem sieht das PEPP den massiven Ankauf südeuropäischer Schulden durch die Bundesbank vor. Infolgedessen hat der deutsche Staat gesehen, dass sich die Nähte der Zwangsjacke lösen, die er den Industriesektoren im übrigen Europa angelegt hatte. Die deutsche Antwort ließ nicht lange auf sich warten. Einerseits hat Deutschland damit gedroht, aus dem PEPP auszusteigen und Südeuropa zur Zahlungsunfähigkeit zu verurteilen, andererseits hat es, wie Luis De Guindos hervorgehoben hat, die EZB gezwungen, die Grenzen für das öffentliche Defizit so schnell wie möglich wieder einzuführen. Auf diese Weise verteidigt Deutschland seine Interessen, indem es erstens jede Art von Reindustrialisierung verhindert, die ihm Konkurrenz macht, und zweitens, indem es die südeuropäischen Staaten daran hindert, deutsche Unternehmen durch Defizitausgaben aufzukaufen.

Alberto Garzón ignoriert all dies und hat sich dafür entschieden, den antisozialistischen Europäismus der Ministerin Nadia Calviño zu unterstützen, anstatt auf die Wiedererlangung der Währungssouveränität zu setzen, die uns zu Reindustrialisierung, Vollbeschäftigung und Verbesserung der öffentlichen Dienstleistungen führen könnte.

Intern hat Alberto Garzón die *Izquierda Unida* (IU) innerhalb von *Podemos* aufgelöst. Zu diesem Zweck hat er nach und nach alle Sektoren der IU, die sich der Auflösung innerhalb von *Podemos* widersetzten, an den Rand gedrängt und vertrieben. Dazu gehören selbstverständlich vor allem die EU- und Euro-kritischen Sektoren, die von den IU-Kadern systematisch angegriffen werden, einer Sekte von Arschkriechern Alberto Garzóns, die die IU zu einer Lebensform gemacht haben, um dem Arbeitsmarkt zu entkommen, und deren Hauptziel darin besteht, jeden Anflug von Opposition gegen den Euro und die Europäische Union aus der IU zu vertreiben.

Seine Rolle als Mitglied des Zentralkomitees der Kommunistischen Partei Spaniens (PCE) ist nicht weniger verhängnisvoll. Auf ihrem 20. Kongress verabschiedete die PCE eine Resolution für den Austritt aus dem Euro und aus der EU. Dies war eine Niederlage, die Alberto Garzón bis heute nicht verziehen hat, denn die Resolution wurde verabschiedet, nachdem er jedes einzelne Mitglied des Zentralkomitees unter Druck gesetzt hatte, gegen die Resolution zu stimmen. Trotzdem hat er verloren, und seither setzt er alles daran, dass die PCE sich nicht an das hält, was auf ihrem letzten Kongress beschlossen wurde.

Leider ist der Schaden, den Alberto Garzón und seine Gefolgsleute der spanischen Linken zugefügt haben, innerhalb der IU und der PCE möglicherweise bereits irreversibel. Bald werden wir erleben, wie die EU die von De Guindos angekündigten Sparmaßnahmen wieder einführen wird. Dies wird zu mehr Kürzungen, mehr Elend und mehr Arbeitslosigkeit führen, und niemand in *Unidas Podemos* wird seine Stimme erheben und „Es reicht mit der EU und dem Euro“ rufen.

Die spanischen Arbeitnehmer müssen sich entscheiden zwischen dem antisozialistischen Rücktritt von *Unidas Podemos* oder der Gründung einer neuen Partei, deren Hauptachsen die Wiederherstellung der Währungssouveränität und des Sozialismus sind.

Euro delendus est.

VERRÄTER[32]

Vor etwa 5.000 Jahren beschloss ein weises Volk aus dem Nahen Osten, ein soziologisches Dreieck aufzubauen: zentrale Macht, Eigentümer und Produzenten. Auf diese Weise gelangte die Menschheit vom Paläolithikum zum Neolithikum. Und das Leben wurde besser.

Die Stammesstrukturen der Jäger und Sammler waren für das neue Leben nicht geeignet. Ackerbau und Viehzucht hatten sich entwickelt, und die Menschen siedelten sich dauerhaft an. Dies führte zur Teilung von Arbeit, Gewerbe und Handel: ein wahres Chaos. Handelsvereinbarungen waren kompliziert und gefährlich. Es gab weder eine Garantie für die Einhaltung der Verträge noch eine Möglichkeit, genaue

[32] Der Originalartikel wurde am 4. Juni 2020 in *El Común* auf Spanisch veröffentlicht: https://elcomun.es/2020/06/04/traidores/.

Zahlungen zu leisten. Man wusste nie genau, wie viele Schafe eine Kuh wert war oder wie viel Gerste einer Hacke entsprach. Ein Mittel musste her, um die neue Gesellschaft zu organisieren und zusammenzuhalten. Nach langem Nachdenken und vielen gescheiterten Experimenten fand man die Lösung: Schulden. So entstanden die Schrift und die Zahlen. Die Kuh wurde durch Symbole dargestellt, ebenso wie Schafe, Hacken und Gerste.

Dann bauten sie einen Palast, der als Zentralbank diente. Dort kamen ein König und ein Hofstaat hinein. Und sie bauten eine große Schiefertafel. Nur die Hofschreiber, die im Palast die Kunst des Schreibens und Rechnens gelernt hatten, durften auf ihr schreiben. Dort wurden die Schulden der Bürger aufgezeichnet, und zwar in der Einheit, die nur der Palast ausgeben konnte. So kam Ordnung in das Chaos. Kühe, Hacken, Rinder, Schafe und alle anderen Waren und Dienstleistungen des Landes erhielten einen Preis, der in Einheiten von Palastschulden ausgedrückt wurde. So entstand der Markt. Dort standen die Produkte des Landes in Palastschuld-Einheiten zum Verkauf. Die Palastschuld wurde zur Landeswährung. Nur der Palast konnte sie herausgeben, also konnte der Palast alles kaufen, was auf dem Markt verkauft wurde. Damit die Währung einen Wert hatte, beschloss der Palast, dass alle Verkäufer eine Steuer auf die vom Palast selbst herausgegebenen Schulden entrichten mussten, um Zugang zum Markt zu erhalten. Dies geschah nicht, um sich selbst zu finanzieren, denn dem Palast konnte das Geld, das nur er herausgab, nicht ausgehen, sondern um zu verhindern, dass die Marktpreise in die Höhe schossen und ein Phänomen hervorriefen, das als Inflation bekannt wurde.

Daher konnte nur der Palast Steuern erheben, und nur der Palast konnte das Geld für die Zahlung dieser Steuern herausgeben. Die ersten Städte wurden gegründet, die Gewerbe und die zum Verkauf stehenden Produkte vervielfachten sich, die Wissenschaft der Astronomie entstand, um die Ernten zu planen, der Palast begann, die Berechnung von Zinseszinsen zu lehren, und die Mathematik, große öffentliche Bauwerke, Krankenhäuser und Schulen entstanden. Die Primärindustrie herrschte vor, doch daneben gab es auch eine kleine Sekundär- und Tertiärindustrie. Und auch die Korruption entstand.

Die Emittenten von Palastschulden (der König selbst, die königliche Familie, Beamte, Tempel usw.) unterhielten weiterhin persönliche Beziehungen zum Rest der Gesellschaft. Aufgrund dieser Beziehungen kam es zu Geldtransfers vom Palast zu einer Minderheit, die begann, große Geldbeträge anzuhäufen. So entstanden die Kredithaie und Wucherer, die stets bereit waren, Bürgern zu „helfen", die entweder durch Unfälle, Unglücksfälle wie Krankheiten oder Naturkatastrophen oder aufgrund von Fehlentscheidungen ihre Schulden nicht bezahlen konnten. Die Wucherer liehen ihnen Geld gegen Zinsen. Der Ökonom Michael Hudson schreibt in seinem Buch *„...and Forgive Them Their Debts"* [...und vergib ihnen ihre Schulden] über Babylon, dass man dort „die grundlegende Dynamik von Schulden entdeckte: Sie wachsen an und dringen zunehmend in die Wirtschaft ein, absorbieren Überschüsse und übertragen Grundbesitz und sogar die persönliche Freiheit der Schuldner auf die Gläubiger." (Hudson 2018, xi)

Zu Beginn bestanden die drei Spitzen des soziologischen Dreiecks oft aus denselben Personen. Das Oberhaupt einer Erzeugerfamilie war selbst Besitzer eines Grundstücks, und die Mitglieder des Palastes (einschließlich des Königs) stammten aus der normalen Bürgerschaft. Nach und nach standen an den Eckpunkten des Dreiecks immer mehr Menschen, die nur einem der Eckpunkte angehörten, und so entstanden die sozialen Klassen: die Aristokratie oder herrschende Klasse, die im Palast Geld emittierte, die Besitzer der Produktionsmittel und die enteigneten Arbeiter.

Dieses Spannungsverhältnis besteht bis zum heutigen Tag. Nur sehr wenige Menschen begreifen es. Die Gesellschaft lässt sich jedoch nicht ohne einen der drei Eckpunkte verstehen, denn wenn einer davon verschwindet, haben die beiden anderen keine Bedeutung mehr. Aus diesem Grund versuchen die Finanzoligarchien seit der Bronzezeit, den Regierungen die Befugnis zur Ausgabe nationaler Währungen zu entreißen. Wenn die Vorteile des zuvor erwähnten Übergangs vom Paläolithikum zum Neolithikum die Schaffung einer Regierung rechtfertigen, die eine nationale Währung ausgibt, warum gibt es dann eine kleine Finanzoligarchie und eine Mehrheit, die bereit ist, für diese Oligarchie zu arbeiten? Mit anderen Worten, warum gibt es Unternehmer und warum gibt es Arbeiter, warum gibt es Menschen, die Unternehmen besitzen wollen, und Menschen, die für sie arbeiten wollen? Auf diese Fragen gibt es nur eine Antwort: Geld. Geld wird jedoch nur von Staaten ausgegeben, d. h. wer den Staat kontrolliert, kontrolliert die Ausgabe von Geld und verwaltet auch das Objekt der Begierde von Arbeitnehmern und Unternehmern.

Der Staat (der Palast) gibt zunächst das von ihm geschaffene Geld aus, um sich auf dem Markt mit allem zu versorgen, was er braucht. Dieses Geld wird von den Unternehmen in Form von Profiten und von den Arbeitnehmern in Form von Löhnen akkumuliert. Ein Teil des Geldes wird für die Zahlung von Steuern verwendet, der Rest für die Deckung des eigenen Bedarfs auf dem Markt. Ohne einen der drei Eckpunkte ist der Rest nicht verständlich.

Es ist schwer zu sagen, zu welchem Zeitpunkt in der Geschichte dies in Vergessenheit geriet, doch sicher ist, dass die große Lüge, in der ein großer Teil der Bevölkerung heute lebt, zur Zeit der Aufklärung bereits etabliert war. Diese große Lüge (auch Neoliberalismus genannt) lautet: Der Staat muss Steuern erheben oder sich verschulden, um ausgeben zu können.

Kant, Hegel und Marx sind diesem Irrtum aufgesessen. Der erste (Vorläufer des Neoliberalismus) und der dritte (Vorläufer des Kommunismus) waren Genies. Hegel war ein Scharlatan, der Marx verwirrte.

Für Kant hat Geld „keinen anderen Nutzen [...] (oder zumindest darf es keinen solchen haben) als lediglich dem Handel mit menschlicher Arbeit zu dienen“ (in Hoffmann 2014). Kant zeigt, dass er nicht versteht, dass Geld eine Schöpfung des Staates ist und der Markt (der Ort des Austausches von Produkten gegen Geld) daher der Schöpfung des Staates nachgeordnet ist. Dieser Irrtum Kants wurde von F. A. Hayek, einem wahren Feind der Menschheit, benutzt, um zu sagen, dass „Recht, Sprache und Geld die drei Paradigmen der spontanen und sich entwickelnden Ordnung [sind]“. Heute wissen wir, dass Geld überhaupt nicht spontan entstanden ist, sondern nur an einem ganz bestimmten Ort und mit den oben beschriebenen zivilisatorischen Hilfsmitteln. Kant (und später Hayek) betrachtet diese Nützlichkeiten jedoch als unerlaubt. Der Kampf der in Babylon entstandenen Putscholigarchie, die sich die Fähigkeit des Staates zur Geldschöpfung aneignen will, erreicht somit die Gegenwart in der Gestalt von Hayek, der sagte, er glaube nicht, „dass wir jemals wieder ein gutes Geld haben werden, bevor wir die Sache nicht aus den Händen der Regierung nehmen".[33] Durch seinen Putschismus zugunsten der Finanzoligarchien wurde er Berater von Pinochet und führte ihn zu der Aussage, er ziehe einen liberalen Diktator einer nicht liberalen demokratischen Regierung vor.

Auch Marx hat das soziologische Dreieck nicht verstanden und den Klassenkampf als Spannung zwischen den gegensätzlichen Interessen der Bourgeoisie und der Arbeiter definiert, wobei er den währungsgebenden Staat außer Acht ließ. So sagt er bei der Analyse der Lohnfrage, „Arbeitslohn wird bestimmt durch den feindlichen Kampf zwischen Kapitalist und Arbeiter" (Karl Marx 1844) und erwähnt nicht den Staat, der als monopolistischer Emittent der nationalen Währung alles erwerben kann, was in dieser Währung zum Verkauf steht, einschließlich der vom Arbeiter angebotenen Arbeitskraft. Marx wurde Opfer des Hegelschen Geschwafels, demzufolge zwischen Herren und Knechten lediglich ein spiritueller Austausch stattfindet, bei dem beide ihren Status akzeptieren, weil sie einander brauchen, um im allgemeinen Schema des *Geistes* ihren Sinn zu finden (als ob der Knecht nicht für Geld oder materiellen Wohlstand, den er anderswo nicht finden würde, für den Herrn arbeiten würde) (Hegel 1807).

In der Antike gab es große Herrscher, die sich gegen Oligarchien stellten. Wir finden sie in den Edikten von Hammurabi und Solon, aber auch in den Evangelien. Ihre Botschaft war das Jubeljahr, der Erlass unrechtmäßiger Schulden oder solcher, die von Natur aus nicht bezahlt werden können. Heute brauchen wir solche Herrscher mehr denn je. Ihre Bereicherung erlaubt es den heutigen Oligarchien, Arbeiter ähnlich zu knechten wie in der Antike. Seitdem haben wir gelernt, dass dies die Staaten schwächt und sie zum Untergang verurteilt. Aus diesem Grund sind Rom, Athen und Babylon untergegangen. Die Europäische Union tritt in ihre Fußstapfen.

Die Europäische Kommission wird der spanischen Regierung einen Rettungsplan vorlegen. Im Gegenzug für unzu-

[33] Siehe *An Interview with F. A. Hayek* (1984) unter: https://youtu.be/s-k_Fc63tZI.

reichende finanzielle Rettung muss Spanien Kürzungen und Privatisierungen hinnehmen, so dass eine unzumutbare Verschlimmerung der Arbeitslosigkeit, der öffentlichen Dienstleistungen und des Elends unausweichlich werden. Aufgrund der Macht, die die Oligarchie durch Ministerin Calviño ausübt, wird die Sozialistische Partei (PSOE) dies akzeptieren. *Podemos* und IU (und damit die Kommunistische Partei Spaniens) werden dies ebenfalls akzeptieren, anstatt die Wiedererlangung der Währungssouveränität und den Austritt aus der EU zu verteidigen. Verräter.

Euro delendus est.

GELEGENHEIT[34]

Unidas Podemos bekommt eine Gelegenheit: eine Wiedereinführung der 3 %-Defizitgrenze des Stabilitäts- und Wachstumspakts (SWP) zu verhindern.

Am 20. März 2020 setzte die EU die Anwendung dieser Grenze aufgrund des Coronavirus aus. Wenn es *Unidas Podemos* gelingt, dafür zu sorgen, dass Spanien nach Überwindung der Krise nicht mehr unter diese Obergrenze fällt, hat sie einen Sieg für die Linke errungen, der sie bei den Wahlen stärken wird. Wenn sie es nicht versucht, oder schlimmer noch, wenn sie die Wiedereinführung der Defizitgrenze unterstützt, werden die Folgen für den Lebensstandard in Spanien verheerend sein, und es ist gut möglich, dass *Unidas Podemos* nach den nächsten Wahlen nur noch wenige Mitglieder im Parlament haben wird.

Als Anfang März 2020 das Coronavirus in Europa auftauchte, hatte die Europäische Union zwei Möglichkeiten: als eine Nation zu reagieren nach dem Motto der Musketiere „Alle für einen und einer für alle“, oder nach dem Motto „Jeder ist sich selbst der Nächste“ zu handeln. Wie angesichts ihrer Geschichte zu erwarten war, entschied sich die EU für die zweite Option.

[34] Der Originalartikel wurde am 23. März 2020 in *El Común* auf Spanisch veröffentlicht: https://elcomun.es/2020/03/23/oportunidad/.

In den Straßen von Bergamo und anderen norditalienischen Städten türmten sich bereits die ersten Leichen. Gleichzeitig begannen italienische und spanische Krankenhäuser, wegen der Notlage Alarm zu schlagen. Am 11. März gab Italien bekannt, es werde gemeinsam mit Frankreich ein makroökonomisches Notfallprogramm beantragen. Dieser Plan sah für dieses Jahr einen Anstieg des italienischen Haushaltsdefizits von 2,2 % auf 3,3 % vor, womit die im SWP festgelegte Defizitgrenze von 3 % überschritten wurde. Die Notlage erforderte es. Die Zahl der Todesfälle war bereits exponentiell angestiegen, und es war klar, dass sowohl Italien als auch das übrige Europa vor einer echten humanitären Katastrophe standen.

Die Antwort der EU war ein klares Nein. Drei Länder meldeten sich zu Wort und überstimmten Italiens Antrag: Deutschland, die Niederlande... und Spanien. Die Regierungskoalition aus PSOE und *Unidas Podemos* hat damit unsere italienischen Brüder mit einer Entscheidung von beispielloser Grausamkeit im Stich gelassen. Inmitten einer humanitären Krise, mit Tausenden von Toten auf den Straßen, mit Krankenhäusern, die aus allen Nähten platzten, mit erschöpftem Gesundheitspersonal und ohne ausreichende Mittel, um die Pandemie zu bekämpfen, erklärte die spanische Wirtschaftsministerin Nadia Calviño, sie lehne das italienische Ansuchen ab, um „unverantwortliche Verhaltensweisen“ zu vermeiden (Alarcón 2020).

Anstatt Italien die Möglichkeit zu geben, durch eine geringfügige Erhöhung seines Defizits seine Ausgaben für das Gesundheits- und Sozialwesen sofort zu erhöhen, forderte Calviño die italienische Regierung auf, in die verschlungene bürokratische Welt der EU-Verträge einzutauchen. Denn schließlich findet man, wenn man genau hinsieht und sich beim Lesen nicht vom Verwesungsgestank der Todesopfer des Coronavirus stören lässt, im SWP besondere Flexibilitätsklauseln; diese helfen den am stärksten geschädigten Wirtschaftssektoren und gewähren den Unternehmen, die nachweisen können, dass sie von der Pandemie betroffen sind, einen teilweisen Steueraufschub; sie können am richtigen Schalter auch Liquiditätserhöhungen beantragen, die entsprechend geprüft werden. So sieht für die Wirtschaftsministerin des Königreichs Spanien, Nadia Calviño, angesichts der größten europäischen Gesundheitsgefahr seit dem Schwarzen Tod im 14. Jahrhundert verantwortungsvolles Handeln aus, doch eine sofortige Erhöhung der Ausgaben für Krankenhäuser, Ärzte, Krankenschwestern und andere Gesundheitseinrichtungen ist unverantwortlich.

Während Deutschland seiner Musterschülerin im spanischen Wirtschaftsministerium Beifall zollte, blieb es gleichzeitig weiter bei seinem „Jeder ist sich selbst der Nächste". Am 4. März 2020 verbot Deutschland die Ausfuhr von Gesichtsmasken und medizinischen Geräten. Mit anderen Worten: Angesichts des Gesundheitsalarms hätte Deutschland, eines der Länder mit der weltweit höchsten Produktion von pharmazeutischem und medizinischem Material, sich dafür entscheiden können, seine Ausgaben anzuheben und die Produktion dieser Materialien zu erhöhen, um anderen europäischen Ländern in großer Not zu helfen. Es entschied sich jedoch, dafür zu sorgen, dass alle in Deutschland produzierten medizinischen Güter in Deutschland blieben und nur von Deutschland verwendet wurden. Italien musste allein, verlassen und unfähig zur Erhöhung seiner Ausgaben bis zum 13. März warten, als die humanitäre Hilfe aus der Volksrepublik China eintraf.

Zu diesem Zeitpunkt war bereits klar, dass die einzige praktikable Lösung darin bestand, die vom SWP auferlegte Defizitgrenze aufzuheben und allen Ländern der Eurozone einen Freibrief zu erteilen, ihre Ausgaben so weit wie nötig zu erhöhen, um die Pandemie zu bekämpfen. Alle waren sich darüber im Klaren, außer der spanischen Regierung.

Am 18. März 2020 stellte Präsident Sánchez ein Maßnahmenpaket zur Mobilisierung von 200 Milliarden Euro vor, was fast 20 % des BIP entspricht. Dies war zweifelsohne eine beeindruckende Zahl. Die Koalitionsregierung ließ die Gelegenheit nicht ungenutzt, um die Maßnahme mit großem Tamtam anzukündigen. Der Teufel steckte jedoch im Detail. Die Regierung verpflichtete sich, 200 Milliarden Euro zu *mobilisieren*, nicht aber, 200 Milliarden Euro *auszugeben*. Von allen Fachleuten, die ich konsultiert habe, schätzt derjenige, der der Regierung am wohlwollendsten gesinnt ist, dass die tatsächlich im Maßnahmenpaket der Regierung vorgesehenen öffentlichen Ausgaben nach Berücksichtigung der automatischen Stabilisatoren (die bereits in Kraft sind) nur 17 Milliarden Euro betragen, eine Zahl, die die Situation in den ersten Wochen der Krise bestenfalls ein wenig abmildern konnte.

Keine der Parteien der Regierungskoalition informierte die Öffentlichkeit über diese Datenmanipulation, und Nacho Álvarez, Staatssekretär für soziale Rechte und Chefökonom von *Unidas Podemos*, begrüßte diesen Schritt und bezeichnete die Versuche, die EU-Fiskalregeln zu lockern, als „Zeitverschwendung".[35]

Das Maßnahmenpaket ermöglichte Pedro Sánchez seinerseits die Umsetzung einer Strategie, die er sehr gerne anwendet, und die ich bereits in einem anderen Artikel erläutert habe. Diese Strategie besteht darin, ein Problem vor sich herzuschieben und zu hoffen, dass etwas passiert, das die Situation ändert. Und in diesem Fall hat die Strategie gut funktioniert. Schließlich ergriff die EU am 20. März 2020 die einzige Maßnahme, die diese Krise bewältigen kann, und setzte die im SWP[36] festgelegte Defizitgrenze aus. Das bedeutet, dass die Staaten der Eurozone de facto in der Lage sein werden, sofort so viel Geld auszugeben, wie sie zur Bewältigung der Coronavirus-Krise benötigen. Die Staaten können Atemschutzgeräte, Masken und alle benötigten Ausrüstungen und Medikamente kaufen sowie Ärzte und medizinisches Personal, Krankenwagen und alle für die Aufrechterhaltung der Gesundheitsversorgung der Erkrankten notwendigen Arbeitskräfte einstellen (außerdem hat Deutschland das Verbot der Ausfuhr von persönlicher Schutzausrüstung aufgehoben).

Die Aussetzung der Defizitbegrenzung im Rahmen des SWP ist ein Schritt in die richtige Richtung und bringt uns näher an die Art von Maßnahmen, die von Ländern ergriffen wurden, die das Coronavirus erfolgreich bekämpft haben, wie China und Südkorea. Aber es ist auch eine Maßnahme, die die Irrationalität der Beschränkung selbst verdeutlicht. Wie die amerikanische Wirtschaftswissenschaftlerin Stepha-

[35] https://twitter.com/nachoalvarez_/status/1238088351258947590?s=20.

[36] https://twitter.com/dfuentescastro/status/1241050967530971137?s=20.

nie Kelton sagt: „Es brauchte ein Virus, um den Defizitmythos zu beenden".[37]

Meiner Meinung nach hat der spanische Wirtschaftswissenschaftler Eduardo Garzón in seinem Artikel „¿De dónde van a sacar el dinero los Estados para combatir la crisis del coronavirus?" [„Woher sollen die Staaten das Geld zur Bekämpfung der Coronakrise nehmen?"] (Garzón, 2020) die Irrationalität des vom SWP auferlegten Defizits am besten aufgezeigt. Eduardo Garzón schreibt: „Die Staaten haben über ihre Zentralbanken unbegrenzte Möglichkeiten, Ausgabenkapazität zu schaffen [...]. Die Indikatoren für das Defizit und die Staatsverschuldung zeigen uns lediglich die Ausgabenkapazität, die geschaffen wird. [...] Woher sollen die Staaten das Geld für die Bekämpfung der Coronavirus-Krise nehmen? Nun, von der gleichen Stelle wie zuvor, nur dass die Banken jetzt keine Geschäfte mehr machen werden."

Das Staatsdefizit ist also nichts Schlimmes, das durch willkürliche Begrenzungen wie die des SWP bekämpft werden muss, sondern ein Instrument in den Händen des Staates, um die notwendigen Mittel zur Lösung der Probleme der Bürger, wie z. B. des Coronavirus, zu mobilisieren. Wäre es verständlich, die tägliche Anzahl an Hammerschlägen zu begrenzen, die ein Schreiner tun darf, um seine Arbeit zu verrichten? Offensichtlich nicht. Der Schreiner wird seinen Hammer immer dann benutzen, wenn er ihn braucht. Genauso verhält es sich mit dem Staat und dem Defizit. Der Staat muss so viele Defizite machen, wie er braucht, um die Probleme der Bürger lösen zu können. So einfach ist das. Genau das hat die EU aufgrund des Coronavirus getan, indem sie die Defizitgrenze des SWP aufgehoben hat.

Dies führt uns zu einer offensichtlichen Frage: Könnten wir nach Überwindung der Coronavirus-Krise dank der öffentlichen Ausgaben für das Gesundheitswesen das Defizit nicht nutzen, um die Renten zu erhöhen, die Arbeitslosigkeit zu lindern, das Bildungswesen zu verbessern, öffentlichen Wohnraum zu schaffen usw.? Die Antwort ist, natürlich könnten wir das. Die Begrenzung des Defizits ist ein ideologisches

[37] https://twitter.com/StephanieKelton/status/1240335674135511044?s=20

Instrument, das von der Finanzoligarchie zur Kontrolle der Bevölkerung eingesetzt wird. Diese Oligarchie hat der Öffentlichkeit weisgemacht, dass es sich bei öffentlichen Ausgaben um Steuergelder handelt, doch das stimmt nicht. Der Staat erhebt keine Steuern, um Geld auszugeben, denn der Staat schafft das Geld. Nicht der öffentliche Sektor braucht den privaten Sektor, um sich zu finanzieren, sondern umgekehrt. Öffentliche Defizite sind eine andere Bezeichnung für private Ersparnisse, denn das Geld kommt nur von den Zentralbanken, und wenn der Staat Geld ausgibt, spart der private Sektor. Deshalb sagte Henry Ford, der die Ford-Autos entwickelte, im Jahr 1922: „Nur gut, dass die Menschen der Nation unser Banken- und Geldsystem nicht verstehen; täten sie das nämlich, dann hätten wir wohl noch vor morgen Früh eine Revolution."

Nehmen wir zum Beispiel den Fall der unfreiwilligen Arbeitslosigkeit. Arbeitslosigkeit ist ein monetäres Phänomen, und monetär souveräne Staaten entscheiden, wie hoch die Arbeitslosigkeit sein soll. Da den Staaten das Geld nicht ausgehen kann, das sie mit Hilfe von Computertasten in den Zentralbanken aus dem Nichts erschaffen, können die Staaten alles kaufen, was in ihrer eigenen Währung zum Verkauf steht, auch arbeitslose Arbeitskräfte. Wenn die Staaten wollten, könnten sie die gesamte zur Einstellung der Arbeitslosen benötigte Währung emittieren, und wenn sie dies durch Jobgarantien auf der Grundlage von Beschäftigungspuffern täten, könnten sie dies tun, ohne Inflationsdruck zu erzeugen. Dann würde die Arbeitslosigkeit verschwinden und mit ihr die ausbeuterischen Arbeitsverträge und die Prekarität. Erkennen Sie den Klassenwiderspruch zwischen monetärer Souveränität und Defizitbeschränkung? Wem nützt es, wenn es für jeden miserablen Job Dutzende von Arbeitslosen gibt, die ihn annehmen wollen? Nutzt es dem Arbeitgeber oder dem Arbeitnehmer? Im Jahr 2013 schrumpfte die griechische Wirtschaft um 20 % und die Arbeitslosigkeit lag bei über 27 %. Wenn die EU die Defizitgrenze des SWP wegen des Coronavirus ausgesetzt hat, hätte sie dies dann nicht auch 2013 mit Griechenland tun sollen? Warum wurden Griechenland stattdessen noch größere Einschränkungen auferlegt, die das Land dazu zwangen, öffentliche Überschüsse zu erwirtschaften, die direkt an deutsche und französische Banken gingen, während 54 % der griechischen Bevölkerung unter Nahrungsmittelknappheit litten? Glücklicherweise beginnt man in der europäischen Öffentlichkeit, diese Fragen zu diskutieren.

Leider hat *Unidas Podemos* den Fehler gemacht, beim Eintritt in die Regierung eine Vereinbarung mit der PSOE zu unterzeichnen, in der sich die Regierungskoalition verpflichtete, die EU-Verträge, einschließlich des SWP, einzuhalten. Jetzt hat sich die Situation jedoch geändert, weil die Defizitgrenze des SWP ausgesetzt wurde. Einzig mit dieser Maßnahme konnte man das Coronavirus eindämmen. Aufgrund der Pandemie ist Spanien in eine Rezession geraten, die schlimmer ist als die von 2009, und möglicherweise wird die spanische Wirtschaft um mehr als 10 % schrumpfen. In einer solchen Situation wäre die Wiedereinführung der 3 %-Defizitgrenze ein echtes Verbrechen. *Unidas Podemos* hat die historische Verantwortung, mit allen Mitteln dafür zu sorgen, dass dies nicht geschieht. Wenn sie die Wiedereinführung der Defizitgrenze unterstützt, werden die wirtschaftlichen und sozialen Folgen katastrophal sein, und *Unidas Podemos* wird sich zum Komplizen des Debakels machen. Ihr Wirtschaftsprogramm wird sich in keiner Weise vom Neoliberalismus der PSOE, von Ministerin Calviño und der Volkspartei (Partido Popular) unterscheiden und wird zu einer bloßen Strömung innerhalb der PSOE-Regierung. Ein Wahldebakel wäre vorprogrammiert. *Unidas Podemos* kann sich jedoch auch für die Verteidigung des Wohlergehens der Bürger entscheiden und sich der Wiederherstellung der Defizitgrenze mit aller Kraft widersetzen. Wenn sie dies tut, wird sie sich für soziale Gerechtigkeit entscheiden, und die Wähler werden sich an den Urnen dafür erkenntlich zeigen.

Ich hoffe von ganzem Herzen, dass *Unidas Podemos* die richtige Entscheidung treffen wird.

Euro delendus est.

KLARHEIT[38]

Es gibt Momente in der Geschichte, in denen ein einziges politisches Thema alle anderen aufsaugt. Ein sehr anschauliches Beispiel für diese Ein-Themen-Politik haben wir gerade bei den Wahlen in Großbritannien erlebt. Die Tories haben gewonnen, weil sie erkannten, dass das Wahlergebnis vom Brexit abhängen würde. Deshalb stützten sie ihren Wahlkampf auf einen klaren Vorschlag, und zwar, den Brexit so schnell wie möglich zu verwirklichen. Die Labour-Partei verstand dies nicht und gab anderen Themen den Vorrang. Ihre Position zum Brexit war schwankend und unklar, und daher verlor sie.

Meiner Meinung nach sollte die neue spanische Regierung erkennen, dass sie sich hinsichtlich des Konflikts in Katalonien in einer ähnlichen Situation befindet. Der katalanische Unabhängigkeitsprozess wird das politische Thema sein, das in dieser Legislaturperiode über den Erfolg oder Misserfolg der Regierung entscheidet. Entweder sie nutzt die nächsten vier Jahre, um eine dauerhafte Lösung des Konflikts vorzuschlagen, wie es die Tories mit dem Brexit getan haben, oder ich fürchte, dass sich die Situation in vier Jahren noch weiter verschlechtert haben wird und die Vereinigung der Rechten und der extremen Rechten in Spanien die Wahlen gewinnen wird (unabhängig von den Erfolgen oder Misserfolgen der derzeitigen Regierung in anderen Fragen).

Meiner Ansicht nach ist die beste Lösung des Konflikts in Katalonien ein Referendum über die Unabhängigkeit. Ich werde nun einen Vorschlag für ein solches Referendum unterbreiten. Dabei werde ich mich vom so genannten Clarity Act in Kanada inspirieren lassen. Meiner Meinung nach sollte ein spanischer Clarity Act angewandt werden, um die Unabhängigkeitskonflikte im Lande nach den in diesem Artikel dargelegten Leitlinien zu lösen.

Zunächst werde ich kurz die von beiden Parteien vertretenen Positionen erläutern. Auf der einen Seite lehnen die so genannten konstitutionellen Parteien kategorisch jedes Referendum ab, das die Unteilbarkeit Spaniens in Frage stellt. Zu diesem Zweck berufen sie sich auf Artikel 2 der Verfassung:

[38] Der Originalartikel wurde am 27. Januar 2020 in *El Común* auf Spanisch veröffentlicht: https://elcomun.es/2020/01/27/claridad/.

> „Die Verfassung stützt sich auf die unauflösliche Einheit der spanischen Nation, gemeinsames und unteilbares Vaterland aller Spanier, und anerkennt und garantiert das Recht auf Autonomie der Nationalitäten und Regionen, die Bestandteil der Nation sind, sowie die Solidarität zwischen ihnen."

Die Verfassung wurde in einem Referendum am 6. Dezember 1978 mit großer Mehrheit (auch in Katalonien) angenommen. Daher ist die Einheit Spaniens unauflöslich und kann in keiner autonomen Region einem Referendum unterworfen werden, denn in Artikel 1 heißt es: „Die nationale Souveränität liegt beim spanischen Volk, von dem die Staatsgewalt ausgeht."

Die katalanischen Befürworter der Unabhängigkeit stützen sich ihrerseits auf eine erweiterte Auslegung des in der Charta der Vereinten Nationen verankerten Selbstbestimmungsrechts:

> „Alle Völker haben das Recht auf Selbstbestimmung. Kraft dieses Rechts entscheiden sie frei über ihren politischen Status und gestalten in Freiheit ihre wirtschaftliche, soziale und kulturelle Entwicklung."

Die Aufnahme dieses Artikels in die Charta der Vereinten Nationen sollte den Prozess der Entkolonialisierung erleichtern. Die katalanische Unabhängigkeitsbewegung argumentiert jedoch, er sei auch auf Katalonien anwendbar, da es in den vergangenen Jahrhunderten mehrere Bürgerkriege auf katalanischem Boden gegeben habe, in denen ein großer Teil der Bevölkerung für die Abspaltung von Spanien eingetreten sei. Zur Legitimierung dieser Position verweisen sie auch auf die Unabhängigkeitsreferenden in vielen nichtkolonialen Gebieten, wie z. B. in Quebec, Schottland oder Norwegen.

Das scheinbar unüberwindbare Hindernis der Auseinandersetzung zwischen Befürwortern der Unabhängigkeit und Verfassungstreuen in Katalonien mündete somit in einem juristischen Streit, bei dem die eine Seite behauptet, die Charta der Vereinten Nationen habe Vorrang vor der spanischen Verfassung, während die andere Seite das Gegenteil behauptet.

Bei näherer Betrachtung dieses Konflikts stößt man jedoch auf eine Idee, die der Debatte über den Vorrang des einen oder anderen Textes vorausging. Und zwar geht es um die Unteilbarkeit. So scheint es, dass die Notwendigkeit einer demokratischen Methode zur Lösung des Konflikts in Katalonien bereits durch den Konstitutionalismus dargelegt worden wäre, wenn in Artikel 2 der spanischen Verfassung nicht die „unauflösliche Einheit" Spaniens festgelegt wäre. Auch der katalanische Nationalismus scheint nur die Unauflöslichkeit Spaniens zu leugnen, nicht aber die von Katalonien, obwohl sich die Mehrheit der Katalanen in den Umfragen nicht für die Unabhängigkeit ausspricht und sich die für die Unabhängigkeit eintretende Mehrheit im katalanischen Parlament nur aus der nicht-proportionalen Sitzverteilung ergibt. Für die katalanische Unabhängigkeitsbewegung reicht eine parlamentarische Mehrheit aus, um die Unabhängigkeit Kataloniens zu erklären und eine unabhängige Republik zu errichten, ohne dass in der Gesetzgebung ein Mechanismus vorgesehen ist, der das Selbstbestimmungsrecht oder die Wiedervereinigung mit Spanien für eines ihrer Gebiete garantiert.

Daher bin ich der Meinung, dass das eigentliche Problem der Begriff der Unauflöslichkeit ist und dass dieser aus der vorgeschlagenen Lösung des Konflikts verschwinden sollte.

Kanada stand in den 1990er Jahren während der Anfechtung der Unabhängigkeit Quebecs vor demselben Problem. Die mit der Lösung des Konflikts beauftragte Stelle war der Oberste Gerichtshof Kanadas, der mit dem Clarity Act beauftragt wurde. Dieses Gesetz legte drei Parameter für die Durchführung eines Unabhängigkeitsreferendums in einem der kanadischen Territorien fest. (Victoria Carvajal hat sie in ihrem Artikel „El ejemplo de Quebec" [Das Beispiel Quebecs] zusammengefasst):

1. Ein Referendum kann nicht einseitig abgehalten werden.
2. Die gestellte Frage muss klar sein und es muss eine Mindestbeteiligung festgelegt werden.
3. Landkreise, die die Unabhängigkeit nicht unterstützen, werden dem neuen Land nicht beitreten. (Carvajal 2017)

Meiner Meinung nach sollten diese drei Parameter als Leitfaden für die Formulierung eines spanischen Clarity Act dienen, das aus folgenden Postulaten bestehen würde:

1. Hat eine Petition für ein Unabhängigkeitsreferendum in einer autonomen Region innerhalb von sechs Monaten mindestens 50 % der Unterschriften der gemeldeten volljährigen spanischen Staatsangehörigen gesammelt, dann muss innerhalb der folgenden sechs Monate in dieser autonomen Region ein Referendum über die Unabhängigkeit abgehalten werden.
2. Die Frage für die Unterschriftensammlung sowie für das Referendum muss folgendermaßen lauten: Wollen Sie, dass die autonome Region, in der Sie gemeldet sind, von Spanien unabhängig und ein unabhängiger Staat wird?
3. Zwischen den Volksabstimmungen müssen mindestens 25 Jahre vergehen.
4. Die Mindestbeteiligung muss 75 % betragen, damit das Referendum gültig ist.
5. Damit eine autonome Region von Spanien unabhängig werden kann, muss eine Mehrheit in allen Provinzen für die Unabhängigkeit stimmen.

Der erste Punkt scheint in Katalonien klar zu sein: die Mehrheit der Bevölkerung ist für ein Referendum. Daher sollte ein solches Referendum über die Unabhängigkeit abgehalten werden.

Der zweite Punkt bezieht sich auf die Klarheit der Frage, wie sie vom Obersten Gerichtshof Kanadas entschieden wurde. Die Frage darf nicht zweideutig oder ungewiss sein: Willst du die Unabhängigkeit, ja oder nein?

Der dritte Punkt verleiht der Entscheidung, ein Land aufzulösen, ihren historischen Charakter. Die Gründung eines unabhängigen Staates aus der Auflösung eines anderen Staates darf nicht auf die leichte Schulter genommen werden. Vier Volksabstimmungen pro Jahrhundert scheinen mir ein angemessener Zeitrahmen zu sein, wenn man bedenkt, dass etwa alle 25 Jahre eine neue Generation heranwächst.

Der vierte Punkt legt die Mindestbeteiligung fest, auf die sich das kanadische Gericht bezieht. Die für eine solche historische Entscheidung erforderliche Beteiligung muss deutlich über 50 % liegen, und daher halte ich 75 % für eine angemessene Zahl.

Der fünfte Punkt entfernt sich am weitesten von der kanadischen Regelung. Der Grund, warum ich glaube, dass Spanien sich nicht für eine Lösung wie die kanadische entscheiden sollte, liegt darin, dass Quebecs Unabhängigkeit das neue Land in einen löchrigen Käse verwandelt hätte, in dem jeder Bezirk zu dem einen oder anderen Land hätte gehören können. Das Chaos wäre gewaltig gewesen und der institutionelle Zusammenbruch praktisch vorgegeben. In Spanien sind die autonomen Regionen in Provinzen unterteilt. Diese Unterteilung verleiht den autonomen Regionen ihre historische Dimension, denn die autonomen Regionen lassen sich nicht ohne die Gesamtheit der sie konstituierenden Provinzen verstehen. Daher sollte die Unabhängigkeit auf Ebene der Provinzen, aus denen eine autonome Region besteht, beschlossen werden. Wenn die Unabhängigkeit nicht in allen Provinzen einer autonomen Region durchgesetzt werden kann, sollte die betreffende autonome Region ihre Unabhängigkeit nicht erklären. Wenn die Unabhängigkeit in allen Provinzen einer autonomen Region durchgesetzt wird, sollte die gesamte autonome Region unabhängig von den Geschehnissen auf den kleineren Verwaltungsebenen wie den Gemeinden und Landkreisen unabhängig werden. Nur so wäre die administrative Durchführbarkeit des neuen Staates gewährleistet.

Zur Vermeidung der vom kanadischen Obersten Gerichtshof angesprochenen Unilateralität sollten diese fünf Punkte in einer Volksbefragung allen spanischen Bürgern vorgelegt werden. Befürwortet eine Mehrheit der Spanier ein Gesetz, wie ich es vorschlage, sollten die im spanischen Parlament vertretenen Parteien es durch eine Verfassungsreform in die Magna Carta aufnehmen, die bekanntlich drei Viertel der Kammer benötigt, um angenommen zu werden.

Vor der Volksbefragung sollte die Regierung eine Verhandlungsrunde abhalten. Dazu müsste ein Verhandlungstisch eingerichtet werden, an dem alle Parteien mit parlamentarischer Vertretung anwesend sind, so dass die oben vorgeschlagenen fünf Punkte den Ausgangspunkt für die Eröffnung der Verhandlungen bilden. Meiner Meinung nach sollte die Regierung als Akt des guten Willens und in Übereinstimmung mit den Urteilen des Straßburger Gerichtshofs den Politikerinnen und Politikern, die aufgrund der Abhaltung des Referendums vom 1. Oktober inhaftiert und auf der Flucht vor der Justiz sind, eine Amnestie gewähren. Die Unabhängigkeitsbewegung ihrerseits sollte diese Geste mit dem Einstellen der Feindseligkeiten seitens der Zivilgesellschaft erwidern. Nach einem angemessenen Zeitraum und der Einführung aller entsprechenden Änderungen sollte die Regierung die Durchführung der Volksbefragung übernehmen.

Ich bin überzeugt, dass keine Partei, weder die konstitutionelle noch die Befürworter der Unabhängigkeit, meinem Vorschlag zunächst zustimmen wird, aber gerade deshalb glaube ich, dass der Vorschlag bei der Volksbefragung von einer Mehrheit der Bürger unterstützt werden würde.

Die Spaltung der Gesellschaft in Katalonien ist dramatisch. Der *Procés* hat nicht nur zu Gewalttaten geführt, sondern reißt auch Familien, Freundschaften und das soziale Gefüge auseinander. Die Bürgerinnen und Bürger sind in zwei Lager gespalten, und deshalb glaube ich, dass die meisten für keine der beiden Optionen sind. Ein äquidistanter und demokratischer Vorschlag, der nicht nur das Programm einer der gegnerischen Gruppen vertritt, brächte Abhilfe und eine Aussicht auf einen Ausweg aus dem Konflikt. Die spanischen Nationalisten werden sich vehement gegen jeden Vorschlag für ein Referendum wehren, die katalanischen Nationalisten werden alles andere als die Unabhängigkeit weit von sich weisen; ich glaube jedoch, dass die gesellschaftliche Mehrheit, sowohl in Katalonien als auch im übrigen Spanien, eine politische Weisheit an den Tag legen würde, die sich über die gegnerischen Gruppen hinwegsetzen würde.

Meiner Meinung nach hat die derzeitige Regierung nicht verstanden, dass sie vor einer Wahlperiode steht, in der ein einziges Thema, nämlich Katalonien, über die Zukunft Spaniens entscheiden wird. Anstatt, wie oben vorgeschlagen, eine dauerhafte Lösung des Konflikts vorzulegen, hat sie sich für die falsche Strategie entschieden und die Dinge auf die lange Bank geschoben. So gewinnt sie in der Tat etwas Zeit. Auf diese Weise ist es ihr gelungen, die Amtseinführung voranzutreiben und eine dritte Wahl zu vermeiden, doch nach einigen weiteren Schritten ist diese Untätigkeit der Regierung erneut zum Verhängnis geworden.

Jetzt scheint die Regierung wieder Zeit schinden zu wollen, indem sie das Strafgesetzbuch reformiert, um inhaftierte Politiker aus der Haft zu entlassen. Im Gegenzug hofft sie, den allgemeinen Staatshaushalt mit den Stimmen der Unabhängigen verabschieden zu können. Wenn sich die Regierung dafür entscheidet, die nächsten vier Jahre wieder nicht zu nutzen, wird der Konflikt nicht gelöst, sondern noch verschärft werden. Wenn das Wahlbündnis der Rechten als einziges einen Vorschlag für eine dauerhafte Lösung des Konflikts vorlegt, wird es die Wahlen gewinnen. Dann wird die dunkle Seite Spaniens an die Macht zurückkehren, und die Folgen werden katastrophal sein, sowohl für Katalonien als auch für den Rest Spaniens.

Euro delendus est.

FEIERLICHKEITEN IN RUSSLAND ZUM HUNDERTSTEN JAHRESTAG DER OKTOBERREVOLUTION[39]

„Die rote Fahne ist die Fahne des Glücks der Völker". Diese Worte sprach Gennadi Andrejewitsch Sjuganow (1944), Generalsekretär der Kommunistischen Partei der Russischen Föderation, während seiner Rede am 6. November in Moskau. Diese Rede war Teil des XIX. Internationalen Treffens der Kommunistischen und Arbeiterparteien, das vom 1. bis 8. November dieses Jahres in St. Petersburg-Leningrad und Moskau stattfand.

131 Delegationen aus 85 Ländern feierten gemeinsam den hundertsten Jahrestag der Oktoberrevolution. Von allen organisierten Veranstaltungen, zu denen unter anderem eine Kranzniederlegung am Grab des unbekannten Soldaten, ein Besuch des Lenin-Mausoleums, eine Besichtigung des Kremls und ein Besuch des Kreuzfahrtschiffs Aurora gehörten, war die Galaveranstaltung im Moskauer Rossija-Auditorium am 5. November von großer Bedeutung.

[39] Der Originalartikel wurde am 22. November 2017 in *Mundo Obrero* auf Spanisch veröffentlicht unter: https://www.mundoobrero.es/2017/11/22/celebracion-en-rusia-del-centenario-de-la-revolucion-de-octubre/.

Mehr als 5.000 Menschen nahmen teil an einem Spektakel aus Licht, Musik, Tanz und Bildern, das alle Etappen der Sowjetunion Revue passieren ließ. Zunächst wurde mit Ausschnitten aus „Oktober“, dem Film von Sergej Eisenstein (1898–1948) aus dem Jahr 1928, eine grandiose Inszenierung der Revolution gezeigt. Die Menschen nähern sich dem Winterpalast, die zaristischen Truppen schießen von innen, und dann rennt eine Handvoll mutiger Männer aus den Reihen der Aufständischen auf eines der Palasttore zu. Sie werfen Granaten über das Tor und klettern hinüber. Aus den Reihen der Revolutionäre werden Schüsse abgefeuert, um den Kletternden Deckung zu geben. Viele fallen, aber schließlich öffnet sich das Tor und eine Menschenmenge, ein unaufhaltsamer Strom von Menschen jeden Alters, dringt in den Winterpalast ein wie eine unaufhaltsame Flut.

Dadurch konnten sich die Produktivkräfte „in ungeheurem Ausmaß entwickeln“, wie Lenin in *Der Staat und die Revolution* schrieb. Die Elektrifizierung, die Vergesellschaftung von Grund und Boden, die Eisenbahn und bald darauf der Kosmos, Juri Gagarin, Fabriken, Dienstleistungen und allgemein garantierte soziale Rechte, permanente Vollbeschäftigung per Gesetz, Schulen, Universitäten, Kunst, Wissenschaft, das Glück der Völker unter der roten Flagge.

Und dann kam der Zweite Weltkrieg. Wie nicht anders zu erwarten, maß Sjuganow in seiner Rede dieser Konfrontation große Bedeutung bei. Er interpretierte sie außerordentlich klar. Der Sowjetstaat entstand vor dem Zweiten Weltkrieg und brachte die UdSSR in kürzester Zeit an die wirtschaftliche und technologische Spitze der Welt, doch der Krieg unterbrach diese außergewöhnliche Entwicklung. Während Frankreich innerhalb von 40 Stunden an die Nazis fiel, leistete die UdSSR Widerstand und „27 Millionen unserer Bürger wurden auf dem Altar der Menschlichkeit geopfert“.

Doch „ohne die Oktoberrevolution hätte es 1945 keinen Sieg gegeben. Der Krieg gegen den Faschismus hat unser großes Potenzial bestätigt“. Es ist wichtig zu erwähnen, dass es im Rossija-Auditorium nur eine einzige Erwähnung gab, die nichts mit „unserem großen patriotischen Krieg“ zu tun hatte, nämlich die Erwähnung der Unterstützung der Sowjetunion für die Zweite Spanische Republik, bei der Bilder von

Dolores Ibárruri (Pasionaria) und Barcelona während der republikanischen Zeit gezeigt wurden.

Sjuganow vertritt die Auffassung, dass der Sozialismus ohne den Zweiten Weltkrieg und ohne die enormen materiellen und menschlichen Verluste der UdSSR in der ganzen Welt unaufhaltsam gewesen wäre, denn „die Welle der Revolution erreichte alle Teile der Welt [...] und die Solidarität der Arbeiter wurde zum lebenden Beweis des Internationalismus."

Der Untergang der UdSSR wurde in außerordentlich knapper, beinahe endgültiger Weise angesprochen: Er war das Produkt der „Verräter Michail Gorbatschow (1931), Boris Jelzin (1931–2007) und Eduard Schewardnadse (1928–2014)".

Ein weiterer wichtiger Teil von Sjuganows Rede betraf die Zukunft. Nachdem er gerade von seinem Besuch in China anlässlich des XIX. Kongresses der Kommunistischen Partei Chinas zurückgekehrt war, sagte er, „China ist ein klares Beispiel für die Entwicklung des Leninismus" und bekräftigte „die Bereitschaft der Kommunistischen Partei der Russischen Föderation, den Sozialismus zum hundertsten Jahrestag der Revolution von 1917 zu erneuern."

In Bezug auf die internationale Wirtschaftskrise sagte Sjuganow, dass „eine unvermeidliche Explosion stattfinden wird [...] Seit zehn Jahren erleben wir die dritte Systemkrise des Kapitalismus, und das darf nicht zu einem Dritten Weltkrieg werden." Er verwies auf die „Unvermeidlichkeit des Sozialismus" und sagte, dass „die Menschheit im Kapitalismus keine Freiheit finden wird". Er sprach sich eindeutig für eine sozialistische Umgestaltung der Wirtschaft auf dem gesamten Planeten aus und verteidigte, dass „die Revolution von 1917 die Durchführbarkeit der sozialistischen Umgestaltung gezeigt hat".

Die spanischsprachigen Länder waren sehr zahlreich vertreten, da die meisten lateinamerikanischen Länder Delegationen entsandten. Besonders hervorzuheben ist die Rede am 6. November von Adán Chávez Frías (1953), Bruder des verstorbenen Hugo Chávez Frías (1954–2013) und Mitglied der verfassungsgebenden Versammlung Venezuelas, sowie die Rede des Ministers der Revolutionären Streitkräfte Kubas Leopoldo Cintra Frías „Polo" (1941) am 7. November nach der großen Demonstration auf den Straßen Moskaus zum Gedenken an den hundertsten Jahrestag der Oktoberrevolution, die zum Manegenplatz in der Nähe der Statue von Marschall Georgi Konstantinowitsch Schukow (1896–1974) führte.

Die spanische Vertretung umfasste Delegierte der PCE und der IU, einschließlich des Generalsekretärs der PCE, José Luis Centella Gómez (1958), der Sprecherin der Delegation von *La Izquierda Plural* im Europäischen Parlament, Marina Albiol Guzmán (1982), und der Koordinatorin der *IU-Exterior*-Föderation, Marta Mosquera Guimeráns (1991).

All dies machte den 100. Jahrestag der Oktoberrevolution zu einer emotionalen Feier, bei der die Kommunistische Partei der Russischen Föderation (KPRF) großen Einsatz zeigte. Sie setzte ihre ganze Energie ein, damit die Welt sah, dass sie in Russland immer noch eine Regierungspartei ist und lebendiger als je zuvor. Dies wurde unter anderem dadurch deutlich, dass die öffentliche Übergabe von Mitgliedsausweisen an neue Aktivisten und die Verleihung von Orden an junge Aktivisten, die kürzlich ihr Studium abgeschlossen hatten, fest in das Gedenkprogramm aufgenommen wurde.

Das Ergebnis war ein durchschlagender Erfolg. Ehrlich gesagt war es sehr schwierig, wenn nicht gar unmöglich, all diesen Feierlichkeiten beizuwohnen und nicht zu den Angreifern des Winterpalastes in Eisensteins Film gehören zu wollen. Es stimmt aber auch, dass die KPRF nicht den Fehler beging, die Feierlichkeiten zum 100. Jahrestag der Oktoberrevolution aus rein sentimentaler Sicht anzugehen, was sehr einfach gewesen wäre. Sowohl die Reden von Sjuganow als auch die der anderen Vertreter der KPRF enthielten zahlreiche Fakten und Statistiken. Sie zeigten, dass sie im Rahmen der wissenschaftlichen Forschung des Marxismus-Leninismus erschöpfende Arbeit leisten, getragen von einer Überzeugung, die weit über sentimentale Fragen hinausgeht und tief in der Überzeugung von der Unvermeidlichkeit des Sozialismus als Alternative zu einem zum Scheitern verurteilten kapitalistischen Modell wurzelt. Sie schienen nach neuen Formulierungen zu suchen, entweder in Anlehnung an die Schritte der Kommunistischen Partei Chinas oder der Bolivarischen Revolution in Venezuela oder unter Berücksichtigung zahlreicher anderer Faktoren, die sie in ihre Analyse einfließen ließen, wie z.B. das alarmierende Ausmaß an sozialer Ausgrenzung, das die globale Finanzkrise in den theoretisch fortgeschrittenen kapitalistischen Ländern hervorruft.

Sicherlich wird die KPRF eine wichtige Rolle in jeder sozialistischen Befreiungsbewegung spielen wollen, die sich in der Zukunft herausbildet. Sie nehmen eine proaktive und abwartende Haltung ein. Ihre Überzeugung, dass ein neuer Kommunismus entstehen wird, scheint unerschütterlich zu sein, ebenso wie ihr Stolz als Volk, die glorreiche Oktoberrevolution weiterführen zu können.

Carlos García Hernández, Kommunistische Partei Spaniens in Berlin.

PROLOG ZUR ERSTEN AUSGABE DES BUCHES *MODERN MONETARY THEORY* VON RANDALL WRAY IN SPANISCHER UND ITALIENISCHER SPRACHE

„Eine Idee realisiert sich nicht, indem sie logischerweise der reinen Wahrheit, der reinen Menschlichkeit übereinstimmt (die nur als Programm, als generelles ethisches Ziel der Menschen existiert), sondern indem sie in der ökonomischen Realität ihre Rechtfertigung [...] findet." (Gramsci 1918) Dies ist die Art und Weise, in der laut Antonio Gramsci Ideen kontrastiert werden müssen: durch ihren ökonomischen Ausdruck; und genau auf diese Weise erklärt Randall Wray die Modern Monetary Theory (MMT). Er legt zunächst die Ideen dar, auf denen die heutige Vorstellung von Geld beruht, und analysiert dann die Folgen dieser Vorstellungen. Die Schlussfolgerung, zu der der Autor kommt, ist beunruhigend. So können wir sicher sein, dass weder die Hauptströmungen des wirtschaftlichen Denkens noch die Hauptströmungen des politischen Denkens verstehen, was sich hinter Geld verbirgt. Das liegt daran, dass die Folgen der Abkehr vom Goldstandard und der Einführung eines Modells, das auf Fiat-Geld basiert, nicht verstanden wurden. Tatsächlich hätte man die makroökonomischen Lehrbücher umschreiben und die politischen Programme neu überarbeiten müssen, doch es hat sich nichts geändert. Der makroökonomische Unterricht an den Universitäten erfolgte weiter nach demselben Lehrplan und die Politiker hielten dieselben Reden wie immer. Das Problem war nur, dass niemand (außer einer kleinen Anzahl von Wirtschaftswissenschaftlern) die nötigen intellektuellen Anstrengungen unternahm, um diese Veränderungen in die Wirtschaftstheorie zu übertragen. Die intellektuellen Anstrengungen, die beispielsweise in der Physik nach dem Auftreten der Relativitätstheorie oder des kopernikanischen Modells stattfanden, wurden in der Wirtschaft nach dem Erscheinen des Fiat-Geldes nicht mehr unternommen. Die Modern Monetary Theory ist die Verkörperung dieser intellektuellen Anstrengung. In diesem Buch wird klar dargelegt, was Geld wirklich ist, und – was noch wichtiger ist – es werden die wirtschaftspolitischen Maßnahmen dargelegt, die ergriffen werden sollten, um ein politisches Programm umzusetzen, das mit dieser Realität im Einklang steht.

Geld ist eine Schuld der emittierenden Instanz, es ist keine Ware. Damit ist Geld nicht greifbar, so wie zum Beispiel der Zentimeter als Längeneinheit oder das Gramm als Gewichtseinheit nicht greifbar ist. Dies trifft auch auf Fiat-Geld zu. Die breite Öffentlichkeit empfindet diese Tatsache jedoch als kontraintuitiv, und für die politisch-finanzielle Oligarchie ist sie angsterregend. Vielleicht ist die Verbreitung der Ideen der Modern Monetary Theory deshalb so schwierig. Bisher greifen weder die Massenmedien noch die großen politischen Parteien noch die Hauptströmungen des ökonomischen Denkens die Ideen der MMT auf (obwohl sich dies glücklicherweise ändert). Die Frage ist jedoch: Warum ist es für die politisch-finanziellen Oligarchien so beängstigend, dass Geld in Wirklichkeit die Schuld des Emittenten ist? Ganz einfach: Weil die Emittenten des Geldes seit mindestens viertausend Jahren die Staaten sind, und seit mehreren Jahrhunderten werden diese Staaten demokratisch regiert. Die einzige Möglichkeit für die politisch-finanziellen Oligarchien, ihre Privilegien aufrechtzuerhalten, bestand also darin, die Wirtschaft zu einer Art Religion zu machen: „Der Glaube, dass die Regierung ihren Haushalt über einen gewissen Zeitraum ausgleichen muss, wird mit einer ‚Religion' verglichen, einem ‚Mythos', der notwendig ist, um der Bevölkerung Angst zu machen und sie so zu einem bestimmten Verhalten zu bewegen." (Wray 2022, 348)

Dieselbe politisch-finanzielle Oligarchie, die keine andere Wahl hatte, als die Einführung des Fiat-Geldes im Jahr 1971 als einzige Möglichkeit zu akzeptieren, um die Industrieländer vor dem Abgrund der Öl- und Rohstoffkrise zu bewahren, muss gleichzeitig die auf kollektiver Intuition beruhenden Mythen über Geld bekräftigen. So wird, obwohl jede Alternative zum Fiat-Geld schlichtweg abwegig wäre, der Diskurs aufrechterhalten, dass der Staat wie ein Haushalt funktioniert und daher nicht mehr ausgeben kann, als er einnimmt. Aufgrund dieses „gesunden Menschenverstandes" akzeptiert die Bevölkerung völlig irrige Vorstellungen, wie zum Beispiel, dass die öffentlichen Haushalte immer Überschüsse aufweisen müssen, genau wie ein Familienhaushalt. Diese von der Mehrheit akzeptierten makroökonomischen Irrtümer haben dazu geführt, dass die politisch-finanzielle Oligarchie in einigen Fällen, wie beispielsweise bei der Einführung des Euro, das erreicht hat, was sie sich nie erträumt hatte: den souveränen und demokratischen Staaten ihre Fähigkeit zu nehmen, autonom und frei Geld auszugeben.

Randall Wray demontiert all diese Mythen und zeigt Folgendes auf:

> „[...] die folgenden Aussagen treffen NICHT auf eine souveräne, währungsgebende Regierung zu.
>
> - Regierungen unterliegen (wie Haushalte und Unternehmen) einer Budgetbeschränkung und müssen sich Mittel durch Steuern oder Kredite beschaffen.
> - Haushaltsdefizite sind ein Übel, eine Belastung für die Wirtschaft, es sei denn, es liegen besondere Umstände vor (zum Beispiel eine schwere Rezession).
> - Staatsdefizite treiben die Zinssätze in die Höhe, verdrängen den Privatsektor und führen zu Inflation.
> - Staatsdefizite entziehen Ersparnisse, die für Investitionen verwendet werden könnten.
> - Staatsdefizite hinterlassen Schulden für künftige Generationen; die Regierung muss heute die Ausgaben kürzen oder die Steuern erhöhen, um diese Last zu verringern.
> - Höhere Staatsdefizite von heute bedeuten höhere Steuern von morgen, um die Zinsen und die Schulden zu bezahlen, die aus den Defiziten resultieren.

> Diese Aussagen stimmen zwar mit der gängigen Meinung überein, und einige von ihnen sind mehr oder weniger zutreffend, wenn sie auf den Fall einer Regierung angewendet werden, die keine eigene Währung ausgibt, aber sie gelten nicht für einen Währungsemittenten." (Wray 2022, 188f.)

Nach der Rückgewinnung von Lerners Functional Finance, der Wiederherstellung des Konzepts des öffentlichen Nutzens für die staatliche Wirtschaftspolitik, dem Nachweis der Notwendigkeit der Wiederzusammenführung von Steuer- und die Geldpolitik, kurz gesagt, nach Betonung der Unterschiede zwischen den Prinzipien der Mikroökonomie und der Makroökonomie, führt der Autor eine weitere kopernikanische Wende ein: Mit Währungssouveränität lässt sich Vollbeschäftigung erreichen, ohne Inflation zu erzeugen. Dies ist die Krönung des gesamten theoretischen Bauwerks, das im Verlauf des Buches errichtet wurde. Es ist zweifellos der anspruchsvollste Vorschlag, denn er widerlegt einen der Grundpfeiler, auf dem die gegenwärtig vorherrschende Politik ruht. Dieser Pfeiler ist kein anderer als die Phillips-Kurve (die vor der Einführung des Fiat-Geldes aufgestellt wurde). Aber auch hier zeigt der Autor auf, wie falsch diese Annahme ist, und erklärt:

> „Es ist schlichtweg töricht, den privaten Sektor zu zwingen, das Problem der Arbeitslosigkeit zu lösen, das durch die Steuer der Regierung entstanden ist. Der private Sektor allein wird niemals dauerhaft für Vollbeschäftigung sorgen (und hat das auch nie getan). JG/ELR [Jobgarantie/Arbeitgeber der letzten Instanz] ist eine logische und historische Notwendigkeit zur Unterstützung des Privatsektors. Sie ist eine Ergänzung zur Beschäftigung im privaten Sektor, kein Ersatz dafür." (Wray 2022, 416)

Viele heutige Ökonomen prangern die vorherrschenden Verhältnisse an. Ich glaube jedoch, dass Randall Wray und die MMT mit dem oben Gesagten an der Spitze eines solchen kritischen Denkens stehen. Jetzt müssen nur noch die Machthaber gefunden werden, die seine Vorschläge umsetzen, so wie es Margaret Thatcher und Ronald Reagan mit den Vorschlägen Milton Friedmans getan haben.

Carlos García Hernández
M.A. in Philosophie und Geschichte an der Humboldt-Universität zu Berlin, Herausgeber von Lola Books und Übersetzer von *Modern Money Theory* ins Spanische.
Berlin, Januar 2015

GENETIK, NANOTECHNOLOGIE UND ROBOTIK[40]

„Denn wenn es möglich wäre, dass jedes Werkzeug auf Geheiß oder vorbewusst sein Werk vollbringen könnte, wie angeblich die Statuen des Dädalus oder die Dreifüße des Hephästus, von denen der Dichter sagt, dass sie ‚von selbst sich in die Versammlung der Götter begeben hätten', und wenn so auch das Weberschiff von selbst webte und die Zither von selbst spielte, so bedürften weder die Künstler der Gehilfen, noch die Herren der Sklaven", schrieb Aristoteles in seiner *Politik*. Heute, 2500 Jahre später, stehen wir am Beginn der Revolution, die uns in das Zeitalter der Statuen und Dreibeine führen wird, von dem der Philosoph sprach. Diese Revolution hat, wie alle großen Revolutionen, ein technologisches Substrat. Um dieses Substrat zu erklären, werden wir drei Buchstaben verwenden: GNR (Genetik, Nanotechnologie und Robotik). Die erste wissenschaftliche Formulierung von GNR findet sich in Ray Kurzweils Buch *The Singularity is Near* (2006) (*Menschheit 2.0*, 2013). Das Neue an diesem zukunftsweisenden Buch ist die Darlegung eines Gesetzes, das die drei Aspekte von GNR miteinander verbindet: Das Gesetz der sich beschleunigenden Gewinne. Diesem Gesetz zufolge verläuft die technologische Entwicklung nicht linear, sondern exponentiell, d. h. die Zeitspanne zwischen zwei technologischen Durchbrüchen wird immer kürzer.

Dies hat zur Folge, dass sich die Bedeutung von Begriffen wie Arbeit, Lebenserwartung, Produktion, Sozialismus oder Kapitalismus in kaum zwanzig Jahren radikal ändern wird.

[40] Der Originalartikel wurde im April 2010 in *Mundo Obrero* auf Spanisch veröffentlicht.

Im Bereich der Genetik war die Sequenzierung des menschlichen Genoms der Startschuss für die Bekämpfung und das Verständnis von Krankheiten, die bis vor kurzem unheilbar waren, einschließlich der Krankheit des Alterns selbst. Dies geht so weit, dass viele Wissenschaftler die Lebenserwartung von Menschen, die heute in Industrieländern mit Zugang zu Gesundheitssystemen geboren werden, bereits als unsinnig bezeichnen. Bald, Kurzweil spricht von Mitte der 2020er-Jahre, werden die ersten Anti-Aging-Therapien verfügbar sein. Kurze Zeit später werden diese durch nanotechnologische Fortschritte ergänzt werden.

Dank der Entwicklung immer kleinerer Geräte können heute Gehirnimplantate hergestellt werden. Dieser Miniaturisierungsprozess verspricht die Schaffung von Maschinen in der Größe menschlicher Zellen. Langfristig werden diese Nanomaschinen über den Blutkreislauf in unseren Körper gelangen und in Verbindung mit Gentherapien in der Lage sein, jede Art von Zellschädigung, die durch Alterung und andere degenerative Krankheiten verursacht wird, zu untersuchen, zu kontrollieren und zu reparieren. Die Folgen werden nicht nur im Bereich der Biomedizin zu spüren sein, sondern auch in der industriellen Produktion. Schon heute können wir Atome beliebig bewegen. Das bedeutet, dass wir theoretisch jedes Objekt Atom für Atom aufbauen könnten. Das Problem ist, dass es mit der heutigen Technologie Hunderte von Jahren dauern würde, ein für das menschliche Auge sichtbares Objekt zu bauen. In Zukunft werden nicht wir die Materie verändern, sondern unsere Statuen und Dreifüße.

Die Kapazität des Gehirns beträgt 10^{16} Operationen pro Sekunde. Wenn wir Computer mit dieser Kapazität bauen können und das Gehirn gut genug kennen, um alle seine Teile in einem Computer zu emulieren, werden wir in die Ära der starken künstlichen Intelligenz (KI) eintreten. Derzeit befinden wir uns in einer Phase schwacher KI. Schon jetzt werden KI-Geräte für Tätigkeiten eingesetzt, die vor nicht allzu langer Zeit noch als rein menschlich galten. Wenn wir in die Phase der starken KI eintreten, wird es keinen Bereich mehr geben, in dem Maschinen nicht genauso effektiv oder effektiver sind als wir, und die Barriere zwischen Mensch und Maschine wird durchbrochen. Dann werden wir in der Lage sein, Nanotechnologie industriell herzustellen, und die Produktion von Konsumgütern wird automatisch erfolgen.

> „Tausend Pfade gibt es, die noch nie gegangen sind, tausend Gesundheiten und verborgene Eilande des Lebens. Unerschöpft und unentdeckt ist immer noch Mensch und Menschen-Erde. Wachet auf und horcht, ihr Einsamen! Von der Zukunft kommen Winde mit heimlichem Flügelschlagen; und an feine Ohren ergeht gute Botschaft." (Nietzsche 1961, 60–61)

Nietzsche, der verkannte Transhumanist, legte diese Worte Zarathustra in den Mund. Damals wurden sie falsch ausgelegt; heute sind es die Worte all derer, die bereit sind, die Zukunft zu erobern. Das ist die große Herausforderung der Linken: die Zukunft, nicht die Vergangenheit. Es spielt keine Rolle, ob Kurzweil bei der Datierung der GNR-Fortschritte falsch liegt, die unbestreitbare Realität ist, dass wir uns auf eine Zukunft zubewegen, in der der Wirtschaftsmotor der Länder auf Technologie und insbesondere auf GNR basieren wird. Wir müssen unser derzeitiges Produktionsmodell, das im Wesentlichen auf den Binnenkonsum, den Tourismus und das Baugewerbe ausgerichtet ist, zugunsten eines technologiebasierten Modells aufgeben, ein Bereich, in dem Spanien als Land weiterhin eine untergeordnete Rolle spielt.

Zwei Daten geben uns eine Vorstellung vom Zustand unserer Privatinitiative: Die Zahl der Patente pro Million Einwohner lag 2005 in Spanien bei 4,55, während der OECD-Durchschnitt bei 42,97 und der EU-Durchschnitt bei 29,41 lag, und der Prozentsatz der Unternehmen, die zwischen 2002 und 2004 innovative Produkte auf den Markt brachten, betrug in Spanien nur 17,99 %, während er in der OECD 44,02 % betrug. Diese Unterschiede werden noch deutlicher, wenn wir unseren öffentlichen Sektor analysieren. Unser Land hat die zweifelhafte Ehre, der EU-Staat mit dem größten Verlust an Forschern zu sein und mit einer Schulabbrecherquote von 31 %, die doppelt so hoch ist wie der EU-Durchschnitt. Zu diesen Daten gesellt sich ein Paradoxon des spanischen Arbeitsmarktes hinzu, das unsere Wettbewerbsfähigkeit im Bereich der GNR noch weiter verschlechtert: Der Prozentsatz der Hochschulabsolventen in Natur- und Ingenieurwissenschaften ist in Spanien höher als im OECD-Durchschnitt (62,77 % gegenüber 59,80 %), und dennoch liegt die Zahl der Forscher in unserem Land bei 34,96 pro Tausend und in der OECD bei 44,26 pro Tausend (Daten von 2006).

Der „4. Nationale F&E-Plan 2008–2011" ist eine eindeutige Absichtserklärung zum Aufbau einer neuen, wissensbasierten Bioökonomie. Zu diesem Zweck sollen die F&E-Investitionen schrittweise auf 2,2 % des BIP im Jahr 2011 erhöht werden. Unsere Ausgangslage ist sehr schlecht (2002 investierte *Ford* mehr in F&E als ganz Spanien zusammen), aber selbst bei Erfüllung der Prognosen des Plans lägen wir immer noch nur auf dem Niveau des OECD-Durchschnitts von 2004. Heute wissen wir, dass selbst dies nicht erreicht werden wird, denn wie die Vereinigung der spanischen Wissenschaftsgesellschaften (COSCE) festgestellt hat, stagniert in diesem Jahr, dem ersten Jahr der Krise, der Anstieg der für F&E bereitgestellten Mittel praktisch, während die Mittel zur Erfüllung des Plans der Regierung um 16 % pro Jahr steigen müssten. Damit muss sich auch die Linke auseinandersetzen, vor allem wenn das Bündnis der Kräfte der Arbeit, der Wissenschaft und der Kultur Teil des neuen revolutionären Subjekts oder zumindest interessierte Akteure bei der Umgestaltung des derzeitigen Wirtschafts- und Sozialmodells sind.

Carlos García Hernández, Kommunistische Partei Spaniens in Berlin.

LITERATURVERZEICHNIS

Alarcón, Nacho (2020), España se suma a los austeros y hunde el plan francoitaliano de estímulos europeos, in: Cotizalia 12.03.2020, https://www.elconfidencial.com/economia/2020-03-12/espana-se-suma-a-los-austeros-y-hunde-el-plan-europeo-de-estimulos-ante-el-coronavirus_2494271/ [letzter Zugriff 15.09.2022].

Albín, Danilo (2019), Pensionistas vascos preparan un otoño caliente: Esta lucha la vamos a ganar, in: Público 20.08.2019, https://www.publico.es/politica/pensiones-dignas-pensionistas-vascos-preparan-otono-caliente-lucha-ganar.html [letzter Zugriff 06.09.2022].

Althusser, Louis (1970), *Ideologie und ideologische Staatsapparate. Anmerkungen zu einer Untersuchung*, http://www.agpolpsy.de/wp-content/uploads/2014/08/Althusser-Ideologie-und-ideologische-Staatsapparate.pdf [letzter Zugriff 11.05.2024].

Aristoteles, *Politik*, https://www.projekt-gutenberg.org/aristote/politik/chap002.html [letzter Zugriff 17.05.2024].

Baha, Christian (2022), We will cause collapse of Russian economy - Le Maire, in: breakingthenews.net, https://breakingthenews.net/Article/We-will-cause-collapse-of-Russian-economy-Le-Maire/57386988 [letzter Zugriff 17.06.2023].

Barba, Juan Carlos (2016), Las universidades españolas, las peores del mundo, in: Cotizalia 29.01.2016, https://blogs.elconfidencial.com/economia/grafico-de-la-semana/2016-01-29/las-universidades-espanolas-las-peores-del-mundo_1142634/ [letzter Zugriff 07.09.2022].

Bartlett, Eva K. (2022), They Saw and Heard the Truth - Then Lied About It: Media on Donbass Delegation Omitted Mention of Ukraine's 8 Year War on the Autonomous Republics, in: In Gaza and beyond 05.04.2022, https://

ingaza.wordpress.com/2022/04/08/they-saw-and-heard-the-truth-then-lied-about-it-media-on-donbass-delegation-omitted-mention-of-ukraines-8-year-war-on-the-autonomous-republics/ [letzter Zugriff 16.06.2023].

Bartlett, Eva K. (2022, II), Eva Bartlett reports from Mariupol: Ukraine forces used scorched earth tactics, in: MR online 28.04.2022, https://mronline.org/2022/04/28/eva-bartlett-reports-from-mariupol/ [letzter Zugriff 16.06.2023].

Bhagavad Gita (III. Jh. v. Chr.), übersetzt von Siegfried Lienhard, American Gita Society

Blasco, María A./ Salomone, Mónica G. (2016), *Morir joven, a los 140. El papel de los telómeros y la historia de cómo trabajan los científicos para conseguir que vivamos más y mejor*, 1. Auflage, Barcelona: Paidós.

Brzezinski, Zbigniew (1997), *Die einzige Weltmacht. Amerikas Strategie der Vorherrschaft*, Weinheim und Berlin: Beltz Quadriga

Brown, Ana Luisa (2022), More than 150 children killed in Donbass since 2014, in: Prensa Latina 21.06.2022, https://www.plenglish.com/news/2022/07/21/more-than-150-children-killed-in-donbass-since-2014/ [letzter Zugriff 16.06.2023].

Canepa/ Koranyi (2020), ECB may cut support for indebted countries in nudge towards EU loans, in: Reuters 03.11.2020, https://www.reuters.com/article/uk-ecb-policy/ecb-may-cut-support-for-indebted-countries-in-nudge-towards-eu-loans-idUKKBN27J1ZS [letzter Zugriff 15.09.2022].

Carrillo, Santiago (1977), *Eurokommunismus und Staat*, 1. Auflage, Hamburg/Berlin: VSA

Carvajal, Victoria (2017), El ejemplo de Quebec, in: ctxt 20.09.2017, https://ctxt.es/es/20170920/Politica/15020/Canada-Quebec-secesion-ley-consulta.htm [letzter Zugriff 18.06.2023].

Castellum.AI (2023), 2,695 before the invasion 13,263 more since the invasion, in: Castellum.AI, https://www.castellum.ai/russia-sanctions-dashboard [letzter Zugriff 16.06.2023].

Cbr.ru I, https://www.cbr.ru/eng/press/keypr/ [letzter Zugriff 16.06.2023].

Cbr.ru II, https://www.cbr.ru/eng/psystem/fin_msg_transfer_system/ [letzter Zugriff 17.06.2023].

Cbr.ru III, https://www.cbr.ru/eng/psystem/ [letzter Zugriff 17.06.2023].

Chase, Stuart (1942), *The road we are traveling*. 1914-1942, 1. Auflage, New York: The Twentieth Century Fund, https://ia802600.us.archive.org/29/items/TheRoadWeAreTraveling/TheRoadWeAreTraveling_text.pdf [letzter Zugriff 01.09.2022].

Constitución Española, https://www.boe.es/legislacion/documentos/ConstitucionALEMAN.pdf [letzter Zugriff 11.03.2024].

Cruz Hidalgo, Esteban (2017), ¿Pueden el Trabajo Garantizado y la Renta Básica Universal cumplir sus promesas?, in: Rebelión 02.03.2017, https://rebelion.org/pueden-el-trabajo-garantizado-y-la-renta-basica-universal-cumplir-sus-promesas/ [letzter Zugriff 05.09.2022].

Dahm, Julia (2022), Russia sanctions affect two-thirds of German businesses - study, in: Euractiv 03.03.2022, https://www.euractiv.com/section/politics/short_news/russia-sanctions-affect-two-thirds-of-german-businesses-study/ [letzter Zugriff 17.06.2023].

Datosmacro, https://datosmacro.expansion.com/tipo-interes/rusia [letzter Zugriff 16.06.2023].

Datosmacro (2022, I), El IPC aumenta hasta el 71% en julio en Argentina, in: datosmacro.com Juli 2022, https://datosmacro.expansion.com/ipc-paises/argentina#:~:text=La%20tasa%20de%20variaci%C3%B3n%20anual,es%20del%2016%2C1%25 [letzter Zugriff 13.09.2022].

Datosmacro (2022, II), Aumentan los tipos de interés en Argentina, in: datosmacro.com, https://datosmacro.expansion.com/tipo-interes/argentina [letzter Zugriff 13.09.2022].

Datosmacro (2022, III), Desempleo en España, in: datosmacro.com, https://datosmacro.expansion.com/paro/espana [letzter Zugriff 15.09.2022].

De Grey, Aubrey/ Rae, Michael (2010 [2007]), *Niemals alt!: So lässt sich das Altern umkehren. Fortschritte der*

Verjüngungsforschung, Bielefeld: transcript Verlag

Demertzis/ Hilgenstock/ McWilliams/ Ribakova/ Tagliapietra (2022), How have sanctions impacted Russia?, in: Bruegel 26.10.2022, https://www.bruegel.org/policy-brief/how-have-sanctions-impacted-russia [letzter Zugriff 17.06.2023].

Dietzsch, Steffen (1978), *Friedrich Wilhelm Joseph Schelling*, Leipzig, Jena, Berlin: Urania-Verlag.

EAE Business School, Utilidad marginal: qué es y cómo calcularla, in: https://retosdirectivos.eae.es/utilidad-marginal-como-calcularla/#:~:text=Umx%20%3D%20DUtx%2FDQx,Umx%3A%20utilidad%20marginal%20del%20art%C3%ADculo [letzter Zugriff 22.09.2022].

Eng.sectsco.org

Engels, Friedrich (1894 [1877]), *Herrn Eugen Dührings Umwälzung der Wissenschaft*, http://www.mlwerke.de/me/me20/me20_239.htm [letzter Zugriff 01.06.2024].

Epdata.es, Las pensiones en España, en datos, https://www.epdata.es/datos/pensiones-graficos-datos/20/espana/106 [letzter Zugriff 06.09.2022].

Eruygur, Burc (2023), Moscow wrote off more than $20B in debts from African states, Russian president says, 20.03.2023, in: AA, https://www.aa.com.tr/en/russia-ukraine-war/moscow-wrote-off-more-than-20b-in-debt-from-african-states-russian-president-says/2851027#:~:text=Russian%20President%20Vladimir%20Putin%20on,worth%20more%20than%20%2420%20billion [letzter Zugriff 15.06.2023].

Eurobarometer (2019), https://www.europarl.europa.eu/at-your-service/files/be-heard/eurobarometer/2019/socio-demographic-trends-national-public-opinion-ed5/es-en-socio-demographic-trendlines.pdf [letzter Zugriff 23.09.2022].

Europäischer Rat (2023), Infographic - Impact of sanctions on the Russian economy, in: https://www.consilium.europa.eu/de/infographics/impact-sanctions-russian-economy/ [letzter Zugriff 16.06. 2023].

Expansión (2020), España se sitúa como el quinto país europeo con más pobreza, Expansión 16.10.2020, in: https://www.expansion.com/

economia/2020/10/16/5f897779e5fdea13338b4592.html [letzter Zugriff 15.09.2022].

Financial Times, Russia sanctions threaten to erode dominance of US dollar, says IMF, https://www.ft.com/content/3e0760d4-8127-41db-9546-e62b6f8f5773 [letzter Zugriff 17.06.2023].

Finn, Daniel (2022), Michał Kalecki Is the Economist We Need to Make Sense of Class Conflict. An interview with Jan Toporowski, in: Jacobin 06.01.2022, https://jacobin.com/2022/06/michal-kalecki-economics-socialism-capitalism-employment#:~: text=Micha%C5%82%20Kalecki%20Is%20the%20Economist%20We%20Need%20to%20Make%20Sense%20of%20Class%20Conflict,-An%20interview%20with&text=Polish%20economist%20Micha%C5%82%20Kalecki%20argued,now%20begun%20citing%20his%20ideas [letzter Zugriff 08. 06.2023].

Forstater, Mathew (2006), NEW ROLES FOR GOVERNMENT. Green Jobs Public Service Employment and Environmental Sustainability 58 Challenge/July-August 2006 Challenge, vol. 49, no. 4, Juli/August 2006, S. 58- 72. ISSN 0577-5132 / 2006, https://pdfs.semanticscholar.org/8c2b/250a5c96c6a20a11081df8c877ae07ae3be3.pdf [letzter Zugriff 05.09.2022].

Fundación Foessa (2018), Exclusión Estructural e Integración Social, in: https://www.caritas.es/main-files/uploads/2018/09/An%C3%A1lisis-y-perspectiva-2018-digital-.pdf [letzter Zugriff 05.09.2022].

Galbraith, James K. (1996), Unemployment, Inflation, and the Job Structure, in: Levy Economics Institute WP #154, https://ssrn.com/abstract=10726 [letzter Zugriff 26.08.2022].

Garzón, Eduardo (2021), Reply to Michael Roberts on Macro modelling MMT, in: The Gower Initiative for Modern Money Studies, 14.11.2021, https://gimms.org.uk/2021/11/14/garzon-reply-roberts-macro-modelling-mmt/ [letzter Zugriff 13.06.2023].

Garzón, Eduardo (2020), ¿De dónde van a sacar el dinero los Estados para combatir la crisis del coronavirus?, in: Público 18.03.2020, https://blogs.publico.es/

dominiopublico/31278/de-donde-van-a-sacar-el-dinero-los-estados-para-combatir-la-crisis-del-coronavirus/ [letzter Zugriff 15.09.2022].

Giebel, Markus (2022), Fatale Entscheidung getroffen? Merkel gesteht jetzt Fehler in ihrer Russland-Politik ein, in: Merkur.de 08.12.2022, https://www.merkur.de/politik/merkel-russland-politik-putin-ukraine-krieg-news-krim-nato-nord-stream-2-deutschland-91962855.html [letzter Zugriff 30.04.2024].

Gilpérez, Luis Miguel (2020), España sostenible y renovable, in: Cinco Días 03.06.2020, https://cincodias.elpais.com/cincodias/2020/06/29/datalab/1593446107_112057.html#:~:text=El%20sector%20energ%C3%A9tico%20representa%20algo,trav%C3%A9s%20de%20las%20energ%C3%ADas%20renovables [letzter Zugriff 05.09.2022].

Glazyev, Sergey (2023), Rusia puede cambiar de rumbo, tomando como base la experiencia china, in: http://www.elespiadigital.com/index.php/noticias/politica/40463-sergey-glazyev-qrusia-puede-cambiar-de-rumbo-tomando-como-base-la-experiencia-chinaq [letzter Zugriff 15.06.2023].

Gorz, André (1970 [1967]), *Zur Strategie der Arbeiterbewegung im Neokapitalismus*, Frankfurt, Europäische Verlagsanstalt.

Graeber, David (2014 [2011]), *Schulden: Die ersten 5.000 Jahre*, 6. Auflage, München: Goldmann

Gramsci, Antonio (1918), *Unser Marx*, https://www.marxists.org/deutsch/archiv/gramsci/1918/05/marx.htm [letzter Zugriff 20.04.2024].

Hegel, Georg Wilhelm Friedrich (1807), *Phänomenologie des Geistes*, https://www.marxists.org/deutsch/philosophie/hegel/phaenom/index.htm [letzter Zugriff 22.05.2024].

Hoffmann, Thomas Sören (2014), Kant acerca del concepto intelectual del dinero y la tarea de la filosofía de la economía, in: Perspectivas. Revista de Análisis de Economía, Comercio y Negocios Internacionales, Volumen 8 / Núm. Esp. / agosto 2014 /91 - 108. ISSN 2007-2104, http://publicaciones.eco.uaslp.mx/VOL13/Volumen8_5NEsp.PDF [letzter Zugriff 01.09.2022].

Hudson, Michael (2018), *...and forgive them their debts. Lending, Foreclosure and Redemption. From Bronze Age Finance to the Jubilee Year*, 1. Auflage, Dresden: Dresden Verlag.

Infobae (2022), Alerta inflación: los bonos de la deuda en pesos ajustados por CER ya equivalen a USD 70.000 millones, in: infobae 12.04.2022, https://www.infobae.com/economia/2022/04/12/alerta-inflacion-los-bonos-de-la-deuda-en-pesos-ajustados-por-cer-ya-equivalen-a-usd-70000-millones/?fbclid=IwAR2dJsDmMbCIu71NpSK3EaY_5lDZeNutbwoTwFeCdIs2iplJ9uCmId-lK-E [letzter Zugriff 13.09.2022].

Jarausch, Konrad H. (2010), Fürsorgediktatur, Version: 1.0, in: Docupedia-Zeitgeschichte, 11.02.2010 http://docupedia.de/zg/jarausch_fuersorgediktatur_v1_de_2010, DOI: http://dx.doi.org/10.14765/zzf.dok.2.593.v1.

Kalecki, Michal (1943), „Political Aspects of Full Employment", Erstveröffentlichung in Political Quarterly, 14/4, 1943, S. 322-31. Unter: https://delong.typepad.com/kalecki43.pdf [letzter Zugriff 07.04.2024].

Kalecki, Michal (1987 [1954]), „Theorie der wirtschaftlichen Dynamik", in *Krise und Prosperität im Kapitalismus: Ausgewählte Essays 1933-1971*, S. 100-211, Marburg: Metropolis

Kant, Immanuel (1781), *Kritik der reinen Vernunft*, 2. Auflage, https://www.projekt-gutenberg.org/kant/krvb/krvb067.html [letzter Zugriff 07.05.2024].

Kant, Immanuel (1790), *Die Kritik der Urteilskraft*, 1. Auflage, https://www.projekt-gutenberg.org/kant/kuk/kukp291.html [letzter Zugriff 07.05.2024].

Kant, Immanuel (1784), *Beantwortung der Frage: Was ist Aufklärung?*, https://www.projekt-gutenberg.org/kant/aufklae/aufkl001.html [letzter Zugriff 07.05.2024].

Keynes, J. M. (1936), *Die allgemeine Theorie der Beschäftigung, des Zinses und des Geldes*, https://dokumen.pub/allgemeine-theorie-der-beschftigung-des-zinses-und-des-geldes-aus-dem-englischen-neu-bersetzt-von-nicola-liebert-1nbsped-9783428550487-9783428150489.html [letzter Zugriff 21.05.2024].

Klebe/ Ratayczak/ Heilmann/ Spoo (2014 [1979]), *Betriebsverfassungsgesetz.* Basiskommentar mit Wahlordnung, 18. überarbeitete und aktualisierte Auflage, Frankfurt am Main: Bund-Verlag GmbH.

Korsunskaya, Darya (2023), Russian inflation at 0.24% in first nine days of 2023, in: Reuters, https://www.reuters.com/world/europe/russian-inflation-024-first-nine-days-2023-2023-01-11/ [letzter Zugriff].

Kuhn, Thomas S. (1976 [1962]), *Die Struktur wissenschaftlicher Revolutionen*, 2. revidierte Auflage, Frankfurt am Main: Suhrkamp

Kurzweil, R. (2014 [2012]), *Das Geheimnis des menschlichen Denkens. Einblicke in das Reverse Engineering des menschlichen Gehirns*, Berlin, Lola Books

Kurzweil, Ray (2013 [2006]), *Menschheit 2.0. Die Singularität naht*, Berlin, Lola Books.

La Vanguardia (2021), Fallece Robert Mundell, padre intelectual del euro, La Vanguardia 05.04.2021, In: https://www.lavanguardia.com/economia/20210405/6628912/robert-mundell-euro.html [letzter Zugriff 14.09.2022].

Larrouy, Diego (2021), España debe cambiar su sistema financiero antes de pensar en tener una economía vibrante, in: eldiario.es 02.05.2021, https://www.eldiario.es/economia/steve-keen-gustaria-ver-bancos-publicos-sistema-financiero_128_7885470.html [letzter Zugriff 05.09.2022].

Lenin, W. I. (1918), *Staat und Revolution*, https://www.marxists.org/deutsch/archiv/lenin/1917/staatrev/index.htm

Lenin, W. I. (1908), *Die Entwicklung des Kapitalismus in Russland*, https://dokumen.pub/lenin-werke-band-3-die-entwicklung-des-kapitalismus-in-russland-1899-3.html

Lenin, W. I. (1899), *Nochmals zur Theorie der Realisierung*, https://www.rosalux.de/fileadmin/rls_schulung/pdf/oelssner/oelssner3.pdf

Ley General Tributaria, in: https://www.fiscal-impuestos.com/guia-fiscal-capitulo-2-principios-generales [letzter Zugriff 05.09.2022].

Lioudis, Nick (2022), What Is the Gold Standard?, in: Investopedia, https://www.investopedia.com/ask/

answers/09/gold-standard.asp [letzter Zugriff 04.09.2022].
López, Juan Carlos (2023), China encaja el golpe de gracia: Países Bajos sigue los pasos de EEUU para arrasar su industria de los chips, in: https://www.xataka.com/componentes/china-encaja-golpe-gracia-paises-bajos-sigue-pasos-eeuu-para-arrasar-su-industria-chips [letzter Zugriff 15.06.2023].
Lucas, James A. (2023 [2015]), The U.S. Has Killed More Than 20 Million People in 37 "Victim Nations" Since World War II, https://www.globalresearch.ca/us-has-killed-more-than-20-million-people-in-37-victim-nations-since-world-war-ii/5492051 [letzter Zugriff am 15.06.2023].
Mackinder, Halford J. (1996 [1942]), *Demokratische Ideale und Wirklichkeit. Eine Studie zur Politik des Umbaus*, https://content.e-bookshelf.de/media/reading/L-15448878-5c04c79ff1.pdf [letzter Zugriff 12.05.2024].
Magris, Claudio (1996 [1986]), *Donau: Biographie eines Flusses*, 8. Auflage, Wien: Paul Zsolnay Verlag.
Martin, Patrick (2022), How the Democratic Party prepared the war in Ukraine, in: World Socialist Web Site 29.03.2023, https://www.wsws.org/en/articles/2022/03/29/dem2-m29.html [letzter Zugriff 16.06.2023].
Mao, Tse-tung (1972 [1967]), *Worte des Vorsitzenden Mao Tsetung*, Peking: Verlag für fremdsprachige Literatur
Marx, Karl (1887 [1867]), *Das Kapital - Kritik der politischen Ökonomie, Band I*, http://www.mlwerke.de/me/me23/me23_000.htm
Marx, Karl (1885), *Das Kapital - Kritik der politischen Ökonomie, Band II*, http://www.mlwerke.de/me/me24/me24_000.htmc2/.
Marx, Karl (1894), *Das Kapital - Kritik der politischen Ökonomie, Band III*, http://www.mlwerke.de/me/me25/me25_000.htm
Marx, Karl (1844), *Ökonomische und philosophische Manuskripte von 1844*, https://www.marxists.org/deutsch/archiv/marx-engels/1844/oek-phil/index.htm
Marx/ Engels (1848), *Manifest der Kommunistischen Partei*, https://www.marxists.org/deutsch/archiv/marx-engels/1848/manifest/
Masdeu, Jaume (2019), Polonia impide que la UE declare

la neutralidad climática en 2050, in: La Vanguardia 13.12.2019, https://www.lavanguardia.com/internacional/20191213/472197636697/cumbre-ue-neutralidad-climatica-emisiones-co2-polonia-carbon.html [letzter Zugriff 05.09.2022].

Medina Miltimore, Stuart (2020), ¿De dónde vienen los beneficios?, in: Redmmt.es, http://www.redmmt.es/de-donde-vienen-los-beneficios/ [letzter Zugriff 04.09.2022].

Míguez, Ana (2020), España contará con 140.000 millones del fondo de recuperación europeo, 72.700 en ayudas directas, in: eleconomista.es 21.07.2020, https://www.eleconomista.es/economia/noticias/10678390/07/20/Espana-contara-con-140000-millones-del-fondo-de-recuperacion-europeo-72700-en-ayudas-directas.html [letzter Zugriff 15.09.2022].

Mitchell, William (2017), "Stuart Chase – a visionary ahead of his time", in: William Mitchell – Modern Money Theory. Macroeconomic research, teaching and advocacy, http://bilbo.economicoutlook.net/blog/?p=36218 [letzter Zugriff 08.09.2022].

Mitchell, William (2017 [2015]), *Dystopie Eurozone. Gruppendenken und Leugnung im großen Stil*, Berlin, Lola Books.

Monereo, Manolo (2023), China: la cuenta atrás comenzó, in: Público 29.03.2023, https://blogs.publico.es/otrasmiradas/70331/china-la-cuenta-atras-comenzo/ [letzter Zugriff 15.06.2023].

Mosler, Warren (2017, [2010, I]), *Die sieben unschuldigen, aber tödlichen Betrügereien der Wirtschaftspolitik*, 1. Auflage, Berlin, Lola Books

Mosler, Warren (2022), La propuesta de Warren Mosler para la soberanía de las naciones, https://docs.google.com/presentation/d/1wjjmAS5AsQJNoUYi5Abhd0LTgVZyQx7P/ edit?usp=sharing&ouid=116942852668166309399&rtpof=true&sd=true [letzter Zugriff 18.06.2023].

Mosler, Warren (2007), Exchange Rate Policy and Full Employment, http://moslereconomics.com/wp-content/uploads/2007/12/Exchange-Rate-Policy-and-Full-Employment.htm [letzter Zugriff am 18.06.2023].

Mosler, Warren/ Ehnts, Dirk (2023 [1996]), *Moderne*

Geldtheorie: Essays zu Modern Monetary Theory, Berlin/ Boston: de Gruyter

Mühlbauer, Peter (2018), China baut Thoriumreaktor in Gansu, in: Telepolis 07.04.2018, https://www.heise.de/tp/features/China-baut-Thoriumreaktor-in-Gansu-4012683.html [letzter Zugriff 05.09.2022].

Mundell, Robert A. (1961), A Theory of Optimum Currency Areas Robert A. Mundell The American Economic Review, Vol. 51, No. 4. (Sep., 1961), pp. 657-665. Stabile URL: http://links.jstor.org/sici?sici=0002-8282%28196109%2951%3A4%3C657%3AATOOCA%3E2.0.CO%3B2-V The American Economic Review wird derzeit von der American Economic Association herausgegeben. In: http://www.sfu. ca/~kkasa/mundell_61.pdf [letzter Zugriff 14.09.2022].

Nietzsche, Friedrich (1961 [1883]), *Also sprach Zarathustra. Ein Buch für alle und keinen*, München: Goldmann

Nueva Tribuna (2018), Diez años de recortes en la sanidad pública, in: nuevatribuna.es 09.11.2018, https://www.nuevatribuna.es/articulo/sanidad/diez-anos-recortes-sanidad-publica-espanola/20181109132228157300.html [letzter Zugriff 07.09.2022].

OHCHR, Allgemeine Erklärung der Menschenrechte, in https://www.ohchr.org/en/human-rights/universal-declaration/translations/german-deutsch [letzter Zugriff 18.05.2024].

Otero, Yanina (2022), Proyectan para este año exportaciones récord impulsadas por el agro y Vaca Muerta, in: ámbito 20.04.2022, https://www.ambito.com/economia/dolar/proyectan-este-ano-exportaciones-record-impulsadas-el-agro-y-vaca-muerta-n5421067 [letzter Zugriff 18.06.2023].

Perks/ Rao/ Shin/ Tokuoka (2021), IMF Working Paper Strategy, Policy, and Review Department Evolution of Bilateral Swap Lines Prepared by Michael Perks, Yudong Rao, Jongsoon Shin, and Kiichi Tokuoka, Authorized for distribution by Bikas Joshi and Chad Steinberg August 2021, file:///C:/Users/carlo/Downloads/wpiea2021210-print-pdf.pdf [letzter Zugriff 14.06.2023].

Planas Bou, Carles (2022), Del 'Brexit' a la guerra de Ucrania: así combate la UE la desinformación, in: https://www.

epe.es/es/internacional/20220417/brexit-guerra-ucrania-desinformacion-13528346 [letzter Zugriff 14.09.2022].
Popper, Karl R. (1994 [1935]), *Logik der Forschung*, 10., verbesserte und vermehrte Auflage, Tübingen: Mohr.
Ramírez, Pavel (2019), Los 10 países con mejor sanidad pública del mundo… y España está entre ellos, in: La Información 21.09.2019, https://www.lainformacion.com/mundo/10-paises-mejor-sanidad-publica-mundo-y-espana-esta-entre-ellos/6513104/ [letzter Zugriff 07.09.2022].
Real Academia Española, *Diccionario de la lengua española*, www.rae.es.
Ricardo, Rodrigo, U3 vs. Tasa de desempleo U6: ¿Cuál es la diferencia?, in: Exonegocios, https://exonegocios.com/u3-vs-tasa-de-desempleo-u6-cual-es-la-diferencia/ [letzter Zugriff 06.09.2022].
Ritholtz, Barry (2009), Deficit Spending for Dummies, in: The Big Picture 19.02.2009, https://ritholtz.com/2009/02/deficit-spending-for-dummies/ [letzter Zugriff 07.06.2023].
Roberts, Michael (2019), Macro modelling MMT, https://thenextrecession.wordpress.com/2019/03/03/macro-modelling-mmt/ [letzter Zugriff 13.06.2022].
Samba Sylla (2020), The Franc Zone, a Tool of French Neocolonialism in Africa, in: Jacobin 01.06.2020, https://jacobin.com/2020/01/franc-zone-french-neocolonialism-africa [letzter Zugriff 17.06.2023].
Sánchez Mato, Carlos (2018), Operación Chamartín, expolio del patrimonio público, in: El Confidencial 29.12.2018, https://blogs.elconfidencial.com/espana/tribuna/2018-12-28/operacion-chamartin-expolio-patrimonio-publico_1731046/ [letzter Zugriff 06.09.2022].
Sanders, Bernie (2018 [2016]), *Unsere Revolution: Wir brauchen eine gerechte Gesellschaft*, 1. Auflage, Berlin: Ullstein.
Sanders, Bernie (2020), Housing for All, in: https://berniesanders.com/issues/housing-all/ [letzter Zugriff am 06.09.2022].
Sartorius, Nicolás (2021), Comunistas, in: eldiario.es 13.11.2021, https://www.eldiario.es/opinion/tribuna-

abierta/comunistas_129_8484526.html [letzter Zugriff 04.09.2022].

Scornik Gerstein, Fernando /Harrison, Fred (2016), *La especulación inmobiliaria y el silencio de los Corderos*, 1. Auflage, Berlin: Lola Books.

Seco, Raquel (2018), El Gobierno planea revertir los principales recortes educativos del PP, in: El País 31.07.2018, https://elpais.com/politica/2018/07/30/actualidad/1532951195_980896.html [letzter Zugriff 07.09.2022].

SEPG (2021), Secretaría de Estado de Presupuestos y Gastos, ejercicio 2020, https://www.sepg.pap.hacienda.gob.es/sitios/sepg/es-ES/Presupuestos/PGE/PresupuestosEjerciciosAnteriores/Paginas/Ejercicio2020.aspx.

Segovia, Carlos (2020), Alberto Garzón: "Habrá que reducir el déficit mediante más ingresos y no vía recorte de gastos", in: El Mundo 13.06.2020, https://www.elmundo.es/economia/2020/06/13/5ee3df6121efa0c6708b4705.html [letzter Zugriff 15.09.2022].

Shanghai Ranking 2019, http://www.shanghairanking.com/rankings/arwu/2019 [letzter Zugriff 07.09.2022].

Silió, Elisa (2020), Las 19 facultades españolas que se codean con las mejores del mundo, in: El País 03.03.2020, https://elpais.com/sociedad/2020-03-03/las-19-facultades-espanolas-que-se-codean-con-las-mejores-del-mundo.html [letzter Zugriff 07.09.2022].

Statista (2022, I), Ranking de las principales entidades bancarias de España en 2019, según volumen de activos, https://es.statista.com/estadisticas/553519/valor-de-los- activos-de-los-principales-bancos-espanoles/ [letzter Zugriff 06.09.2022].

Statista (2022, II), Porcentaje de población con Vivienda en propiedad en la Unión Europea (UE-28) en 2020, por países, in: Statista, https://es.statista.com/estadisticas/610336/porcentaje-de-propietarios-de-vivienda-por-pais-union-europea/ [letzter Zugriff 06.09.2022].

Statista (2023): Russia: Unemployment rate from September 2020 to March 2023, in: https://www.statista.com/

statistics/277043/monthly-unemployment-rate-in-russia/#:~:text=In%20November%202022%2C%20die%20unemployment,corresponding%20period%20two%20years%20prior [letzter Zugriff 16.06.2023].

Sunzi, *Die Kunst des Krieges*. https://zielniok.de/sunzi-die-kunst-des-krieges.pdf

Tagesspiegel (2022), „Absolut unerwartet": Putin zeigt sich enttäuscht von Merkel wegen Äußerungen zur Ukraine, in: Tagesspiegel 09.12.2022, https://www.tagesspiegel.de/politik/absolut-unerwartet-putin-zeigt-sich-enttauscht-von-merkel-wegen-ausserungen-zur-ukraine-9006844.html [letzter Zugriff 10.04.2024].

Swissinfo (2022, I), EEUU incauta USD 7.000 millones de activos afganos, la mitad para víctimas del 11-S, in: Swissinfo 11.02.2022, https://www.swissinfo.ch/spa/afp/eeuu-incauta-usd-7.000-millones-de-activos-afganos-- la-mitad-para-v%C3%ADctimas-del-11-s/47340910 [letzter Zugriff 17.06.2023].

Swissinfo (2022, II), El desempleo en Argentina bajó al 7 % en el cuarto trimestre de 2021, in: Swissinfo 23.03.2023, https://www.swissinfo. ch/spa/argentina-desempleo_el-desempleo-en-argentina-baj%C3%B3-al-7---en-el-cuarto-trimestre-de-2021/47458408#:~:text=%2D%20El%20desempleo%20alcanz%C3%B3%20al%207,Estad%C3%-ADstica%20y%20Censos%20(Indec) [letzter Zugriff 18.06.2023].

Tan, Huileng (2022), Despite sweeping sanctions, Russia's economic outlook has improved since April - but it's gotten worse for almost every other country, in: businessinsider.com 27.07.2022, https://www.businessinsider.com/imf-upgrade-russia-economy-outlook-slash-most-countries-forecast-recession-2022-7 [letzter Zugriff 17.06.2023].

Tcherneva, Pavlina R. (2021 [2020]), *Plädoyer für eine Jobgarantie*, Berlin: Lola Books

Télam (2022), El índice de pobreza retrocedió al 37,3% en el segundo semestre de 2021, in: télam 30.03.2022, https://www.telam.com.ar/notas/202203/588019-indec-indice-pobreza-indigencia. html#:~:text=Foto%20123RF)-,El%20%C3%ADndice%20de%20pobreza%20 retrocedi%C3%B3%20al%2037%2C3%25%20en%20 el,Estad%C3%ADstica%20y%20Censos%20(Indec [last access 18.06.2023].

Telesur (2022), Holding Venezuelan Gold in the Bank of England is a Robbery, in: Telesur 04.08.2022, https://www.telesurenglish.net/news/Holding-Venezuelan-Gold-in-the-Bank-of-England-is-a-Robbery-20220804-0005.html [letzter Zugriff 17.06.2023].

The Press United (2022), Minsk deal was used to buy time - Ukraine's Poroshenko, in: The Press United 17.06.2022, https://thepressunited.com/updates/minsk-deal-was-used-to-buy-time-ukraines-poroshenko/ [letzter Zugriff am 16.06.2023].

Unigal.mx, UTILIDAD MARGINAL: DEFINICIÓN, FÓRMULA, EJEMPLO Y MÁS, in: https://unigal.mx/utilidad-marginal-definicion-formula-ejemplo-y-mas/ [letzter Zugriff 22.09.2022].

Valero, Jorge (2020), Bruselas lanza un serio aviso a España: las pensiones son insostenibles, in: eleconomista.es 27.02.2020, https://www.eleconomista.es/economia/noticias/10381473/02/20/Bruselas-lanza-un-serio-aviso-las-pensiones-son-insostenibles.html [letzter Zugriff 06.09.2022].

Weber, Max (1984 [1904]), *Die protestantische Ethik und der Geist des Kapitalismus*, 7. Auflage, Gütersloh: Mohn

Wende, Pablo (2022), Se despertó el dólar y complica al Gobierno: qué puede pasar con la emisión de bonos ajustados por inflación, en: infobae 21.04.2022, https://www.infobae. com/economia/2022/04/21/se-desperto-el-dolar-y-complica-al-gobierno-que-puede-pasar-con-la-emision-de-bonos-ajustados-por-inflacion/?fbclid=IwAR0bO-sycIGTgCX7UhlUTSMJL29--6pYcnxRV6-bU3gqw2pXjjVZ5P5gx5jxI [letzter Zugriff 18.06.2023].

Williamson, John (2002), "What Washington Means by Policy Reform", in: Peterson Institute for International Economics, Kapitel 2 von Latin American Adjustment: How Much Has Happened? Herausgegeben von John Williamson. Veröffentlicht im April 1990. November 2002, https://web. archive.org/web/20090625085003/

http:/www.iie.com/publications/papers/paper.cfm?ResearchID=486 [letzter Zugriff 05.09.2022].

Wray, L. Randall (2022 [2012]), *Modern Money Theory. Ökonomische Revolution oder Geldflutung? Eine Einführung*, Kulmbach: Börsenbuchverlag.

Xe.com, I, https://www.xe.com/currencycharts/?from=EUR&to=RUB&view=10Y [letzter Zugriff 16.06.2023].

Xe.com, II, https://www.xe.com/currencycharts/?from=USD&to=RUB&view=10Y [letzter Zugriff am 16.06.2023].

Xe.com, III, https://www.xe.com/currencycharts/?from=GBP&to=RUB&view=10Y [letzter Zugriff am 16.06.2023].

Xu Chenggang (2011), The Fundamental Institutions of China's Reforms and Development, Journal of Economic Literature 2011, 49:4, 1076-1151 http:www.aeaweb.org/articles.php?doi=10.1257/jel.49.4.1076, in: https://citeseerx.ist.psu.edu/viewdoc/download?doi=10.1.1.709.2033&rep=rep1&type=pdf [letzter Zugriff 14.09.2022].

Yijing oder Buch der Wandlungen (2003), https://schuledesrades.org/public/iging/buch/sdr-q-5-1-2-62 [letzter Zugriff 18.05.2024].

Yulu, Chen (2016 [2010]), *La moneda china. Historia, desarrollo y globalización de la política monetaria*, 1. Auflage, Buenos Aires: Eudeba.

AUDIOVISUELLE QUELLEN

A History of Philosophy | 55 Kant's Ethics - Arthur Holmes (wheatoncollege 14.05.2015): https://youtu.be/rR-syCO7kCU [letzter Zugriff 22.09.2022].

A Milestone for Small Modular Reactors (SMR 2020) (Subject Zero Science 22.09.2020): https://youtu.be/mNlggLdWUng [letzter Zugriff 25.09.2022].

An Interview with F. A. Hayek (1984) (LibertyInOurTime 08.04.2018): https://youtu.be/s-k_Fc63tZI [letzter Zugriff 25.09.2022].

Aubrey de Grey gives Antiaging and Cancer Picks and Insights (Next Big Future 27.07.2022): https://youtu.be/xWAIb1MvGj0 [letzter Zugriff 25.09.2022].

China's Premier Bangs on Desk in Anger / „Pay back the bonuses", officials & teachers are required (China Insights 21.07.2021): https://youtu.be/nys6mVLFKmk [letzter Zugriff 25.09.2022].

Conferencia de Warren Mosler - Teoría Monetaria Moderna (Canal Abierto 02.05.2022): https://youtu.be/bZ4NWp0C3CA [letzter Zugriff 22.09.2022].

Conversación con Arturo Huerta (Red MMT 06.02.2021): https://www.youtube.com/watch?v=AKBew573JVE [letzter Zugriff 25.09.2022].

D'Alema vs Damilano: "Lei è uno stupido". L'ex premier poi si scusa (La7 Attualità 05.06.2017): https://youtu.be/8TENlLtCkVA [letzter Zugriff 23.09.2022].

Dark Pentagram Personality: Dark Triad/Tetrad and Beyond (Sam Vaknin 05.01.2022): https://youtu.be/FWLXoydf0g0 [letzter Zugriff 22.09.2022].

Debate entre Michael Roberts y Carlos García Hernández (The Resist! Event 26.09.2022): https://www.facebook.com/TheResistEvent/videos/382873816509580/ [letzter Zugriff am 22.09.2022].

Don't Worry, Everything is Out of Control | Taoist Antidotes to Worry (Einzelgänger 22.09.22): https://youtu.be/lb3VckEacf4 [letzter Zugriff am 26.09.2022].

Entrevista a Randall Wray (Lola Books 28.03.2015): https://youtu.be/949JLYr2L90 [letzter Zugriff 25.09.2022].

Entrevista con la Dra. María Blasco (Lola Books 10.12.2012): https://www.youtube.com/watch?v=7dUt0ZkrfD4 [letzter Zugriff am 25.09.2022].

Healing Trauma in a Toxic Culture with Gabor Maté (Being Well Podcast): https://youtu.be/T8fdPA8Tt4I [letzter Zugriff 22.09.2022].

How bad is it really? Nuclear technology – facts and feelings: Sunniva Rose at TEDxOslo 2013 (TEDx Talks 15.11.2013): https://youtu.be/oTKl5X72NIc [letzter Zugriff 25.09.2022].

How China's Economy Actually Works (New Economic Thinking 21.04.2021): https://youtu.be/_j4Ru918V4w [letzter Zugriff 25.09.2022].

Il primo Presidente della Commissione Europea (Filippo Abbate 03.05.2020): https://www.youtube.com/watch?v=DVSGy2RHMuA [letzter Zugriff 23.09.2022].

Is Thorium Our Energy Future? / Answers With Joe (Joe Scott 13.02.2018): https://youtu.be/XMuxjHLLk0E [letzter Zugriff 25.09.2022].

Joan Tafalla - Comunistes de Catalunya (Salida del Euro 13.11.2021): https://www.youtube.com/watch?v=My_OAlu5vFg [letzter Zugriff 23.09.2022].

La poesía es un arma cargada de futuro - Paco Ibáñez (Enrique Alzuga 22.03.2015): https://youtu.be/q_b0myUpwpE [letzter Zugriff 25.09.2022].

Le Pen e D'Alema: confronto-scontro su Europa ed euro (diMartedì 21.01.2015): https://youtu.be/gjVO3GnFncE [letzter Zugriff 23.09.2022].

Michio Kaku: 3 mind-blowing predictions about the future / Big Think (Big Think 04.01.2021): https://youtu.be/tuVuxKTJeBI [letzter Zugriff 25.09.2022].

MMT Is A Lens, Not A Regime - Bill Mitchell (Deficit Owls 08.08.2017): https://youtu.be/XK13evETnB4 [letzter Zugriff 23.09.2022].

Nuclear fusion within reach / Michel Laberge / TEDxKC (Ted Talks 28.08.2014): https://youtu.be/b-LCfx9v4YQ [letzter Zugriff 25.09.2022].

Otra Vuelta de Tuerka - Pablo Iglesias con Diego López Garrido (Diario Público 15.02.2019): https://youtu.be/E57T77EjuzQ [letzter Zugriff 22.09.2022].

Pleno empleo sin inflación / Amado Boudou y Warren Mosler (Soberanxs TV 04.05.2022): https://www.youtube.com/watch?v=UhJC8SenaHc [letzter Zugriff 25.09.2022].

Presentación de „Los Siete Fraudes Inocentes Capitales de la Política Económica" - Warren Mosler (Lola Books 05.03.2016): https://youtu.be/swQIVVg8Rt8 [letzter Zugriff 23.09.2022].

Teoría Monetaria Moderna Presenta (03.05.2022): https://www.fmradiocultura.com.ar/podcast/teoria-monetaria-moderna-presenta-03-05-2022/ [letzter Zugriff 25.09.2022].

The Wisdom of the Universe - Interview with Nassim Haramein (Anthony Chene production 12.05.2020): https://youtu.

be/lsMdNvl8Dmg [letzter Zugriff 25.09.2022].
Thorium: Kirk Sorensen at TEDxYYC (TEDx Talks 23.04.2011): https://youtu.be/N2vzotsvvkw [letzter Zugriff 25.09.2022].
Thorium to light up the world | Srikumar Banerjee | TEDxCERN (TEDx Talks 24.10.2014): https://youtu.be/yGhEdcwXxdE [letzter Zugriff 25.09.2022].
Why renewables can't save the planet | Michael Shellenberger | TEDxDanubia (TEDx Talks 04.01.2019): https://youtu.be/N-yALPEpV4w [letzter Zugriff 25.09.2022].